VORSATZ

Halten wir also fest:
Wenn der Mensch
sich anschickt zu sprechen,
so tut er es,
weil er glaubt, er wird sagen können,
was er denkt.
Doch gerade das
ist eine Illusion.
So viel gibt die Sprache nicht her.
Sie sagt mehr oder weniger
einen Teil von dem,
was wir denken,
und legt der Mitteilung
des Restes ein unübersteigbares
Hindernis in den Weg.

José Ortega y Gasset

Zsuzsanna Gahse

Haupt- und Nebenbedeutungen der Sprache

Zu diesem Band

Wenn jemand seine gewohnte Umgebung verläßt und bei der Betrachtung einer fremden Gegend das Bekannte und das Unbekannte zu vergleichen beginnt, ist er bereits beim Übersetzen angelangt. Oder wenn jemand plötzlich die stimmlichen Unterschiede der eigenen und anderer Familien wahrnimmt, vergleicht er unwillkürlich, und vergleichen ist unbedingt eine Art Übersetzung, ohne behaupten zu wollen, daß eine Übersetzung nichts als ein Vergleichen wäre.

*

Bei dem Wort Übersetzen ist meist das Übertragen von einer Sprache in die andere gemeint, und meist stellt man sich dabei einfach einen großen Umschlagplatz vor, an dem ein Wort nach dem anderen von einer in die andere Sprache gesetzt wird. (Deshalb gibt es für die Übersetzer Wörterbücher.) Das ist nicht falsch, die Wörter müssen wirklich herhalten, und die Probleme beginnen oft schon bei ihnen, wenn es für sie im Hinübersetzen keine genaue Entsprechung gibt; und manchmal sind nicht einmal ungenaue Entsprechungen vorhanden.

Aber schwieriger ist die Arbeit mit den Sätzen, die von einer Sprache in die andere gewälzt werden. Sätze werden praktisch in jeder Sprache unterschiedlich gefügt (es gibt ungeheure Unterschiede!), außerdem schleppen sie Nebenbedeutungen mit, in dem sie zum Beispiel an einen bekannten anderen Satz erinnern, an eine Redewendung, an ein Lied, an Nachrichten usw., und das, woran sie erinnern, mit zu übertragen, ist ein besonderes Problem.

Im Grunde erinnern alle Wörter und Sätze und die Gestimmtheit einer Sprache an die Geschichte der Sprache und an die Personen, die mit dieser Sprache leben.

Die Gestimmtheitsprobleme nehmen sich auf den ersten Blick als nebensächlich aus, aber sie sind das A und O der Übersetzungen. Und um einige solcher Probleme geht es in dieser Textsammlung.

*

IM ÜBERSETZTEN SINN /

Vom literarischen Übersetzen.

Mit zehn Polaroids von Christoph Rütimann & Fotos von Isolde Ohlbaum

Zusammengestellt von Zsuzsanna Gahse / Redaktion: Johann P. Tammen

Inhalt

VORSATZ

Zsuzsanna Gahse: Haupt- und Nebenbedeutungen der Sprache / *Zu diesem Band* 6
Peter Handke: »Mein« Französisch 10

EIN ANSATZ

Helmut Böttiger: Los und List der Übersetzer 12
Ragni Maria Gschwend: Die Vokale sind an allem schuld 14
Maik Hamburger: Theatertexte 16
Peter Urban: Unbekannte Klassiker 18
Thomas Reschke: Übersetzen in der DDR 19
Tatjana Michaelis: Schön und treu / Was ist eigentlich eine gelungene Übersetzung? 23
Stefana Sabin: Der Übersetzer als Gralssucher 28
Gert Ueding: Übersetzen und Überbieten 32
Ilma Rakusa: Aus mehreren Sprachen übersetzen 36
Christoph Rütimann: einige Blätter und ein Zweig 42
Johann P. Tammen: Eigenart holt Eigenart hervor / Poesie der Nachbarn – Ein Modell im Praxistest 43
Wulf Segebrecht: Sätze übers Übersetzen 52
Isolde Ohlbaum: Begegnungen an der Wortgrenze I 59

DER EINSATZ

Christoph Rütimann: Flecken die rein nichts bezwecken 74
Hans Wollschläger: Am Ende eines »Welt-Alltags« 77
Catherine & Tarcisius Schelbert: Die Philosophie und das Zungenopfer 86
Christa Schuenke: Wunder dauern etwas länger 89
Zsuzsanna Gahse: Kleines Porträt von Hildegard Grosche 94
Felix Schneider: Porträt Traugott König 97
Beat Mazenauer: Läßliche und häßliche Malheurs 99
Michail Rudnickij & Swetlana Geier: Körpersprache / Sprachkörper 103
Bettina Spoerri: Der Slang – Am Puls der Sprache 112

Fortsetzung Seite 3

50. Jahrgang, Band 2 / 2005, Ausgabe 218

Marginalien

Der Brief des Prinzen August hat mich unterhalten. Er hat, für einen Prinzen besonders, viel guten Humor. – Könnten wir nicht durch diesen Prinzen Vergünstigungen erhalten, die Diderotische Erzählung *La Religieuse*, die sich in dem geschriebenen Journale befindet und, soviel ich weiß, noch nicht übersetzt ist, für die Horen zu übersetzen? Aus demselben ist auch *Jacques le Fataliste* gezogen und in Berlin bei Unger übersetzt herausgekommen. Ich kanns nicht lassen. Bei einem Prinzen fällt mir immer zuerst ein, ob er nicht zu etwas gut sei?

Friedrich Schiller: An Goethe/Jena, 29. November 1795

Zu den verändernden Übersetzungen gehört, wenn sie ächt seyn sollen, der höchste poetische Geist … Der wahre Übersetzer dieser Art muß in der That der Künstler selber seyn, und die Idee des Ganzen beliebig so oder so geben können. Er muß der Dichter des Dichters seyn …

Novalis: Blüthenstaub, 69/1798

Die Menschen, über die ich schreibe, sind oft genug große Meister in der Handhabung ihrer Muttersprache. Also bestand meine Aufgabe darin, ein englisches Äquivalent zu finden, das die Würde, die gravitas der Ausgangssprache vermittelte.

Chinua Achebe: Dankesrede zur Friedenspreisverleihung 2002

Da die Araber die ersten Adressaten von Mohammeds Verkündigung waren, erscheint es unter Muslimen selbstverständlich, daß der Koran in arabischer Sprache verfaßt ist. Zudem wird dies im Koran mehrfach betont. Die Originalsprache ist also etwas Heiliges, und jede Übersetzung – auch wenn solche stets zahlreich waren – birgt eine gefährliche Tendenz zur Profanisierung.

Anatol Schneider: Tagesspiegel vom 25.1.2002

Sie haben beschlossen, die Bibel alle fünf Jahre in die neueste, modernste und aktuellste Umgangsssprache zu übersetzen (inkl. Studentensprache, Fachjargon, Slang usw.) Und sie sammeln die neuen Worte und verwenden nur diese. (…) sie erfinden eine neue Sprache und übersetzen die Bibel in diese. Und dann. Zu ihrem Schrecken machen sie die Erfahrung, daß ihre künstliche Sprache binnen Wochen veraltet, die Wirklichkeit blinkt und überholt sie.

László Garaczi: Harter Kurs

Soweit dies bisher überprüft ist, stoßen wir immer wieder, besonders bei Orten in günstiger Lage, für die darum ein hohes Alter angenommen werden kann, auf baskische Vokabeln für natürliche geographische Gegebenheiten, also auf topographische Wörter.

Theo Vennenmann: Die Ursprache der Alteuropäer

Der Prozeß der Übersetzung ist unbeendbar. Die Übersetzung ist Annäherung, Umkreisung. Sie verweist, sie beleuchtet, sie erhellt (sie verdunkelt); sie knittert, sie kerbt, sie glättet (leider!); sie umstellt, umzingelt, erobert. Sie agiert, sie mimt das Gedicht. Selten, daß sie es einholt; obwohl sie es bisweilen überflügelt …

Friedhelm Kemp: Übersetzen als Prozeß

Inhalt

Irene Weber Henking: Die Lust des Lesens und der Leserin 118
Jonathan Burton & Amanda Holden: Oper übersetzen 124

SÄTZE WÖRTER SÄTZE

Christoph Rütimann: alles 132
Felix Philipp Ingold: Rilke, russisch imprägniert 138
Boris Pasternak: Überm Buch – nach Rilke 141
Rainer Maria Rilke: Der Lesende 142
Bodo Hell: a whiter shade of pale 143
Peter Salomon: Lektüre 144
Péter Esterházy: Was für ein Péter 145
Petr Borkovec: Die Übersetzung 149
Hans Thill: Hans Harfe erbaut Freitag und Mannheim 150
Isolde Ohlbaum: Begegnungen an der Wortgrenze II 151

ZUSATZ

Oskar Pastior: Übersetzung. Der Vorgang. Das Ergebnis. Wumm 164
Claude Esteban: Die eigene Sprache 167
Hans Thill: Griffel in der Hand, Dorn in der Pranke 170
Heinz Schafroth: Lebenszeichen der Toten Sprachen 172
Wolfgang Werth: Übersetzungen lesen 178
Reto Ziegler: Entscheidend ist das Ungesagte 180
Joachim Kalka: Sprachliche Minima als Problem des Übersetzens 184
Felix Philipp Ingold: Zum Übersetzen 187
Günter Eich: Indogermanisch 194

UMSETZUNG

Helmut Heißenbüttel: Fünf »Herbste« 196
Martin Amanshauser: Heißenbüttel Wienerisch 197
Markus Bundi: Heißenbüttel in Schweizer Mundart 198
Jacques Guidon: Heißenbüttel Rätoromanisch 199
Carl V. Scholz: Heißenbüttel Niederdeutsch 200
Kathrin Schmidt: Heißenbüttel Thüringisch 201
Róša Domašcyna: Heißenbüttel Obersorbisch/Wendisch 202

FORTSETZUNG

Otto Neumaier: Reden wir von Glück 204
Sigrid Hauser: Doppelt übersetzt 207
Isolde Ohlbaum: Dreizehn Übersetzer. Eine Übersetzung 210
Elmar Holenstein: Zur Relativität des sprachlichen Relativismus 217
Elmar Holenstein: Kulturelle Höflichkeit 220
Alfred Zimmerlin: Übersetzungsvorgänge in der oder mit Musik 227
Peter Schweiger: Erstaunlich flogen die Wörter herum 233

horen-podium

Hugo Dittberner: Bei Daos Nein – Eine Laudatio 241
Bei Dao: Die Finsternis durchdringen 251
Wolfgang Kubin: Der Fall Bei Dao / Vom Wunsch,
aus einem chinesischen ein deutsches Gedicht zu machen 253

Die Autoren, Künstler & Übersetzer / Quellen & Hinweise 259

Im übersetzten Sinn

alles **über**

setzen
stellen
führen
leiten
wenden
fliegen
stemmen
werfen
heben
sehen
lagern
mitteln
treffen

Das Übersetzen aus verschiedenen Blickwinkeln

Das Abenteuer mit der Frage, welche Ideen unter der Oberfläche des Begriffs Übersetzung liegen (jenes Abenteuer jedenfalls, das diesen *horen*-Band betrifft), begann mit drei Symposien, sie fanden 2001 bis 2003 statt, in Erfurt, Darmstadt und Schwerin. Veranstalter war der deutsche P.E.N.

Gleich bei diesen ersten Begegnungen ging es nicht nur um Wort-Fragen in verschiedenen Sprachen, sondern zum Beispiel darum, wie man sich als Leser, Rezensent oder Lektor den Qualitäten von Übersetzungen nähern kann. Wie sich das Ansehen des Übersetzers in der Antike ausnahm (Gert Ueding) und auch von radikalen Übersetzungstheorien war bereits die Rede (Stefana Sabin).

Nicht nur mit Zustimmung, sondern sogar mit einer unmittelbaren Freude wurden die Diskussionen bei den Jahrestagungen des PEN aufgenommen. Und bei dem zweiten Symposion kam Johann P. Tammen auf mich zu (ich hatte diese Gespräche jeweils geplant und sie dann moderiert), um mir schon damals vorzuschlagen, zumindest die Statements der P.E.N.-Gespräche in einem *horen*-Band festzuhalten. Jetzt sind diese Beiträge ein Kernstück, eine Nußschale in dieser Sammlung. Ein Ansatz für weitere verwandte Themen.

Übrigens glaube ich nicht, daß es Autoren gibt, die kein Interesse daran hätten, übersetzt zu werden, und sicher wären viele unglücklich, die Weltliteratur nicht in deutscher Übersetzung lesen zu können. Wer schreibt, wer mit der Sprache etwas zu tun hat, kommt am vielfältigen Thema Übersetzen nicht vorbei. Trotzdem baten einige Autoren ausdrücklich und wiederholt, die Symposien nicht weiterzuführen.

*

Wenn von Übersetzungen (von denen der Sprachen) die Rede ist, denkt man im allgemeinen an die bekannten, »überprüfbaren« Sprachen, an Englisch, Russisch, Italienisch. Und es ist wunderbar, wenn beispielsweise bei der deutschen Version eines französischen Essays in Klammern manchmal das Original zitiert wird. Es ist wunderbar, das Original mitverstehen zu können und damit der Übersetzung weniger ausgeliefert zu sein.

Im Zusammenhang mit Übersetzungen ist fast immer von den klassischen europäischen Sprachen die Rede. Die sind einigermaßen verständlich, und was da von der einen in die andere Sprache übertragen wird, scheint überprüfbar. Alles andere liegt im Nebel. Chinesisch, Japanisch, Baskisch, Türkisch, Ungarisch, die afrikanischen Sprachen: sie liegen im Nebel. Nicht nur die Sprachen selbst, sondern auch ihre Übersetzungen.

Übersetzungen aus nicht indoeuropäischen Sprachen lösen eine Art Verlegenheit aus; wer sie bewerten soll, schlägt die Augen nieder, ist stumm oder verheddert sich und spricht schnell von »kongenialer Arbeit«. Eine prekäre Angelegenheit. Obwohl immerhin ein deutscher Text vorliegt, der auch für sich betrachtet werden könnte.

Stellvertretend für die »unbekannten« Sprachen stehen in dieser Sammlung einige Gedanken über Japanisch, über die neue hebräische Literatur, einige Überlegungen im Zusammenhang mit dem Ungarischen.

*

Was ist überhaupt eine Übersetzung? Geht es dabei immer nur um Sprachumsetzungen, oder ist jede Theaterinszenierung, jedes Bild, jede Komposition, jede Realisierung von architektonischen Plänen eine Übersetzung und andererseits jedes Wort in jeder Sprache eine Inszenierung?

Von solchen Fragen ist auf den folgenden Seiten (auch) die Rede. Und wie sich Sprache innerhalb der Musik ausnimmt, in Opernübersetzungen, wird ebenfalls angesprochen, aber selbstverständlich könnten und müßten diese Themen vierfach, fünffach beleuchtet werden; alle übersetzerischen Fragen warten unersättlich auf vorübergehende, wechselhafte, im Augenblick erhellende Antworten.

*

Die nachfolgenden Überlegungen beschäftigen sich aber in erster Linie mit der Übersetzung von Sprachen, und in diesem Zusammenhang werden Schlegel, Walter Benjamin oder zum Beispiel Chlebnikov wiederholt herbeizitiert. In einem Beitrag taucht auch Ortega y Gasset auf, und um den zur Zeit etwas vergessenen Philosophen etwas betonter mitreden zu lassen (und auch, weil das Spanische in diesem Band zu kurz kommt), stammen alle Motti am Anfang der jeweiligen Kapitel von Ortega; so kann er sich quasi über die Themen hinweg in das Gespräch mischen, was wohl auch stilistisch zu ihm paßt.

*

Jede Sprache, jede Ausrucksweise einer Sprache hat ein eigenes Stimmungsumfeld. Was passiert mit diesem Stimmungsumfeld bei der Übersetzung?

*

Bei aller Problematik ist Übersetzen auch ein herrliches Spiel. Auf ein besonderes Sprachspiel lassen sich in dem Kapitel »Umsetzung« vier Schriftsteller ein, die einige »Herbste« von Helmut Heißenbüttel in vier verschiedenen deutschen Dialekten vorlegen (Niederdeutsch, Schweizerdeutsch, Thüringisch, Wienerisch); zwei kleine, oft übersehene Sprachen spielen mit, Rätoromanisch und Sorbisch.

* * *

So ganz sicher ist es zwar nicht, daß nur der Mensch sprechen kann, aber immerhin haben wir in der menschlichen Sprache ein großes Sprechsystem, wir können uns unterhalten, und während sich jemand unterhält, sind alle seine Sätze eine Übersetzung. Erst muß er nämlich denken, dann das Gedachte sagen, und selbst, wenn er es nicht merkt, hat er dabei bereits etwas übersetzt.

Jeder Satz ist eine Übersetzung. Jeder Vergleich ist eine Übersetzung, wenn auch im übersetzten Sinn, so daß ich mich ernsthaft frage, was – außer dem Unvergleichlichen – keine Übersetzung ist.

*

PS:

Es gibt immer wieder Auseinandersetzungen darüber, wer besser übersetzt: ein Schriftsteller, der ohnehin mit der Sprache, mit der Komposition von Sätzen zu tun hat, und der es gewohnt ist, nach Worten zu suchen oder Freude mit Wörtern zu haben, oder der Übersetzer, der selber nicht schreibt und all sein Denken auf das Übersetzen konzentriert.

Natürlich bleibt hier die Antwort offen.

Aber es folgt eine Zusatzfrage: Wie geht es einem Schriftsteller, der sein eigenes Werk übersetzt.

»Warum eine Küche?« hat Peter Handke auf Französisch geschrieben und es dann ins Deutsche übertragen. Beide Varianten sind im gleichnamigen Band nebeneinander zu lesen; das ist wirklich ein Erlebnis.

Handkes (wohl verschmitzte) Antwort steht auf der folgenden Seite. Und wie man sehen wird: auch diese Frage bleibt offen. □

Müllheim/Schweiz, im Juni 2005

Peter Handke

»Mein« Französisch...

Liebe Zsuzsanna Gahse –

es tut mir leid, daß ich so spät – und so schwach – antworte. Ich kann auch nicht mehr sagen, als daß es mir gar nicht geheuer war, "Pourquoi une cuisine?", das ich zuerst in Französisch geschrieben hatte, ins Deutsche zu übersetzen. Schon mit 2, 3 Stückchen über Maler – Zoran Mušič, Pierre Alechinsky –, auch bei einer Seite über M. Duras, seinerzeit französisch für "Le Monde", ist es mir so ergangen: "mein" Französisch hätte so bleiben sollen, unübersetzt, jedenfalls nicht übersetzt von mir – es war – deutsch – wie hohle Nüsse klopfen, oder rollen. (Ah, nein, der Text über die Duras wurde von jemand anderm übertragen – und gleich kam er mir furchtbar vor, so, deutsch.) Jedenfalls werde ich nie mehr einen von mir französisch, arabisch, serbisch gefingerten Text in mein (?) Deutsch bringen –

Viele Grüße –

Peter Handke

... ich kann auch nicht mehr sagen, als daß es mir gar nicht geheuer war, »Pourquoi une cuisine?«, das ich zuerst französisch geschrieben hatte, ins Deutsche zu übersetzen. Schon mit 2, 3 Stückchen über Maler – Zoran Mušič, Pierre Alechinsky –, auch bei einer Seite über M. Duras, seinerzeit französisch für »Le Monde«, ist es mir so ergangen: »mein« Französisch hätte so bleiben sollen, unübersetzt, jedenfalls nicht übersetzt von mir – es war, deutsch, wie hohle Nüsse klopfen oder rollen. Jedenfalls werde ich nie mehr einen von mir französisch, arabisch, serbisch gefingerten Text in mein (?) Deutsch bringen –
Viele Grüße – Peter Handke

EIN ANSATZ

Die persönliche Ausdrucksweise
besteht beispielsweise darin,
daß der Autor
den herkömmlichen Sinn
eines Wortes
leicht abwandelt,
daß er das Wort zwingt,
einen Kreis von Gegenständen
zu bezeichnen,
der nicht genau
mit dem übereinstimmt,
den es in seiner üblichen
Verwendung bezeichnet.

José Ortega y Gasset

Helmut Böttiger

Los und List der Übersetzer

Immer gegen Ende eines Jahres läuft »Doktor Schiwago« im Fernsehen, und das sollte auch so bleiben. Der Schnee, der wie weiche Watte auf den harten Plätzen, Straßen und Steppen Russlands ausgebreitet liegt. Trotzki, wie er seine Dampflok in den Wirren nach der Oktoberrevolution vorantreibt. Oder der Atem, der die Fensterscheiben der alten Bürgerhäuser undurchsichtig macht und dem draußen in der Kälte Stehenden ein Bild der Sehnsucht vermittelt. »Doktor Schiwago« ist ein Klassiker und zeitlos, dennoch ist das Buch im deutschen Sprachraum vor ein paar Jahren aktualisiert worden. Das schien nötig zu sein, denn man wähnte in der Ende der fünfziger Jahre in Windeseile verbreiteten Übersetzung einige Spuren von der Hast des Augenblicks, die für einen Klassiker immer schädlich sind, und Thomas Reschke übersetzte das Buch einfach neu.

Doktor Schiwago« ist nicht der einzige Fall. In letzter Zeit häufen sich deutsche Neuübersetzungen berühmter ausländischer Klassiker, man ist mit den vorhandenen einfach nicht mehr zufrieden. Ein herausragendes Beispiel ist »Zenos Gewissen« von Italo Svevo, ein Schlüsselwerk über die Bildung des zerstreuten Bewußtseins im zwanzigsten Jahrhundert, von Rauchern genauso heftig rezipiert wie von Psychoanalytikern und erschütterten Geschäftsleuten.

Daß der Titel der von Barbara Kleiner im Jahr 2000 vorgelegten Neuübersetzung »Zenos Gewissen« heißt, zerstört liebgewordene Gewohnheiten. Im Lauf der Jahrzehnte hatte sich der alte deutsche Titel »Zeno Cosini« eingeprägt, doch das Original hieß eben anders: »La coscienza di Zeno«. Als Piero Rismondo damals das 1923 erschienene Buch ins Deutsche übersetzte, nahm er als Titel einfach den Namen der Hauptfigur und umschiffte auch sonst allerlei gefährliche Klippen, indem er schwierige Textstellen einfach wegließ. Sein allzu geschmeidiges Deutsch wird von Barbara Kleiner überwunden. Ihre Übersetzung entspricht dem etwas sperrigen Italienisch Italo Svevos, seinem eigenwilligen Satzrhythmus, dem ungewöhnlichen Gebrauch der Präpositionen und des Konjunktivs.

Jetzt erst haben wir Svevo auch im Deutschen eingeholt.

Zu einer öffentlich ausgetragenen Fehde entwickelte sich gar 2001 der überfällige Versuch, Herman Melvilles epochales Epos »Moby Dick« einigermaßen getreu ins Deutsche zu bringen.* Der ursprünglich engagierte Übersetzer wollte dabei das Original radikal in seiner Ursprünglichkeit sichern, schaffte aber etwas ziemlich Künstliches dabei. Matthias Jendis hat dann die Eigenarten des 19. Jahrhunderts in Melvilles Sprache zwar nicht getilgt, aber die eleganten Satzperioden dieses Autors doch in ein entsprechendes Deutsch herübergerettet, eine Bravourleistung, die Christa Schuenke 2002 mit ihrer Über-

*Anm. d. Red.: Siehe hierzu Norbert Wehr u.a., *Schreibheft 57/2001: Die Weiße des Wals.* – Ein Übersetzer-Abenteuer, dessen Widrigkeiten und Folgen bis in die Gegenwart dringlich recherchiert und couragiert dokumentiert werden sollte.

setzung von Melvilles »Pierre« noch steigerte. Sie bewies dabei, daß es sich offenkundig lohnt, bei einer modernen Übersetzung Melvilles die Sprache etwa Adalbert Stifters genau zu studieren.

Ähnlich verfährt auch Swetlana Geier in ihrer wagemutigen Arbeit, die Hauptwerke Dostojewskis neu ins Deutsche zu übertragen. Am schockierendsten war wohl, als sie das im Deutschen längst zur geflügelten Wendung gewordene »Schuld und Sühne« fallenließ und dem Original entsprechend »Verbrechen und Strafe« titelte. Durch Swetlana Geier haben wir mehr als hundert Jahre später eine aktualisierte Vorstellung von dem, was Dostojewski ausmacht.

In letzter Zeit gab es viele solche Kraftanstrengungen: da wären die Neuübersetzung von Fernando Pessoas »Buch der Unruhe« zu nennen, die Anverwandlung Gustave Flauberts vornehmlich durch Cornelia Hasting in den schönen Bänden des verblichenen Haffmans-Verlags oder die erste lesbare Ausgabe von Célines Jahrhundertwerk »Reise ans Ende der Nacht«, die jetzt bei Rowohlt herauskam, Hinrich Schmidt-Henkel ist dafür nicht genug zu loben. Und es gibt die neuen Klassiker-Editionen bei Hanser, zu denen Alessandro Manzonis »Brautleute« gehören, die früher fälschlicherweise »Verlobte« hießen, oder die »Gefährlichen Liebschaften« von Choderlos de Laclos. 2004 ist eine ebenfalls viel besprochene Neuübersetzung von Stendhals berühmten Roman »Rot und Schwarz« erschienen.

Warum gilt das deutsche Augenmerk gerade jetzt solchen Klassikern aus anderen Sprachen? Dieser Vorgang hat in anderen Ländern keinen Vergleich. Es scheint das Bedürfnis zu sein, ein Gegengewicht zu den dominierenden Augenblicksverzettelungen zu schaffen, zur provinziellen deutschen Nabelschau. Dies ist ein Zeichen. Am Anfang aller Auseinandersetzung mit Literatur stand das hermeneutische Prinzip: es galt, die Klassiker immer wieder neu zu interpretieren, den jeweils veränderten Zeitumständen entsprechend. So entstand die Philologie, und es empfiehlt sich offenkundig, in diesem Licht auch die Gegenwartsliteratur zu betrachten.

Dies ist eine große List der Lektorate. Sie reagieren damit nicht nur auf die finanzielle Krise, sondern auch auf die zweite: die Krise der Inhalte. Im Tschechow-Jubiläumsjahr 2004 läuft Diogenes zur Hochform auf, und die kleine und großartige Friedenauer Presse wirbt mit Peter Urbans radikalen Neuübersetzungen des russischen Seelenkünstlers.

Man kann es somit an ganz konkreten Beispielen beweisen: die Diskussion über Gegenwartsliteratur ruht auf den zarten Schultern der Übersetzer. Und diejenigen unter ihnen, die das Übersetzen als eine wahrhaft existenzielle, als literarische Aufgabe begreifen, sind die wahren Helden des Literaturbetriebs. Denn sie stehen fast nie im Rampenlicht. Und Übersetzer ist nicht gleich Übersetzer: Den Großteil der Übersetzungen ins Deutsche machen immer noch Gelegenheitsarbeiter aus, pensionierte Studienräte, Hausfrauen, die einmal auch eine Sprache studiert haben – sie arbeiten für das Honorar, das normalerweise von den Verlagen gezahlt wird.

Der wahre Übersetzer aber, das kann nicht oft genug gesagt werden, ist selbst ein Schriftsteller. Er erfindet die Sprache des ursprünglichen Textes für das Deutsche noch einmal neu, und wer als Autor das Glück hat, solch einen Übersetzer zu finden, kann sich nur gratulieren.

Der Übersetzer sieht sich immer auf einer schwierigen Gratwanderung. Denn ist seine Übersetzung gelungen, fällt das normalerweise gar nicht auf. Immerhin hat es sich bei Rezensenten in den letzten Jahren eingebürgert, ein oder zwei pflichtschuldige Bemerkungen über die Übersetzung zu verlieren. Doch die Leistung dieser stillen Kärrner des Literaturbetriebs kann eigentlich immer nur derjenige ermessen, der auch die Sprache kennt, aus der das Buch übersetzt worden ist, und das Original mit der Übersetzung vergleicht. Und das ist selbst beim Amerikanisch/Englischen, das längst die globalisierte Sprache geworden ist, noch recht selten der Fall.

Der Rezensent merkt normalerweise erst auf, wenn ihm das Deutsch des Buches, das er gerade liest, merkwürdig hölzern und sperrig vorkommt – dies genauer auszuführen, gehörte eigentlich zur ureigenen Aufgabe des Rezensenten. Leider ist die Übersetzungskritik ein sehr marginales Fach. Wer zum Beispiel ist in der Lage und unabhängig genug, die Übersetzung des Gesamtwerks des großen italienischen Gegenwartslyrikers Andrea Zanzotto zu beurteilen, die gerade sukzessiv mit einem beträchtlichen energetischen Aufwand herausgebracht wird?

Daß es sich hier um ein Kardinalproblem handelt, wäre höchst spannend zu untersuchen: die Übersetzung hat nämlich vielleicht mehr mit Peter Waterhouse und dessen Sprachphilosophie zu tun als mit dem Italienisch, an dem Andrea Zanzotto arbeitet. Vielleicht hilft ja der Boom beim Neu-Übersetzen ausländischer Klassiker, allgemein mehr Sprachbewußtsein zu entwickeln. Das käme nicht nur der zu oft in seminarmäßigen Schablonen erstarrten jungen deutschen Gegenwartsliteratur zugute. Es weckte das Gespür dafür, was Literatur schon immer war und gerade auch heute sein kann. □

Ragni Maria Gschwend

Die Vokale sind an allem schuld

Einige Nebengedanken zum Übersetzen aus dem Italienischen

Traduttore – traditore! Überflüssig zu sagen, daß es sich bei diesen zwei Wörtern um ein italienisches Bonmot handelt, das auf deutsch lautet: »Übersetzer – Verräter«. Natürlich ist eine solche Gleichsetzung nicht gerade schmeichelhaft für unseren Beruf, aber ganz von der Hand zu weisen ist sie leider auch nicht, und das beweist bereits die zwar korrekte, aber völlig farblose Übersetzung dieser Redensart, die sich doch nur dem Umstand verdankt, daß man im Italienischen lediglich einen Vokal verändern muß, um phonetisch aus einem *traduttore* einen *traditore* zu machen. Das kann das Deutsche nicht leisten. (Wäre wohl deswegen bei uns auch nie jemand auf den Gedanken gekommen, so Diskriminierendes über unsere Zunft zu verbreiten?) Um diese Redensart adäquat zu übersetzen, müßte man also ein ähnlich griffiges Wortpaar finden, das dem Sinn nach das Gleiche bedeutet. Vielleicht so etwas wie »Übersetzer – Untersetzer«? Nein, das paßt weder von der Aussage noch vom Bild her. »Wie die Metaphern umsetzen / unter Vermeidung treffsicherer Fehlschlüsse?« fragt Werner Dürrson in seinem Gedicht *Die Knochensäge. Kleine Poetik des Übersetzens.* Und da sich bisher anscheinend keine adäquate Lösung gefunden hat, bleibt es beim italienischen Zitat.

Ähnliches geschieht schon seit langem auf den deutschen Opernbühnen. Das Italienische, die Opernsprache schlechthin, sperrt sich gegen eine Übersetzung ins Deutsche vor allem durch seinen Vokalreichtum, durch den es sich müheloser reimen und vor allem leichter und schneller singen läßt. Bereits 1789 beklagte sich Adolph Freiherr von Knigge, Verfasser des einstmals berühmten Buches *Über den Umgang mit Menschen* und einer der ersten Übersetzer von Mozarts *Le Nozze di Figaro*, gewissermaßen über den Umgang mit Vokalen: »Der Componist zieht zuweilen die Vocalen, an denen die wälsche Sprache so reich ist, zusammen, daß dann aus mehr Sylben nur eine einzige wird, und an einer anderen Stelle derselben Arie trennt er sie wieder; wo findet man in unsrer, mit Consonanten so gesegneten Sprache Wörter, mit denen sich das thun läßt?« Erst recht, wenn man sich dabei noch nach den Vorgaben der Musik richten muß.

Ja, mit welchem Wort ließe sich inbrünstiger von der Liebe singen als mit *a-mo-re*? Und darauf reimt sich dann auch gleich *cu-ore* und *do-lo-re*. Gut, das Reimpaar »Herz-Schmerz« haben wir im Deutschen auch, aber damit ist poetisch doch kein Staat zu machen, da bleibt doch jedes Auge trocken! Und auf »Liebe« folgen bei uns meistens nur prosaische »Triebe«: »Ihr, die Ihr Triebe des Herzens kennt / Sprecht ist es Liebe, was hier so brennt« , reimte der Freiherr, dessen Figaro-Übersetzung Schule gemacht hat, für »*Voi che sapete che cosa è amor / Donne vedete s'io l'ho nel cor.*«

Wobei auffällt, daß es sich das Italienische sogar leisten kann, hin und wieder auf den Endvokal zu verzichten. Hinzu kommt noch, daß ein helles I eine andere, spitzere Tonqualität besitzt als ein weiches, sonores A oder O. Womit ließe es sich beispielsweise in der Oper herzzerreißender Abschied nehmen als mit *Ad-di-o*, ein Wort, das zumindest in keiner Verdi-Oper fehlen darf (allein im Finale des *Ballo in maschera* wird es vom sterbenden Riccardo achtmal gesungen).

Doch Gefühle gibt es ja nicht nur in der Oper, sondern auch in ganz gewöhnlichen Prosatexten, und auch da erweist sich die deutsche Sprache gegenüber der italienischen meist als defizitär und rückt eine Übersetzung entweder in die Nähe zum Kitsch oder zur Vulgarität. *Fare l'amore* – ein Begriff, der in Italien bereits in unschuldigen Kinderversen vorkommt, während wir noch nicht einmal als Erwachsene ein normales, treffendes und zugleich gesellschaftsfähiges Wort dafür haben.

Ti amo sagt sich rascher – vor allem, wenn man die »Vocalen zusammenzieht« und es auf ein zweisilbiges *t'amo* verkürzt – als »ich liebe dich« und klingt daher irgendwie unverbindlicher. Schon daß das »Ich« nicht eigens gesagt wird, sondern als Personalpronomen, wie für gewöhnlich im Italienischen, in den Endvokal integriert ist. Das hat natürlich auch seine Tücken, denn wie leicht läßt sich so ein kleiner Vokal verwechseln – *amo, ami, ama* – und schon weiß man nicht mehr, wer liebt hier wen.

Aber wo viel Liebe, da auch viel Hass, und *Mamma mia!* nirgends kann man so hemmungslos und zugleich melodisch schimpfen und fluchen wie im Italienischen, so daß man sich beim Übersetzen sprachlich nur als armes Waisenkind vorkommen kann. Denn während wir in unseren Unmutsäußerungen immer noch weitgehend auf die Tierwelt oder unseren Anal- und Fäkalbereich beschränkt sind, bewegt sich, vor allem seit einer vehementen verbalen Befreiung Ende der siebziger Jahre, die italienische Schimpf- und Fluchphantasie vornehmlich im Bereich des Sexuellen (so ist *cazzo* – »Penis« inzwischen zum reinen Füllwort geworden). Und selbst der Himmel bekommt sein Fett ab. *Porca Madonna!*

Schuld der Vokale? Zumindest eine Mitschuld. Italienische Wörter bezaubern einfach oft durch ihren bloßen Klang und ihre leichte Aussprechbarkeit. Man sieht ja auch, wie viele – oft falsch gesetzte – Endungen auf »issimo« sich in die Werbesprache einschleichen, wie viele italienische Bezeichnungen unübersetzt bleiben. (Nur daß in deutschen Modegeschäften jetzt immer wieder *sale* – »Salz« angeboten wird, verwundert selbst die Italiener.)

Übrigens gibt es zumindest ein italienisches Wort, das alle fünf Vokale in sich vereinigt: *aiuole* – Gartenbeete. □

Maik Hamburger

Theatertexte

Erst in den letzten Jahrzehnten hat sich die Erkenntnis von der Spezifik einer Theaterübersetzung herausgebildet, die Forderung nach einem bühnengerechten Text ist relativ neu. Man hat sich in Deutschland über die besondere Funktion der dramatischen Rede lange Zeit keine Gedanken gemacht und in fremden Werken eher den philosophischen Gehalt oder die Figurenpsychologie gesucht als die physische Bühnenwirksamkeit. Theater wurde als verlängerter Arm der Literatur betrachtet. Der philosophische Sog der deutschen Sprache tat ein Übriges, die sinnliche Eigenart eines dramatischen Textes ins Reflektive zu wandeln: Aus *To be or not to be* wurde *Sein oder Nichtsein*, aus dem Verb ein Substantiv, aus dem Individuellen das Universelle. Die Kluft zwischen Literatursprache und gesprochener Rede vergrößerte sich zusehends nach Luther, der *dem Volk aufs Maul* schaute, aber auch schon *nach der sächsischen Kanzlei redete*. Die gebildete Sprache wurde abgehobener, die Alltagsrede platter, dazwischen gab es keine Vermittlung. (Karl Kraus: «Die deutsche Sprache ist die tiefste, die deutsche Rede die seichteste.«)

In seinem Drang zum poetischen Ausdruck schloß sich das Deutsch der Klassik austerngleich um jedes Sandkörnchen und machte daraus eine Perle. Damit entstand Dichtung von Kraft und Einmaligkeit, es wurde aber immer schwieriger, einfach von Sand zu reden. Auf dem Theater ist aber immer *auch* von Sand die Rede.

Eine performative Sprache, in der auch gesellschaftliche Wirkungsmöglichkeit steckt, ist in der klassischen deutsche Dramatik eine Seltenheit. Dramatischer Text strebt nach physischer Verwirklichung. Er gelangt erst in der Aufführung zu seiner ästhetischen Bestimmung. Dort geht die Kunst des Dramatikers auf in der Kunst des lebendigen, sich selbst produzierenden Menschen.

Die Keime, die der Text enthält, blühen durch die Vermittlung des Darstellers auf. Aber sie müssen im Text vorhanden sein. Es gehört mehr zu einer dramatischen Replik als Sinngehalt und Sprechbarkeit und schöner Klang. Auf die Codes kommt es an, die dem Schauspieler Anweisung und Material für das Spiel liefern, auf das, was man seit Brecht als den *Gestus* eines Textes bezeichnet. Der Gestus berücksichtigt die sinnstiftende Beteiligung des ganzen Körpers am Sprechakt. Er kennzeichnet, was neben der Sachinformation von der Bühne mitgeteilt werden soll.

Um der Forderung nach gestischem Ausruck nachzukommen, muß der Übersetzer die Möglichkeiten der Zielsprache bis ins Extreme ausreizen. Oft muß er zu ungewöhnlichen Sprachformen greifen, deren Schlüssigkeit sich nicht normativ, sondern im Augenblick der Aufführung beweist (oder auch nicht). Er muß seine Sprache ziehen, darf sich nicht an sie hängen.

Goethe: »Beim Übersetzen muß man bis ans Unübersetzliche herangehen; alsdann wird man erst die fremde Nation und die fremde Sprache gewahr.« Der natürliche Verbündete des Übersetzers ist der Schauspieler, dem sich das Wirkungspotential eines Textes nach wenigen Proben erschließt.

In der Praxis wird oft eine Allerweltsübersetzung vorgezogen, die die wenigsten Widerstände bietet und Verlegern, Bühnenvertrieben und Theatern als *gängig* erscheint. In solchen Übersetzungen sprechen Shakespeare, Shaw, O'-Neill, Wesker und Mamet alle *ein* Deutsch. Die *theatralischen* Eigenheiten der Texte sind es, die einer solchen Nivellierung zuallererst zum Opfer fallen. Die Schauspieler, um ihr Material betrogen, wundern sich, daß der Dramatiker zu Hause einen so hohen Ruf genießt, die Regie hilft sich mit aufgesetzten Mätzchen, die das Original endgültig zudecken.

Ein Übersetzer, der die theatrale Semantik eines Textes aufgreift, ist auf dem besten Wege, den Graben zwischen Literatursprache und Umgangsrede (die nur die Rede seiner Zeit und seines Orts sein kann) zu überbrücken. Sehr treffend beschreibt Brecht* die Erfahrung »daß die Herausarbeitung der gestischen Elemente *in* der Sprache den Gegensatz zwischen einfacher und gehobener Sprache nur insoweit bestehen läßt, als er wünschenswert erscheint, und daß die ›einfache‹, ›natürliche‹ Sprache nunmehr wieder so edel klingen kann als die gehobene Sprache volkstümlich«. □

* Bertolt Brecht: *Schriften zum Theater*, Bd.III, Aufbau-Verlag Berlin und Weimar, 1964.

Peter Urban

Unbekannte Klassiker

Woran die Übertragung aus der Fremdsprache häufig scheitert

Die Notwendigkeit, prominente Werke der Weltliteratur neu zu übersetzen, wird niemand ernstlich bestreiten. Diese Notwendigkeit gründet sich nicht auf dem oft dahergeplappertem Satz, daß sich jede Generation die ihr gemäße Übersetzung neu anfertigen müsse, sondern hat tiefere Gründe, zumal im Fall der russischen Klassiker.

Der deutsche, des Russischen nicht mächtige Leser kann, wenn er vergleicht, unmöglich entscheiden, was Tolstoj auf Seite 1 von »Anna Karenina« gemeint hat: Ist der »postojalyj dvor« des Originals nun ein »Wirtshaus an der Landstraße« (Artur Luther, Malik 1928), ein »Gasthof« (Fred Ottow, Winkler 1955), gar ein »Hotel« (Bruno Goetz, Manesse, 1952, 2003) oder, wie es bei Gisela Drohla (Insel 1966) richtig heißt, eine »Herberge«?

Einen Teil des Problems benannte schon der alte Turgenev in einem – deutsch geschriebenen – Brief an seinen Verleger Erich Behre 1874: »Der Herr Übersetzer hat eine höchst oberflächliche Kenntniss der Russischen Sprache; jedes nicht ganz gewöhnliche Wort, jede etwas originelle Wendung ist ihm wildfremd, und er stürzt sich dann in das so mißliche Reich des ›Ungefähr‹, wobei die wunderlichsten, unglaublichsten Sachen herauskommen! Zum Beispiel da ist das Wort ssajelka – kleiner Teich, Pfütze. Der Herr Übersetzer kennt es nicht, *aber das heißt pflanzen* / heißt es nun kleiner Teich oder pflanzen??/ – also wahrscheinlich ist das Ding ein Baum. Gut. Man spricht aber von Enten ... in einem Baum könnten Enten doch nicht plätschern ... Also machen wir Tauben daraus. Und so wird getrost geschrieben ›Tauben sitzen auf einem schattigen Baum‹ – anstatt ›Enten plätschern in einer schmutzigen Pfütze‹, et sic ad infinitum!‹

Ein anderer Teil des Problems ist die selbstherrliche Arroganz deutscher Übersetzer aus dem Russischen, das, was Dieter E. Zimmer »Kulturchauvinismus«! genannt hat. So ist Anton Čechovs berühmte Humoreske »Smert'činovnika« bis 1904 unter fünf verschiedenen Titeln erschienen: »Der Tod des Beamten«, »Der Tod des Tschniwik«, »Büreaukratentod«, »Tragikomisch« und »Hatschi!!«

Von »Genauigkeit«, die schon Puškin von der Prosa verlangte und auf der auch Čechow bestand, kann da keine Rede sein.

Dritter Teil des Problems sind Sprache und Stilempfinden der Übersetzer, besonders derer, die nach 1917 das Baltikum in Richtung Deutschland verließen. Mit dem Verständnis der russischen Texte hatten sie zumindest keine Schwierigkeiten, wohl aber mit der deutschen Sprache, und sie waren oft auch Autoren wie Werner Bergengruen und Fred Ottow, oder gar Dichter wie Johannes von Guenther, in dessen Übersetzung alle russischen Klassiker die eine Sprache, nämlich die des Übersetzers, sprechen.

Und wenn Ottow, dessen Puškin-Übersetzung, vormals Winkler, heute noch bei dtv lieferbar, aus dem schlanken Satz: »Pelze und Mantillen blinkten an dem majestätischen Portier vorüber«, macht: »die Gäste in kostbaren Pelzen und Mänteln eilten die Treppenstufen hinauf und verschwanden hinter dem gravitätischen Portier im Portal«, wird klar: Der deutsche Leser kann bis heute noch nicht wissen, wie die Klassiker der Russen geschrieben haben.

Mit dem Übersetzen ihres Stils, ihrer Formen und Strukturen stehen wir erst ganz am Anfang. □

Thomas Reschke

Übersetzen in der DDR

Es dürfte kaum Gründe geben, der untergegangenen DDR nachzutrauern. Die Literaturübersetzer aber können sich durchaus mit einer gewissen Wehmut an ihre Arbeits- und Lebensbedingungen vor 1989 erinnern; diese waren im Vergleich zu anderen Ländern vorzüglich.

Die überwiegend staatlichen Verlage waren zwar gehalten, Gewinne an den Staatshaushalt abzuführen. Gleichwohl sahen sie sich nicht vorrangig als kommerzielle Unternehmen. Das hatte ideologische und materielle Gründe.

Die SED-Führung betrachtete jedwede Literatur in erster Linie als – förderungswürdige – Unterstützung ihrer Politik, konnte aber mangels Devisen weder die Herstellung der Bücher auf den neuesten technischen Stand bringen noch die bedarfsgerechte Versorgung mit Papier gewährleisten; Papier war rationiert, und die Verlage mußten mit der ihnen zugeteilten Menge vorgegebene Titelzahlen und Auflagenhöhen realisieren.

Der Herstellungsprozeß – vom druckreifen Manuskript zum ausgelieferten Buch – dauerte Monate, oft ein Jahr und länger. Das schadete zwar der Aktualität der Verlagsprogramme, schuf aber eine gewisse Geruhsamkeit der Arbeitsabläufe, die wiederum der Qualität der Übersetzungen zugute kam, da mehr Zeit und somit mehr Sorgfalt investiert werden konnte.

Übrigens mußte jedes fertige Manuskript vor der Drucklegung auch noch bei der HV Verlage (sprich: Zensurbehörde) eingereicht werden, um die Druckgenehmigung zu erlangen, die bei »ideologischen Bedenken« schon mal verweigert oder von inhaltlichen Korrekturen abhängig gemacht wurde.

Die DDR-Verlage konnten sich personell neben der direkten Editionstätigkeit eine umfangreiche Forschungsarbeit leisten. Die Lektoren waren, anders als heute, nicht in erster Linie Manager, sondern durchaus auch Wissenschaftler, die in der Literatur »ihres« Landes umfassend Bescheid wußten; umfangreiche Studien der Bücher, der Fachpresse und der Printmedien, direkte Verlags- und Autorenkontakte wie auch vom Verlag finanzierte Dienstreisen und Studienaufenthalte hielten sie ständig auf dem Laufenden. Der Verlag Volk und Welt, der für die Belletristik aller Länder im 20. Jahrhundert zuständig war, hatte fünf Lektorate (mit 40-50 Lektoren): für Germanistik, Romanistik, Anglistik, Sowjetliteratur und die »Volksdemokratien« (die nichtsowjetischen Ostblockländer).

Die Arbeit am Text war fest angestellten Redakteuren vorbehalten, deren Aufgabe es war, dem Verlag gegenüber die Druckreife der Manuskripte (Sinn- und Formtreue zum Originaltext) zu verantworten. Die Redakteure verglichen in mitunter monatelanger Arbeit die Übersetzungen Wort für Wort, Satz für Satz mit dem Original und sprachen dann oft mehrere Tage lang mit den Übersetzern ihre Änderungswünsche durch. (Übrigens enthielten die Übersetzerverträge einen Passus, wonach die Übersetzer in Streitfällen das letzte Wort haben sollten.)

Es wäre undenkbar gewesen, daß Übersetzer Änderungen an ihrem Text erst im Umbruch zur Kenntnis bekamen. Die intensive und durchaus kollegiale Zusammenarbeit, bei der selbst kleinste Textbausteine erörtert werden konnten, führte zu guten fachlichen bis freundschaftlichen Kontakten zwischen Übersetzern und Redakteuren, die sich noch verstärkten, als es, beginnend in den sechziger Jahren, nicht selten zum »Rollentausch« kam: Die Redakteure probierten, ob sie es nicht vielleicht auch konnten, und ihre Übersetzungen wurden dann auch mal von ihren freiberuflichen Kollegen redigiert.

Bei den Besprechungen von Texten aus Rußland wurden auch immer wieder Transkriptionsprobleme diskutiert, so daß sich mit der Zeit einheitliche Prinzipien durchsetzten, die auf Überlegungen von Prof. Wolfgang Steinitz beruhten. Diese mögen im Einzelnen strittig sein, verhinderten aber das heute leider verbreitete Chaos etwa in der Wiedergabe russischer Namen (Gorki, Gorkij, Gor'kij; Tschechow, Čechov; Viktoria, Viktorija, Wiktorija; Alexander, Aleksandr) usw.

Eine weitere Gelegenheit zum ausgiebigen Erfahrungsaustausch der Übersetzer untereinander bot der regelmäßige Jour fixe (heute sagen wir Übersetzerstammtisch), der vor allem in Ost-Berlin, dem Wohnsitz der meisten Übersetzer, vom Schriftstellerverband einmal im Monat für die Sektion Übersetzer veranstaltet wurde. Dies waren unpolitische und daher gut besuchte Begegnungen, bei denen zuerst ein Vortrag (eines Kollegen oder eines kompetenten Gastes) neueste Informationen über die jeweilige Literatur lieferte, worauf sich intensive Fachgespräche anschlossen, in denen jedermann Probleme literarischer, stilistischer, aber auch rechtlicher und sozialer Art vorbringen konnte.

Auf Verlagsprogramme, Auftragserteilungen, Honorarhöhen, Auflagen, Buchtitel und -ausstattung, Umsatzbeteiligungen, Lizenzvergaben hatten wir DDR-Übersetzer keinen Einfluß. Das Lektorat nahm einen Titel an und offerierte ihn einem Übersetzer, der für den Titel geeignet schien. Das Seitenhonorar (es galt für die erste Auflage bis 10.000 Exemplare) lag seit den siebziger Jahren, je nach Schwierigkeitsgrad des Textes, zwischen vierzehn und zwanzig Ostmark und wurde erst gegen Ende der DDR auf bis zu dreißig Ostmark angehoben. (Der Kaufkraftunterschied zwischen Ost- und Westmark war nicht so groß wie häufig vermutet. Die Grundbedürfnisse wie Miete, Energie, Mobilität, Grundnahrungsmittel waren billig, die Edelspeisen und die langlebigen technischen Geräte wie Waschmaschinen, Kühlschränke, Autos teurer als »im Westen«.)

Zusätzlich konnte der Übersetzer eine Tantieme erhalten: 10.001 – 20.000 Exemplare der Auflage = 30 Prozent, 20.001 – 30.000 Exemplare = 20 Prozent des ursprünglichen Seitenhonorars (der Buchverkaufspreis wurde zur Berechnung nicht herangezogen). Ganz so selten wie heute wurden solche Auflagenhöhen nicht erreicht. Beteiligung an Auflagen über 30.000 gab es allerdings nicht.

Die Übersetzer waren auch an Lizenzgebühren beteiligt, und zwar mit fünf bis maximal fünfzig Prozent (letzteres bei »freien« Autoren) der dem Verlag zufließenden Summe. Ich erinnere mich, daß der Verlag Volk und Welt 1967 die Lizenz für meine Übersetzung von Bulgakows »Der Meister und Margarita« an Luchterhand vergab und dafür 5.000,– DM erhielt. Daran wurde ich mit 25 Prozent beteiligt, und die Hälfte meines Anteils konnte ich gegen sogenannte Valutaschecks tauschen, die Einkäufe im Devisenladen »Intershop« ermöglichten.

All das war staatlich geregelt und für Änderungswünsche des Einzelnen nicht zugänglich. Es geht daher an der Sache vorbei, wenn gelegentlich von Kollegen aus den weiland »alten« Bundesländern der Vorwurf erhoben wird, wir Ost-Russisch-Übersetzer hätten unsolidarisch alle guten Titel an uns gerafft und die Lizenzen zu Dumpingpreisen an Westverlage vergeben, so daß ihnen nur die Dissidenten-Literatur geblieben sei. Die Lizenzen wurden von den Verlagen (zum Schaden von uns Ost-Übersetzern) billig vergeben, denn man hoffte, im Gegenzug billig Lizenzen für West-Autoren einkaufen zu können. Über allem schwebte das Gespenst der ewigen Devisenknappheit der DDR-Führung.

Wenn wir von unseren damaligen Arbeits- und Lebensbedingungen reden, darf nicht vergessen werden, daß der personell üppig ausgestattete Schriftstellerverband eine Sozial- und eine Auslandskommission hatte. Die erste konnte in Notfällen helfen, gelegentlich ein Stipendium vergeben und vor allem einen begehrten Aufenthalt im Arbeits- und Erholungsheim Petzow (unweit Potsdam) vermitteln; dort quartierte man sich für ein paar Wochen, manchmal für Monate ein, zahlte für Unterkunft und Verpflegung einen sehr moderaten Preis und hatte beste Voraussetzungen für kreatives Arbeiten. (Weitere solche Heime gab es u.a. in Wiepersdorf und Kochberg.)

Die zweite Kommission verhalf den Verbandsmitgliedern, zu denen die Übersetzer vollberechtigt gehörten, zu ähnlichen Arbeits- und Erholungsaufenthalten in den entsprechenden Einrichtungen der »sozialistischen Bruderländer«: Gagra, Pizunda, Malejewka u.a. (Sowjetunion), Harrachov (CSSR), auch in Ungarn und Bulgarien.

Die DDR-Übersetzer erfreuten sich eines recht hohen Sozialprestiges. Sie konnten Auszeichnungen erhalten: den Nationalpreis der DDR (der freilich an ideologische Voraussetzungen gebunden war), auch den F.C.Weiskopf-Preis der Akademie der Künste. Darüber hinaus hatten etliche große DDR-Verlage (Volk und Welt, Aufbau, Henschel, Kinderbuch) einen Preis für die beste Übersetzung des Jahres (2000 Ostmark) gestiftet, der alle Jahre für mehrere Sprachbereiche vergeben wurde.

Davon nahmen die Medien dann ausgiebig Notiz, die die Übersetzer auch sonst gern in Wort und Bild vorstellten. Bibliotheken, Kulturhäuser, Buchhandlungen luden außer Autoren auch gern Übersetzer zu Lesungen ein, die mit 200–400 Ostmark relativ ordentlich bezahlt wurden. Solche Einladungen häuften sich bei Veranstaltungsreihen im Mai und November – man konnte sie nicht alle wahrnehmen. Bühnenübersetzer durften sich über ca. zwei Prozent jeder Abendkasse freuen, besonders, wenn ein großes Theater ein Stück längere Zeit spielte.

In diesem Zusammenhang sei erwähnt, daß die Nennung des Übersetzernamens auf dem Haupttitel des Buches, im Programmheft des Theaters, bei Rezensionen und Dramatisierungen Standard war. Auf jeden Fall waren die Übersetzer in dem Prozeß vom Manuskript zum Buch respektierte Partner und *nicht* das schwächste Kettenglied, an dem die Verlage bei Honoraren, Tantiemen, Beteiligungen möglichst zu sparen trachteten.

Zusammenfassend läßt sich sagen: Wer in der DDR die Kunst der schöngeistigen Übersetzung beherrschte sowie für gute Arbeitsqualität und Termintreue bekannt war, konnte, wenn auch nicht üppig, so doch recht gut davon leben (zumal etwa die Miete, wie in meinem Falle, ca. ein Zwölftel der heutigen betrug – für dieselbe Wohnung).

Aufträge gab es genug, denn das allgemeine Warenangebot war nicht berauschend, und die Leser konnten sich den Kauf der nicht sehr teuren Bücher leisten. All das schuf eine Atmosphäre, in der Konkurrenzdenken kaum gedieh. Auch gab es – in der DDR von nicht zu unterschätzender Bedeutung – unter den Kollegen kaum linientreue Parteianhänger, bei denen man sich mit freimütigen politischen Meinungsäußerungen in Acht nehmen mußte.

Ich glaube wohl, behaupten zu können, daß die Übersetzungskultur in der DDR einen recht hohen Stand erreicht hat. Dies scheint über die Wende hinaus fortgewirkt zu haben, denn im wiedervereinigten Deutschland sind seit 1990 angesehene Auszeichnungen erstaunlich häufig an Ex-Ossis vergeben worden: viermal der Paul-Celan-Preis, zweimal der Johann-Heinrich-Voß-Preis, zweimal der große NRW-Preis und zweimal das Bundesverdienstkreuz. □

Tatjana Michaelis

Schön und treu

Was ist eigentlich eine gelungene Übersetzung?

»Die endgültige, vollkommene Übersetzung gibt es nicht; eine für alle Fälle richtige Übersetzungstheorie ebensowenig. Übersetzen sollte nicht als ein dogmatisches, sondern als ein pragmatisches Geschäft betrieben werden«, sagt Dieter E. Zimmer, und er ist um so glaubwürdiger, als er sowohl von der Theorie wie von der Praxis des Übersetzens etwas versteht. Aus diesem Grunde freue ich mich, daß man auch den Lektor/die Lektorin als Pragmatiker(in) eingeladen hat, hier ein paar Überlegungen zur Frage der gelungenen Übersetzung anzustellen.

Unser Bewußtsein von den Möglichkeiten und Qualitäten einer Übersetzung ist in den letzten Jahren ständig gestiegen. Auch das Wissen um Geschichte und Theorie des Übersetzens wächst, wie Universitätsseminare, Kolloquien im In- und Ausland sowie die ihnen nachfolgenden Publikationen beweisen: An Kriterien zur Beurteilung mangelt es nicht.

Wir alle wissen, daß eine möglichst wortgetreue Wiedergabe der literarischen Vorlage nicht gerecht werden kann, weil ihre Textur viel komplizierter ist. Auch der übersetzte Text ist ein Gesamtkunstwerk, und auf seine Gesamtwirkung kommt es an. Wenn ein moderner Roman, um nur ein Beispiel zu nennen, von altmodischen oder preziösen Ausdrücken durchsetzt ist, muß man nicht unbedingt verlangen, daß immer genau da, wo in der Originalsprache ein solcher Ausdruck steht, auch in der Zielsprache einer verwendet wird, sondern daß die Summe dieser Ausdrücke in Original und Übersetzung ungefähr gleich ist – im Fachjargon spricht man von »Wirkungsäquivalenz«. Dafür sind Sprachrhythmus und Sprachmelodie – auch bei Prosatexten – oft genauso maßgeblich wie die Semantik. Verschiedene Sprachebenen, die Differenz zur Alltagssprache, syntaktische Strukturen, verdeckte Zitate und Assoziationen und vieles andere muß mitberücksichtigt werden.

Die literarische Übersetzung ist ein ebenso vielschichtiges Gebilde wie der anspruchsvolle literarische Text selbst. Sie kann durchaus die eine oder andere Schwäche im Detail aufweisen und doch als Ganzes gelungen sein, während eine wörtlich korrekte Wiedergabe, wenn sie nicht mehr ist als dies, den Text in seiner literarischen Eigenart gerade verfehlt.

Erstaunlicherweise tun wir uns aber immer noch schwer, eine gelungene Übersetzung zutreffend zu beschreiben. Dabei wird gern auf metaphorische Umschreibungen zurückgegriffen: eine Übersetzung treffe den »richtigen Ton«, es sei »ein Funke übergesprungen«, sie sei »flüssig« oder »angenehm lesbar«.

Besonders hilflos zeigt sich in der Regel die Literaturkritik des Feuilletons, deren höchstes Lob oft in einem so nichtssagenden Prädikat wie »ebenbürtig« oder »kongenial« besteht, das deshalb besonders unangemessen ist, weil es die Dialektik des Fremden und Eigenen, um die es bei der literarischen Übersetzung in besonderer Weise geht, gerade verdeckt. Zudem beurteilt die Literaturkritik bei Prosatexten meist nur die referentielle Seite, und statt die Komplexität des Textes in den Blick zu nehmen, beißt sie sich partiell an einzelnen Fehlern oder Ungeschicklichkeiten fest.

Bis heute koexistieren zwei gegensätzliche Richtungen der Übersetzungsästhetik, die bereits Goethe beschrieben hat. »Es gibt zwei Übersetzungsmaximen: die eine verlangt, daß der Autor einer fremden Nation zu uns herüber gebracht werde, dergestalt, daß wir ihn als den unsrigen ansehen können; die andere hingegen macht an uns die Forderung, daß wir uns zu dem Fremden hinüber begeben und uns in seine Zustände, seine Sprachweise, seine Eigenheiten finden sollen.« Diese Unterscheidung ist heute so zutreffend wie damals. Dabei hat in den letzten Jahrzehnten jedoch die zweite Art der Übersetzung, die bewußt hält, daß es sich nicht um die eigene, sondern um eine fremde Sprache handelt, gegenüber der aneignenden Übersetzung zunehmend an Bedeutung gewonnen.

»Die wahre Übersetzung ist durchscheinend, sie verdeckt nicht das Original, steht ihm nicht im Licht« – dieses Diktum Benjamins haben sich inzwischen viele Übersetzer zu eigen gemacht, auch wenn sie in der Praxis weit von seinem emphatischen Übersetzungsbegriff entfernt sind.

Die Sprachkompetenz der Ausgangssprache darf dabei hoffentlich als selbstverständlich vorausgesetzt werden. Daß der Übersetzer die kulturellen Differenzen zwischen Ausgangs- und Zielsprache kennt, daß er nicht »falschen Freunden« aufsitzt und spezielle Sachverhalte recherchiert oder ihm unverständliche Regionalismen mit Hilfe eines *native speakers* klärt – das muß zum selbstverständlichen Handwerkszeug gehören. Auch sollte er nicht der »Versuchung des heiligen Hieronymus« erliegen, wie Hanns Grössel die Tendenz, eine mittelmäßige Vorlage nachzubessern oder »aufzuschönen«, genannt hat.

Darüber hinaus aber muß er selbst über eine gewisse literarische Bildung verfügen, um den Text in seiner Vielschichtigkeit zu verstehen und in seinen für die Übersetzung relevanten Strukturen zu analysieren, bevor er ihn zu reproduzieren versucht. Dabei braucht er ästhetischen Geschmack, ein ausgeprägtes Stilempfinden und ein eigenes künstlerisches Geschick.

»Pointiert gesagt: die Qualität einer Übersetzung hängt mit der literarischen Entwickeltheit dessen zusammen, der sie macht; wer in seinen literarischen Anschauungen über Somerset Maugham nicht hinausgekommen ist, sollte nicht Faulkner übersetzen.« (Klaus Reichert)

Die unreflektierte Aneignung anderer Kulturen und ihrer sprachlichen Ausdrucksformen ist seltener geworden, das Niveau der literarischen Übersetzungen ist insgesamt gestiegen, auch wenn Kulturpessimisten gern das Gegenteil behaupten. Natürlich bleibt es angesichts der Menge dessen, was übersetzt wird, nicht aus, daß darunter auch schlechte Übersetzungen sind, und wie in allen Sparten gibt es auch hier schwarze Schafe. Dennoch meine ich, daß wir wohl noch nie so viele qualifizierte und gute literarische Übersetzer hatten wie heute, und dies nicht nur für die gängigen Sprachen.

Viele dieser Übersetzer sind durch Studiengänge und Übersetzerseminare geschult und verfügen über literaturwissenschaftliche und philologische Kenntnisse. Wenn man heute Übersetzungen aus den dreißiger, aber auch noch aus den sechziger Jahren liest, ist man bisweilen erschüttert, wie respektlos da mit dem Original umgegangen wurde. Nicht zufällig haben deshalb in den letzten Jahren auch Neuübersetzungen von alten und modernen Klassikern Konjunktur.

Dennoch läßt sich die Geschichte der Übersetzung nicht einfach als Geschichte eines linearen Fortschritts interpretieren. Herausragende Übersetzungen hat es immer gegeben, und es ist kein Zufall, daß wir sie oft den Dichtern und Schriftstellern verdanken, von Hölderlin bis George, von Benjamin oder Celan, von Enzensberger, Handke oder Zsuzsanna Gahse, die den Anstoß zu den hier versammelten Beiträgen zum literarischen Übersetzen gab.

Ich will nicht Unvergleichbares auf eine Stufe stellen, wenn ich an dieser Stelle, wo wir eigentlich vom Alltagsgeschäft des literarischen Übersetzens sprechen, an die Leistungen von Dichtern und Schriftstellern als Übersetzer erinnere. Es geht mir um den kreativen Anteil an dieser Tätigkeit.

»Was der Übersetzer beim Übersetzen nachvollzieht, ist nicht der vorgegebene Originaltext als solcher, sondern dessen Entstehung«, sagt Felix Philipp Ingold. Und Raoul Schrott hat einmal geschrieben, bei der Übersetzung von Poesie komme es darauf an »Bilder zu sehen, bevor sie geschrieben werden, und sie dann, weil sie sich nie nur kopieren lassen, mit den Utensilien der eigenen Sprache freihändig nachzuzeichnen und neu zu skizzieren. Man kann ihnen dabei nur die eigene Sprache leihen, auch wenn man den Tonfall ihrer Stimmen zu imitieren sucht«. Dies gilt mutatis mutandis auch für die Prosaübersetzung. Voraussetzung für eine gelungene Übersetzung ist also auch, daß der Übersetzer über eine »eigene Sprache« verfügt.

Der Mut zur eigenen Sprache – eine vernachlässigte Kategorie in Zeiten, da man die Qualität einer Übersetzung ausschließlich nach Kriterien philologischer Genauigkeit beurteilt. Um Mißverständnissen vorzubeugen: Natürlich wäre es fatal, wenn ein Übersetzer jedem von ihm übersetzten Werk den gleichen »Sound« aufprägte. Vielmehr geht es darum, für jeden übersetzten Autor den adäquaten Ton in der Zielsprache zu finden, der in den meisten Fällen von Buch zu Buch variiert werden muß.

Zwischen der freien Nachdichtung und der möglichst wortgetreuen Übersetzung liegen viele begehbare Wege. Ich würde immer der Übersetzung den Vorzug geben, die uns einen literarischen Text in einer ästhetisch gelungenen deutschen Fassung zugänglich machen will, und nicht der, die meint, jede Eigentümlichkeit des Originals getreulich abbilden zu müssen, auch um den Preis eines schlechten Stils.

Den Puristen ist eine solche Haltung suspekt, weshalb ja auch Lektoren generell in dem Verdacht stehen, sie wollten Übersetzungen um jeden Preis »glätten«. Darum darf es selbstverständlich nicht gehen. Begriffe wie »Vermittlung« und »Lesbarkeit« sind jedoch mittlerweile so sehr in Mißkredit geraten, daß man gelegentlich auch daran erinnern möchte: Wir haben es nicht jeden Tag mit einem Text von Joyce zu tun!

Unser geschärftes Bewußtsein für das »Fremde« des literarischen Textes darf nicht dazu führen, daß wir keine eigene Sprache mehr haben, in die wir ihn transponieren können. Daß die Abweichung von der Normalsprache im Original durch eine Abweichung von der Normalsprache in der Übersetzung nachvollzogen werden muß, weiß heute nahezu jeder literarische Übersetzer. Dabei kommt es jedoch immer öfter vor, daß er – aus Angst, den Text zu glätten –, diese Abweichung überschätzt und so ein künstliches Befremden produziert. Ebenso wenig wie die Übersetzung den fremden Text uns ähnlich machen darf, soll sie eine eigene Befremdlichkeit inszenieren.

An die Diskussion um die Übersetzung von Lawrence Norfolks Roman *Lemprières Wörterbuch* mag sich heute kaum einer mehr erinnern. Damals berief man sich auf Schleiermacher und auf die »Eigenwilligkeit« und »Sperrigkeit« des Originals, um die Schnitzer in einer Übersetzung zu rechtfertigen, die von elf Übersetzerkollegen in einem offenen Brief angeprangert worden waren. Überzeugt hat diese Argumentation wohl kaum jemanden. In jüngerer Zeit wurden aufschlußreiche Diskussionen über diese Problematik anläßlich der Neuübersetzungen von Melville und Proust geführt.

Einen literarischen Text mit den eigenen Worten in einer anderen Sprache nachzuerschaffen, ist ein kreativer Prozeß, vergleichbar mit der Aktualisierung einer Partitur, dessen subjektive, eigenschöpferische Leistung nicht zu gering veranschlagt werden darf. Der Übersetzer braucht wie der Musiker deshalb auch eine entsprechende Portion Talent, das sich nicht ohne weiteres durch akademische Studien kompensieren läßt. (Weshalb der studierte Übersetzer demjenigen, der sich sein Rüstzeug durch praktische Erfahrung erworben hat, auch nicht zwangsläufig überlegen ist.)

Wir wissen heute, daß die großen Werke der Weltliteratur eigentlich in regelmäßigen Abständen neu zu übersetzen wären und daß es eine definitive, allezeit gültige Übersetzung nicht gibt. Auch wenn wir unsere Sprache dem fremden Text bis zum Mimikry anzugleichen suchen – in fünfzig Jahren wird die Übersetzung unverkennbar die Patina der Zeit tragen, in der sie entstanden ist. Der Verzicht auf eine eigene Sprache und einen eigenen Stil ist letztlich ein Rückfall in das Mißverständnis der Übersetzung als reiner Mimesis.

Claudia Kalscheuer hat in ihrer Dankesrede zum André-Gide-Preis das Bild von der Übersetzung als Spiegel auf kluge und zeitgemäße Weise modifiziert. Sie vergleicht die Übersetzung eines komplexen literarischen Textes mit der Spiegelung auf einer Wasseroberfläche, »immer in Bewegung und je nach Tag oder Stunde mehr oder weniger trüb oder klar; unvermeidlich wird dieser bewegte Spiegel dem Bild, das er zurückwirft und das man im Moment seiner größten Richtigkeit einzufangen versucht, Nuancen wegnehmen oder hinzufügen. Der Übergang von einer Sprache zur anderen verlangt die Strenge und die Unbarmherzigkeit des Spiegels ebenso wie die Geschmeidigkeit, die Beweglichkeit des Wasserelements. Es ist ein unabschließbarer Prozeß, dessen Ergebnis immer von einer gewissen Verschiebung, einer gewissen Fremdheit gezeichnet bleibt – und das ist vielleicht das Eigenste der Übersetzung«.

Nun ist es freilich viel verlangt, vom Übersetzer in der heutigen Zeit mehr Kreativität und den Mut zum eigenen Stil zu fordern, ist er doch von einer allzu mißtrauischen Gemeinde umgeben, die geradezu darauf zu lauern scheint, ihn bei irgendeiner Ungenauigkeit zu ertappen. Die Literaturkritik, die gern eine Übersetzung von achthundert Seiten mit dem Hinweis auf zwei inhaltliche Fehler oder Ungeschicklichkeiten liquidiert, ist nur eine Instanz. Statt daß die sogenannten »Fachleute« ihr begriffliches Instrumentarium schärfen, mit dem eine gelungene Übersetzung zu beschreiben wäre, greift man noch immer auf das Wortspiel vom *traduttore* als *traditore* zurück.

Gewiß gibt es Beispiele eines solchen – im krassesten Falle sogar politisch motivierten – Verrats. Zu einem Generalverdacht besteht jedoch kein Anlaß. Die Autoren sehen ihren Übersetzern heute in der Regel nur allzu genau auf die Finger und verkennen dabei, daß auch die vorliegende zeitgenössische Übersetzung nur eine Lesart des Textes bieten kann. Es ist ohne Zweifel gut und hilfreich, wenn der Übersetzer die Möglichkeit hat, den Autor bei Lebzeiten zu fragen, was mit dieser oder jener Stelle »gemeint« sei. Aber wäre es denn ein Unglück, wenn der Übersetzer eine Deutung erschließt, die der Autor selbst gar nicht im Sinn hatte? Laufen Autoren, die ihre Übersetzer zu genau kontrollieren, nicht Gefahr, das Potential ihrer eigenen Texte zu unterschätzen?

Ich möchte deshalb an dieser Stelle dafür plädieren, daß wir vor allem den Übersetzern, die gezeigt haben, daß sie ihr Handwerk verstehen, einen größeren Vertrauensvorschuß und Gestaltungsfreiraum konzedieren, als dies derzeit üblich ist, daß wir als Autoren, Kritiker und Lektoren – und gelegentlich auch Übersetzerkollegen – auf das »Beckmessern« verzichten und statt dessen mehr auf die eigene sprachliche Qualität des übersetzten Textes achten.

Benjamins Forderung, »die wahre Übersetzung sei durchscheinend«, zielte ja nicht darauf, daß alle sprachlichen Eigenheiten des Originals möglichst genau nachgebildet werden müssen, sondern daß sich in der sprachlichen Nachschöpfung die Ausdrucksformen unserer Sprache erweitern.

Ebenso hartnäckig wie der Kalauer vom *traduttore* als *traditore* hält sich das ungalante Bonmot, Frauen seien wie Übersetzungen – die schönen sind nicht treu, und die treuen sind nicht schön. Es wird dadurch nicht richtiger, daß es von Schopenhauer stammt. Kann es die schöne, treue Übersetzung etwa nicht geben? Gewiß gibt es sie.

Wir müssen uns dabei nur zwei Dinge klarmachen: zum einen, daß auch die Schönheit einer Übersetzung zeitbedingt und damit vergänglich ist, und zum anderen, daß ihre Treue immer nur relativ sein kann, denn niemals schöpft sie alle Möglichkeiten eines komplexen literarischen Gebildes aus.

Gerade weil die Übersetzung anspruchsvoller literarischer Texte eine prinzipiell unendliche Aufgabe ist, sollten wir den Anspruch auf gelungene und schöne Übersetzungen für uns und unsere Leser nicht aufgeben. □

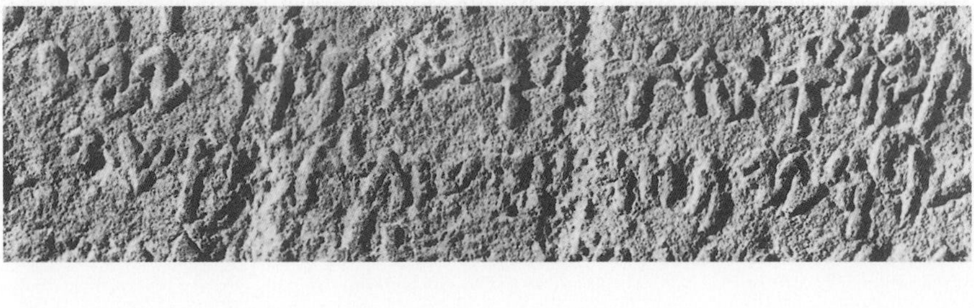

Stefana Sabin

Der Übersetzer als Gralssucher

Die Aufgabe des Übersetzers nach Walter Benjamin und Franz Rosenzweig

Und der HERR sprach,« übersetzt Martin Luther die biblischen Verse über die babylonische Sprachverwirrung: »Siehe, es ist einerlei Volk und einerlei Sprache unter ihnen allen, und dies ist der Anfang ihres Tuns; nun wird ihnen nichts mehr verwehrt werden können von allem, was sie sich vorgenommen haben zu tun. Wohlauf, laßt uns herniederfahren und dort ihre Sprache verwirren, daß keiner des anderen Sprache verstehe!«

Luthers Übersetzung der Bibel war von einem religionspolitischen Impuls getragen, der auch sprachpolitische Wirkung hatte. In seinem »Sendbrief vom Dolmetschen« von 1530 hat Luther sein Vorhaben mit der inhaltlichen Rückkehr zum Urtext begründet und erklärt, er habe »eher wollen der deutschen Sprache Abbruch tun, denn von dem Wort weichen«.

Luther will Sinn und Form wiedergegeben haben – er will Wörtlichkeit gepflegt, wo sie möglich war, und zugleich Abweichungen vorgenommen haben, um Bedeutungen erkennbar zu machen. »Denn wer dolmetschen will, muß großen Vorrat an Worten haben, damit er die recht zur Hand haben kann, wenn eins nirgendwo klingen will.« Seine »Verdolmetschung« richtete sich gegen frühere verfälschende Übersetzungen und beanspruchte nicht nur die sprachliche Nähe zum Original, sondern auch eine wieder gewonnene semantische Treue.

Die Entwicklung des Christentums ist zwar von der Übersetzung der Heiligen Texte bestimmt: der biblische Gott sprach zuerst Hebräisch, dann Griechisch, dann Latein, dann die Vernacularsprachen. Aber keine andere Übersetzung hat solch weitreichende kulturpolitische Folgen gehabt wie Luthers Verdolmetschung der Bibel.

Auch Franz Rosenzweig und Martin Buber haben ebenso aus einem sprachlichen wie aus einem religionsphilosophischen Impuls heraus die Heilige Schrift übersetzt und ihre Übersetzung programmatisch »Verdeutschung« genannt: »ER sprach: / Da, einerlei Volk ist es und eine Mundart in allen, und nur bei Beginn dies ihres Tuns – / nichts wäre ihnen nun mehr zu steil, was alles sie zu tun sich ersännen. / Heran! fahren wir nieder und vermengen wir dort ihre Mundart, / daß sie nicht mehr vernehmen ein Mann den Mund des Genossen.« (Im Anfang 11,4-19)

Ob Gott die Sprachverwirrung als Strafe verhängt hat, mag – zumindest unter Bibelexegeten – ein umstrittenes Thema sein. Unumstritten ist, daß erst damit die Notwendigkeit entstand, zwischen Sprechern verschiedener Sprachen zu vermitteln, zwischen Sprachen zu vermitteln – also zu übersetzen. Unumstritten ist wohl auch, daß das Übersetzen die Sprachverwirrung nicht linderte, sondern akuter machte.

»Wer aus einer Sprache in eine andre übersetzen will«, schreibt Moses Maimonides in einem Brief von Donnerstag, dem 30. September 1199 an seinen hebräischen Übersetzer Schmuel Ibn Tibbon aus Lunel, »und sich vornimmt, ein bestimmtes Wort immer nur durch ein bestimmtes andres Wort wiederzugeben und die Ordnung der Abhandlung und die der Worte einzuhalten, der wird damit viel Plage haben, und es wird dabei eine zweifelhafte und verworrene Übersetzung herauskommen. Es ist nicht richtig, derart vorzugehen. Vielmehr muß sich der Übersetzer zuerst den Gedankengang klarmachen; dann soll er ihn so berichten und darstellen, daß er in der andern Sprache verständlich und ganz klar wird. Das ist nicht zu erreichen, wenn er nicht manchmal die Folge des früher oder später Gesagten abändert, ein einziges Wort durch mehrere Worte, und mehrere durch ein einziges wiedergibt, manche Wendungen fortläßt und andere hinzufügt, bis der Gedankengang geordnet und ganz klar ist, und der Ausdruck verständlich wird als ein der Sprache, in die übersetzt wird, gemäßer.«

Dieses kontrollierte Lavieren zwischen wörtlicher und idiomatischer Wiedergabe bestimmt immer noch jedes übersetzerische Unternehmen.

Ob als Wiedergabe der Ausgangssprache oder als Anpassung der Zielsprache ist Übersetzen per definitionem das, was im amerikanischen Alltagsjargon »a no-win situation« heißt: Man kann es niemandem richtig machen – man kann es nicht richtig machen.

»Wir wissen eigentlich gar nicht, was eine Übersetzung sey«, sagte Friedrich Schlegel. Versucht eine Übersetzung den Inhalt des Originals genau zu übermitteln und vernachlässigt dabei die stilistische Eigenart, wird sie wegen sprachlicher Sorglosigkeit kritisiert; versucht dagegen eine Übersetzung den symbolischen Gehalt des Originals zu vermitteln und vernachlässigt dabei inhaltliche Muster, wird sie der Ungenauigkeit bezichtigt; versucht eine Übersetzung dem Original inhaltlich gerecht zu werden, metaphorisch nahe zu bleiben und stilistisch zu entsprechen, wird sie als Nachdichtung qualifiziert, ja abqualifiziert. Zwischen inhaltlicher und formaler Treue einerseits und zwischen formaler und symbolischer Treue andererseits lavieren literarische Übersetzungen.

»Übersetzen ist so gut dichten, als eigene Werke zustande bringen – und schwerer, seltener«, schreibt Novalis an August Wilhelm Schlegel. »Am Ende ist alle Poesie Übersetzung.«

Der russisch-amerikanische Linguist Roman Jakobson unterschied zwischen der kommunikativen und der poetischen Funktion der Sprache – literarische Übersetzungen können die kommunikative Funktion nicht ignorieren und sollen gleichzeitig die poetische rekonstruieren. Und der italienische Semiotiker Umberto Eco nennt das übersetzerische Unternehmen ein ständiges »Verhandeln« zwischen Texten, Sprachen und Kulturen.

Es gibt seitdem viele Versuche, das Übersetzen ästhetisch zu bewerten und linguistisch zu versachlichen. Das Verhältnis zwischen Übersetzern und Übersetzungstheoretikern darf man sich meistens so vorstellen wie das Verhältnis zwischen Dichtern und Sprachwissenschaftlern. So wenig Dichter eine Sprachtheorie haben, so wenig erwartet man von Übersetzern, daß sie eine Übersetzungstheorie haben. Aber die interessantesten – weil radikalsten – Übersetzungstheorien stammen nicht zufällig von Sprachdenkern, die auch

Übersetzer waren – zum Beispiel vom philosophischen Essayisten Walter Benjamin und von dem essayistischen Philosophen Franz Rosenzweig.

Benjamin hat das Vorwort zu seinen Baudelaire-Übersetzungen programmatisch »Die Aufgabe des Übersetzers« genannt und darin eine Sprach- und Übersetzungsphilosophie formuliert; Franz Rosenzweig hat im Nachwort zu seiner Übersetzung der Hymnen und Gedichte des mittelalterlichen jüdischen Dichters Jehuda Halevi sein Ringen mit dem Hebräischen des 12. Jahrhunderts und dem Deutschen seiner Zeit beschrieben und daraus eine Übersetzungstheorie entwickelt (die er dann in der großangelegten Bibel-Übersetzung, aus der ich anfangs zitiert habe, zu verwirklichen versuchte).

Beide, Benjamin und Rosenzweig, sind sich darin einig, daß es nicht darum geht, das Original übersetzend zu verdrängen, sondern im Gegenteil darum, das Original in der Übersetzung anklingen zu lassen. »Die wahre Übersetzung«, schreibt Benjamin, »ist durchscheinend, sie verdeckt nicht das Original, steht ihm nicht im Licht, sondern läßt die reine Sprache, wie verstärkt durch ihr eigenes Medium, nur um so voller aufs Original fallen.« Und Rosenzweig gibt das Unverhältnis zwischen Übersetzung und Original schon mit dem Motto zu seinem Nachwort zu erkennen, einem Zitat des Homer-Übersetzers Friedrich Leopold von Stollberg: »O lieber Leser, lerne Griechisch / und wirf meine Übersetzung ins Feuer.«

Eine Übersetzung soll das Original weder ersetzen noch Eigenständigkeit suggerieren wollen – sie soll nicht die Illusion einer Ursprünglichkeit aufzubauen versuchen, sondern das Original in seiner sprach-symbolischen Intention in eine andere Sprache hinüberretten. Schon Schleiermacher hatte verlangt, die Differenz zwischen Original und Übersetzung unbedingt zu erhalten und also eine Sprache zu finden, der »die Spuren der Mühe aufgedrückt sind und das Gefühl des Fremden beigemischt bleibt«.

Nicht unähnlich definiert Benjamin die Aufgabe des Übersetzers als »diejenige Intention auf die Sprache, in die übersetzt wird, zu finden, von der aus in ihr das Echo des Originals erweckt wird«. Und über seine eigenen Übersetzungen schreibt Rosenzweig, sie wollten »nichts sein als Übersetzungen«.

Es ist keineswegs lobenswert, behauptet Benjamin, wenn sich eine Übersetzung »wie ein Original ihrer Sprache« liest, und bei Rosenzweig heißt es: »Die Aufgabe des Übersetzens ist eben ganz mißverstanden, wenn sie in der Eindeutschung des Fremden gesehen wird.« Die fremde Sprache in der Übersetzung anklingen zu lassen, ist für Benjamin ebenso erstrebenswert wie für Rosenzweig und beide meinen, gerade darin liege ein sprachliches Erneuerungspotential.

Benjamin schreibt davon, »... in der Übersetzung den Samen reiner Sprache zur Reife zu bringen«, und Rosenzweig schwebt eine Verschmelzung zwischen Ausgangssprache und Zielsprache vor, ein Kunst-Deutsch, in dem die Fremdheit des Hebräischen als modernes Deutsch erkennbar und hörbar bleibt – eben keine »Eindeutschung des Fremden«, sondern das schöpferische Ineinander-Übergreifen zweier Sprachen »über den Abgrund des Raums und der Zeit« hinweg, dergestalt, daß die Zielsprache durch die Ausgangssprache erneuert wird.

Tatsächlich gehen beide, Benjamin und Rosenzweig, von einer grundsätzlichen strukturellen Gemeinsamkeit aller Sprachen aus und begreifen Übersetzung nicht bloß als das Übertragen von einer Sprache in die andere, sondern auch als das Streben nach der einen reinen Sprache. »Jenes gedachte, innerste Verhältnis der Sprachen ist aber das einer eigentümlichen Konvergenz«, so Benjamin, der meint, »daß die Sprachen einander nicht fremd, sondern a priori und von allen historischen Beziehungen abgesehen einander in dem verwandt sind, was sie sagen wollen... In Wahrheit aber bezeugt sich die Verwandtschaft der Sprachen in einer Übersetzung weit tiefer und bestimmter als in der oberflächlichen und undefinierbaren Ähnlichkeit zweier Dichtungen«.

Übersetzung ist für Rosenzweig überhaupt nur möglich, weil es für ihn nur «Eine Sprache« – mit großem E – gibt: «Es gibt nur Eine Sprache. Es gibt keine Spracheigentümlichkeit der einen, die sich nicht, und sei es in Mundarten, Kinderstuben, Standeseigenheiten, in jeder andern mindestens keimhaft nachweisen ließe« – ein Universalismus, den mancher moderne Linguist teilen würde.

Auch mit der Unterscheidung zwischen Worten und Wörtern läßt Rosenzweig an eine Unterscheidung der Linguistik denken, die Wörter als ihre Sache, Worte als Sache der Dichter ansieht. »*Wörter*,« schreibt Rosenzweig, »stehen im Lexikon. *Worte* stehen nur im Satz.« Deshalb geht es ihm beim Übersetzen nicht darum, den Wort-Sinn wörterbuchgetreu wiederzugeben, sondern darum, den symbolischen Gehalt eines Satzes, eines Textes zu erkennen und möglichst wiederzugeben.

So will Benjamin die ganze Bedeutungsweite eines Wortes übersetzen: »Treue in der Übersetzung des einzelnen Wortes kann fast nie den Sinn voll wiedergeben, den es im Original hat. Denn dieser erschöpft sich nach seiner dichterischen Bedeutung fürs Original nicht in dem Gemeinten, sondern gewinnt diese gerade dadurch, wie das Gemeinte an die Art des Meinens in dem bestimmten Worte gebunden ist.«

Der Übersetzer, schreibt Rosenzweig, »darf nicht den Anspielungsgehalt der Sprache unterdrücken. ... Denn es wäre natürlich keine Lösung, wollte man etwa in Anmerkungen dem Leser die erforderliche Bibelkenntnis nachträglich beibringen.« Was er anstrebt, ist eine sprachliche Einlegearbeit, in der Original, Übersetzung und Kommentar aufeinander bezogen werden und sich zu einer Einheit fügen, ohne ineinander überzugehen.

Rosenzweigs Übersetzungstheorie ist ebenso revolutionär wie utopisch, seine Übersetzungen wirken fremd und fremdartig, und in ihrer Fremdheit entfaltet sich eine metaphorische Kraft, die nicht zufällig mystische Resonanzen hat. Aber auch Benjamin hängt an einer gewissen Sprachmystik, in der das Übersetzen keine kommunikative Handlung ist, durch die ein Text aus einer Sprache in einer anderen verfügbar gemacht wird – vielmehr symbolisiert das Übersetzen die Suche nach der reinen Sprache, und der Übersetzer ist ein Gralssucher, der aus der poetischen Gestaltung einer Sprache durch die dichterische Um-Gestaltung zur reinen Form einer anderen Sprache gelangen will.

»Jene reine Sprache, die in fremde gebannt ist, in der eigenen zu erlösen«, schreibt Benjamin, »die im Werk gefangene in der Umdichtung zu befreien, ist die Aufgabe des Übersetzers.« □

Gert Ueding

Übersetzen und Überbieten

Hans Mayer, mein bei allem Verdienst schwierigster Lehrer, hat einmal gesagt, wenn man E.T.A. Hoffmann als einem großen Schriftsteller begegnen wolle, müsse man die französische Übersetzung lesen. Und er hat das Paradox dann selber aufgelöst und erläutert, daß der romantische Autor zwar ein großer Künstler in der inventio, der Findung und Erfindung seiner Stoffe, des weiteren in Komposition, Dramaturgie und geistiger Vertiefung seiner Geschichten und Romane gewesen sei, aber nur ein mittelmäßiger Stilist, der erst in der angesprochenen Übersetzung nun auch auf sprachkünstlerischer Ebene die angemessene Höhe erreicht habe.

Ich habe das nie nachgeprüft; Mayer, der selber (und das vorzüglich) übersetzt hat (an Sartres »Wörter« sei erinnert) und unter den Germanisten des 20. Jahrhunderts der beste Stilist gewesen ist, mußte es wissen.

Warum ich sein Diktum hier zitiere, liegt auf der Hand: es beleuchtet einen Aspekt der übersetzerischen Tätigkeit, der heute wohl eher wenig beachtet wird, wenn denn mein kursorischer Überblick über die übersetzungstheoretische Literatur, den ich mir für dieses Symposium gemacht habe, nicht trügt. Danach wird von einer Übersetzung in der Regel verlangt, daß sie möglichst viel vom Original erhalten müsse, ohne freilich die Zielsprache zu deformieren. Ich möchte ein wenig an diesem übersetzungstheoretischen Dogma rütteln und dafür auch einige historische Beispiele wenigstens im Vorübergehen mustern.

Es wird niemanden verwundern, wenn ich meinen Ausgangspunkt aus dem rhetorischen Verständnis von Übersetzung gewinne, es liegt mir fachlich am nächsten, bezeichnet aber auch in der historischen Genealogie den Anfang der Sache, mit der wir es hier zu tun haben. Er liegt nämlich nirgendwo anders als im rhetorischen imitatio-Konzept, und ich denke, es steht auch der modernen literarischen Übersetzung nicht schlecht an, sich gelegentlich ein wenig an diese Ursprünge und ihre Verankerung im täglichen sozialen Leben zu erinnern.

Die rhetorische Schulung, die das gesamte Ausbildungssystem der Antike dominierte, wurzelt seit ihrer Entstehung im 5. Jahrhundert in der imitatio von Musterreden. Das Prinzip der Nachahmung ist der anthropologische Grund jedes Lernens, und die rhetorische Traditionslinie reicht von jenen Musterredensammlungen des Rhetorik-Unterrichts bis hin zur imitatio auctorum, der Nachahmung sprachlich-stilistischer, aber auch gattungs- und stoffeigentümlicher Vorbilder. (Hier liegt, nebenbei bemerkt, auch der Ursprung der europäischen Kanondiskussion.)

Die Bewertung des Nachahmungsprodukts schwankt schon bei den ersten Theoretikern. Wird die imitatio der exempla vom Schulbetrieb aus betrachtet, überwiegt die Ansicht von der Uneinholbarkeit des Originals, an dem der Schüler sich zwar vervollkommnen, das er in der Regel aber niemals erreichen kann. Wird die Nachahmung aber als allgemeines schöpferisches Verfahren angesehen, dessen sich jeder Künstler, ob der Rede oder des Bildes oder der Musik, bedient, dann zielt die imitatio weit über die Kopie hinaus auf ein Übertreffen des Originals.

Auch terminologisch hat man dieser Unterscheidung Rechnung getragen: nicht mehr von imitatio ist jetzt die Rede, sondern von aemulatio, der überbietenden Nachahmung des originalen Musters.

Zu einem Übersetzungsproblem im engeren Sinne wird diese Diskussion auf römischem Boden, als nämlich römische Schriftsteller die »exemplaria Graeca«, also Demosthenes oder Isokrates, Platon oder Aristoteles, ins Lateinische zu übersetzen begannen. Welche Schlüsselstellung Cicero in diesem Prozeß eingenommen hat, weiß man, seine Übersetzungen der griechischen Rhetoriker und Philosophen haben die lateinische Sprache erst zum eigenen wissenschaftlich-differenzierten und ästhetisch-geschmeidigen Ausdruck fähig gemacht.

Der imitatio-Bezug Roms auf Athen war so eng, daß man die gesamte römische Kultur eine Übersetzungskultur genannt hat – überspitzt und einseitig, aber nicht grundlos. Jedenfalls haben römische Schriftsteller tatsächlich die Basis für den europäischen Übersetzungsbetrieb geschaffen, und die ersten belangvollen übersetzungstheoretischen Äußerungen stammen denn auch von Cicero. Sie werden oft zitiert, beinah ausnahmslos in Unkenntnis ihrer rhetorischen Fundierung und Zielsetzung.

Cicero spricht darin von seiner Übersetzung der beiden wortgewaltigsten attischen Redner Aischines und Demosthenes; er sei dabei nicht wie ein Dolmetscher, sondern wie ein Redner vorgegangen; so habe er zwar Sinn und Form gewahrt, doch »in einer Ausdrucksweise, die unserer eigenen Sprache angemessen ist«, auch nicht etwa »Wort für Wort«, sondern den »Ausdrucksmitteln insgesamt und ihrer Wirkung« folgend.
Für den rhetorisch Geschulten kann kein Zweifel bestehen, daß es Cicero in erster Linie um die Einbürgerung des Fremden ins Eigene ging, nicht also um Bewahrung und Erhaltung des Originals im Gewande einer anderen Sprache. Dahinter steht das Selbstbewußtsein einer Kultur, die sich der griechischen zwar an Verfeinerung, Vielfalt und Tiefe unterlegen weiß, dafür aber als so neu, jung und schöpfungsmächtig, daß sie sich aus der Adaption, der imitatio der fremden Muster, eigene, unverwechselbare Vorbilder zu schaffen zutraut.

Die Renaissance wird später das gleiche Problem in einem suggestiven Bilde auflösen, indem sie sich selber als Zwerg auf den Schultern eines Riesen sieht; dieses Fundament ist gewaltig und einschüchternd, doch es ermöglicht dem Zwerg, weiter zu sehen als der, auf dem er fußt. Auch für den Übersetzer scheint mir das eine durchaus mögliche, eine signifikante Metapher abzugeben, in ihr tritt er aus seiner bloß dienenden Rolle heraus.

Diese selber beschreibt, dessen muß man sich wohl bewußt sein, ein recht spätes Selbstverständnis, das mit der Idolatrie des Genies und einer im inkommensurablen Original gipfelnden Ästhetik zusammenhängt, die sich erst Ende des 18. Jahrhunderts durchsetzt. Wobei ein merkwürdiges Phänomen zu beobachten ist, daß nämlich die Vertreter dieser auf die Autonomie des einzelnen Kunstwerks setzenden Ästhetik in ihrer Übersetzungstätigkeit gleichsam mit doppelter Zunge sprechen.

So hat Goethe seine Bearbeitung der Euripideischen »Iphigenie« als ein humanistisches Lehrstück aus jenem Geist der Nachahmung griechischer Kunst verstanden, den Johann Joachim Winckelmann auch für ihn exemplarisch verkörpert hat. In dem Hauptsatz von Winckelmanns berühmter Programmschrift »Gedanken über die Nachahmung der griechischen Werke in der Malerei und Bildhauerkunst« ist diese Paradoxie zur vielzitierten Sentenz geworden.

»Der einzige Weg für uns, groß, ja, wenn es möglich ist, unnachahmlich zu werden, ist die Nachahmung der Alten, und was jemand von Homer gesagt, daß derjenige ihn bewundern lernet, der ihn wohl verstehen gelernet, gilt auch von den Kunstwerken der Alten, sonderlich der Griechen.«

Die deutsche Aneignung der Antike steht bis ins 19. Jahrhundert hinein unter der Ägide dieses Gedankens, unnachahmlich groß zu werden durch Nachahmung, womit eben die überbietende imitatio, die aemulatio, gemeint ist. Ihrer Hochschätzung unter den deutschen Schriftstellern verdanken wir Pionierleistungen wie Ernestis, des Göttinger Rhetorikers und Altphilologen, Cicero-Ausgabe (1737–39), aber vor allem auch übersetzerische Meisterstücke: das letzte Drittel des 18. Jahrhunderts leitete die Epoche der großen Übersetzungen ein, in denen die Deutschen an Zahl und Qualität alle Konkurrenten übertrafen.

1771 begann Gottfried August Bürger, die Ilias in gambische Verse zu übersetzen, Friedrich Leopold von Stolbergs Hexameterübertragung von 1778 galt bald als der deutsche Homer – bis 1781 Johann Heinrich Voß seine »Odyssee« veröffentlichte, die philologisch und dichterisch alles Bisherige übertraf, 1793 durch die »Ilias«-Übertragung ergänzt wurde und sich bis heute auf dem Markt gehalten hat.

Schon der junge Lessing hatte in seinen »Rettungen des Horaz« 1754 die imitatio als das wesentliche Bildungsprinzip des Schriftstellers verteidigt, und seine Aristoteles-Übersetzung wurde maßgebend für die poetologische Diskussion zweier Jahrhunderte. Wielands Horaz- und Lukian-Übersetzungen, seine Übertragungen des Europides, des Aristophanes, schließlich der »Theatralischen Werke« Shakespeares waren ebenso berühmte Exempel wie die Goetheschen und Schillerschen Übersetzungen antiker und neuerer Autoren.

Der Katalog ließe sich fast beliebig ergänzen und ausweiten, es gibt kaum einen Autor der Epoche, der sich zu schade gewesen wäre, Kollegen aus fremden Sprachen zu übersetzen; andererseits gibt es Schriftsteller, die nur als Übersetzer bis heute wirklich überlebt haben: Bode und Herder, Schleiermacher und Schlegel zum Beispiel.

Selbstlos waren diese Tätigkeiten natürlich nie: man bediente sich des fremden Werkes als Medium eigener Vorstellungen und moderner Probleme, wollte daran die eigene Kunstfertigkeit schulen; so eignete sich Schiller auf diesem Wege den Gebrauch des Chors in der Tragödie an, um daraus Nutzen für die eigene Produktion (siehe seine »Braut von Messina«) zu schöpfen.

Das ist eine sehr praktische, wenn man will: egoistische Auffassung vom Übersetzen, wonach ein Autor dieses Geschäft vor allem betreibt um des eigenen Nutzens willen; und zwar sowohl was die inventorische Phase der Stoff-Findung betrifft wie die sprachlichen und stilistischen Ausdrucksmöglichkeiten. Sie wird aber sehr bald – und das parallel zum Schwinden des rhetorischen Einflusses in der Literatur – ergänzt und schließlich abgelöst durch ein anderes Interesse: nämlich das fremde Original als solches in seiner Andersheit zu erfahren und die Übersetzung nur als Vehikel solcher Erfahrung zu betrachten.

Eine ganze Reihe von Faktoren haben zu dieser Veränderung beigetragen, deren Stichworte uns allen vertraut sind: die Ausweitung der Perspektive von der National- auf die Weltliteratur, die Vergrößerung des Literaturmarkts und die Entstehung eines Massenpublikums; auch die romantische Idolatrie des Fremden, Exotischen, Interessanten, das eine Übersetzung in allererster Linie zu bewahren habe.

Damit verbunden ist eine nicht mehr rhetorisch-pragmatische Sicht der Sprache, sondern ihre Auffassung als historisches und kulturell eigenartiges inkommensurables Phänomen. »Die Sprache ist gleichsam die äußerliche Erscheinung des Geistes der Völker, ihre Sprache ist ihr Geist und ihr Geist ihre Sprache, man kann sich beide nicht identisch genug denken«, schrieb Wilhelm von Humboldt, hier ganz im Gefolge Herders, und ergänzte: »Alles Übersetzen scheint mir schlechterdings ein Versuch zur Auflösung einer unmöglichen Aufgabe. Denn jeder Übersetzer muß immer an einer der beiden Klippen scheitern, sich entweder auf Kosten des Geschmacks und der Sprache seiner Nation zu genau an sein Original oder auf Kosten seines Originals zu sehr an die Eigentümlichkeiten seiner Nation zu halten. Das Mittel hierzwischen ist nicht bloß schwer, sondern geradezu unmöglich.«

Da stehen wir nun ratlos vor Scylla und Charybdis und müssen uns gestehen, daß wir auch in den inzwischen vergangenen zwei Jahrhunderten eigentlich nicht wesentlich klüger geworden sind, ja alle übersetzungstheoretischen Arbeiten sich bis heute an diesem Widerspruch abarbeiten. Schleiermacher, um auch auf ihn noch kurz zu sprechen zu kommen, meinte zwar, die Lösung gefunden zu haben, indem er als Aufgabe des Übersetzers formulierte, den »Geist der Sprache« aus dem Original in die eigene Fassung zu retten, doch entpuppt sich diese Idee bei näherem Zusehen als Entscheidung gegen Zielsprache und Zielprodukt, das nämlich »zu einer fremden Ähnlichkeit hinübergebogen« werden soll, wie er es forderte. Und der nachmalig vor allem als Platon-Übersetzer berühmt gebliebene Autor schließt freimütig an, daß »diese Art zu übersetzen« nur unter einem Volk Sinn und Wert habe, »welches entschiedene Neigung hat sich das fremde anzueignen«.

Die Maxime verdiente, genauer betrachtet zu werden, wozu uns hier der Platz fehlt. Doch will ich wenigstens andeuten, daß sie (zwar positiv gewendet) mit einer Diagnose in Madame de Staëls berühmtem Deutschlandbuch koinzidiert, in dem die französische Schriftstellerin von dem typisch deutschen »Mangel an Vorurteilen zu ihren (also der Deutschen) Gunsten« spricht. Beide Feststellungen zielen auf die problematische Geschichte des deutschen Selbstbewußtseins und damit wohl auf den tieferen Grund für die beispiellose Übersetzertätigkeit deutscher Schriftsteller (und jeder Übersetzer ist ein solcher, auch wenn er allein dieses Metier betrieben hat) seit dem letzten Drittel des 18. Jahrhunderts.

Alles in allem genommen bleibt der von Humboldt akzentuierte antagonistische Widerspruch in Theorie und Definition wohl unaufhebbar. Doch schlage ich mich auch hier gerne auf Wittgensteins Seite, der sich angesichts derartiger Probleme kryphorhetorisch immer für die Orientierung am Gebrauch und an der Wirkung entschieden hat. Es ist eine Entscheidung für die Übersetzung als eigenständige künstlerische Leistung, deren Qualität sich nicht in der sklavischen Nachahmung des Originals in der Zielsprache, sondern in seiner und sei es tendenziellen Überbietung zeigt, eine Überbietung freilich, die nicht nach abstrakten ästhetischen Maßstäben zu bewerten ist, sondern eben hinsichtlich des eigenen Publikums, seiner Interessen, kulturellen Prägungen und Bedürfnisse.

In diesem Sinne stellt tatsächlich die Schlegel-Tiecksche Hamlet-Übersetzung eine Überbietung dar, die so weit ging, daß eine ganze Epoche sich in dieser Shakespeare-Figur wiedererkannte: »Deutschland ist Hamlet«, hieß die kritisch-kämpferische Parole des Vormärz. Daß auch reine Übersetzer solche literarische Qualität erreichen können, sieht man etwa an Bodes Sterne- und Fielding-Übersetzungen oder an Johann Daniel Tietz' Montaigne-Übertragung von 1753, die kürzlich erst der Diogenes-Verlag neu herausbrachte.

Auch bin ich, um ein modernes Beispiel zu nennen, durchaus sicher, daß von Hans Magnus Enzensberger neben den eigenen Gedichten gleichberechtigt auch die Übersetzungen von Diderots Romanen überdauern werden.

Mein Plädoyer läuft also zuletzt auf den Übersetzer als Autor im emphatischen Sinne des Begriffs hinaus, auf seine Verabschiedung aus einer bloß dienenden Funktion und auf die Anerkennung der Übersetzung als eines eigenen authentischen Werkes, das zu dem Anreger-Werk in einer Beziehung der Ähnlichkeit steht, dessen Qualität sich aber nicht darin erweist, daß es eine möglichst vollkommene Kopie (imitatio) in der Zielsprache erreicht, sondern daß es als authentisches Gebilde die ästhetischen Bedürfnisse seines neuen Publikums erfüllt und in diesem Sinne das Original überbietet.

Und ich plädiere des weiteren dafür, daß gerade junge Schriftsteller das Übersetzen als unübertreffliche Schule des eigenen Metiers pflegen. Sie vervollkommnet nicht nur das Handwerk, den Geschmack, die Sachkenntnis, sondern lehrt auch Bescheidenheit, die etwa (die kleine Bosheit mag zum Schluß gestattet sein) unseren neuen deutschen Autoren wohl anstünde – hätte sie uns doch einen großen Teil der Belanglosigkeiten erspart, die schon als neue deutsche Literatur in unseren von aller Kritik verlassenen Feuilletons aufgedonnert worden sind. □

Ilma Rakusa

Aus mehreren Sprachen übersetzen

Wie ist es, fragte mich Zsuzsanna Gahse wiederholt, wenn man aus mehreren Sprachen übersetzt? In der Frage klingen weitere Fragen mit: Ist es mal einfacher, mal schwieriger, weil die Sprachen ja unterschiedlich sind und weil man womöglich auch unterschiedliche Affinitäten verspürt? Erscheinen die Differenzen durch den Sprachenvergleich größer – oder relativieren sie sich? Kommt es am Ende weniger auf die jeweilige Sprache als auf den Autor an? Oder nochmal anders: Sind die Schwierigkeiten nicht vor allem in der Zielsprache zu orten?

Ich will versuchen, diesen Fragen aufgrund meiner persönlichen Erfahrungen nachzugehen. Seit vielen Jahren übersetze ich aus dem Russischen, Serbokroatischen, Französischen und Ungarischen – ins Deutsche. Übersetzt habe ich unter anderem poetische Prosa, Versdramen und Briefe von Marina Zwetajewa, mehrere Romane des serbisch-ungarisch-jüdischen Schriftstellers Danilo Kiš, vier Prosawerke von Marguerite Duras – darunter den Roman »Der Liebhaber« –, sämtliche Theaterstücke von Péter Nádas sowie Imre Kertész' Aufzeichnungen aus der Nachwendezeit »Ich – ein anderer«.

Trotz meiner Vorliebe für die Poesie – schreibend betrachte ich mich als Lyrikerin –, habe ich mich an Lyrikübersetzungen kaum herangewagt, aus Angst, diesen Anforderungen nicht genügen zu können. Dazu muß gesagt werden, daß insbesondere die russische Poesie bis heute mit Metrum und Reim operiert (man denke an Joseph Brodsky) und der Übersetzer nicht darum herumkommt, sich einer gewissen formalen Strenge zu unterziehen. Gleichzeitig entsteht ein Dilemma dadurch, daß im Deutschen Metrum und Reim weitgehend aus der Mode sind, beziehungsweise daß ihnen ein ganz anderer Stellenwert eignet als im Russischen. Die Lyriktraditionen sind nicht kongruent. Hält man sich zu eng an die russische Vorgabe, riskiert man im Deutschen, epigonal zu klingen. Eine Gratwanderung also, die viel Fingerspitzengefühl und veritables dichterisches Talent erfordert.

Ich habe mich der Herausforderung nur in einigen wenigen Fällen gestellt, aber nie einen ganzen Lyrikband übersetzt. Lieb dagegen ist mir eine Prosa, die man als poetische bezeichnen könnte, insofern als darin poetische Verfahren zur Anwendung kommen (Stabreime, Wortspiele, musikalisch-rhythmische Elemente). Das ist in der ornamentalen Märchenprosa von Alexej Remisow ebenso der Fall wie in Danilo Kiš polyphonem Roman »Sanduhr«, in Zwetajewas sprachintensiven Prosaerinnerungen ebenso wie in Marguerite Duras' rhythmisierten Romanen. Wenn auch auf unterschiedliche Weise.

Im Grunde habe ich mich beim Übersetzen immer für bestimmte Autoren und ihre Werke entschieden; daß diese auf französisch, russisch, ungarisch oder serbokroatisch geschrieben waren, erschien mir sekundär. So denke ich noch heute, bin mir aber sehr wohl bewußt, daß ein Autor und seine Sprache unauflöslich miteinander verbunden sind.

Alexej Remisow zum Beispiel, ein russischer Schriftsteller der Moderne, ist ohne das russische Volksmärchen und dessen sprachliche Figuren nicht denkbar. Seine eigene Spracharbeit geht also von spezifischen Prämissen aus, sein literarisches Werk steht in der Geneaologie einer ornamentalen Prosa, die von altrussischen Heiligenviten bis zu Gogol und Lesskow reicht. Remisows gesamter Allusions- und Echoraum ist russisch. Als Übersetzer ist man gehalten, ein Stück Russland ins Deutsche zu verpflanzen.

Das ist alles andere als einfach. Zunächst geht es darum, ein deutsches Äquivalent für Remisows stilisierte Sprache zu finden. Diese operiert mit Archaismen, volkstümlichen Wendungen und Märchenton, sie ist gespickt mit Diminutiva, über die das Russische wie keine andere mir geläufige Sprache reichlich verfügt.

Bleiben wir beim Thema der Diminutiva. Das Russische liebt sie und verwendet sie bei jeder Gelegenheit: bei der Anrede (»mein Sönnchen«, »mein Täubchen«, »Väterchen«, »Brüderchen« usw.), bei Namen, in der Alltagsrede (»das Sönnchen schien so schön heute« u.ä.).

Die Diminutiva sind nicht einfach Verkleinerungsformen, sie drücken Affekte aus: von Zärtlichkeit bis Grobheit. Das zeigt sich an den zahlreichen Namenssuffixen: vom Namen Jekaterina (Katherina) gibt es 65 Abwandlungen – Katerinka, Katerinotschka, Katerinuschka, Kasja, Katjok, Katjona, Katjonotschka, Katjonuschka, Katen'ka, Katénja, Katjocha, Katik, Katlja, Katrenka, Katrja, Katunetschka, Katuntschik, Katun'ka, Kat'ka, Kat'scha, Katjulen'ka, Katjuletschka, Katjul'ka, Katjulja, Katjunetschka, Katjuntschik, Katjun'ka, Katjunja, Katjura, Katjurka, Katjuron'ka, Katjurotschka, Katjuruschka, Katjusen'ka, Katjusetschka, Katjusik, Katjus'ka, Katjusja, Katjucha, Katjuscha, Katjuschen'ka, Katjuschetschka, Kátjuschka, Katjúschka, Katja, Katjucha, Katjascha usw.

Der Gefühlsdiapason, der sich in diesen Suffixen spiegelt, macht mir das Russische so besonders liebenswert. Eine andere Sache ist die, daß wir beim Übersetzen mit dieser Fülle fast nichts anzufangen wissen. Es wirkt auf deutsch schlicht lächerlich, in Tschechow-Stücken ständig »Väterchen« und »Alterchen« zu sagen. Ein wenig emotionales Lokalkolorit darf sein, zu viel aber verkraftet das Deutsche nicht. Denn anders als das Russische verfügt es über lediglich zwei Diminutivendungen (-chen, -lein), deren Verwendung recht eingeschränkt ist, zumal sich schnell die Assoziation mit verniedlichender Kindersprache einstellt.

Die Devise des Übersetzers also muß hier lauten: Mässigung, Kompensation (statt »Väterchen« auch mal »Mein Lieber« u.ä.). Zwar bin ich der Meinung, daß der Übersetzung ein bißchen Fremdheit anhaften darf – und je entfernter der Kulturkreis, aus dem wir übersetzen, desto mehr Fremdheit riskieren wir –, doch zu viel Fremdheit schadet. Die Sprachen sind inkongruent, man kann ihnen nichts aufoktroyieren, was ihnen nicht gemäß ist.

Wichtig erscheint mir ein Denken in Systemen: Jede Sprache stellt ein – wunderbar schlüssiges – System dar. Auf einem Gebiet leistet eine Sprache mehr, auf einem andern eine andre. Die Diminutiva sind ein Glanzlicht des Russischen, das Deutsche hat eine erstaunliche Fähigkeit, Nominalkomposita zu bilden, das Französische zeichnet sich durch eine Fülle von Tempora aus, während das Ungarische – das nur über ein einziges Vergangenheitstempus verfügt – eigene Verbformen für das Verhältnis ich-dich ausgebildet hat. »Szeretlek« heißt »Ich liebe dich«; wo das Deutsche drei Wörter braucht, kommt das Ungarische mit einem aus.

Elegant auch die synthetischen Endungen des Russischen: »rukoj« ist der Instrumental von »ruka« (Hand), heißt also »mit der Hand«. Diese Kürze und Kompaktheit spielt zum Beispiel bei der Versübersetzung eine wichtige Rolle. Was Puschkin in vierhebigen Jamben unterbringt, ist vom deutschen Nachdichter kaum zu leisten, denn der analytische Sprachbau des Deutschen erfordert mehr Hebungen. Will man die Form wahren, bleibt also oft nichts anderes übrig, als am Inhalt kleinere Abstriche zu machen, d.h. Kürzungen vorzunehmen.

Auf ein Weniger läuft es gelegentlich auch beim Übersetzen aus dem Französischen hinaus. Alle romanischen Sprachen, so auch das Französische, lieben den rhetorischen Schaum, er ist – fast unabhängig vom Sprecher – Teil der Sprache selbst. Das Deutsche kennt diese Art von Rhetorik nicht, wäre damit auch restlos überfordert. Hier muß bewußt verschlankt werden, soll nicht der Eindruck falscher Überladenheit entstehen.

Beim Übersetzen frisiere ich, jawohl. Aber ich tue es aus dem erwähnten Systemdenken heraus, das mich über die faszinierende Inkompatibilität der Sprachen belehrt hat. An dieser Inkompatibilität rackere ich mich – nach wie vor – ab, doch gerade sie macht das Übersetzen zu einer kreativen Herausforderung. Denn es gilt, mit ungleichen Mitteln Äquivalenz herzustellen. Das ist nur möglich, indem ich die Zielsprache, das Deutsche, zu flexibler Kompensation nutze, indem ich seine Möglichkeiten voll ausschöpfe.

Das ständige Schielen auf die Eigenheiten der Ursprungssprache, als ob diese eins-zu-eins transferierbar wären, hilft nicht weiter, erzeugt nur verstimmende Idiosynkrasien. Wenn Sándor Márai (in seinen Erinnerungen »Land, Land«) das Übersetzen gleichsam als »Entzifferung einer Geheimschrift« bezeichnet, weil es »auf dem Grunde jeder Sprache (...) einen (...) Code gibt, der beinahe unübersetzbar ist«, so gebe ich ihm recht. Nur darf das nicht zur Resignation verleiten.

Ich weiß um die sprachstrukturellen Unterschiede, ich reflektiere sie, um aus dem Teig des Deutschen ein neues Brot zu backen. *Make it anew*, heißt die Formel. Sie hindert mich allerdings nicht, bei der Übersetzung von Marguerite Duras auf die Zahl der Silben in einem Satz zu achten und diese möglichst mit dem Original abzustimmen, der Durasschen Warnung eingedenk, daß die musikalischen Fehler die schlimmsten seien.

Doch noch einmal zurück zur Ausgangsfrage: Wie ist es, aus mehreren Sprachen zu übersetzen? Ich vermute, nicht viel anders, als wenn man nur aus einer übersetzt. Denn während ich übersetze, beschäftige ich mich maximal mit zwei Systemen: dem der Ursprungs- und dem der Zielsprache. Alle anderen Sprachen sind in dem Moment irrelevant, interferieren nicht. (Anders als beim eigenen Schreiben, wo mich das innere Babel oft nicht in Ruhe läßt, wo meine Seele multilingual brabbelt und von einer Sprache träumt, in der alle meine Sprachen aufgehoben wären.)

Was ich aber nicht herunterspielen möchte, ist die Tatsache, daß ich zu gewissen Sprachen eine größere Affinität verspüre als zu anderen, daß es mir – konkret gesprochen – leichter fällt, aus dem Russischen zu übersetzen als aus dem Ungarischen. Das hängt nicht mit der Sprachkompetenz zusammen. Ungarisch, meine Muttersprache, beherrsche ich vermutlich besser als das erst später erlernte Russisch. Und trotzdem. Russisch gehört – wie alle slawischen, romanischen und germanischen Sprachen – zur indogermanischen Sprachenfamilie, Ungarisch nicht. Es ist Teil der finnisch-ugrischen Sprachgruppe, sein agglutinierender Sprachbau führt zu langen Suffixketten.

Das Ungarische besitzt kein grammatisches Geschlecht, kein Verbum »haben«, keinen Genetiv. Statt des Genetivs verfügt es über ein sogenanntes Besitzverhältnis, was dann etwa so lautet: »Dem Vater Auto-seins ist.« Vor allem kann man im Ungarischen mühelos doppelte Besitzverhältnisse bilden (»das Fenster des Zimmers des Hotels«), was die Übersetzung sofort ausbügeln muß.

Das Ungarische kann überhaupt vieles: Partizipien mit Objekt bilden (wie das Lateinische); zwischen bestimmten und unbestimmten Akkusativobjekten unterscheiden und diesen eigene Verbformen zuordnen; dank vieler Wortbildungssuffixe aus Verben Substantive, aus Substantive Verben bilden, ja sogar Verben verkleinern.

Zum Glück ist die Syntax des Ungarischen insofern der indogermanischen verwandt, als es Nebensätze gibt (Relativ-, Kausal-, Final-, Konsekutivsätze u.a.). Doch sorgen die erwähnten Besitzverhältnisse (und Partizipalkonstruktionen) dafür, daß das Pferd oft von hinten aufgezäumt wird und der Übersetzer den Knäuel kunstvoll entwirren muß.

Ich erlebe bei solchen Sätzen gewissermassen ein stockendes Verständnis – etwas, was mir weder im Französischen, Russischen noch Serbokroatischen passiert.

Eine andere Schwierigkeit des Ungarischen ist seine partielle Unbestimmtheit (oder Vagheit). Dadurch, daß es kein grammatisches Geschlecht kennt, nur einen bestimmten beziehungsweise unbestimmten Artikel und beim Personalpronomen 3. Person nur eine Form (»ö«), können die Bezüge verschwimmen. Der Übersetzer muß sich aber rasch Klarheit verschaffen, da er im Deutschen, das drei Geschlechter unterscheidet, auf eine Präzisierung angewiesen ist. (Das Deutsche riskiert im pronominalen Bereich nur Mißverständnisse durch die gleiche Lautung von »sie«, fem. 3.p.sg, und »sie«, mask., fem., neutr. 3.p.pl.)

Péter Nádas hat in seinen Theaterstücken diese schwebenden Bezüge oft bewußt benutzt, um quasi-androgyne Verhältnisse zu evozieren. Durch die Homonymie von »sie« und »sie« konnte ich im Deutschen manchmal etwas Ähnliches herstellen. Meist aber verlangte die Grammatik nach Klärung und Festlegung.

Ich gebe zu, gelegentlich ärgert und schmerzt es, an solche Sprachbarrieren zu stoßen, denn ihre Überwindung braucht Kraft und lenkt zunächst von dem ab, was wirklich interessant erscheint: vom Personalstil des Autors. Ihn gilt es um jeden Preis in die Zielsprache hinüberzuretten. Aber da die dazu erforderlichen Mittel unterschiedlich sind, muß zum Know-how die Kunst hinzukommen.

Letztlich geht es ja nicht (nur) darum, daß Nádas und Kertész ungarisch schreiben, sondern daß sie sich auf Nádas'sche und Kertészsche Weise ausdrücken. Dieser besondere Sprachgebrauch ist das Entscheidende, denn in den Händen eines Schriftstellers, der diesen Namen verdient, ist die Sprache Wachs: er bedient sich ihrer auf eigenwillige, unkonventionelle Art.

Auch für den Übersetzer liegt die schöpferische Herausforderung in solcher Personalsprache. Wie übersetze ich Marina Zwetajewas Wortspiele, etymologischen Figuren, ihr Zerren und Kratzen am Sprachmaterial? Das Deutsche, so behaupte ich frank, hat es da womöglich leichter als das Französische, denn im Deutschen lassen sich, ähnlich wie im Russischen, mühelos Nominalkomposita und absonderliche Neologismen bilden. Zwischen den beiden Sprachen gibt es diesbezüglich schwesterliche Analogien. (Wie in bezug auf die Syllabotonik.)

Ein Beispiel aus Zwetajewas Erinnerungsprosa »Mutter und die Musik« (1935): »Die Tasten liebte ich, weil ihre Glätte verräterisch ist, bei der ersten Berührung bereit, zu erklingen und einen zu verschlingen. (...) Und wegen der chromatischen Tonleiter, die ich sehr schnell der einfachen: stumpfen: satten vorzog, dieser ammengleichen, hänschenkleinschen. (...) Und weil die Chromatik das Gegenteil der Grammatik ist – nämlich Romantik. Und Dramatik.«

Zwetajewa war übrigens mit der deutschen Sprache und Kultur bestens vertraut. Anders als Alexej Remisow, den sie in der Pariser Emigration öfter traf, dehnt sie ihren Allusions- und Echoraum – über das Russische – auf die deutsche und französische Literatur aus. Das macht den übersetzerischen Transfer punktuell leichter.

Ich übersetze also einen Personalstil. Daß dieser sich des Ungarischen, Russischen, Serbokroatischen oder Französischen bedient, spielt selbstverständlich eine Rolle. Doch vergessen wir nicht, daß Vladimir Nabokov, Samuel Beckett oder Joseph Brodsky ihren Personalstil erfolgreich in zwei Sprachen praktizierten, was beweist, daß sie die jeweilige Sprache ihren eigenen Intentionen gefügig zu machen wußten. Jeder Autor spielt anders auf der Klaviatur seiner Sprache. Und wenn das Schicksal es verfügt, daß er gleich in mehreren Sprachen heimisch wird, wird er die neue Sprache nach seinem Gusto nutzen.

Mein übersetzerisches Augenmerk liegt auf dem Personalstil des Autors, und mein translatorischer Kunstwille ist bemüht, diesen Personalstil mit den Möglichkeiten der Zielsprache optimal wiederzugeben. Überflüssig zu sagen, daß mich die Zielsprache mehr beschäftigt als die Ursprungssprache, denn sie ist *mein* Medium, das Medium des Nachdichtens.

Auch in der Zielsprache stoße ich an gewisse Grenzen. Unumwunden gebe ich zu, daß ich – wegen meines Wohnortes in der Schweiz – die deutsche Umgangssprache nur flüchtig kenne und mich daher nie an die Übersetzung eines Textes heranwagen würde, der bewußt mit umgangssprachlichen Elementen operiert. Hier spielt mir mein helvetisches Umfeld einen bösen Streich.

Aber es gibt auch andere Grenzen (zum Beispiel lexikalische: Spezialterminologien), so wie mit zunehmender Praxis die Erkenntnis wächst, daß nicht nur das Übersetzen enorm schwierig ist, sondern das Beherrschen schon einer einzigen Sprache. Je mehr Know-how, desto mehr Skepsis, weil das Wissen automatisch den Diapason des Nichtwissens zum Vorschein bringt.

Ich möchte aber nicht verschweigen, daß die Mühe der kontinuierlichen Spracharbeit auch mit Freude und faszinierenden Entdeckungen verbunden ist. Durch mein kleines Sprachbabylon hindurch meine ich die Welt schärfer wahrzunehmen, differenzierter auch. Unterschiede werte ich grundsätzlich als interessant, als sähe ich darin sofort eine kreative Herausforderung.

Ich bin nicht *lost in translation*, wie der schöne Buchtitel von Eva Hoffman heißt. Übersetzen – literarisch übersetzen – heißt für mich unmißverständlich, einen fremden Personalstil ins Deutsche hinüberzuretten, ihn in meiner Dichtungssprache zu installieren. Dabei bin ich mir stets bewußt, daß die von mir angebotene Lösung nur eine von vielen möglichen ist.

Aber das Übersetzen wäre keine Kunst, wenn es sich nicht Subjektivität und Irrtum vorbehalten würde. □

Christoph Rütimann: einige Blätter und ein Zweig. Polaroid, 1982.

Johann P. Tammen

»Eigenart holt Eigenart hervor!«

Poesie der Nachbarn – Dichter übersetzen Dichter – *Ein Modell im Praxistest*

Ein guter Vers ist Leben wie ein Apfel« heißt es im Gedicht von Sándor Weöres, das Richard Pietraß übertragen hat: »Beschau ich ihn, gibt er den Blick zurück, / Sagt anderes dem Hungrigen, dem Satten, / Ist anders hoch am Ast, im Korb, im Mund. / Beschloßner Inhalt, feste Formen sind / Ihm fremd. Er lebt nur und macht leben. / Noch tiefern Sinn erfuhr er nicht und will / Er gar nicht wissen. Ein Sinn und tausend / Sinn in ihm, wenn wir ihn sehen, fühlen, essen.«

Es geht um den Apfel, um die lockende Frucht am Baum, um ein faßbares Äußeres, um ein sprechendes Anderes, ein umkleidestes Inneres, Verborgenes, um ein Symbol, um ein korrespondierendes Fernes, um ein erfahrbar Nahes, um den grünen, den rotbackigen, den glatthäutigen, den schrumpeligen, den schmackhaften, den faulen, der aber gerne auch ein goldener Apfel sein mag. Ich sehe, wie er glänzt und prangt, wie er winkt von oben herab, und ich sehe, wie er schmeckt. – Ich kann das so sehen und anders, und ich kann es benennen in tausend Sprachen.

Es geht um »gut« und »richtig«, um »falsch« und »mißlungen«, um »adäquat« und »verfehlt«, um »annähernd dem Original entsprechend« und –im Glücksfall– um die »kongeniale Entsprechung«. Es geht um den Apfel, den Sinn in ihm – und um dessen Hervorbringung. Es geht ums Abenteuer des Übersetzens – hier: des Übersetzens von Lyrik. Und dabei ist klar: Wer sich damit abplagt, wer solches wagt, widmet sich einem paradoxen Tun. Will sagen: Wer sich an die Aufgabe heranwagt, Lyrik zu übersetzen –diese Übereinkunft kann man wohl voraussetzen– weiß, sollte wissen, daß eine Übersetzung respektive eine Nachdichtung von Poesie schlechterdings nicht möglich ist, ohne von der Tatsache der prinzipiellen Unübersetzbarkeit auszugehen.

Natürlich bleibt unbestritten, daß –wie Elsbeth Wolffheim es konstatierte – »ein übersetzter Text… nicht die Wiederholung des Originals« sein kann – und daß es sich –besonders bei Lyrik-Übersetzungen– »immer nur um Ent-Sprechungen handeln« kann. Felix Philipp Ingold wagt da eine noch größere Entschiedenheit und sagt: »Der übersetzte Text ist ein weitergeschriebener Text. Dem Original wird man mit übersetzerischer Treue am wenigsten gerecht.«

»Der Autor«, so Ingold, »der sich als Übersetzer dem Fremden stellt, es in seiner unerschließbaren Andersheit annimmt, von ihm also auch das annehmen kann, was ihm unbegreiflich bleibt, ist – ganz gleich, welcher Zeit er angehört – ein *Romantiker*. ›Der wahre Übersetzer dieser Art muß‹ –nach Novalis– ›in der That der Künstler selbst seyn‹, er rezipiert, er akzeptiert den fremden Text, indem er sich durch ihn verändern läßt, und was ihn verändert, ist eben das *Fremde*, das er, statt es sich anzueignen, als das eigentlich Fremde, das Fremde im Eigenen, die eigene Befremdlichkeit im Akt des Übersetzens zur Geltung bringt. ›Er muß‹, so Novalis, ›der Dichter des Dichters seyn und ihn also nach seiner und des Dichters eigner Idee zugleich reden lassen können‹.«

* * *

Dies unter anderem ist der Ausgangspunkt für ein Nachdichtungsprojekt, das Gregor Laschen, sich dabei auf eine Art Vorbild-Praxis aus der früheren DDR beziehend, ersonnen hat und in der 1999 unter dem Titel »Schönes Babylon« bei DuMont erschienenen Bilanz-Anthologie wie folgt beschreibt:

»Seit 1988 treffen sich jeweils sechs Dichter aus einem Nachbarland und sechs deutschsprachige Dichter im Künstlerhaus Edenkoben für einige Tage, um dort auf der Basis von Interlinearübersetzungen (philologisch gearbeiteter Wörtlichkeit) und in der sprechenden Begegnung miteinander, einander zuhörend, die Gedichte der Nachbarn ans deutsche Ufer zu ziehen. Die eingeladenen Dichter sind gebeten, für ihre Arbeit repräsentative Gedichte zu schicken, auch solche, an denen die Poetologie des Autors erkennbar, ablesbar ist.«

Nach dem Start 1988 mit Dichtern aus Dänemark, u.a. mit Inger Christensen, Iwan Malinowski und Klaus Rifbjerg, folgten ebensolche Begegnungen mit Dichtern aus Ungarn, Spanien und Island, aus den Niederlanden, aus Bulgarien, Italien, Frankreich, Norwegen und Irland, aus Estland, aus Rumänien, Portugal, Finnland und Griechenland (mittlerweile wurde die Projektleitung von Gregor Laschen an Hans Thill übergeben, der 2003–2005 Begegnungen mit russischen, englischen und Dichtern aus der Ukraine gestaltete).

Jeweils im Jahr nach diesen Werkstatt-Treffen im Künstlerhaus Edenkoben in der Südpfalz erschien in der »edition die horen« ein von Gregor Laschen (anfangs mit jeweils einem Mitherausgeber) herausgegebener Dokumentationsband mit Ergebnistexten als zweisprachige Anthologie (seit Band 16/2004 im Heidelberger Wunderhorn Verlag). Parallel dazu gab es nach öffentlichen Lesungen Rundfunkmitschnitte, die –zu Beginn beim WDR, heute beim SWR– zum Fundus einer Radiobibliothek der europäischen Lyrik der Gegenwart gefügt wurden.

In den zurückliegenden 18 Jahren wurde hier so für mehr als 100 europäische Lyrikerinnen und Lyriker eine Bühne errichtet und ein europaweites Netzwerk gebildet. In Einzelfällen auch mit Antwort-Projekten in den beteiligten Ländern, so zum Beispiel in Island und in Bulgarien, wo wiederum Auswahlbände deutscher Gedichte der beteiligten Nachdichter erschienen.

An den bisherigen Treffen haben mehr als 40 deutschsprachige Dichter teilgenommen (einige wiederholte Male), unter ihnen Oskar Pastior, Guntram Vesper, Uwe Kolbe, Barbara Köhler, Adolf Endler, Wolfgang Hilbig, Ursula Krechel, Elke Erb, Zsuzsanna Gahse, Rolf Haufs, Walter Helmut Fritz, Joachim Sartorius, Jürgen Theobaldy, Brigitte Oleschinski, Marcel Beyer, Katja Lange-Müller, Ernest Wichner, Norbert Hummelt, Jan Wagner, Uwe Herms, Hannelies Taschau, Kito Lorenc, Brigitte Struzyk, Hans-Arnfrid Astel, Kerstin Hensel, Gerhard Falkner, Kathrin Schmidt, Ulrike Draesner, Friedrich Christian Delius, Peter Waterhouse, Franz Josef Czernin, Ulf Stolterfoht, Hugo Dittberner, Anne Duden, Peter Hamm u.v.a.m. – Und wohl allen beteiligten Nachdichtern stand je von Beginn an eine Sentenz Paul Valérys vor Augen, der notierte: »Was immer mir gesagt wird – was immer ich lese, es scheint mir, als müsse es übersetzt werden.«

* * *

Laschen berief sich mit diesem Projekt immer wieder zuallererst auf Paul Celan – und damit darauf, »daß der Nachdichter die Worttreue, die Wörtlichkeit der Übertragung nicht selten, gelegentlich im Extrem zu verlassen habe ›in Richtung auf ein dem Original ent- und zusprechendes deutschsprachiges Gedicht‹« und darauf, »daß ›Wörtlichkeit eben noch keine Poesie‹ ergebe«, ja, daß eine Übersetzung, die lediglich abbilde und das fremde Wort im eigenen Wort getreulich spiegele, niemals genüge, und also die Übersetzung –Friedrich Schlegel folgend– »keine (plane) *Nachbildung*« sein dürfe.

Laschen: »Der freiere Blick aufs Schöne Fremde Andere, das ›Original‹ und die Besinnung auf die je eigene Sprachmächtigkeit, aus den bekannten Skrupeln und Bindungen hervortretend … haben von Anfang an den Spiel-Raum (*und Laschen betont hier ganz ausdrücklich das Spielerische*) meiner Vorstellung bestimmt.« Und hierzu noch einmal Ingold zitierend –ohne seinen eigenen Anspruch relativieren zu wollen–, unterstreicht Gregor Laschen: »Ebensowenig wie das Wort der Wirklichkeit, die es vertritt, entsprechen kann, vermag die Übersetzung dem Original zu entsprechen; sie spricht mit ihm.«

Gregor Laschen hat in allen bisherigen von ihm (mit-)verantworteten Bänden dieser Reihe »Poesie der Nachbarn – Dichter übersetzen Dichter« regelmäßig seinen Übersetzer-Standort markiert, dabei wiederholt aus vielerlei Regionen des Umgangs mit Poesie Kompetenz herbeirufend, so u.a. auch Überlegungen Ortega Y Gassets (aus »Glanz und Elend der Übersetzung«), bei dem es heißt: »Die Übersetzung ist *kein* Duplikat des Originaltextes; sie ist nicht dasselbe Werk mit verändertem Wortschatz« –und, so pointiert es Ortega: »noch darf sie das sein wollen.«

Ortega, so unterstreicht es Laschen für sich, begreift die Übersetzung radikal als eigenständige literarische Gattung, als »Weg zum Werk«. Und er beruft sich seinerseits auf Schleiermacher, wenn er sagt: »Nach ihm ist die Übersetzung eine Bewegung, die in zwei entgegengesetzte Richtungen ausgeführt werden kann: entweder wird der Autor in die Sprache des Lesers gebracht oder wird der Leser zur Sprache des Autors geführt. Im ersten Fall übersetzen wir in einem eigentlichen Sinne des Wortes: wir stellen strenggenommen eine Nachahmung oder eine Umschreibung des Originaltextes her. Nur wenn wir den Leser von seinen sprachlichen Gewohnheiten losreißen und ihn zwingen, sich in die des Autors zu versetzen, kommt die eigentliche Übersetzung zustande.«

Kompromißlos plädiert Laschen für »originäre Eigenmächtigkeit« – und stützt so, sich auf Friedhelm Kemp berufend, die Vermutung, daß »Eigenart Eigenart hervorholt«. Und es geht natürlich nicht nur um eine simple Umsetzung, sondern um ein Hervorbringen, dies auch im Sinne einer originären schöpferischen Leistung – wie Claude Simon dies in einem Brief an seine Übersetzerin reklamiert hat. Simon: »In Wirklichkeit ist der Übersetzer das ›Double‹ des Autors, denn wie dieser bemüht er sich ›in‹ und ›durch‹ eine bestimmte Sprache, mit ihren Eigenheiten, ihren besonderen Wendungen, ihrer Musik und ihren Klängen, in der Vorstellung des Lesers bestimmte Bilder entstehen zu lassen ... Ich will damit sagen, daß das Übersetzen nicht einfach ein Umsetzen ist, wie die landläufige Meinung will, sondern wirklich ein *Hervorbringen*.«

* * *

Das, was dem Poesie-Scout, Übersetzungsstifter und Dichter Laschen in Verfolg dieses Projekts immer wieder als Weg aufscheint, hin zum geheimnis- oder gar verheißungsvollen Fremden, Anderen, das er im Gelingen mit poetischem Zugewinn ins Eigene aufzunehmen vermöchte, bindet er –grob skizziert– an drei Konsequenzen, wie Stefan Wieczorek sie gebündelt hat:

»Zuständig für die Übertragung sind solche, die ihr Zu-Hause-Sein in der eigenen Sprache ausloten, in eigenen Texten Möglichkeiten und Grenzen auf der Spur sind – übersetzt wird daher prinzipiell nur von Dichtern.«

»Die Übersetzung ist keine bloße handwerkliche Dienstleistung am Originalgedicht, sondern ein Arbeiten in und mit der eigenen Sprache. Diese Wertschätzung und Beanspruchung des individuellen Lektüre- und Schreibaktes äußert sich häufig in mehreren deutschen Versionen zu einem Original.«

»Die Kenntnis der Originalsprache ist sekundär. – Die letztgenannte Folgerung unterstreicht Gregor Laschen sogar dahingehend, daß gerade die Unkenntnis der anderen Sprache ein gelungenes deutsches Gedicht ermöglichen *kann*.«

»In Anlehnung an die Überlegungen Günter Eichs und Oskar Pastiors«, so referiert es Wieczorek, »liegt jedem (gelungenen) Gedicht ein Akt der Übersetzung aus einem Sprachzustand in den deutlicheren der Poesie zugrunde. In dieser Perspektive ist die Genese jedes Gedichts als Übersetzungsvorgang darstellbar, Übersetzen ein Nachvollziehen des primären Übersetzungsvorgangs.« – Dazu wiederum Laschen: »Das Aufspüren dieses immer schon vorhandenen Übersetzungsvorgangs im fremden Gedicht gewährleistet, daß das Original in der Eigensprachlichkeit des übersetzenden Dichters bleibt, auf eine Art, die das Fremde des Originals, seine Anders- und Besonderheit bewahrt, ihr ent- und zuspricht.«

* * *

Das im Kontext des Vorerwähnten aufscheinende Problemfeld kritisch wägend hat wiederum Elsbeth Wolffheim in ihrem Aufsatz »Anverwandlung fremder Früchte« –den Begriff der Kongenialität unter die Lupe nehmend– festgestellt: »Unter einer kongenialen Übersetzung verstehe ich nichts Statisches, sondern etwas Prozessuales, nämlich einen Akt der Überredungskunst. Der Übersetzer soll seinem Leser überzeugend suggerieren, daß er sich dem verbalen und formalen Reichtum des Originals so weit angenähert hat, daß dieser seine eigene ästhetische Wahrnehmung mobilisiert und zu einem produktiven Nachvollzug animiert wird.«

Oft genug aber zeigt es sich, so Elsbeth Wolffheim weiter, »daß Übersetzer von Lyrik entweder besonders zaghaft oder besonders eigenmächtig sind.« Und sie spricht schließlich davon, daß –nach ihrer Beobachtung– die Letztgenannten, jene mit dem Hang zur größeren Eigenmächtigkeit, ihr Tun dann »mit dem Begriff Nachdichtung verbrämen«. Doch sie läßt am Ende auch die ausgesprochen ängstlichen Übersetzer nicht ungeschoren davonkommen.

Als einen in dieser Hinsicht wenig rühmlichen »interlinearen Puristen« führt sie Vladimir Nabokov mit seinen Puschkin-Übersetzungen an. Nabokovs sich vor dem Original verbeugende Übersetzerstrenge geißelte Edmund Wilson mit dem Verdikt, sie klinge wie »die Produkte jener Computer, die russische Texte angeblich ins Englische übersetzen«.

Schließlich verweist Elsbeth Wolffheim hier auch noch auf ein weiteres Beispiel und berichtet: »Übrigens hat Nabokov dieses sture Beharren auf Wortwörtlichkeit auch bei einem berühmten Gedicht von Osip Mandel'stam... praktiziert. – Nicht ganz zu Unrecht mokiert sich Nabokov über einige Nachdichtungen dieser Verse ins Englische, um dann seine spröde Umsetzung mit den Worten zu verteidigen: ›Ich weiß wohl, daß meine mühsame wörtliche Wiedergabe eines der Meisterwerke russischer Dichtung aufgrund rigoroser Wortgetreuheit nicht unbedingt ein gutes englisches Gedicht abgibt; doch ebenso weiß ich, daß es eine wirkliche Übersetzung ist, wenn auch steif und ungereimt, und daß das gute Gedicht des Nachdichters nichts weiter ist als ein buntes Gemisch aus Irrtum und Improvisation.‹«

»Wem gebührt denn nun der Lorbeer?« fragt Elsbeth Wolffheim: »Dem ›guten Gedicht des Nachdichters‹? Oder der rigorosen ›Wortgetreuheit‹ Nabokovs?« Fraglos werden die beiden Waagschalen hier durch das eine ebenso wie durch das andere Gewicht des nie absolut zu Entscheidenden in Bewegung geraten, aber auch der goldene Mittelweg ist hier als Problemlösung nicht ausgleichend stabil – und so behielte zuguterletzt wieder Friedrich Schlegel Recht, der ins Offene greifend konstatierte: »Jede Uebersetzung ist eine unbestimmte, unendliche Aufgabe.«

* * *

Aber natürlich gibt es zwischen dem »übersetzerischen Überbietungszwang«, wie Michael Braun ihn als hier und da vorkommend kritisiert, und der Chance zur »Erweiterung der Möglichkeiten der eigenen Sprache durch ihr Fremdmachen«, wie Klaus Reichert sie erkennt, immer noch einen Zwischenraum, in dem das Gelungene zum Vorschein kommen mag.

Im Projekt »Poesie der Nachbarn – Dichter übersetzen Dichter«, wie Gregor Laschen es ermöglichte und ausdrücklich zuließ, ist das immer wieder an der Spannweite der vorgeführten Auslotungen und an der jeweiligen Differenz zwischen unterschiedlich gewagten Varianten ablesbar.

Hierfür nachfolgend ein augenfälliges Beispiel: Zu Henry Deluys Gedicht »Le Boulanger est un Homme en bleu« gab es (und das war –zugegeben– ein extremes Resultat in der –von Ingo Wilhelm und Ulrike Thelen gestifteten– Obhut der Edenkobener Werkstatt) letztendlich fünf Varianten, die sich allesamt dienlich zur sprachschönen, brüchig lakoniegefärbten fremdsprachigen Gedichtgestalt herüberbeugten, deren originäres Eigensein nicht durch eigenen Sprach- und Deutungsgalopp verratend, und dennoch auch dem klugen Eifer folgend, der dem jeweils eigenen deutschen Gedicht Kraft und Witz gestattete.

Henry Deluy

Le Boulanger est un Homme en bleu

On pourrait ne pas soupçonner
Qu`il a souffert, récemment.
La grande femme solide, en robe bleue,
Qui se plaçait à côte de lui,
Sans faire de bruit, a disparu.
On peut se demander, chaque jour,
Quel pouvait bien être son désir,
A lui,
A l'endroit d'une telle femme.

Mais le boulanger le dit,
Il aime le gel et dégel de l'hiver.
Il aime cette femme.

Der Bäcker ist ein Mann in blau

Kaum zu glauben,
Daß er gelitten hat, neulich.
Die stattliche Frau, die stets blau trug
Und ihm vollkommen geräuschlos
Über die Schulter sah, ist ausgeblieben.
Zu fragen wäre, was denn tagtäglich
Er begehrte,
Nur für sich,
Neben solch einer Frau.

Der Bäcker sagt, es muß
Im Winter frieren und tauen, und frieren...
So liebt er sie.

(Róža Domašcyna)

Der Bäcker ist ein Mann in blau

Kaum zu glauben,
Daß er kürzlich gelitten hat.
Die große Robuste im blauen Kleid,
Die sich neben ihm hinpflanzte,
Ohne ein Geräusch, ist weg.
Man fragt sich jeden Tag,
Was er wohl gewollt hat,
Er,
Von so einer Frau.
Aber der Bäcker sagt's,
Er liebt das Eis des Winters und den Tau.
Er liebt diese Frau.

(Jürgen Theobaldy)

Der Bäcker ist ein Mann in blau

Man könnte es nicht vermuten
Daß er gelitten hat, kürzlich.
Die große, stattliche Frau im blauen Kleid,
Die sich neben ihm plazierte
Geräuschlos, ist verschwunden.
Man kann sich jeden Tag fragen
Was seine Begierde gewesen sein könnte
An sich
An der Seite einer solchen Frau.

Aber der Bäcker sagt,
Er liebt den Frost und das Tauen im Winter.
Er liebt diese Frau.

(Ursula Krechel)

Der Bäcker ist der Mann in blau

Man glaubts ja nicht,
Daß der gelitten hat, neulich noch.
Diese große volle Frau im Kleid aus Blau,
Die sich an seine Seite stellte
Ohne Geräusch, ist weg.
Man fragt sich täglich ja,
Was der begehrt hat
Für sich und
An der Seite solcher Frau.

Aber, so sagt der Bäcker das,
Er liebt den Frost und wenn der Winter taut.
So liebt er diese Frau.

(Gregor Laschen)

Der Bäcker, der Mann in blau

Man will es kaum glauben,
Daß er Schmach empfunden hat, noch vor kurzem.
Die Frau im blauen Kleid, groß, erdrückend,
Die Platz forderte an seiner Seite,
Ohne zu lärmen, sie ist werweißwo.
Man fragt sich, was Tag für Tag
Ihn an sie fesselte, ihn bannte,
Ihn, nur ihn,
Beigesellt solch einer Frau.

Doch der Bäcker erklärt,
Er mags, wenn es im Winter klirrt, dann wieder taut.
Er mag diese Frau.

(Johann P. Tammen)

* * *

Quasi als Postskriptum hier noch zwei Positionierungen am Edenkobener Projekt beteiligter Lyrikerinnen – zunächst Kerstin Hensel, die postuliert: »Die Übertragung von Gedichten, d.h. Versen in eine fremde Sprache sollte Autoren überlassen werden, die selbst Verse schreiben. Warum. Ich denke, daß nur sie eine wirklich *poetische* Annäherung an das ›fremde‹ Gedicht finden. Voraussetzung dazu ist (neben einem exzellenten Rohübersetzer), daß sie sich der schweißtreibenden Mühe der Auseinandersetzung mit dem ›geistigen Eigentum‹ des Kollegen hingeben, ihn in Form und Inhalt achten, aber dem Sklavengewand der adäquaten Wiedergabepflicht entsagen. Zugunsten einer neuen, eigenen Schöpfung. – Seit Jahrhunderten gibt es viele von eifrig-gescheiten Sprach- und Poesiekundlern übertragene Verse: mehr oder weniger korrekte Übersetzungen des Originals, die nur selten poetischen Wagemut und eigene Anwesenheit erkennen lassen. – Ein übertragenes Gedicht muß ein gutes *Gedicht* sein, vielleicht sogar besser als das Original.«

Dabei wird Kerstin Hensel sicherlich sofort auch unterschreiben, was die isländische Lyrikerin Linda Vilhjálmsdóttir mahnend-einschränkend in poetische Klarsprache rückt – hier übersetzt und nachgedichtet von Franz Gíslason und Gregor Laschen: »du überträgst wörter / sprache geschichten gedichte / von land zu land // das winzigste aber / vom licht vom dunklen / vom verbrechen von freude // von leben / bleibt zuhaus / rührt sich nicht vom fleck.«

* * *

Ein letztes Moment des dem Fremden Innewohnenden bleibt unberührbar, kann also wohl nie –trotz aller Einfühlungstiefe– hervorgeholt werden als das Andere, Schöne, Ferne.

Aber selbst dies kann herüberschwingen beim gleichermaßen angestrengten wie spielerischen Befragen der »letzten Elemente der Sprache selbst, wo Wort, Bild, Ton in eins geht«, wie Rudolf Pannwitz dies anriet und worauf Friedhelm Kemp sich stützte, indem er forderte: »Da müssen Sternputzer her – Ausgräber, Aufbereiter, Ausdeuter, Nachdichter… Und sie dürfen gewalttätig sein, wo Schutthalden wegzuräumen sind; sie dürfen eigenmächtig verfahren, weil nur Eigenart Eigenart hervorholt; sie dürfen Verstöße begehen… Nur eines dürfen sie nicht sein: brav, trocken, glatt, glanzlos.« □

Wulf Segebrecht

Sätze übers Übersetzen

> VALERIO *stellt sich dicht vor den Prinzen, legt den Finger an die Nase und sieht ihn starr an.* Ja!
> LEONCE *ebenso.* Richtig!
> VALERIO. Haben Sie mich begriffen?
> LEONCE. Vollkommen.
> VALERIO. Nun, so wollen wir von etwas anderm reden.

I.

Zum Beispiel vom Übersetzen. Wenn einer den andern vollkommen begreift, erübrigt sich ein Dolmetscher. Leonce und Valerio benötigen hier keinen Übersetzer. Leonce behauptet, er begreife seinen Valerio »vollkommen«. Damit hat sich aber nicht jedes Gespräch zwischen ihnen erübrigt (»Nun, so wollen wir von etwas anderm reden«), es ist möglicherweise lediglich ein anderes Thema nötig, eines, das nicht zum sprachlosen vollkommenen Begreifen führt, sondern zur begrifflichen Auseinandersetzung durch Sprache.

Nur wo man sich nicht versteht, ist Rede erforderlich; vielleicht sogar: damit man sich nicht versteht? Die Sprache wäre dann das Mittel, das vollkommenes Verstehen geradezu verhindert. Dann wäre die Übersetzung ein Instrument, mit dessen Hilfe die Illusion am Leben erhalten wird, ein vollkommenes Verstehen durch Sprache wäre möglich.

Haben Sie den Dialog zwischen Valerio und Leonce vollkommen begriffen?

II.

Spricht man vom Übersetzen literarischer Texte, insbesondere von Gedichtübersetzungen, so trifft man regelmäßig auf zwei emphatische Argumente. Das eine bezieht sich auf die unendliche Schwierigkeit, ja eigentlich Unmöglichkeit einer Gedichtübersetzung. Gedichte, sagt zum Beispiel Arnold Stadler, sind, weil sie keine Informationen enthalten, »unübersetzbar: je mehr Gedicht, desto unübersetzbarer ist es«.[1] Und sogar bei Gelegenheit einer Rezension von Übersetzungen der Gedichte Rimbauds konnte man kürzlich lesen, es gelte bei aller Würdigung der Übersetzungen »zu berücksichtigen, daß Lyrik schlicht unübersetzbar« sei.[2]

Das ist das eine; das andere wiederkehrende Argument bezieht sich auf die Notwendigkeit, Unentbehrlichkeit, Bedeutung, Großartigkeit usw. des Übersetzens. Hier begegnen die schönen Metaphern vom Über-Setzen (von einem Ufer zum andern), vom Brückenbau, vom »Freihandel der Begriffe und Gefühle« und vom »Kuppler«-Dienst der Übersetzer (Goethe), vom »unersetzlichen und strengen Schulgang werdender Sprache« (Walter Benjamin) und – neuerdings – vom

›Kulturtransfer‹. – In diesem Zusammenhang darf ich unsere Moderatorin Zsuzsanna Gahse zitieren: »Es ist eine der schönsten europäischen Taten, daß viel übersetzt wird, trotz aller Mißverständnisse, die dabei entstehen, und es gibt viel zu tun«.[3]

III.

Für Hugo Kuhn, den bedeutenden münchener Mediävisten, war bereits die Lektüre eines Gedichtes eine Übersetzung und die Übersetzung eine Interpretation. Wer das Glück hatte, dem Lehrer Kuhn im Seminar zu begegnen, der konnte erfahren, wie Gedichte beispielsweise von Walther von der Vogelweide zugleich gelesen, übersetzt und interpretiert wurden. Die Gedichte wurden verständlicher und schöner nicht deshalb, weil sie immer zutreffender übersetzt wurden, sondern weil im Seminargespräch immer fragwürdiger wurde, welche Übersetzung die beste Interpretation war.

»Übersetzen Sie das Gedicht«, riet er seinen Zuhörern und Lesern;[4] und wie das vor sich gehen kann, zeigte er nicht nur an mittelalterlichen Texten, sondern gerade an Gedichten von Goethe, Conrad Ferdinand Meyer und Rilke. Auch Gedichte der jüngeren und jüngsten Zeit bedürfen der interpretierenden Übersetzung, und das keineswegs im nur übertragenen Sinne. Gedichte sind Fremdsprachentexte.

IV.

Ein Fremdsprachentext in deutscher Sprache zum Beispiel. Er stammt – Walther von der Vogelweide ist der Verfasser – aus der Sprachperiode des Mittelhochdeutschen. Zum Mittelhochdeutschen schreibt Andreas Thalmayr, alias Hans Magnus Enzensberger: »Vermutlich die schwierigste aller Fremdsprachen, und zwar deshalb, weil sie uns so bekannt vorkommt«.[5]
In der Tat! Walthers ›Elegie‹ oder ›Klage‹ genanntes Gedicht beginnt mit den bekannten Versen:

Owê war sint verswunden   alliu mîniu jâr!
ist mir mîn leben getroumet, oder ist ez wâr?
daz ich ie wânde ez wære,   was daz allez iht?
dar nâch hân ich geslâfen   und enweiz es niht.[6]

Die ersten beiden Verse sind auch ohne jede Übersetzung verständlich, und sie sind offenbar – wie die Beispiele *(vgl. die nachfolgenden Seiten 54/55)* zeigen – nur unter Schwierigkeiten in gereimte neuhochdeutsche Verse zu bringen. Sollte man sie dann nicht einfach so stehen lassen, wie sie bei Walther vorgefunden werden?

Anders steht es mit den beiden anschließenden Versen: Hier kommen die Übersetzer zu sehr verschiedenen ›Lösungen‹ im Hinblick auf das Textverständnis und dessen sprachliche Wiedergabe. Das Ausmaß der Fremdartigkeit poetischer Texte aus lange zurückliegenden Zeiten ist – sogar innerhalb einzelner Gedichte – unterschiedlich.

Fortsetzung Seite 56!

O weh! wohin verschwanden alle meine Jahr'?
Ist mein Leben mir geträumet oder ist es wahr?
Das ich stets wähnte, daß es wäre, war das icht?
Darnach hab' ich geschlafen und so weiß ich's nicht.
Ludwig Uhland

O weh, wohin verschwunden ist so manches Jahr?
Träumte mir mein Leben, oder ist es wahr?
Was stets mir wirklich däuchte, wars ein trüglich Spiel?
Ich habe lang geschlafen, daß es mir entfiel:
Karl Simrock

O weh, wohin entschwanden alle meine Jahr?
Träumte ich mein Leben, oder ist es wahr?
Was stets mir wirklich deuchte, wars trüglich Spiel?
Ich habe lang geschlafen, daß es mir entfiel:
Wilhelm Klemm

Wehe, wohin sind alle meine Jahre entschwunden? Habe ich mein Leben geträumt oder ist es wirklich? Was ich immer für etwas hielt, was da wäre, war das alles etwas? Demnach hab ich, ohne es zu wissen, geschlafen.
Hans Böhm

O weh, wohin sind alle meine Jahre verschwunden!
Habe ich mein Leben geträumt, oder ist es wahr?
Was ich immer glaubte, es sei, war das etwas?
So habe ich geschlafen und weiß nichts davon.
Max Wehrli

Wohin sind sie geflogen alle meine Jahr?
War mein Leben gelogen oder ist es wahr?
Was ich einst wähnte, es wäre – gab es das überhaupt?
Oder hab ich geschlafen und einem Traum geglaubt?
Peter Rühmkorf

Oweh wohin entschwanden alle meine Jahre!
War mein Leben ein Traum, oder ist es Wirklichkeit?
Was ich immer glaubte, es sei – war all das etwas?
Dann habe ich geschlafen, und weiß es nicht.
Peter Wapnewski

O weh, wohin entschwand mir   Jahr, und Jahr um Jahr!
Träumte ich mein Leben   oder ist es wahr?
Was ich als wirklich wähnte,   war das Wirklichkeit?
Demnach hab ich geschlafen,   und wußte nicht Bescheid.
P. Hase

O weh, wohin sind alle meine Jahre entschwunden! Habe ich mein Leben geträumt oder ist es wirklich gewesen? Was ich immer glaube, daß es sei, war das ein Nichts? Demnach habe ich geschlafen und weiß es nicht einmal.
Eugen Thurnher

O weh, wohin sind entschwunden   alle meine Jahre?
Habe ich mein Leben geträumt,   oder ist es wahr?
Was ich immer für wirklich hielt,   war es das?
Demnach habe ich geschlafen   und weiß es nicht.
Margherita Kuhn

Wenn die Übersetzungen sowohl die Historizität als auch die Aktualität poetischer Texte darbieten wollen, dann sollten sie entsprechende Signale enthalten, wie das zum Beispiel in Uhlands Übersetzung (»icht«) und in Rühmkorfs Übersetzung (»was ich einst wähnte«) geschieht.

Zweites Beispiel: Bei Martin Opitz kann man lesen:

> Ich empfinde fast ein grawen
> Das ich / Plato / für und für
> Bin gesessen vber dir[7]

Er hat genug vom Studieren. Soviel ist klar. Aber wieso empfindet er nur »fast ein grawen«? Was meint »fast« und was meint »grawen«? »fast« kann mit ›beinahe‹ übersetzt werden, aber auch, im Gegenteil, mit ›unbedingt‹; und »grawen« kann u.a. ›Ekel‹ und ›Abscheu‹ oder auch ›Widerwille‹ heißen.

Der Kommentar hats gut; er muß sich nicht entscheiden. Die Übersetzung dagegen muß sich entscheiden, wenn es ihr nicht (zufällig) gelingt, gleichermaßen mehrdeutige Wörter in der Zielsprache ausfindig zu machen.

V.

Vom »Übersetzer [verlangen wir] die richtige Interpretation der Vorlage«, schreibt Jiři Levý in seinem Buch über *Die literarische Übersetzung.*[8] Das würde heute vermutlich niemand mehr fordern, weil niemand mehr eine Interpretation uneingeschränkt als ›richtig‹ oder als ›falsch‹ zu qualifizieren bereit ist. »Wenn zehn Leute einen literarischen Text lesen, kommt es zu zehn verschiedenen Lektüren«, hat Enzensberger höhnisch bemerkt.[9]

Alle zehn Lesarten sind gewiß erlaubt, aber ob und inwieweit sie auch richtig oder falsch sind, entzieht sich *nicht* jeglicher Kritik, und das gilt für Originaltexte nicht anders als für Übersetzungen. Sie müssen sich, wie andere Interpretationen auch, auf den Text berufen können, und sie müssen sich um Intersubjektivität oder, schlichter gesagt, um ihre Leser bemühen, denen sie ein Verständnis vermitteln wollen.

VI.

So wie die Gedichtübersetzungen selbst eine hermeneutische, eine philologische und eine ästhetische Dimension besitzen – Wie verständlich sind sie? Wie genau sind sie? Wie schön sind sie?–, so müssen sie sich auch einer hermeneutischen, einer philologischen und einer ästhetischen Kritik stellen, innerhalb derer sie durchaus auf die Art und das Ausmaß ihrer Richtigkeit hin befragt werden können.

Auf die philologische Kritik, die nach der Qualität der Entsprechungen im Bereich des Wortlauts und der Grammatik fragt, und auf die ästhetische Kritik, die die Entsprechungen der verwendeten Kunstmittel bewertet, will ich hier nicht weiter eingehen. Die hermeneutische Kritik fragt danach, welchem Sinn des Textes die Übersetzung entspricht oder entsprechen möchte.

Das kann die mutmaßliche Intention des Autors sein, das kann der Sinn sein, den der Text zu seiner Zeit gehabt haben mag, das kann auch der Sinn sein, den der Text nach Auffassung des Übersetzers für den heutigen Leser hat oder haben sollte. – Keine dieser Sinngebungen ist per se falsch oder richtig.

VII.

Als ein jüngeres Beispiel für das Ausmaß der Interpretationslizenz, die ein Übersetzer für sich in Anspruch nehmen kann, nenne ich Ulrike Draesners »Radikalübersetzungen« von Sonetten Shakespeares; deren Neuinterpretation wird hier als hermeneutische Bedingung jeder Übersetzungstätigkeit nicht lediglich hingenommen, sondern im Gegenteil geradezu kultiviert.

Die oft beobachtete Indifferenz der Rollen des Sprechers und des (oder der) Angesprochenen in Shakespeares Sonetten nimmt für Ulrike Draesner vor dem Hintergrund des Klons Dolly eine neue Bedeutung an, so daß Shakespeares Sonette in Ulrike Draesners Radikalübersetzungen »in wechselnder Folge in Reden an einen Klon, Reden des Klons zurück, in Reden von Klonen in einer geklonten Welt«[10] mutieren.

Ist das (noch) erlaubt? Wenn und solange nicht behauptet wird, mit einer solchen Interpretation und der ihr entsprechenden Übersetzung das von Shakespeare Gemeinte zu treffen, scheint mir nichts dagegen zu sprechen, zumal nicht im Falle der Sonette Shakespeares, die bereits in etwa 50 deutschen Übersetzungen vorliegen, mit denen man Ulrike Draesners Übersetzungen vergleichen kann. Überhaupt scheint mir, neben dem Versuch einer eigenen Übersetzung fremdsprachiger Gedichte, nichts lehrreicher zu sein als der Vergleich zwischen dem Originaltext und der Übersetzung, weshalb es eigentlich keine einsprachigen Gedichtbände geben sollte. – Wer die Übersetzung als Kunstleistung würdigen will, muß das Original danebenhalten. Eine Übersetzung ohne das Original kann als Übersetzung gar nicht angemessen wahrgenommen werden.

VIII.

Die Übersetzungprobleme beginnen schon bei der Typographie und Orthographie. Die landläufigen Anthologien deutscher Gedichte (»von den Anfängen bis zur Gegenwart«) stecken, genau genommen, voll von Übersetzungen: Barockcarmina werden aus der Fraktur in die Antiqua übersetzt. Goethes Jugendgedichte werden bedenkenlos in eine heute übliche Rechtschreibung übertragen: Es giebt kein Mayfest mehr und keine Wehmuth mit gehörigen Thränen, keinen Seegen und keine Freyheit.

Was in den Editionen als ›behutsame Normalisierung‹ (unter ›Wahrung des Lautstands‹) der Gedichte ausgegeben wird, das sind in Wirklichkeit uneingestandene Übersetzungen in eine vermeintlich bekannte Sprache. Jede Rechtschreibreform führt zu einer nicht lizensierten Massenübersetzung gerade derjenigen Texte, die als unübersetzbar gelten und deren Fremdsprachigkeit zu ihrer bewahrenswerten Wesenseigentümlichkeit gehört. □

Anmerkungen siehe Seite 58!

Anmerkungen:

1 Arnold Stadler: *Nachwort*. In: Elisabeth Borchers: *Alles redet, schweigt und ruft. Gesammelte Gedichte*. Frankfurt a.M.: Suhrkamp 2001, S. 276.

2 Kristina Fries in: literaturkritik.de, 3. Jg. 2001, Nr. 8.

3 Zsuzsanna Gahse: *Eine Sammlung in der Sammlung*. In: *Nach Europa. Texte zu einem Mythos*. Hg. von Sabine Groenewold. Hamburg: Europäische Verlagsanstalt 1993, S. 56.

4 Hugo Kuhn: *Interpretationslehre*. In: Hugo Kuhn: *Text und Theorie*. Stuttgart: Metzler 1969, S. 83.

5 *Das Wasserzeichen der Poesie oder die Kunst und das Vergnügen, Gedichte zu lesen*. In hundertvierundsechzig Spielarten vorgestellt von Andreas Thalmayr. Nördlingen: Greno 1985, S. XXII.

6 Hier zitiert nach Walther von der Vogelweide: *Gedichte. Mittelhochdeutscher Text und Übertragung*. Ausgewählt und übersetzt von Peter Wapnewski. Frankfurt a. M. und Hamburg: Fischer Bücherei 1962, S. 108. – Aus dieser Publikation stammen die zitierten Übersetzungen von Peter Wapnewski (S. 109) und P. Hase (S. 271). – Die Übersetzungen von Ludwig Uhland und Karl Simrock wurden dem »Wasserzeichen der Poesie« (vgl. Fußnote 5), S. 378 und 379) entnommen. – Die Übersetzung von Wilhelm Klemm findet sich in: *Deutsche Gedichte I. Von den Zaubersprüchen bis zur George-Zeit*. Mainz: Dieterich'sche Verlagsbuchhandlung 1985, S. 87. – Hans Böhms Übersetzung wird zitiert in: Echtermeyer: *Deutsche Gedichte. Von den Anfängen bis zur Gegenwart*. Auswahl für Schulen. Neugestaltet von Benno von Wiese. Düsseldorf: Bagel 1981, S. 47. – Max Wehrlis Übersetzung steht in: *Deutsche Lyrik aus 12 Jahrhunderten*. Ausgewählt und hrsg. von Walter Urbanek. Frankfurt a.M.: Verlag Das Goldene Vlies 1956, S. 15. – Eugen Thurnhers Übersetzung steht in: *Herr Walther von der Vogelweide*. Ausgewählt, übertragen und eingeleitet von Eugen Thurnher. Graz und Wien: Stiasny 1959, S. 111. – Peter Rühmkorfs Übersetzung findet sich in: Peter Rühmkorf: *Walther von der Vogelweide, Klopstock und ich*. Reinbek bei Hamburg: Rowohlt 1975, S. 56. – Margherita Kuhns Übersetzung wird zitiert in der Anthologie *Deutsche Gedichte*. Hrsg. von Hans-Joachim Simm. Frankfurt a.M.: Insel 2000, S. 61.

7 Hier zitiert nach: *Das Zeitalter des Barock. Texte und Zeugnisse*. Hrsg. von Albrecht Schöne. München: Beck 1963, S. 663.

8 Jirí Levý: *Die literarische Übersetzung. Theorie einer Kunstgattung*. Frankfurt a.M., Bonn: Athenäum 1969, S. 48.

9 Hans Magnus Enzensberger: *Bescheidener Vorschlag zum Schutze der Jugend vor den Erzeugnissen der Poesie*. In: Hans Magnus Enzensberger: *Mittelmaß und Wahn. Gesammelte Zerstreuungen*. Frankfurt a.M.: Suhrkamp 1988, S. 33.

10 In: Peter Waterhouse, Ulrike Draesner, Barbara Köhler: *to change the subject*. Göttingen: Wallstein 2000, S. 31.

ISOLDE OHLBAUM

Curt Meyer-Clason und Jorge Luis Borges, München 1982.

Begegnungen an der Wortgrenze I

Swetlana Geier und Andrej Sinjawski, Frankfurt/Main, Oktober 1985.

Daß ich eine Vorstellung davon habe, was Literatur sein kann, daß ich die aus Berufung praktizierte Literatur verehre und daß für mich die Berufung des Schriftstellers die Ausübung von Freiheit bedeutet – all dies wäre undenkbar ohne die Bücher, die ich seit meiner Kindheit in Übersetzung gelesen habe. Literatur, das hieß geistiges Reisen: in die Vergangenheit und in andere Länder. Literatur hieß auch Kritik an der Realität, in der man selbst lebte, anhand besserer Maßstäbe. Ein Schriftsteller ist zuallererst Leser. Durch das Lesen entwickle ich die Maßstäbe, an denen ich meine eigene Arbeit messe und denen ich beklagenswert selten gerecht werde. Durch das Lesen wurde ich – noch bevor ich zu schreiben begann – Teil einer Gemeinschaft, der Gemeinschaft der Literatur, der mehr tote als lebende Schriftsteller angehören. Das Lesen und die literarischen Maßstäbe schaffen somit Beziehungen zu Vergangenem und zu dem, was anders ist. Lesen und über literarische Maßstäbe zu verfügen, sind meines Erachtens notwendigerweise Beziehungen zu Literatur in Übersetzung.

Susan Sontag: DIE WELT ALS INDIEN – Übersetzen als Kunst der Anverwandlung des Fremden. – In memoriam W.G. Sebald. Aus dem Englischen von Andreas Koch. In: *Lettre International*, Ausgabe 65 / Sommer 2004.

Curt Meyer-Clason und Jorge Luis Borges, München 1982 (oben); Curt Meyer-Clason und Maria Velho da Costa, München 1980.

Friedhelm Kemp und Yves Bonnefoy, München, November 1991 (oben); Irene Kuhn (Mitte) und Eugene Ionescu und seine Frau, Frankfurt/Main 1985.

Nathalie Sarraute ...

...und Elmar Tophoven, München 1986.

Karl Dedecius und Zbigniew Herbert, Verona, Juni 1979 (oben); Karl Dedecius und Wisława Szymborska, Krakau, Mai 2000.

Umberto Eco und Burkhard Kroeber, München 1982 (oben); Hanns Grössel und Inger Christensen, Weimar, Juni 1994.

Verena Reichel und Lars Gustafsson, München, November 2004 (links); Werner Söllner und Mircea Dinescu, München, April 1990.

Gabriele Leupold und Viktor Sosnora, Sankt Petersburg, Mai 2004.

Wolfgang Butt und Per Olov Enquist, Leipzig, März 2005 (links); Gerd Meuer und Wole Soyinka, München, April 2001.

Oskar Pastior und Gellu Naum, Berlin, Mai 1998 (oben); Peter Waterhouse und Andrea Zanzotto, München, Mai 2000.

Jürg Laederach und Walter Abish, Graz, Herbst 1982 (oben); Jürg Laederach und Kathy Acker, Graz 1986.

DER EINSATZ

Nun hat aber jede Sprache
im Vergleich zu einer anderen
auch noch ihren eigenen Sprachstil –
Humboldt nannte es ihre »innere Form«.
Daher ist es utopisch
zu glauben, daß zwei Wörter
aus zwei verschiedenen Sprachen,
die das Wörterbuch
als wechselseitige Übersetzung
anbietet, sich genau auf die
gleichen Gegenstände beziehen.

José Ortega y Gasset

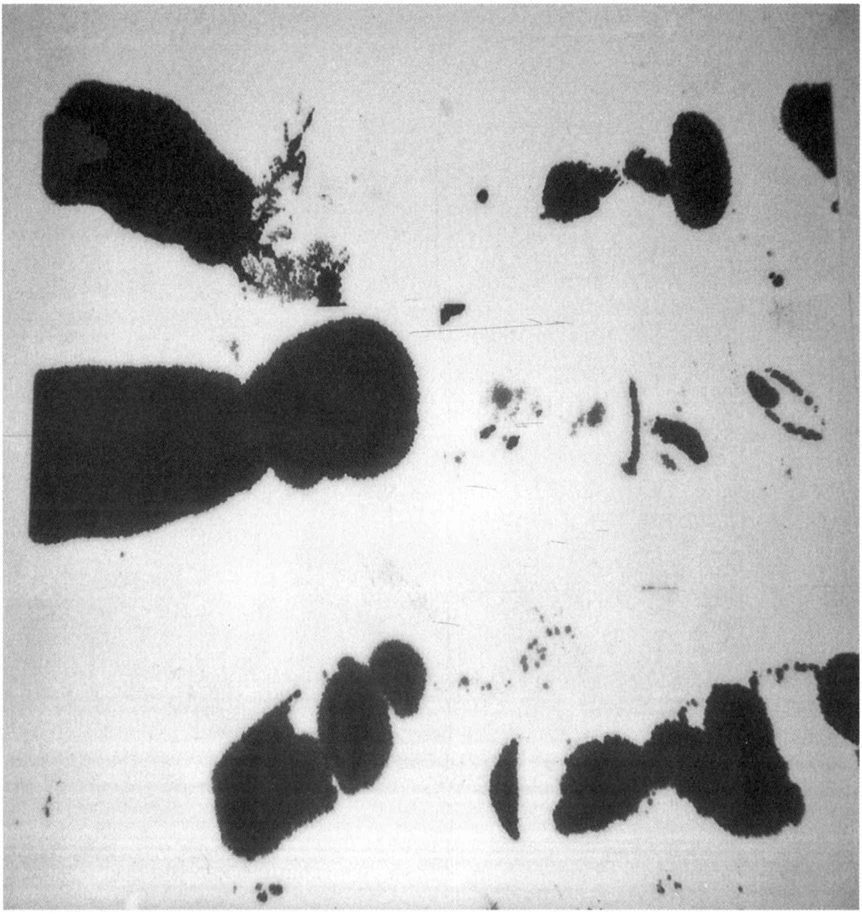

Christoph Rütimann: Flecken die rein nichts bezwecken.

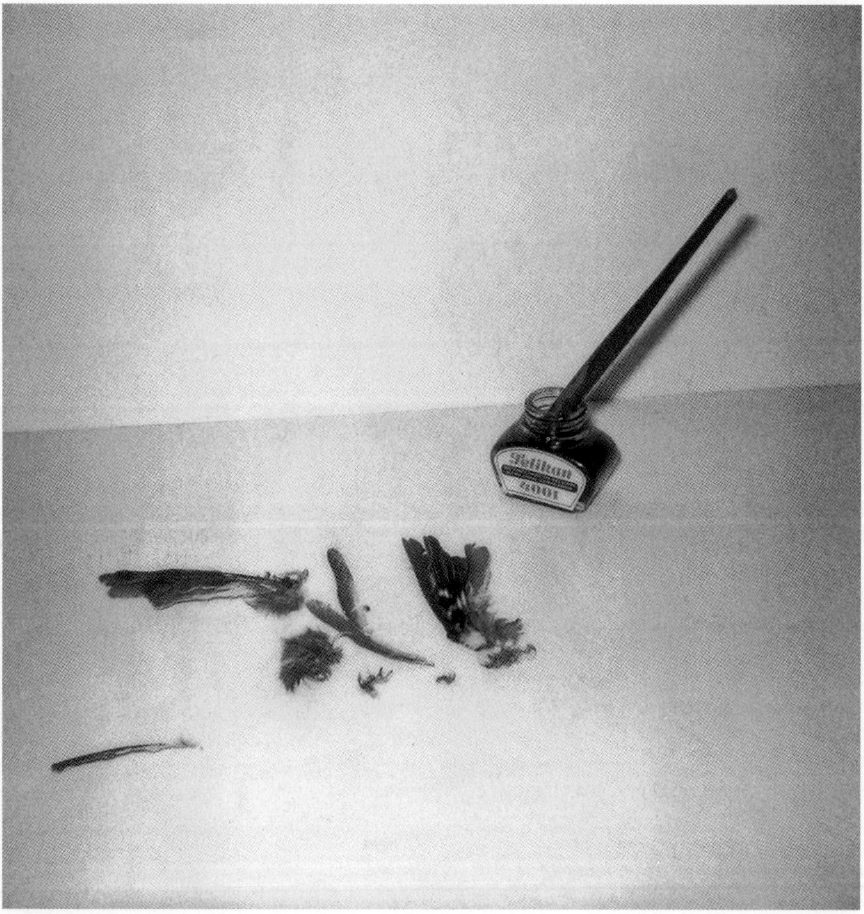

Pelikan und Gefieder. Zwei Polaroids 1984/85.

Christoph Rütimann: Waffenlager am Tintensee. Polaroid 1984/85.

Hans Wollschläger

Am Ende eines »Welt-Alltags«

Als das *Buch des Jahrhunderts,* sein bisher größtes jedenfalls, ja als eins der größten aller europäischen Literatur überhaupt ist der ›Ulysses‹ von James Joyce in Ruf gekommen – in Verruf freilich zugleich. Denn er sei, so heißt es, zugleich auch ihr schwierigstes, übertroffen höchstens vom Spätwerk ›Finnegans Wake‹: ein undurchdringlicher Sprachdschungel, ein Formenraum voll ohrenbetäubenden Schalls, ein Weltporträt, vor dem sich dem Betrachter als erstes der alte Stoßseufzer ob der Länge der Kunst und der Kürze des Lebens einstelle. Das alles mag etwas von der Schwierigkeit mit erklären, die der breiten Aufnahme immer noch – über fünfzig Jahre nach der Entstehung – entgegensteht: was soviel Anforderung stellt, soviel Anspruch vorausschickt, wird unschwer zum Schrecknis, und der Beigeschmack des »Elitären«, den die Leserbequemlichkeit allem zufügt, was ihr Opfer abverlangt, vertieft die Trennung noch. Hinzu kommt die drohend riesige Wolke der Sekundärliteratur, in der das Gruselbild der Goethe-Philologie ebenso wiederkehrt wie deren Effekt; hinzu kommt schließlich, für deutsche Leser entscheidend, die Unzulänglichkeit der bisher kursierenden Übersetzung, die die gerühmten Wunder des Werks kaum wiederfinden läßt und von Arno Schmidt geradezu als »Satire auf das grandiose Original« bezeichnet worden ist.

Nun ist, ebenfalls fast schon fünfzig Jahre nach der ersten, eine neue Übersetzung erschienen, und die erste Frage, die an sie zu richten wäre, muß diese sein: ist sie geeignet, den Zugang zum Schwierigsten Buch zu erleichtern, – ist es ihr gelungen, seine Schwierigkeit, die ja eben seine Größe ist, greif- und begreifbar, seine Größe, die seine Schwierigkeit ist, voll rezeptabel zu machen? Vermag sie, alles in allem, die Wirkung des Originals zu vermitteln, jene höchste ästhetische Lust, die ihm nachgerühmt wird, die aus einer unendlich komplizierten Verschränkung gerade der sprachlichen Mittel entsteht und die sich dem, wahrhaft philosophisch tiefen, Wunder entbindet, daß das ernsteste Welt-Buch der neueren Literaturen am Ende zugleich ihr welterschütternd-witzigstes ist?

Der Übersetzer, der das Ergebnis von vier Jahren Schwerarbeit in den Druck läßt, gibt schon damit zu verstehen, daß er's nicht eben für mißlungen hält. Er hat – darin ein durchaus objektiver Beurteiler seiner selbst – die bisherige deutsche Gestalt des Werks ganz entscheidend verbessern können; er wird sie freilich – objektiver Beurteiler seiner selbst – auch weiterhin verbesserungsfähig finden und sie weiter verbessern. Denn eine solche Arbeit ist fertig, »vollendet« eigentlich nie; man nimmt sie, wie jedes originale Buch höheren Anspruchs, nur eines Tages aus dem Werdens-Prozeß heraus, um sie anderen Augen als nur den eigenen vorzulegen und auch anderen Einflüssen auszusetzen als nur den eigenen; danach und dahinter geht sie weiter, einer »Vollendung« entgegen, die gänzlich im Imaginären liegt und buchstäblich maßlos ist, die erstrebt wird, aber nie erlebt – (und auch Joyce selbst hat nach der Veröffentlichung den ›Ulysses‹ weiter offen gehalten – für Korrekturen und Einfügungen, die in der deutschen Ausgabe jetzt berücksichtigt werden konnten). Aber gerade weil der Übersetzer seine Arbeit als Station eines Wachstums-Prozesses begreift, wird er es sich verbieten, die seines Vorgängers zu schmähen. Georg Goyerts Text ist vielfältig mangelhaft, und nicht nur dort, wo er konkrete Worte einfach falsch wiedergibt; er ist aber durchaus auch ein Zeugnis von großem Fleiß und großer Sorgfalt, und um die Situation, in der er zu Papier kommen mußte, als erster Anfang, kann der heutige Übersetzer den Joyce-Anfänger Goyert gewiß nicht beneiden.

Beneiden könnte er ihn höchstens um das eine wichtige Hilfsmittel, das er ihm damals voraus hatte: die Möglichkeit, sich mit dem Autor selbst zu beraten. Er hätte von dieser Möglichkeit fraglos mehr Gebrauch gemacht, als Goyert es ersichtlich tat, wobei er freilich einer ›autoritären‹ Beaufsichtigung seines Textes nicht zugestimmt hätte und offen lassen muß, ob es ihm gegeben gewesen wäre, sich mit Joyce zu vertragen: – denn das ›autos epha‹ ist ja doch die letzte Instanz beim Übersetzen nicht; die subtilsten Nuancen des ›Tons‹ lassen sich nur in der eigenen Sprache voll ausfühlen und kontrollieren, und der Übersetzer braucht da eine Entscheidungsfreiheit, die der Autor nur zum eigenen Nachteil schmälern würde. Die Übersetzung von 1927 präsentierte sich ausdrücklich als von Joyce autorisiert, und eben auf diese Autorisation berief sich Goyert 30 Jahre später, als er sich gegen Arno Schmidts scharfe Kritik zur Wehr setzte – recht unglücklich zur Wehr setzte insofern, als das Argument, der Autor selbst habe die gerügten Fehler schön gefunden, ja sehr zweischneidig war. Da die Fehler eindeutig Fehler waren und überdies zahlreich, konnte es nur heißen, daß es entweder der Zusammenarbeit an Gründlichkeit oder Joyce an Deutschkenntnis gemangelt hatte. Beides traf zu, und zum Beweis des zweiten Faktums, das die Anhänger gern bestreiten, braucht man nur die Übersetzungsvorschläge zu lesen, die Joyce dem anfragenden Goyert zukommen ließ: – zu dem Satz *But it is well sad, that, my faith, yes* etwa vermerkte er: *Translate word for word? (Aber 's 'ist wohl traurig, dass, meine Glaube, ja)* – was einen Kommentar erübrigt. Wer noch mehr wissen wollte, könnte die deutsch geschriebene Postkarte von 1920 betrachten, die der Verleger Kurt Wolff in seinen ›Erinnerungen‹ faksimiliert wiedergegeben hat: so viele Syntaxfehler auf einem einzigen Scheibchen Papier unterzubringen, ist schon wieder ein Kunststück. Nein, der Autorisation der Ausgabe von 1927 kommt keinerlei Gewicht zu, das nicht durch Gegenqualität aufzuwiegen wäre. Georg Goyert war im Entscheidenden auf sich selbst angewiesen, und er hat, was ja aller Ehren wert ist, seine Möglichkeiten voll ausgeschöpft. Aber diese Möglichkeiten, sein Wortschatz, sein ganzes Sprach- und Stilvermögen, seine historischen Literaturkenntnisse auch, blieben am Ende doch so weit unterhalb des Originals, daß er an der Aufgabe scheitern mußte.

Die Frage nach dem Warum einer Neu-Übersetzung ist also leicht beantwortet: sie hatte die Pflicht und die Chance, erheblich besser zu sein. Hinzu kommen weitere, sehr allgemeine Gründe, die auch Goyert selbst, wenn er noch lebte, akzeptieren würde. Es soll hier nicht untersucht werden, ob das Diktum -es stammt von Ezra Pound- zu Recht besteht, daß sich jede Zeit von den Werken, die durch die Zeiten hin dauern, ihre eigene Übersetzung schaffe; die Werte sind relativ und nicht nur die Geschmäcker der Epochen verschieden; es mag immerhin, wenn auch bedenklicher- und betrüblicherweise, so sein. Unstrittig aber ist, daß ganz selten einer Erstübersetzung das volle Gelingen beschieden war: – Shakespeare wäre da ein gutes Beispiel, den es durchaus auch vor der großen Schlegel-Tieck-Ausgabe schon deutsch gab (und auch seither immer wieder neu deutsch gegeben hat). Das liegt einfach daran, daß den großen Kunstwerken das Verständnis nur langsam nachkommt; der Abstand, um den sie ihrer Zeit voraus sind, beträgt meist – man könnte da fast eine Gesetzmäßigkeit dingfest machen – ein halbes Jahrhundert. Ist das verstrichen, so liegen in der Regel die ersten Grundeinsichten vor – und mit ihnen die ersten Untersuchungen zur Philologie und Interpretation: keine Frage, daß eine Übersetzung, die mit ihnen arbeiten kann, im Vorteil ist. Beim ›Ulysses‹ ist die Sekundärliteratur mittlerweile zu einer wahren Sintflut angewachsen, und sie zu durchqueren möchte der Übersetzer heute schon fast zu den Schwierigkeiten rechnen, von denen er berichten soll. Denn es handelt sich dabei zumeist um reichlich trübe Gewässer, und was sie so alles mitführen, ist in den seltensten Fällen aufhebenswert: – das freilich weiß man erst, wenn man die Mühe der Kenntnisnahme hinter sich gebracht hat. Aber eine Einsicht immerhin hat die Sekundärliteratur seit Goyerts Zeit vermittelt und untermauert: daß es sich beim ›Ulysses‹ in erster Linie eben gar nicht um einen Handlungs-Roman handelt, der in raffinierten Travestien den Stoff der homerischen Odyssee in den Dubliner Alltag verlegt – (diese Parallelführung ist unter seinen Formkünsten fast die geringste und auch gar nicht so sehr ernst zu nehmen: sie dient dem Autor vielmehr als Mittel der ironischen Brechung bis hin zur Persiflage, und kopfschüttelnd nur sieht man die Sekundärliteraten über manchen Stellen in feierliche Tiefsinnigkeit verfallen, wo einfach nur gelacht werden soll). Sondern daß die Irrfahrten des Odysseus Bloom sich in der Sprache abspielen, und zwar nicht nur auch, sondern einzig und allein: daß ›Ulysses‹ eine Sprachstruktur mit völlig autonomer Dynamik ist, wie es sie so unbedingt und absolut nie vorher gegeben hat: ein ›Roman‹, dessen Held die Sprache ist, dessen Stoff die Sprache ist und in dessen Handlung das Eigenleben der Sprache selbst beschrieben wird. Dieses durchaus Unerhörte war Goyert zu seiner Zeit nicht sichtbar; er hat einzig das unerhört Komplizierte erblickt, und seine Übersetzung hat es entkräftet. Diese Entkräftung stellt den eigentlich zentralen Grund für die Neu-Übertragung dar: sie hatte, jenseits aller Fehlerreparaturen, das Unerhörte des Werks im Deutschen erst überhaupt sichtbar zu machen.

Wo nicht mehr die Sprache Medium des handelnden Stoffs ist, sondern umgekehrt der Stoff nur Medium der Sprachhandlung, hat auch der Übersetzer mit herkömmlichen Prinzipien zu brechen. Es soll hier keine Theorie des Übersetzens vorgetragen werden (die zuletzt auch nur eine Konfrontation der lange schon bestehenden und sich lange schon bekriegenden Theorien sein könnte); auch bekennt der Übersetzer seine Unlust, dem häufig erhobenen Einwand seiner Kritiker, man merke seinen Übertragungen den fremdsprachlichen Ursprung nicht mehr an, viel mehr entgegenzusetzen als die Feststellung, daß ihm damit das Gelingen seiner vielleicht wichtigsten Absicht bescheinigt sei. Ein deutsches Buch – ein Kunst-Werk der deutschen Sprache: das sollte auch der übertragene ›Ulysses‹ werden, – aber er mußte es unter Verzicht auf alle Freiheiten werden, die sich der Übersetzer im ›Normalfall‹, das zu erreichen, herausnimmt. Es ist ja kein Geheimnis, daß Übersetzungen oft sehr eigenmächtig sind; es gibt die vollkommene Entsprechung nicht, an die der Laie glaubt, weil es selbst zwischen verwandten Sprachen keine vollkommene Entsprechung von Wörtern, von grammatischen und syntaktischen Figuren gibt (es berührt das, nebenbei, jenes Geheimnis der Sprache, das der bloße Dolmetscher nie begreifen wird); oft ist das Maß ihrer Eigenmächtigkeit das ihrer Qualität. Erich Frieds Übertragung des ›Milkwood‹ von Dylan Thomas wäre ein Beispiel: sie ist fraglos ungleich großartiger, ›besser‹ als das Original. Auch ist der Fall, daß ein Übersetzer geradezu ein besserer Schriftsteller, ein größerer Sprachkünstler ist als der Autor, dem er dient, gar nicht so selten, wie man meinen könnte, und keineswegs absurd: man könnte ihn sogar als Idealfall postulieren. Fast immer aber führt die Fron, das Original bis in die letzten Silben hinein auf Sinn und Funktion zu prüfen, zu einer kritischen, oft sehr kritischen Haltung gegenüber dem Autor; man sieht seine sterblichen Stellen, man muß sie sehen (und als Fan, der sie nicht sieht, wäre man ein durchaus schlechter, ja schlechthin unbrauchbarer Dolmetscher der großen Literatur, wie denn die kniende Haltung generell nur eine beschränkte Perspektive hat): – wie gern möchte man da nicht manchmal freihändig ändern, Verhakungen lösen, gordisch verknotete Grammatika einfach durchhauen, das bloße Geröll im Fluß der Wörter stillschweigend beiseite schaffen, kurz, sich Freiheiten nehmen, die dem Werk selbst zu größerer Freiheit verhelfen und quasi die Formungsarbeit des Autors fortsetzen. Das Bedenkliche einer solchen Verfahrensweise liegt auf der Hand: es beginnt spätestens da, wo die Sprache des Werks über die Grundfunktion des Stofftransports hinauswächst, was sie freilich – bei der Beschaffenheit der Bücher, deren Übersetzung der arbeitgebende Verleger für notwendig hält – in der Regel nicht tut. Der Übersetzer des ›Ulysses‹ muß bekennen, daß er auch bei diesem so nur und ganz aus Sprache lebenden Werk manchmal, ja gar nicht selten, den Wunsch hatte, sich die gewohnten Freiheiten zu nehmen, und daß seine Kritikfähigkeit sich bei der Arbeit, die ihm die Wunder des Werks – man wird es glauben – tiefer, genauer aufgehen ließ, als sie dem bloßen Leser aufgehen könnten, zugleich eher schärfte – bis hin zur Bereitschaft, dem Detail so manche negative Zensur zu erteilen. Daß diese Kritik untätig, daß dieser Freiheiten-Wunsch unerfüllt zu bleiben hatte aus grundsätzlicher Erkenntnis, – diese Schwierigkeit möchte er, läßt er die sämtlichen Schwierigkeiten noch einmal Revue passieren, zuletzt allen anderen voranstellen. Sie war das eigentliche Grundproblem: die Verpflichtung, die eigene Kreativität, die doch hier gefordert und zur Mitwirkung aufgerufen war wie nie zuvor, zugleich an das ›fremde‹ Werk, das sie forderte, hinzugeben wie nie zuvor: die schöpferische, nie erlahmend tätige Passivität.

Was dem Übersetzer hier aufgegeben war, könnte man am besten wohl einen »Identifizierungsprozeß auf Zeit« nennen: die Notwendigkeit, die psychische Struktur des Autors wie seiner Ich-Imagines im Werk so weit ins eigene Ich hereinzuholen, daß es möglich wurde, auch irrationale und immaterielle Bewegungsmechanismen dieses Werks zu erspüren und zu übertragen. Denn durchaus nicht wenige, subtil verschlüsselte Wort-, Klang- und Sinnfiguren sind nur so zu ersprüren und zu übertragen; dem bloß musternden Sprachprüfer bleiben sie dunkel, hier bei uns wie in England und Irland, immergrüne

Zankäpfel der Sekundärliteraten. Die Tragweite solcher Identifizierung mag man ermessen, wenn man sich vor Augen hält, daß es sich dabei, im Hereinholen des Anderen, um ein Platzmachen im Eigenen handelt: sie ist so gut wie zwangsläufig mit Ich-Verlust, mit Schrumpfung der Selbst-Substanz verbunden, und das heißt für den Selbst-Schreibenden: mit Gefährdung seiner Originalität. Darüber ließe sich vieles mitteilen (oder genauer: verraten – denn es geht da um sehr geheime Dinge); der Übersetzer beschränkt sich auf das Fazit: daß gerade dieser notwendige Prozeß bei Joyces ihm vielfach sehr konträrer Persönlichkeit eine äußerst schwierige Geschichte war. Und seine Rückbildung nach getaner Arbeit desgleichen: man muß – ein Wort für den Weisen, dem ein Wort genügt – nach und von einer solchen Arbeit am Ende regelrecht wieder ›gesund‹ werden. Die Verschränkung von persönlicher und sachlicher Problematik spiegelt aber zuletzt auch nur wieder den Strukturbefund des Buches selbst, dessen Sprachform Objektivierungsarbeit an einem Stoff ist, der aus dem tiefsten Subjektiven kommt. Der ›Ulysses‹ ist – in einem Sinn, der freilich jenseits des einfach Autobiographischen liegt – persönlichste Geschichte seines Urhebers Joyce. Gerade wo die Erzähler-Position fast völlig aufgelöst ist, wo sie wechselnd von den handelnden Personen besetzt wird oder in überhistorischer Perspektive aufgeht, ordnet sich alles nach dem Bild eines Ich, das noch die letzten Zufälle verfügt. Nicht Realität, wie sie der Anspruch des Objektiven mißt, wird abgebildet, sondern erinnerte Realität: Gedächtnis preßt auf 1000 Seiten ›seine‹ Zeit zusammen und bewahrt unvergänglich das alternde, alte, vergehende Leben. Alles Material ist so durch persönliche Erfahrung gegangen, in Motivik und Form. Das Bürger-Personale der Stadt ersteht aus Bekanntenkreisen, von unbestechlichen Zu- und Abneigungen sortiert; die Topographie baut Selbst-Geschautes zu Schauplätzen auf; und auch die Sprache schließlich hält – subjektiv noch in ihren objektivsten Anordnungen – Sprach-Erlebnis fest: von dem, was bloß ans Ohr schlug einmal, in früher Zeit, bis hin zur höchsten Literaturerfahrung; dazwischen hat alles Platz, lallende Kindheit wie juveniler Kitsch; Jargon schallt magisch durchs Widerbild des immer höher erlebten magischen Worts, liturgischen Lateins, Shakespeares, der ganzen englischen Tradition. Der Eigen-Mächtigkeit einer so von nur einem Gehör erfahrenen Welt-Sprache kann sich der Übersetzer, der sie nachzubilden hat, nur bedingungslos ergeben, denn nachzubilden hat er nicht nur sie, die Totalsprache der Welt, sondern eben auch das eine Gehör, das sie erfuhr, und eben vor dessen Subjektivität bleibt seine eigene Ästhetik, die vielleicht anders sortieren würde, rechtlos und unbefugt. Sie bleibt es selbst da noch, wo sie Gründe hat, an einen Irrtum zu glauben, einen Hörfehler vielleicht – wie etwa bei jenem sonderbaren *curate*, das bei Joyce einen Kneipenkellner bezeichnet und nur bei ihm so bezeichnet – und das der Übersetzer deutsch auch gegen seine Bedenken mit *Kurat* wiedergeben muß, leidlich beruhigt nur in der Gewißheit, daß der deutsche Leser dabei zwar mit Recht stutzt, aber nicht stärker als der englische. Das Sprachbild vom Menschen, das ›Ulysses‹ entwirft, ist wie jener selbst die »Spottgeburt aus Dreck und Feuer«; es verklammert das Unvereinbare, ohne es zu amalgamieren; nie hat es in der Literatur Totalität so schroff als Neben- und Ineinander gegeben. Es gibt darin keine ›reine‹ Sprache; es gibt – im »Weltalltag der Epoche«, wie Hermann Broch das Buch genannt hat – nur deren Alltag, der unrein ist, geschunden und zersplittert, und niedergedrückt von Mühseligkeit und Beladenheit bis hinunter in eine Region, wo er nur noch aus Trümmern besteht, aus Bruchstücken verkarsteten und versandeten Sinns, aus Fragment und Defekt. Und nirgends ist vom Übersetzer mehr Fähigkeit wie zugleich auch mehr Ohnmacht und Selbst-Verzicht gefordert als da, wo er solche Defekte zu reproduzieren hat: wo vom Autor konstruktiv verfügte Fehler wiederzugeben sind, in Wortwahl und Grammatik, – nicht als Unfälle des Buchs, sondern als Unfälle, die das Buch beschreibt. Man wird vielleicht verstehen, daß der Übersetzer da nicht selten gezaudert und geschaudert hat – muß er doch zuletzt, so wie die Literatur-Presse beschaffen ist, mit Kritikern rechnen, die – sofern sie solche negativen Nuancen überhaupt wahrnehmen – ihr Negatives durchaus ungezaudert ihm und seiner Arbeit zulasten schreiben werden: – was er da fürchtet, ist allerdings nicht so sehr eine Verletzung seiner Eitelkeit durch öffentliche Fehlerrüge wie vielmehr eine Verletzung des Buches selbst durch öffentliche, unabsehbar ansteckende Verständnisschwäche. Aber selbst davor das Buch zu bewahren, erlaubt das Buch selbst nicht.

Wo über die Schwierigkeiten einer Überführung der ›Ulysses‹-Sprache ins Deutsche berichtet werden soll, wären vielerlei Grundfragen zu stellen. Etwa die nach der Eignung des Deutschen dafür: – es ist – obwohl die Verwandtschaft zwischen den beiden Sprachen vom Laien gern überschätzt wird – vor allem durch seine syntaktische Flexibilität denkbar gut geeignet. Ein gewisses Dilemma ergibt sich nur aus seiner höheren grammatischen Differenziertheit: wo das Englische ein, im Inneren Monolog sehr adäquates, Schwimmen der Bezüge möglich macht, müssen solche Bezüge deutsch oft eindeutig gemacht werden, und das ist meist eine Vergröberung. Aber das gesellt sich nur den ohnehin schon zahllosen Belegen der Einsicht zu, daß es ein Übersetzen, das keine Vergröberung wäre, nicht gibt; »traditore – traduttore« heißt das in Italien: der Übersetzer ist immer ein Fälscher. Das kleine Wortspiel (das nur inhaltlich, nicht formal übersetzbar ist) leitet über zum Problem der Wortspiele bei Joyce: sie sind Legion, und ihre Erläuterung würde ein ganzes Buch füllen. Viele bleiben, unabhängig von Fleiß und Inspiration des Übersetzers, unüberführbar, und mit ihnen geht fraglos eine ästhetische Dimension des Originals verloren; andere lassen sich mit einigem Geschick durch Äquivalente wiedergeben; wieder andere, die mit Namen spielen, müssen so stehen bleiben, wie sie im Original dastehen: wenn etwa *Lord Tennyson* als *Lawn Tennison* erscheint und dem Dichter so mit dem Bild vom schön gepflegten Tennis-Rasen die spöttische Beifarbe des Snobs und des Feld-Wald- und Wiesen-Romantikers zugefügt wird, so darf man hoffen, daß der Witz auch dem deutschen Leser nicht entgeht. Problematisch ist hier – und wohl unauflösbar – eine grundsätzliche Differenz zwischen den Sprachen: während solche Wortspiele im Deutschen stets mehr oder minder in Kalauer-Nähe geraten und hochgradig albern wirken, bewahren sie im Englischen einen Funken Esprit, eine Unschuld der Spielfreude, die keine Übersetzung retten kann. Hier beginnen die wahren Strapazen des Nachsinnens, des Abwägens und Probierens für den Übersetzer, und er hat auf so manches arme kleine Wort Stunden gewendet, um am Ende doch nur zu erkennen, daß alle Künste daran zuschanden wurden. Die Wörter überhaupt: – vor ihrer Fülle kann man, auch wenn man selber nicht ganz ohne Anspruch ist, bescheiden werden. Auf 30.000 ist der ›aktive‹ Wortschatz des ›Ulysses‹ berechnet worden: das ist das Zehnfache dessen, was ein guter, durchaus nicht durchschnittlicher Roman braucht (und das mindestens Fünfzigfache des täglichen Zeitungsschmockbedarfs). Einer solchen Benennungs-Fähigkeit gewachsen zu sein, wird nicht erst schwer da, wo es in die Fach-Sprachen geht, besonders die charakteristisch-englischen Fachsprachen, für deren Begriffe es deutsche Entsprechungen oft gar nicht gibt: die der Rechtsprechung etwa, der Heraldik oder des Rennsports. Darüberhinaus gehören die Klein-Elemente der ›Ulysses‹-Sprache allen nur denkbaren Seltenheitsstufen an, bis hinauf zu den Hapax-Legomena, den Wörtern, von denen nur ein einziges Vorkommen in der Literatur nachgewiesen ist. Die Luft im ›Oxen‹-Kapitel, die *cessile* ist, wäre ein Beispiel: *nachgieblich* müßte man deutsch etwa sagen, und »nachgieblich« – *cessile* war die Luft nur einmal in der englischen Literatur: in einem Gedicht von A. Hume aus dem Jahre 1599. Es gibt keine Alters- oder Niveaustufe der Sprache, die nicht im ›Ulysses‹ Stimme erhalten hätte, im Vokabular wie auch im von Kapitel zu Kapitel, manchmal sogar von Abschnitt zu Abschnitt wechselnden Stil, und man muß schon zu extremen Formulierungen greifen, um das zu bezeichnen: die Verwirklichung des Konzepts, im ›Ulysses‹ durch Sprache ein *Panaroma* der Menschenexistenz überhaupt zu geben, hat nur noch bei Joyce selber ihresgleichen, im Spätwerk ›Finnegans Wake‹.

Hier wäre von der berühmten »Leit-Motivik« zu reden, der strikten Sinnverknüpfung der identischen Begriffe quer durch das ganze Buch: jedes Wort sammelt in sich die Erfahrung seines ersten Kontexts und gibt sie beim erneuten Auftauchen an den nächsten mit ab. Aber selbst diese kunstvolle Verfahrensweise der Bedeutungsanreicherung, die eine Polyphonie der Sinnbezüge entstehen läßt und noch den breitesten Prosaflächen Feinstruktur verschafft, tritt zurück vor der eigentlichen, höchsten Funktion, die den Wörtern zugewiesen ist: der Funktion, ihre eigene Geschichte in die Handlung einzubringen. Der Joyce-Forscher Fritz Senn hat die ›Ulysses‹-Sprache als »historisches Museum« bezeichnet und damit diesen Tatbestand umschrieben: die Worte sind nicht nur die Hülsen einer bestimmten Bedeutung, sondern umschließen darin zugleich deren Vergangenheit in der Literaturgeschichte. Anders gesagt: sie sind Zitate ihrer selbst und ermöglichen so, sich mit sich selber zu erläutern, zu erweitern, zu paraphrasieren, aber auch zu parodieren und zu brechen. Man könnte zuletzt, etwas extrem, sagen, daß der gesamte ›Ulysses‹ aus Zitaten besteht, von der entlegensten literarischen Allusion bis hinunter zu Phrase und Klischee. Welche Dimension der Form durch den genau kalkulierten Einsatz dieser Qualität der Sprache zuwächst, ist wohl zu ahnen; zu ahnen mag aber auch sein, vor welche Schwierigkeiten der Übersetzer hier gestellt wird. Denn um all die oft nur in Rudimenten anklingenden, oft auch verballhornten und vielfältig entstellten Zitate zu erwittern und zu identifizieren, ist er auf Kenntnisse angewiesen, von denen er nie sicher sein kann, ob sie ihn nicht gerade vor einer entscheidenden Stelle im Stich lassen. Aus nur zwei Quellenkomplexen – der Bibel und Shakespeare – mögen am Schluß einige Beispiele diese schwierigste Dimension der Übertragungsarbeit erläutern:

Gleich am Anfang ist Buck Mulligan *stripped of his garments* – »ausgepellt«, liest man bei Georg Goyert; heißen muß es aber: *er wird seiner Kleider beraubt* – denn es ist der Titel einer der Leidensstationen Christi. Und wenn er, gleich darauf, beim Hinausgehen sagt: *Going forth he met Butterly*, so *traf er Bütterlich* bei Goyert; aber das *he met Butterly* ist eine Verballhornung des *he wept bitterly* aus der Geschichte der Verleugnung Petri, der hinausging und bitterlich weinte, und so muß es deutsch, ähnlich verballhornt, heißen: *Und er ging hinaus und weinte Buttermilch.* Solche Anspielungen sind noch einfach, im Vergleich mit jenen, die nicht durch besondere Pointierung auf sich aufmerksam machen. Am Schluß des ›Oxen‹-Kapitels, wo alle Stimmen in kaum noch erkennbarem Kontext durcheinanderwirbeln, erscheint, gerufen, das Satzfragment *Of John Thomas, her spouse*, und bei Goyert, der Joyce hier sogar extra gefragt hatte, müssen wir lesen *Von Piephahn, ihr ehelicher Gemahl* – was fraglos sehr dunkel ist. Nun ist das *her spouse* evoziert von dem ein paar Zeilen vorher stehenden *O lust, our refuge and our strength*, und beides zusammen verweist nach vorn ins ›Lotophagen‹-Kapitel, wo die Wendungen *O God, our refuge and our strength* und *Joseph her spouse* als Bestandteile eines Gebets zu erkennen sind, das Bloom hört: es handelt sich um ein von Leo XIII. eingeführtes Gebet nach der Stillen Messe. Und darin nun steht *Joseph her spouse* parallel zu dem *Maria his spouse* von Lukas 2, wo Joseph sich aufmacht mit *Maria, seinem vertrauten Weibe*; man hat hier also, um den biblischen Anklang sicherzustellen, von *Joseph, ihrem vertrauten Manne* zu reden, und darin schließlich ist *Joseph* blasphemisch ersetzt durch *John Thomas*, was zwar auch recht heilig klingt (Johannes Thomas), es aber nur bedingt auch ist: denn *John Thomas* ist ein Slang-Ausdruck für das den meisten Lesern bekannte Organ, das bei Goethe *Meister Iste* heißt und denn auch im deutschen Joyce so heißen darf: *Von Meister Iste, ihrem vertrauten Manne.* – Der ›Ulysses‹ hat so seine Grillen, und oft schwirren sie aus sehr entlegenen Gegenden herbei. Wenn in den ›Sirenen‹ ein durchaus dunkler Satz aufklingt: *Better give way only half way the way of a man with a maid*, dann wäre es zwar nicht falsch, von der *Art und Weise eines Mannes mit einem Mädchen* zu sprechen, aber es wäre auch wieder nicht so richtig, wie Joyce es verlangt: denn die Schlußwendung des Spruches stammt aus den Sprüchen Salomonis 30, 19 – und so muß das Ganze mit Luthers Hilfe heißen: *Lieber doch halbwegs auf halbem Weg weg aus dem Weg eines Mannes an einer Jungfrau.* – Molly hat zwei Hunden zugesehen, *by the wall of the cease to do evil* – also *an der Wand des Hört auf Böses zu tun?* Da muß man nun wissen, daß ein Gefängnis so heißt – und daß es so heißt nach Jesaja I,16: *an der Mauer des Laßt-ab-vom-Bösen.* – In der ›Nausikaa‹ fällt Bloom ein, daß Kinder doch immer Sachen ins Wasser schmeißen: *Trust? Bread cast on the waters. What's this?* Ja, was ist das? Nicht etwa, korrekt übersetzt, *Brot, aufs Wasser geworfen*, sondern: *Laß dein Brot übers Wasser fahren* – denn was Bloom hier einfällt, ist der Prediger Salomo II, I. – Hat Bloom etwas *spotted on the printed pricelist for all who ran to read,* dann sind die Preise *auf eine Tafel gemalt, daß es lesen konnte, wer vorüberlief* – weil das der Prophet Habakuk 2,2 so will. – *Her widow's mite* ist nicht ein einfaches *Witwengeld*, sondern das *Witwenscherflein* von Lukas 21,2. Und wo eine Wolke *nicht größer als eines Weibes Hand* ist, da ist sie's parallel zu I. Könige 18,44. – Wenn wir schließlich bei Goyert lesen, *unendlich groß sei die Liebe des Mannes, der sein Weib hergäbe, daß sie schliefe mit seinem Freund*, so hat er nicht nur die blasphemische Travestie von Johannes 15,13, sondern damit auch den Witz der Stelle zerstört, die mitten in einer Parodie des elisabethanischen Prosastils steht: *Niemand hat größere Liebe denn die, daß er sein Weib lässet für seine Freunde …*

Man kann sagen, daß die Bibel allgegenwärtig ist im ›Ulysses‹ – bis zur Unkenntlichkeit verrunzelt oft und fratzenhaft verstellt, aber doch. Ganz ähnlich Shakespeare – und nicht nur in ›Scylla und Charybdis‹, wo er direkt das Thema bildet und der Text manchmal wie ein Potpourri aus indirekten Zitaten wirkt, neben den direkten. Das ergibt so manchen guten *groatsworth of wit – Groschenwert Witz*, wie Robert Greane 1592 von dem *greatest shakescene in the country* sagte – dem *größten Szenenerschütterer* (und Arno Schmidt hatte wahrhaftig recht, Goyert zu rüffeln, dem dafür *Kulissenschieber* eingefallen war). Shakespeare *kehrt in immer neuer Reizung wieder – is in infinite variety everywhere,* wie es in ›Antonius und Cleopatra‹ heißt, und wer darüber den Mund verzöge, wäre ein *sir smile neighbour* und müßte, nach dem ›Wintermärchen‹, ein *Herr Nachbar Lächler* heißen. Was wie die »Theorie eines Portiers hinsichtlich Doppelsinns« aussieht, nämlich *a porter's theory of equivocation*, muß, da das aus dem ›Macbeth‹ stammt, *eines Pförtners Theorie über Doppeldeutlerei* heißen. Das alles zeigt *a trick worth two of the other* – nicht etwa einen »Trick, der zwei andere aufwog«, sondern, nach ›Heinrich IV.‹, *Pfiffe, die nochmal so gut waren.* Mancher Leser ist vielleicht verdutzt, wenn er einen Bankbuchhalter *im Dreherchen der Zeit* zu Würde gekommen sieht, nämlich *in the whirligig of years*: das heißt so (und nicht etwa »im Strudel der Jahre«), weil es in ›Was ihr wollt‹ so heißt. Die wörtliche Übersetzung ist da oft *a custom more honoured in the breach than in the observance: ein Gebrauch, wovon der Bruch mehr ehrt als die Befolgung*, wie es im ›Hamlet‹ heißt. *A seachange this*: »ein Seewechsel dies«? – nein, *wie Meereshut wandelt*: ›Der Sturm‹. Ist der Autor da nicht »auf gefährlichem Weg«, wenn er *in a parlous way* ist? Zumindest mag er – ›Wie es euch gefällt‹ – *auf einem verfänglichen Weg* sein. Sicher ist, daß im ›Ulysses‹ *Will in overplus* vorhanden ist, *Will(iam) im Übermaß*, wie im 135. Sonett, und der Übersetzer könnte wahrhaftig eine Geschichte erzählen, *could a tale unfold* – nur müßte er dann auch gleich *eine Kunde anheben*, wie es sich bei einem ›Hamlet‹-Zitat gehört … Daß die Bibel- und die Shakespeare-Allusionen in der Übersetzung eine adäquat eindeutige Gestalt haben können, ist möglich nur aufgrund der Tatsache, daß beide Quellen einmal durch Übersetzungen ins Deutsche gekommen sind, die im Lauf der Zeit die unveränderliche Prägnanz von Originalen angenommen haben: durch Luther und die Schlegel-Tieck-Ausgabe. Schlimm wird das Problem freilich bei der ganzen übrigen englischen Literatur, die im ›Ulysses‹ anklingt; schlimm wird es bei den überhaupt nie übersetzten Spiel-Materialien, den Liedern, Balladen, Schlagern: da galt es, um den Zitat-Charakter durchscheinen zu lassen, oft Tricks anzuwenden, und oft hat es nur zu Notlösungen gereicht. Es gibt kein Übersetzen ohne Vergröberung, weil es keine präzisen Entsprechungen zwischen den Sprachen gibt; es gibt, als Aufgabe, nur jenes *Üb' Ersetzen*, das Karl Kraus definierte. Vieles davon ist bloß Handwerk (und als solches allerdings, wenn es irgendwann einmal »köstlich« gewesen ist, wahrhaftig Mühe und Arbeit gewesen); wo es aufhört, bloß Handwerk zu sein, gibt es keine Normen und Regeln mehr, sondern nur noch Glücks- und Unglücksfälle.

Historisches Museum der Sprache …: der Übersetzer muß, wenn er nach langer Besichtigung dieses Museum verläßt, viel Beklommenheit überwinden: hat er alles gesehen? Oder ist sein Blick, wie es in Museen geht, doch müde geworden manchmal, – ist ihm Wichtiges entgangen? Er kann nicht sicher sein. Er kann, nach den Schwierigkeiten des ›Ulysses‹ gefragt, nur sagen: sie sind noch weitaus schlimmer als ihr Ruf. Er kann sich schließlich, wenn er sich von ihnen abwendet, nur mit einem tiefen Seufzer von ihnen abwenden – und findet auch diesen Seufzer in dem Buch, in dem sich alles findet: in den Worten, mit denen Bloom, selber zitierend, aus dem ›Sirenen‹-Kapitel flieht: *Ich hab's. Pprrpffrrppfff. Geschafft.* □

Catherine und Tarcisius Schelbert

Die Philosophie und das Zungenopfer

Hermes, der göttliche Kurier und Dieb, galt bei den Griechen als Dolmetscher und Übersetzer. Von den geschlachteten Tieren wurde ihm vorzugsweise die Zunge geopfert, denn die Zunge ist das Instrument der Rede und metonymisches Synonym für ›Sprache‹. »Nicht nur Menschen, auch ›Sprachen lernen andere Sprachen‹«, wie es im Chasarischen Wörterbuch von Milorad Pavić heißt, und zwar im männlichen wie im weiblichen Exemplar (S. 92).

Dieses gegenseitige Lernen und Übersetzen und Anderssagen zeigt sich auf faszinierende und überraschende Weise in der britischen und amerikanischen Ausgabe des Bestsellers *Harry Potter* von Joanne K. Rowling (1997). In der britischen Ausgabe (Bloomsbury) heißt der Untertitel: ... *and the Philosopher's Stone*; in der amerikanischen Ausgabe: ... *and the Sorcerer's Stone*. In der deutschen Ausgabe hingegen steht als Untertitel: ... *und der Stein der Weisen*. Die britische und amerikanische Versionen verlassen sich auf die Einzahl, das Deutsche braucht die Mehrzahl. Im Zusammenhang mit der Alchemie verspricht *Der Stein der Weisen* ewige Jugend und Unsterblichkeit oder die Möglichkeit, mit magischen Mitteln Gold herzustellen.

Was waren die Gründe, daß die amerikanische Ausgabe das Wort *philosopher* streicht und es mit *sorcerer*, dem Hexenmeister (oder Hexer), ersetzt? Philosophiefeindlichkeit ist es sicher nicht. Oder wird amerikanischen Kindern ein solch schwieriges Wort wie *Philosopher* nicht zugemutet? Auch das lateinische Motto auf der Titelseite – *draco dormiens numquam titillandus* (kitzle nie einen schlafenden Drachen) – ist in der amerikanischen und ebenso in der deutschen Ausgabe weggefallen. Hier einige weitere Beispiele zu den Unterschieden der beiden Zungen.

Kapitel 1

BE: to buy himself a bun from the baker's
AE: ...*from the bakery*

BE: how Duddley had *learnt* a new word (›*Shan't!*‹)
AE: *learned* a new word (›*Won't!*‹)

BE: The news *reader* allowed himself a grin.
AE: The *newscaster*

BE: it was something to do with ...you know ...her *lot*.
AE: her *crowd*

BE: Would you care for a *sherbet lemon*?
AE: *lemon drop*

BE: If the *motorbike* was huge
AE: *motorcycle*

BE: he had hands the size of *dustbin* lids
AE: *trash can* lids

BE: Young Sirius Black *lent it me*.
AE: *lent it to me*.

BE: Scars can come in *useful*.
AE: *handy*.

Kapitel 2

BE: wearing different-coloured *bobble hats*
AE: *bonnets*

BE: on a *roundabout* at the fair
AE: on a *carousel*

BE: on the *cooker*
AE: on the *stove*

BE: held together with a lot of *Sellotape*
AE: *Scotchtape*

BE: a *cine-camera*
AE: a *video-camera*

BE: a remote control *aeroplane* ... and a *video recorder*
AE: a remote control *airplane* ... and a *VCR*

BE: *hamburger bars* or the *cinema*
AE: *hamburger restaurants* or the *movies*

BE: on *holiday* in Majorca
AM: on *vacation*

BE: he was almost bald except for his *fringe*
AM: *bangs*

BE: a revolting old *jumper* ...(brown with orange *bobbles*)
AM: *sweater* ...*puff balls*

BE: a cheap lemon ice *lolly*
AE: a cheap lemon ice *pop*

BE: because the knickerbocker glory *wasn't big enough*
AM: *didn't have enough ice cream on top*

Kapitel 3

BE: Harry was going to Stonewall High, the local *comprehensive*.
AE: the local *public school*.

BE: He stayed at home and nailed up the *letter box*.
AE: the *mail slot*.

BE: On Friday, no *fewer* than twelve letters arrived for Harry.
AE: On Friday, no *less* than ...

BE: the downstairs *toilet*
AE: the downstairs *bathroom*.
usw.

Daß sich das britische und amerikanische Englisch unterscheiden, ist hinlänglich bekannt und Quelle unzähliger Untersuchungen. Die feinen Unterschiede der beiden Ausgaben zeigen erneut und auf frappante Weise, daß sich Sprachen nicht nur anderen Sprachen öffnen (etwa der amerikanische Einfluß auf das Deutsche und die Schweizer Mundart), sondern daß sie auch stets bestrebt sind, sich abzukapseln, zu einer Geheimsprache tendieren, und zwar so weit, daß auch Paare oder Familien, Clans und andere Kleingruppen dazu neigen, einen eigenen Code zu entwickeln, den nur sie verstehen. Sogar die verschiedenen Wissenschafts- und Fachsprachen stellen Geheimsprachen dar, die nur einer Elite verständlich wird.

Die unterschiedlichen Wörter in der amerikanischen Ausgabe von Harry Potter zeigen deutlich, daß sich die Menschen – und vor allem Kinder – in ihrer Sprache heimisch fühlen wollen. Sorgfältig wird das unbekannte Wort vermieden und das eigene gepflegt, und dies geschieht auf allen Ebenen, auf der phonologischen, der semantischen und der grammatikalischen.

Es scheint so zu sein, das am Anfang des Ursprungs der menschlichen (und auch der tierischen) Sprache nicht einfach das Wort, der Logos stand, sondern das Kennwort. Und das wäre das erste Zungenopfer. □

Christa Schuenke

Wunder dauern etwas länger oder Die Lust am Korsett

Bisweilen unterstellt man literarischen Übersetzern – den Betreibern des zweitältesten Gewerbes der Welt –, sie hätten Lust am Korsett. Wieso eigentlich des zweitältesten? Mußte Eva ihrem Adam die Worte der Schlange nicht erst einmal übersetzen, damit es überhaupt zum Sündenfall und in dessen Folge zur Erfindung des Korsetts kommen konnte?

Aber was ist nun das Korsett? Doch nicht der Ausgangstext: Der ist, wenn er gut ist, ein Universum; im wahrsten Sinne des Wortes und der Wörter ein Reich, dem man sich aus den unterschiedlichsten Richtungen nähern kann, das mehr als einen Zugang bietet, das heißt Alternativen für unterschiedliche Übersetzerindividualitäten.

Ein gutes Original in seiner Komplexität engt den Übersetzer nicht ein wie ein Korsett, sondern gleicht eher einer weiten, komfortablen, allerdings vielfach kompliziert gefältelten Pelerine, unter der vieles und Vielfältiges Platz hat.

Zu dieser Vielfalt kann auch ein Korsett gehören. Das wäre wohl die Form, in der ein Text daherkommt. Und auf den ersten Blick kann kein Korsett fester geschnürt sein als das der metrisch gebundenen, womöglich durch Reime zusammengehaltenen Sprache der Dichtung. In gewisser Weise kann man die Formanalyse, die vorab erfolgen muß, will man ein Gedicht übersetzen, mit dem Aufhaken des Korsetts oder dem Lösen der Schnüre vergleichen. Das ästhetische Ganze aus Sinn und Form wird seiner Form entkleidet, um dann beides, den Sinn und die Form, in der Zielsprache wieder herzustellen.

Was findet man bei dieser lustvollen Korsettöffnung? In einem Sonett von Shakespeare zum Beispiel 14 jambische Fünfheber, gebündelt in drei Quartetten und einem Couplet, die Quartette jeweils über kreuz gereimt, während das Couplet im Paarreim verfaßt ist.

Das war einfach. Jetzt steht das Ding, das einmal ein Gedicht war, im Hemde da und will wieder eingeschnürt und zugehakt werden. Oh, Liebhaber der schönen Verskunst, nun wird's knifflig. Durch welche Schlaufe geht das Band? Und welches Häkchen muß in welche Öse? Da kommt etwas ins Spiel, das ich Disziplinierung der Sprache und des Gedankens nenne, und dieser *Akt* kann wirklich Lust bereiten. Und er kann dauern – Wunder dauern eben etwas länger, und die Wiedergeburt der ästhetischen Ganzheit des Gedichts nach seiner Dekorsettierung, oder, brutal gesagt, Zergliederung, grenzt ohne Zweifel an ein Wunder.

Besonders pikant wird die Sache, wenn sich das korsett-lustige Übersetzerindividuum noch ein paar zusätzliche Hürden aufrichtet, als wäre die Neuerschaffung des Texts nicht auch so schon schwierig genug. Wenn man sich etwa vornimmt, die männlichen Kadenzen des Englischen beizubehalten, also möglichst viele Verse auf eine betonte Silbe enden zu lassen, oder, wo das nicht geht, wenigstens darauf zu achten, daß sich männliche mit weiblichen Kadenzen abwechseln (d. h. mit Versen, die auf eine unbetonte Silbe enden). Oder wenn man sparsam mit Enjambements und Inversionen umgehen möchte, weil der Dichter etwa im Englischen, das wesentlich leichter reimt als das Deutsche, viel eher die Möglichkeit hat, einen Gedanken in nur einem einzigen Vers unterzubringen (*And ten low words oft creep in one dull line* – wie es Alexander Pope mit trefflichen Spondeen sagt), und das auch noch in einem Vers, der nahe an der Alltagssyntax bleibt.

William Butler Yeats hat einen Teil seiner frühen Gedichte zwanzig Jahre nach der ersten Niederschrift überarbeitet und dabei radikal Inversionen beseitigt, ohne jedoch den geradezu obsessiven Reimzwang abzustreifen, dem er sich in diesen frühen Gedichten unterworfen hatte. Das verlangt von mir als seiner Übersetzerin, im Deutschen Verse zu machen, die wie einfache Sätze klingen und dennoch eindeutig als Verse erkennbar sind. Verse, deren Sinn im Original oft im Dunkeln bleibt, in das auch Kommentare und Anmerkungen nur wenig Licht bringen.

Eine Herausforderung, die mir ungefähr den gleichen Kick gibt wie ihn ein Bungee-Springer hat, wenn er sich kopfüber von der Spitze eines Kranarms in die Tiefe stürzt. Den Bungee-Springer hält sein Gummiband. Die meisten kommen wohlbehalten unten an. Doch was hält mich? Mein Kick ist größer! Selbst wenn mir eine leidlich weiche Landung gelingt: die Philologen, Yeats-Gelehrten und die Kritiker, die unten auf mich warten, wetzen bereits die Messer.

Ich bin so oder so verloren. Falsch, denn mein Gummiband, das ist die Form, ist das Korsett. Also konkret:

The Sorrow of Love

The brawling of a sparrow in the eaves,
The brilliant moon and all the milky sky,
And all that famous harmony of leaves,
Had blotted out man's image and his cry.

A girl arose that had red mournful lips
And seemed the greatness of the world in tears,
Doomed like Odysseus and the labouring ships
And proud as Priam murdered with his peers;

Arose, and on the instant clamorous eaves,
A climbing moon upon an empty sky,
And all that lamentation of the leaves,
Could but compose man's image and his cry.

W. B. Yeats

Das Leid der Liebe

Das Sperlingsplappern auf dem Dachfirst oben,
Der Mond, der glänzt, der Himmel, fahl wie Blei,
Der Harmonie der Blätter, die wir loben,
Hat ausgelöscht das Bild von Mann und Schrei.

Stand auf ein Mädchen, Rosenlippen rote,
Erhabenheit der tränenblinden Welt,
Odysseus gleich verdammt und seiner Flotte,
Wie Priamus stolz, der mit den Seinen fällt;

Stand auf, da schwoll der Sperlingslärm da oben,
Am leeren Himmel Mond – ein bleiches Ei,
Das Klagelied der Blätter, die wir loben,
Das alles fügte neu das Bild von Mann und Schrei.

Dt. von Christa Schuenke

Richard Exner übersetzt:

Trübsal der Liebe

Unter dem Dach der Vogelschrei,
Der helle Mond, des Himmels weiß Gefild,
Und allen Laubs gerühmte Melodei,
Sie hatten ausgelöscht den Menschenruf, das Menschenbild.

Ein Mädchen kam mit trauernd rotem Mund
Und schien die Größe aller tränennassen Welt,
Der Schiffe Mühsal, des Odysseus Fluch,
Der Stolz des Priamus, im Mord gefällt;

Sie kam und plötzlich: Vogelschrei,
Steigender Mond in ödem Sterngefild
Und allen Laubes klagend Einerlei
Verdichten sich zu Menschenruf und Menschenbild.

Wo ist bei Exner der Rhythmus geblieben? Auf und davon, zusammen mit dem *sparrow*, dessen *bawling* für mich wenig gemein hat mit dem Vogelschrei, der wohl eher zu einem Raubvogel paßt als zu Yeats' plapperndem Spatz. Und wären hier nicht ein paar verzweifelte Rettungsversuche (denen man die Verzweiflung aber nicht anmerken darf) drin gewesen? Zum Beispiel für das Bild vom strahlend hellen Mond am milchig trüben Himmel, oder für *a girl arose*? Immerhin trägt der Zyklus, zu dem dieses Gedicht gehört, den Titel *The Rose*, und da kann es kein Zufall sein, daß dieses *girl*, das übrigens die gleichen *mournful lips* hat, denen wir auch schon im Gedicht *Rose of the World* begegnet sind, nicht einfach *came* sondern eben *arose*.

Das ist natürlich unübersetzbar, aber man sollte doch etwas basteln können. Und weil Basteln in unserem Metier gleichbedeutend ist mit Schummeln oder Bilderfälscherei, hab ich die Rose in Gestalt der *Rosenlippen* in den Vers geschummelt, den milchigen Himmel *fahl wie Blei* sein lassen, und spekuliere darauf, daß die *mournful lips* in der *tränenblinden Welt* aufgehoben sind.

Ja, dieses Ringen um einen Vers, eine Metapher, einen Klang, eine metrische Vorgabe des Dichters, das ist für mich die intensivste Form der Beschäftigung mit Texten, diejenige mit dem höchsten denkbaren Adrenalinausstoß (nämlich aus Sorge, ja nichts kaputt zu machen, das Gedicht ja nicht zu beschädigen in diesem zupackenden Prozeß des Aus- und Wiederanziehens). Wenn man also die Form als Korsett ansieht, dann, ja, dann habe ich Lust am Korsett. Weil nämlich, wenn der Vers am Ende steht, wenn das Korsett anständig sitzt, nach dem Adrenalinausstoß die Endorphinausschüttung folgt. Und Endorphine sind echt Klasse.

Natürlich gibt es auch mal wieder einen Dämpfer. Zum Beispiel, wenn sich das Original weder als wohlfühlweite Universalpelerine noch als eng anliegendes Korsett erweist, sondern als Zwangsjacke. Die Wände hochgehen möcht man schier, begegnet einem – jetzt sind wir schon bei Prosa –, ein Satz wie dieser: »Minnie yellowed the wire around the plank and coaxed it towards herself.«

Kontext: Minnie, die 82jährige Heldin des Romans *The Banyan Tree* von Christopher Nolan geht jeden Morgen auf die Weide, um nachzusehen, ob nicht die Bullen ihrer Nachbarin dort marodierend eingebrochen sind. Einmal findet sie den Zaun niedergetrampelt, und auch die provisorische Schließvorrichtung ist zerstört. Auf besagte Weise, also den Draht ums Brett yellowend, will sie das Schloß wieder flicken.

Nach mühsamen Recherchen so schlau wie zuvor – der Draht ist nicht gelb, das wäre zu einfach, und *yelp* (brüllen, kreischen), wovon *yellow* eine alte Form ist, wäre zwar möglich, ist aber nicht sehr wahrscheinlich, obwohl, *yelp / coax* (locken, verführen) das hat was, so à la: »Du verflixter Draht, jetzt komm gefälligst hier herumgeyellowed! Na, nun stell dich nicht so an, liebes Drähtchen, ich will dich doch bloß ein bißchen ums Brett yellowen.«

Oder werden die Fingerknöchel von Minnies mageren, wettergegerbten alten Händen etwa gelb vor Anstrengung? Letzter Ausweg: Autor fragen. Doch das ist leichter gesagt als getan, denn Nolan ist schwerstbehindert, kann weder sprechen noch ohne fremde Hilfe eine Tastatur bedienen. Irgendwie kommt dennoch ein Kontakt zustande, und die Antwort lautet: »By that I tried to express the idea that Minnie went to the field with mixed emotions, because yellow is the colour of cowardice.«

Ach so, ja klar, wieso bin ich da eigentlich nicht selber drauf gekommen? Ganz einfach: weil die Feigheit im Deutschen keine Farbe hat. Und weil wir in unserer Kultur nicht unbedingt dazu neigen, die Gemütslage eines Menschen mit einem zum Verb mutierten Adjektiv auszudrücken, noch dazu mit einem, das eine Farbe bezeichnet, die bei uns mit Neid und Eifersucht assoziiert ist.

Ich habe Muttersprachler gefragt, ob sie das so verstehen, wie es der Autor meint. Betretenes Schweigen. Ich habe Kollegen gefragt, wie sie so ein Problem lösen würden. Im allgemeinen hieß es: »Das versteht im Original kein Mensch, also darf es in der Übersetzung auch unverständlich sein, muß sogar! Wieso schreibst du nicht einfach *Sie gelbte den Draht um das Brett und lockte ihn zu sich heran?*«

Interessanter Gedanke. Aber ist dieser Satz im Original für einen in der Ausgangssprache beheimateten Leser wirklich genauso – auf genau die gleiche Weise – unverständlich wie es die vorgeschlagene Lösung *Sie gelbte* ... für einen Leser der deutschen Übersetzung wäre? Und ist es wirklich Übersetzen, wenn man solch einen Satz so löst? Und was, wenn es in einem Buch von fast 600 Seiten auf jeder Seite vier, fünf solcher Sätze gibt, die eigentlich unverständlich sind, weil der Autor das, was er erzählt und beschreibt, wegen seiner Behinderung niemals erfahren hat und auch nie etwas annähernd Ähnliches erfahren wird und deshalb der Obsession erliegt, die reale Welt metaphorisch umzuformen, und dabei am laufenden Band gleichsam autistische Metaphern erzeugt, autistisch in dem Sinne, daß sie weder die Realität spiegeln noch im Text verankert sind?

Bei diesem Roman war das Korsett der komplizierte Personalstil oder eher noch die komplizierte persönliche Geschichte des Autors, die ihn veranlaßt, weitgehend in einer Privatsprache zu schreiben. Da wurde die Übersetzerin zur Fälscherin, mußte es werden, denn mit schlichtem Übersetzen wäre es hier nicht getan gewesen.

Und so lautet der Satz *She yellowed the wire around the plank and coaxed it towards herself* nun auf deutsch: *Sie zauderte den Draht ums Brett und zärtelte ihn zu sich heran.* Als das endlich, nach Monaten des Nachdenkens, Recherchierens und Herumprobierens mit anderen Lösungen, so auf dem Papier stand, kamen die Endorphine, und der Mühe Lohn war sicher nicht das für diesen extrem schwierigen Text mehr als mickrige Seitenhonorar von 20,50 Euro, sondern das ausgesprochen wonnige Gefühl, eine adäquate Übersetzung gefunden zu haben, so weit diese auch scheinbar vom Original abweicht.

Denn die eigentliche Lust am Korsett ist doch nicht seine einzwängende Wirkung, sondern die Freude, die es uns bereitet, so ein Korsett ganz langsam und genüßlich Öse für Öse aufzuhaken. □

Zsuzsanna Gahse

»Das ist eine Aufgabe!«

Kleines Porträt von Hildegard Grosche

Morgens den Kaffee im Bett trinken und dabei Zeitungen lesen! Dieses Bild spricht im ersten Augenblick von Luxus oder Bequemlichkeit. In Wirklichkeit ist von einer klugen Tageseinteilung die Rede, davon, daß sich jemand genießerisch, neugierig und konzentriert auf den Tag einstellt. Konzentriert und genießerisch, so ist Hildegard Grosche.

Die Frau mit den schönen, dunklen Augen, so habe ich ungarische Autoren oft von ihr reden gehört.

Die neugierige, konzentrierte Frau, eher Dame, mit den dunklen Augen liest beim ersten Kaffee gleich mehrere Zeitungen, am Abend deckt sie den Tisch für Gäste, gerne für ein Essen mit fünf Gängen, zieht sich um für den Abend, ißt und trinkt und unterhält sich (genüßlich), gegen zwei Uhr nachts immer noch angeregt, es ist wenig Schwäche in ihr, sowohl nachts als in der Früh, tags auch nicht. Und das über Jahre, Jahrzehnte hinweg.

Von den fünfziger Jahren an hatte sie sich für die osteuropäische, vor allem für die ungarische Literatur eingesetzt und dabei eine »revolution der qualität» ausgelöst – das Zitat ist der Titel eines Essaybandes von Laszló Németh, den sie bereits 1962 herausgegeben und zum Teil selber übersetzt hatte. Kurz gesagt (»kurz gesagt» ist eine typische Redewendung Hildegard Grosches) geht der heutige Erfolg der ungarischen Literatur unbedingt auch auf ihre Vorarbeiten zurück, auf die sechziger, siebziger, achtziger Jahre, als sie mit ihren Übersetzungen von Tibor Déry und mit Anthologien auf Autoren der ungarischen Gegenwartsliteratur aufmerksam machte.

1980 war in ihrer Übersetzung Miklós Mészölys Roman »Rückblenden» erschienen. Zu früh. Dieses beeindruckende Werk, das alle, die an ungarischer Gegenwartsliteratur interessiert sind, zuerst lesen müßten, erschien zu einer Zeit, als das Interesse noch nicht vorhanden war. Es mußte ja darum geweckt werden, weil es nicht vorhanden war! Und es ist typisch für Vorreiterinnen, daß sie zwar etwas bewirken, aber die sogenannten Früchte fallen anderen zu.

»Rückblenden«, »Rückblenden« wiederhole ich, um an eine der wichtigsten Übersetzungen Hildegard Grosches zu erinnern und um zugleich den Namen Miklós Mészöly wiederzubeleben. Mészöly, den Péter Nádas seinen literarischen Vater nennt. Denn erstens hatte Mészöly an der Sprache gerüttelt, die in den ersten Nachkriegsjahrzehnten, eingeschüchtert durch die Diktatur, ein ziemlich stumpfes Dasein führte. Zweitens und vor allem hat er Bilder in die Literatur eingebracht, er hat mit sichtbaren Bildern Geschichten erzählt. Und aus einer Fülle von Bildern ist auch Nádas' großes Werk »Das Buch der Erinnerung» gebaut; auch dieses Buch hat Hildegard Grosche übersetzt, und es war für Péter Nádas im deutschsprachigen Raum der literarische Durchbruch.

In diesem Jahr wird Hildegard Grosche zweiundneunzig Jahre alt. Geboren wurde sie 1913 in Rékas (damals Ungarn, heute Rumänien). Als Tochter eines Offiziers war sie deutschsprachig aufgewachsen, studierte Finno-Ugristik in Münster und Berlin, gründete nach dem Krieg den Steingrüben Verlag, dann kam der Govert Verlag hinzu. Als ich die Dame mit den dunklen Augen Anfang der achtziger Jahre kennenlernte, hatte sie die Verlage nicht mehr, sie war den lieben, langen Tag mit Übersetzungen beschäftigt.

Tagelang saß sie auf ihrem Balkon, im 18. Stock eines Stuttgarter Hochhauses, und zum Beispiel las sie dort, scheinbar wieder genüßlich, die Werke Freuds und Jungs, um treffende Wörter und Wendungen für Nádas´»Buch der Erinnerung» bereit zu haben. An ihrem hellen Schreibtisch, der an ein Cockpit erinnert, übersetzte sie handschriftlich, übertrug dann die erste Fassung in die (elektrische) Maschine, und hatte damit schon einen Korrekturgang.

Es gibt nur solche indirekten Einblicke in ihre Arbeit. Sonst hat sie nie viel von Verfahrensweisen geredet. Bis zum heutigen Tag sagt sie gern: so treu wie möglich, so frei wie nötig. Und auf die Antwort, daß diese Antwort ein weites Feld sei, würde sie lachend ihr »ja, mein Liebchen» einbringen.

Vor einigen Wochen fragte ich sie nach konkreten Problemen, die bei Übersetzungen aus dem Ungarischen entstehen. Beispielsweise gibt es im Ungarischen nur eine Vergangenheit, wie also gelangen die drei deutschen Vergangenheiten in die übersetzten Texte?

Das ist in der Tat eine Aufgabe, so ihre salomonische Antwort. Oder: In Mészölys »Rückblenden» – da haben wir nun wieder Mészöly und seinen Roman – sind die Hauptpersonen zwei alte Leute (was sie unternehmen, beobachtet ein Kamerateam; das Team ist der Erzähler), die beiden heißen auf Deutsch Altermann und Altefrau. Diese ungewöhnliche Bezeichnung, genau aus dem Ungarischen herüberkopiert, stört keinen Augenblick, das Textumfeld wirkt durch die befremdlichen Wörter nicht angestrengt (was wichtig ist, weil Mészölys Sprache auch nie angestrengt wirkt). Ob sie über die Namen lang grübeln mußte? Nein, sie habe nicht lang überlegt, sondern einige Leute getestet.

Man muß sich vorstellen: als Hildegard Grosche zu übersetzen begann, wurden die Namen der Übersetzer häufig nur im Impressum genannt. Inzwischen gibt es immerhin Preise für Übersetzer (nach welchen merkwürdigen Kriterien sie auch vergeben werden), und manchmal schießen sich Medien sogar begeistert auf einen Übersetzer ein, dann prasseln Lobeswörter, während sonst die Qualität der deutschen Version gar nicht erwähnt wird. Die Begeisterungen wirken wie Abreaktionen. Jedenfalls schaut Hildegard Grosche diesem Wandel seit Jahrzehnten zu.

Seit etwa zwei Jahren sitzt sie im Rollstuhl, schön sitzt sie da, die eigenwillige Dame, die immer noch gerne bewirtet, gerne zuhört. Konzentriert, genießerisch, eigensinnig, vielleicht etwas weniger neugierig als früher. Falls sie zur Szene der Übersetzer etwas Grundsätzliches sagen wollte, wäre es schwierig, die angemessene Form zu wahren, sagt sie. Ebenso unangemessen wäre es, im Zusammenhang mit Hildegard Grosche von Trauer zu sprechen. Kummer hat sie.

Wer übersetzt schon aus dem Ungarischen!, das ist mein Kummer, sagt sie. Wobei man hinzufügen muß, daß sie die neuen Übersetzungen nicht liest; diese Auskunft stammt von ihr selbst. Und sie, mit ihrer bürgerlich geprägten Herkunft, sie, die auf ihre Weise ein Leben lang über Sätze und Stile nachgedacht hat, spricht wiederholt erstaunt über den inzwischen (zum Glück) abflauenden Erfolg von Sándor Márai.

»Was soll dieser Autor in einer deutschen Übersetzung!« Mit diesem Staunen ist viel gesagt. Viel mehr möchte sie nicht sagen. Lieber weicht sie auf Anekdoten aus, und die Frau mit den dunklen Augen kennt sehr viele Anekdoten.□

* * *

Die übersetzerischen Arbeiten von Hildegard Grosche haben einen wesentlichen Charakterzug, dem ich mich der Einfachheit und Klarheit halber zunächst mit einer philosophischen Frage nähern möchte. Ist es das Ganze, das die ihm zugehörenden einzelnen Teile beinhaltet, oder sind es die versammelten einzelnen Teile, die das zu ihnen gehörende Ganze ausmachen?

Das ist eine uralte Frage, bei der man sich nur schwer für eine eindeutige Antwort entscheiden kann. Hildegard Grosche hat sich aber ihrerseits entschieden. Sie übersetzt nicht Wendungen und nicht einmal Sätze, stattdessen lehnt sie sich aus ihrer eigenen Sprachumgebung, aus ihrer kulturellen Umgebung hinaus und betrachtet, sozusagen mit fremden Augen, die Ganzheit der sprachlichen und literarischen Erscheinung, und aus dem Blickwinkel dieser Ganzheit beginnt sie zu überlegen.

Bei diesem ersten Schritt ist sie immer etwas mißtrauisch, ihre Miene, ihr Blick sind beinahe abweisend. Das hat seine Gründe. Die zwei Sprachen liegen recht weit voneinander entfernt, und das hängt nur zum Teil mit grammatikalischen oder sprachgeschichtlichen Unterschieden zusammen.

Hinter der ungarischen Literatursprache steckt keine ungarische Philosophie. Das bringt die eigentlichen Probleme mit sich. Im Vergleich zu den großen europäischen Sprachen ist das Umfeld einzelner Wörter und Begriffe nicht genug durchleuchtet, das heißt, ihre Beziehungspunkte, ihre Querverweise sind undeutlich, und ohne Fußnoten können sie zum Großteil auch nicht geklärt werden.

Das nimmt sich mehr oder minder so aus, als würden die Ungarn zwangsläufig bei jedem Gespräch mit der Schöpfung beginnen, doch haben sie unterwegs so viel zu klären, daß sie nie in unserer Zeit anlangen, und so können sie einander nie richtig verstehen. □

Auszug aus Péter Nádas: *Wie man einen Haubensteißfuß beflügelt – Stichwörter zum Lebenswerk meiner Übersetzerin Hildegard Grosche.* Aus dem Ungarischen von Zsuzsanna Gahse. Aus: *Der schiefe Turm von Babel* – Geschichten vom Übersetzen, Dolmetschen und Verstehen, hrsg. von Ragni Maria Gschwend. Straelener Manuskripte Verlag, Straelen 2000.

Felix Schneider

»Ich übersetze«

Ein Porträt

Mein Besuch bei ihm liegt viele Jahre zurück. Ich erinnere mich an einen hellen Raum, weit und hoch, in einem stattlichen Frankfurter Altbau. Der Übersetzer und Herausgeber Traugott König (1935 – 1991) saß im Schneidersitz am Boden in der Mitte eines Meeres von beschriebenen Zetteln. Die Frage, was er denn da tue, beantwortete er knapp: »Ich übersetze.«

»Was denn?«

»Ich arbeite an der deutschen Fassung eines Drehbuchs von Sartre über Freud.«

Nach und nach erfuhr ich: Sartre hatte Ende der 50er Jahre dem amerikanischen Regisseur John Huston ein Drehbuch über Freud und die Entstehung der Psychoanalyse geliefert, das so umfangreich war, daß seine Realisierung einen Film von 7 Stunden ergeben hätte.

Sartre begann also zu kürzen, kam ins Ändern, schrieb schließlich neu und hinterließ auch noch zahlreiche Entwürfe. Der Übersetzer fand daher keinen feststehenden Textkorpus vor, sondern eine Fülle von Varianten, Überschneidungen, Änderungen, Ergänzungen.

Hinzu kam: Sartre bezog deutsche Quellen ein – ohne Quellenangabe natürlich: Werke und Briefe von Freud etwa, die er zum Teil auch noch über den Umweg der englischen Freud-Biographie von Jones kannte.

Die Quellen galt es im deutschen Original wiederzufinden. Freilich war dabei auch mit der Möglichkeit zu rechnen, daß die französische Übersetzung für den französischen Leser Assoziations- und Hallräume eröffnete, die das Deutsche, obwohl Original, nicht hergab.

Ein anderes Problem kannte Traugott König schon seit seiner ersten Sartre-Übersetzung, der 1967 erschienenen »Kritik der dialektischen Vernunft«: Deutsche Begriffe der Philosophie sind auf unterschiedliche Weise ins Französische übersetzt.

Dieser Mann in seiner Papierflut glich nicht dem »Fährima« aus meiner Basler Jugend, dessen Schiffchen, festgezurrt an einer über den Fluß gespannten Leine, zielstrebig von einem Rheinufer zum anderen übersetzte. Dieser Mann glich einem Schiffbrüchigen, einem einsamen Odysseus auf verlorener Insel, der sich das Floß selbst zusammenbasteln mußte, mit dem er ein weitgespanntes Meer zwischen Paris, Wien und Hamburg befahren wollte.

Aus Paris schielte Sartre herüber, der bestimmt hatte, daß Königs Übersetzungen zur Grundlage aller weiteren Ausgaben seines Werkes auch in der Originalsprache werden sollten. Und aus Wien wehte ein Wind kleine Wolken von

Freuds Zigarrenrauch herbei: Wien um die Jahrhundertwende sollte sprachlich wenigstens angedeutet sein.

Und in Hamburg warteten auf das Resultat schon Verlag und deutsche Leser – ahnungslos die meisten, viele auch vollgestopft mit Vorurteilen und Abneigungen gegen Sartre und die Psychoanalyse. Für sie mußte die Übersetzung verständlich, klar und zeitgenössisch sein.

Wie sehr würde man sich wünschen, Traugott König könnte zu Sartres hundertstem Geburtstag am 21. Juni dieses Jahres noch einmal die Attraktivität dieses Schrifstsstellers unter Beweis stellen – so wie er es 1987 getan hatte, als er in Frankfurt am Main den unerwartet erfolgreichen Sartre-Kongreß organisierte, zu dem junge Leute in Massen drängten, obwohl die Gurus und neuen Philosophen des Betriebs den Alten schon damals für veraltet erklärten.

In der weit über dreitausend Seiten umfassenden Übersetzung von Sartres »Der Idiot der Familie« gibt es einen winzigen Hinweis: »Die Quellen- und Seitenangaben nach den Zitaten stammen vom Übersetzer.« Hinter diesem Sätzchen verbirgt sich die immense Arbeit und das stupende Können eines Mannes, der bescheiden, ja schüchtern war.

Er, der sein Leben dem Übersetzen aus dem Französischen widmete, dabei Hervorragendes leistete und das Übersetzen auch an der Universität lehrte, sprach die Sprache nicht sehr gern. Er sei Übersetzer, sagte er mir einmal, sprechen könne er die Sprache nicht so gut. □

* * *

PS: Liegt es nur an der Zufälligkeit meiner Bekanntschaften, oder sind tatsächlich auffallend viele Übersetzerinnen und Übersetzer – jedenfalls diejenigen, die literarische Texte übertragen – mit dem Charakterzug der Bescheidenheit ausgestattet? Entspräche mein Eindruck der Wirklichkeit, so wäre das zwar menschlich sympathisch, für den Berufsstand im kulturfeindlichen Klima neoliberaler Marktvergötterung indessen ruinös.

Als verantwortlicher Redakteur einer Radiosendung, in deren Absage die Übersetzerin eines Romans nicht genannt wurde, mußte ich kürzlich die telephonische Rüge einer Kollegin der Nichtgenannten entgegennehmen. Es scheint also auch Initiativen zu geben, um das Ende der Bescheidenheit durchzusetzen. Gut so, weiter so! □

Beat Mazenauer

Läßliche und häßliche Malheurs

»Übersetzen ist etwas, was es nicht gibt.«[1] Diese Schlußfolgerung hat die Übersetzerin Swetlana Geier gezogen, angesichts der Erfahrung, daß das Übersetzen im Grunde ein Verlustgeschäft sei. Nicht finanziell (das auch), sondern mit Blick auf das Ideal einer umfassenden Übertragung von Inhalt, Manier und Geist eines Originaltextes. Übersetzen heißt verlieren, ihm sind Malheurs und Fehler zwangsläufig einbeschrieben.

Dennoch ist das Übersetzen eine ebenso wichtige wie wunderbare Tätigkeit, derer wir bedürfen, wie Andrej Sinjawski anläßlich der Verleihung des Leipziger Buchpreises für europäische Verständigung an Swetlana Geier ausgedrückt hat: »Der Übersetzer ist uns allen als guter Engel geschickt. In unserer zersplitterten Welt stellt er Einvernehmen und gegenseitiges Verständnis zwischen Schriftstellern und Lesern her, er vermittelt zwischen Kulturen und Völkern.«[2]

Das global verwendete Pidgin-English entkräftet diese Aussage keineswegs. Auf die Unmöglichkeit des Übersetzens verweist auch Walter Benjamin in seinem kritischen Aufsatz über »Die Aufgabe des Übersetzers«.[3]

Die Schwierigkeit liegt darin, spitzt er seine Argumentation zu, »daß alle Übersetzung nur eine irgendwie vorläufige Art ist, sich mit der Fremdheit der Sprachen auseinanderzusetzen«. Allerdings erkennt Benjamin darin auch eine Stärke, weil diese Auseinandersetzung in ihren wahrsten Momenten »das Echo des Originals« zu erwecken vermag.

Im Unterschied zum Dichter, der von einer naiven, anschaulichen Intention getragen ist, besitzt der Übersetzer eine »abgeleitete, letzte, ideenhafte Intention« von Sprache. Die fehlende Muse ersetzt er durch Ingenium, mittels dessen er »in der Übersetzung den Samen reiner Sprache zur Reife« bringt.

Diese hohe Meinung des wahren Übersetzens indes hielt auch ihn nicht von schnöden Malheurs ab. In der von ihm und Franz Hessel besorgten Übersetzung des dritten Bands von Prousts »A la recherche du temps perdu«, »Guermantes«, unterlief ihnen gleich im ersten Abschnitt ein witziger Schnitzer.

Aus »le sixième«, aus dem sechsten Arrondissement also, wurde unversehens ein »sechster Stock«.[4] Ein läßlicher Fehler, den Benjamin vor lauter Idealen übersehen hat.

Nicht jeder Fehler ist indes mit solcher Leichtigkeit hinzunehmen. Ein anderes Beispiel stimmt bedenklicher. Im Kontext einer archäologischen Arbeit über traditionelle Märchen und ihre tiefere Bedeutung im historischen Kontext[5] drängte sich fürs Aschenputtel-Kapitel eine entlegene Textstelle in einem Balzac-Buch auf. Im Original fand sich die Stelle leicht, weit mehr Mühe bereitete überraschenderweise jedoch die adäquate deutsche Version.

Bei dem fraglichen Buch handelte es sich um die philosophische Studie »Sur Cathérine de Médicis«, in der Balzac beiläufig darauf verweist, daß in der Märchenüberlieferung aus dem königlichen Hermelin ein Glasschuh geworden sei:

»On distinguait le grand et le menu vair. Ce mot, depuis cent ans, est si bien tombé en désuétude que, dans un nombre infini d'éditions des Contes de Perrault, la célèbre panoufle de Cendrillon, sans doute de menu vair, est présentée comme étant de verre (...). Naturellement les ordonnances sur le port de la fourrure étaient perpétuellement enfreintes au grand plaisir des pelletiers.«[6]

Das kleine Wortspiel (vair – verre) freilich schien einigen Übersetzern nicht zu behagen. Paul Hansmann etwa, der die »Katharina von Medici« 1926 für den Rowohlt Verlag übersetzte, und dessen Übertragung bis heute mehrfach unkorrigiert nachgedruckt worden ist, aktuell von Diogenes, Hansmann foutierte sich darum und hebelte Balzacs Exkurs kurzerhand aus seiner Fassung, indem er direttissima übersetzte:

»Man unterschied das große und das kleine Grauwerk. Zum größten Vergnügen der Kürschner wurden die Verordnungen über das Tragen von Pelz natürlich ständig übertreten.«[7]

Dies schien bisher niemanden gestört zu haben, weshalb auch keine Korrektur angesagt war. »Katharina von Medici« ist gewiß nicht Balzacs wichtigstes Buch, zudem fehlt es in vielen deutschen Werkausgaben. Die Unpäßlichkeit des Übersetzers ist freilich schon im Untertitel angedeutet, in der »Roman« als Gattungsbezeichnung steht, wovon die Pleiade-Ausgabe nichts weiß. Zudem ist kleingedruckt und unrichtig als Originaltitel »Etudes philosophiques sur Cathérine de Médicis« angegeben.

Kein weltbewegender Fehler, gewiß, auch wenn er natürlich grundlegenden Zweifel an den Übersetzungen von Hansmann schürt. Hat er nicht auch andernorts, wo Verluste drohten, kurzerhand vereinfacht, ausgespart, weggekürzt?

Wie immer, nicht minder interessant war eine zweite Beobachtung auf der Suche nach einer deutschen Übersetzung unserer Belegstelle. Sie ließ sich nämlich auch in der »ungekürzten Übersetzung« von Friedrich Wencker-Wildberg nicht auffinden. Ja mehr noch: Dieser kürzte die fragliche Passage gleich nochmals, sodaß davon nur mehr der Satz stehen blieb: »Zum Nutzen der Kürschner wurden die Verordnungen über das Tragen von Pelzwerk natürlich ständig übertreten.«[8]

Dabei macht es den Anschein, daß Wencker-Wildberg ohne Hansmanns Einfluß auf die wohlfeile Straffung verfallen ist, was doch etwelche Zweifel weckt. Steckt System dahinter?

Zur Ehrenrettung der Balzac-Übersetzer ist immerhin zu vermelden, daß die jüngste Übertragung der »Katharina von Medici«, die Ernst Sander besorgt hat, die Lücke wieder füllt und die Unübersetzbarkeit des Wortspiels mittels Anmerkungen erklärt: »(...) daß in einer Unzahl von Ausgaben der Märchen Perraults Aschenbrödels berühmter Pantoffel, der ganz sicher aus »kleinem Grauwerk« war, als aus Glas bestehend geschildert wird.«[9]

In einer Unzahl von Balzac-Ausgaben aber haben sie sich märchenhaft in nichts verwandelt.

Das Balzac-Beispiel ist ein vergleichsweise harmloses, auch wenn gleich zwei Übersetzer an einem kleinen Wortspiel scheitern. Explizit anders verfährt der Dichter Oskar Pastior mit der Unübersetzbarkeit. Er läßt nicht weg, sondern füllt auf, lagert an, ergänzt und verdichtet die ganze Fülle von Sprach- und Sinnverknüpfungen. Beispielhaft mit einer Lautmalerei in seiner Übersetzung »Mein Chlebnikov«.

Hier gelingt es ihm, das aus 71 Worten bestehende Gedicht »Blagovest umu« unter der Überschrift »getoengedroehn um den verstand« auf nicht weniger als 12 Seiten auszubreiten. Pastior gesteht selbst ein, daß seine Version »ziemlich vermaßlost« sei, doch mit weniger wären die Wortmalereien Chlebnikows nun mal nicht adäquat wiederzugeben.[10]

Dergestalt gibt es Pastiors Übersetzung im Grunde gar nicht, weil sie weit mehr Nach- und Neudichtung ist. Damit verstünde er sich bestens mit Swetlana Geier und mit Walter Benjamin. Wo die Balzac-Übersetzer den Aufwand minimieren, steigert ihn Pastior in Potlatsch-Manier. Hinzufügen ist erlaubt, nur wegstehlen bleibt verboten. □

Anmerkungen:

1 Swetlana Geier im Gespräch mit Uwe Pörksen, in: Die Welt, 11.10.2003.
2 Zit. nach: Die Welt, 12.12.1995.
3 Walter Benjamin: *Gesammelte Schriften*, Bd. IV, Frankfurt 1972, S. 9-21.
4 Walter Benjamin: *Gesammelte Schriften*, Supplement III, Frankfurt 1987, S. 7.
5 Beat Mazenauer / Severin Perrig: *Wie Dornröschen seine Unschuld gewann*. Leipzig 1995 / München 1998.
6 Honoré de Balzac: *La Comédie Humaine. Tome X*. Bibliothèque de la Pléiade. Paris 1950, p. 51.
7 Honoré de Balzac: *Die menschliche Komödie*, Bd: Katharina von Medici. Dt. von Paul Hansmann, Zürich 1998 (Kofferausgabe), S. 70; ursprüngl. E. Rowohlt 1926, Nachdruck 1955, 1963 sowie Diogenes 1977.
8 Honoré de Balzac in 8 Bänden, Bd. 7: Die Chouans, Katharina von Medici. Ungekürzte Übersetzung von Friedrich Wencker-Wildberg. Zürich 1964, S. 324.
9 Honoré de Balcac: *Die menschliche Komödie*, Bd. XII: Louis Lambert. Die kleinen Nöte des Ehelebens und andere Romane. Dt. von Ernst Sander. München 1972, 1998, S. 58.
10 Oskar Pastior: *Mein Chlebnikov*. Basel, Weil am Rhein 2003, S. 74-101 sowie 103.

Spurwechsel. Ein Film vom Übersetzen

Der Reiz fremdzugehen ist als kreativer Impuls geläufig. – Fünf Übersetzer (russischer Literatur ins Deutsche beziehungsweise umgekehrt) haben einen Film gemacht. Zugrunde lag die Idee, das eigene Metier mit den Mitteln eines anderen zu beleuchten. Zur Selbstverständigung einerseits, mit dem aufklärerischen Bestreben andererseits, der Öffentlichkeit einen Begriff vom Übersetzen und dabei wiederum den Übersetzern ein Gesicht zu geben.

Das Budget legte eine reduzierte Ästhetik nahe, die unserer Intention jedoch entgegenkam. Es galt zu demonstrieren, daß der Gegenstand auch in bildlich konzentrierter Form zum Sprechen kommt, keiner künstlichen Bildlegenden bedarf.

Ein weiterer struktureller Ansatz kam hinzu – ein langgehegter Wunsch zumal. Übersetzer, die sich zwischen zwei Literatursprachen in der einen, immergleichen Richtung bewegen, haben mit denen der anderen Richtung viel gemein und doch meist wenig zu tun. Also wollten wir gern einmal mit den Kollegen auf der »Gegenspur« der eingefahrenen, im Jahr 2003/04 aufwendig sanierten deutsch-russischen Kulturmagistrale in Kontakt treten.

Unser Konzept ging von der Mutmaßung aus, daß beide Seiten mit typischen, immer wiederkehrenden Übersetzungsproblemen konfrontiert sind (gipfelnd im schillernden Theorem des je »Unübersetzbaren«), die auf charakteristische Differenzen und Interferenzen zwischen den Sprachsystemen und darüber hinaus zwischen den Kulturen verweisen.

Derlei Wahrnehmungen dialogisch aufeinander zu spiegeln war der Grundgedanke unseres Films. Tertia comparationis wurden zu thematischen Angelpunkten – in fünf Dialoge gefaßt, die wir aus zehn Einzelinterviews (mit russischen Kollegen aus Moskau und St. Petersburg sowie deutschsprachigen aus Zürich, Freiburg und Berlin) montierten.

Das hier folgende Gespräch zwischen Swetlana Geier (Übersetzerin z. B. Dostoevskijs) und Michail Rudnickij (der u. a. Kafka, Grass und Christa Wolf ins Russische übertrug), eine der fünf Episoden des Films, hat demnach so nie stattgefunden. Es handelt sich um sinnfällig inszenierte Kommunikation – ähnlich, wie Literatur funktioniert: zwischen Leser und Autor im allgemeinen, Leser und fremdsprachigem Autor im speziellen. »Ich bin immer dazwischen«, wie die Übersetzerin bekennt; wir, die Filmmacher, waren es auch. Die Form, in der das Skript abgedruckt ist, will dies verdeutlichen: Es läßt sich monologisch ebenso wie dialogisch lesen.

Spurwechsel ist eine klassische Teamarbeit. Die fünf Autoren Gabriele Leupold, Eveline Passet, Olga Radetzkaja, Anna Schibarowa und Andreas Tretner waren kollektiv verantwortlich für Konzept, Interviewführung, Skript, Regie und Produktion; ihnen standen Jakobine Motz (Kamera) und Stefan Stabenow (Schnitt) als »Filmprofis« zur Seite. □

* * *

● Spurwechsel. Ein Film vom Übersetzen. Gefördert von der Robert Bosch Stiftung sowie dem Deutschen Übersetzerfonds e.V. und der Berliner Senatsverwaltung für Wissenschaft, Forschung und Kultur. Mit freundlicher Unterstützung des Fachbereichs Angewandte Sprach- und Kulturwissenschaft der Universität Mainz / Germersheim und des Sächsischen Vereins zur Förderung literarischer Übersetzung DIE FÄHRE e.V.
DVD/VHS, 93 min. Deutsch und Russisch (deutsche Untertitel). Mit einer ergänzenden Postkartenserie.
Zu beziehen über: spurwechsel@snafu.de

Michail Rudnickij und Swetlana Geier

Körpersprache / Sprachkörper

Swetlana Geier:

❞ Ob Übersetzen glücklich macht? ... Was weiß ich, ich habe blaue Augen, macht mich das glücklich? Ich habe Sommersprossen, es macht mich nicht unglücklich, ich weiß es nicht ... Ich kann jedenfalls ohne nicht. ❝

Michail Rudnickij:

❞ Zu übersetzen ist zweifellos ein Glück ... Da ist ein Text, dem ich immer mit Ehrfurcht begegne, weil ich gottlob bisher nur gute Texte zu übersetzen hatte, und da ist die Möglichkeit, sich zu zerreißen, alles zu tun, um etwas Ähnliches hinzubekommen, was zuvor in der eigenen Sprache nicht vorhanden war – das ist das absolute Glück. ❝

MICHAIL RUDNICKIJ: Alles, was mit der Bewegung des Menschen zusammenhängt – nicht nur die nonverbale Konversation im engeren Sinne, Gestikulation usw. – bereitet große Schwierigkeiten, sobald man es versprachlichen will.
Die Crux beim Übersetzen ist nicht so sehr, daß die Völker ein unterschiedliches Vokabular an Gesten haben, die Russen zum Beispiel die ...

... andere wiederum die ...

... oder die ...

... und noch andere wollen wir hier gar nicht zeigen ...

SWETLANA GEIER: Ein normaler Mensch kommt ins Zimmer und macht dann das Licht an, Dostoevskij macht es umgekehrt, er macht das Licht an und betritt dann das Zimmer.

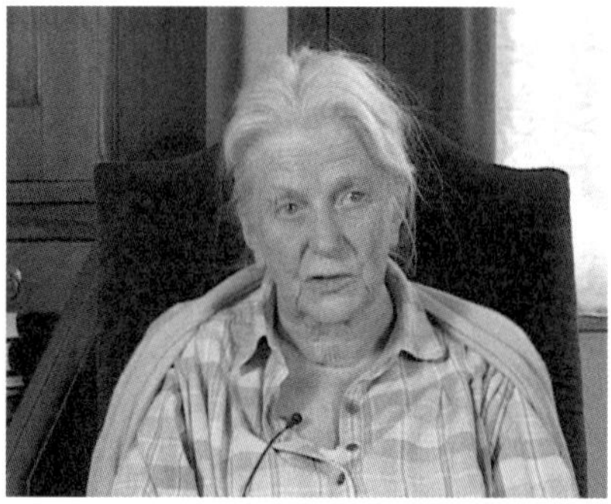

Also was am häufigsten vorkommt ... Also, ich glaube, am häufigsten bei Dostoevskij wird gegangen und gesprochen. Wobei der fünfte Stock oder zumindest der dritte Stock, und die Treppe und der Turm und der Rand eines Abgrunds bei ihm eine ganz große Rolle spielen.

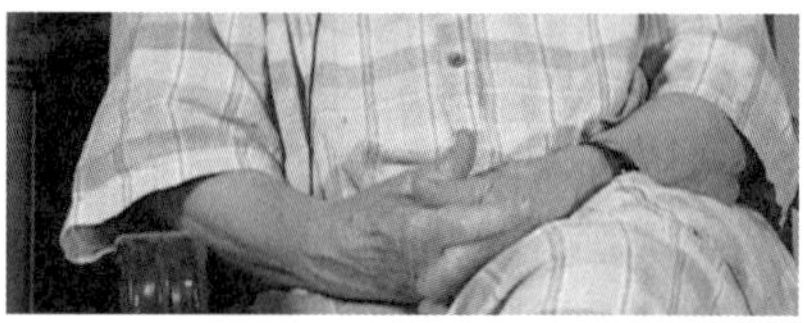

Aber es wird gegangen oder geflogen. Er braucht das, um zu fliegen, um abzuspringen ... oder daß er die Höhe hat für einen Sog. Das hängt mit den Charakteren zusammen.

Nein, das Schwierigste, auch für den Autor, ist es, eine Bewegung, eine Geste oder eine impulsive körperliche Regung so zu beschreiben, daß der Leser das Gleiche vor sich sieht. – Wenn es heißt: Der Mensch ging da und da hin – dann kann er gehopst oder gehinkt sein, wir wissen, wie viele Möglichkeiten es hierbei gibt … Und man muß einfach begreifen, daß der Autor hier auch als eine Art Übersetzer wirkt, er übersetzt diese visuelle in verbale Sprache.

Für mich ist entscheidend – nämlich insofern ich darauf bestehe, daß Sprache ein willkürliches Bezeichnungssystem ist – daß wir nie genau wissen, was der Autor wirklich vor Augen hatte, wenn er etwas Bestimmtes sagt. In seinen Vorstellungen steckt nur er selbst drin. Und dann kommt der Leser, liest das und macht sich ein eigenes Bild. Und in diesem Punkt ist der Übersetzer auch nur ein Leser. Er macht sich ein Bild, er sieht vor sich eine ganz bestimmte Bewegung, und je nachdem, was und wie er gesehen hat, so wird er es reproduzieren.

1797: Novalis in dem Brief an Schlegel anläßlich der Hamlet-Übersetzung: »Am Ende ist alle Poesie Übersetzung.« Und wenn man unter Poesie Kunst versteht, wie Schlegel das verstanden hat, dann muß man sagen: Am Ende ist jede Kunst Übersetzung. Auch die Musik, auch die Sklaven von Michelangelo, das sind alles Übersetzungen.

Der Fluch dieses Geschäfts ist, daß der Leser nie mit dem Text Auge in Auge ist, ich bin immer dazwischen. Und ich bin 1923 geboren, unter bestimmten Umständen aufgewachsen, finde bestimmte Dinge schön und andere nicht schön. Das fließt natürlich in die Übersetzung ein.

RUDNICKIJ: Eines ist sicher: Sobald Bewegung ins Spiel kommt, vom Ausdruck des menschlichen Körpers die Rede ist, bist du schnell in einer Situation, wo du ohne die nötigen Werkzeuge, mit bloßen Händen dastehst und dir etwas einfallen lassen mußt. Dabei geht es nicht so sehr darum, daß *noga* sowohl den Fuß als auch das ganze Bein meinen kann und entsprechend *ruka* die Hand oder den Arm, das kennt man schon, aber derlei Beispiele gibt es viele, man kann sich nur so behelfen, daß man ein klares Bild davon gewinnt und dann auf eigene Art davon spricht.

GEIER: *Verbrechen und Strafe* fängt an mit einer sehr typischen Geste. Ein Mann geht die Treppe runter und tritt auf die Straße. Und das ist ein sehr langer Satz ...

Insert:

В начале июля, в чрезвычайно жаркое время, под вечер один молодой человек вышел из своей каморки, которую нанимал от жильцов в С-м переулке, на улицу и медленно, как бы в нерешимости, отправился к К-ну мосту.

Anfang Juli, es war außerordentlich heiß, trat gegen Abend ein junger Mann aus seiner Kammer, die er in der S.-Gasse zur Untermiete bewohnte, auf die Straße hinaus und ging langsam, als wäre er unentschlossen, auf die K.-Brücke zu.

Fjodor Dostoevskij, *Verbrechen und Strafe* (Übersetzung: Swetlana Geier)

GEIER: Und als ich nach Deutschland kam und nun diese vielen Übersetzungen vor mir hatte, staunte ich immer und habe diesen ersten Abschnitt immer wieder verglichen, weil die älteren Übersetzungen ganz logisch dachten und sich sagten: Ein Mann kann nicht aus der Kammer im 5. Stock auf die Straße treten. Und da habe ich mich nun – in Süddeutschland sagt man »sich verkünsteln« – sehr angestrengt, habe die Struktur des Satzes erhalten. Bei mir tritt Raskolnikow – ein junger Mann, wir wissen noch nicht, daß es Raskolnikow ist – auf die Straße. Und eines Tages – da war, glaub ich, schon *Der Idiot* da – hatte ich einen Kurs in Aachen und habe diesen ersten Satz gebracht, und plötzlich meldet sich einer der Teilnehmer und sagt: »Aber das ist doch die Treppe, der ganze Satz ist die Treppe!« Und tatsächlich, dieser Satz geht runter bis auf die Straße, und es ist eine Serie von Stufen, ich wußte das selber nicht, aber es stimmt!

RUDNICKIJ: Ein Satz bei Kafka, im Roman *Amerika*. Ein Hotel, Gedränge vor den Fahrstühlen, die nicht fahren ...

Insert:

Es gab Gäste, die von Unordnung sprachen, und ein Herr, der eine Dame begleitete, berührte Karl sogar leicht mit dem Spazierstock, um ihn zur Eile anzutreiben.

Franz Kafka, *Amerika*

Некоторые гости жаловались на непорядок, а один господин, сопровождавший даму, желая поторопить Карла, даже легонько ткнул его тростью в плечо

(Übersetzung: Michail Rudnickij)

RUDNICKIJ: Ich habe mich beim Wiederlesen lange gefragt: Wie kommt bei mir die Schulter (Wörtlich in der russischen Übersetzung: ... tippte ihn mit dem Spazierstock an die Schulter. A.d.R.) in den Text? Das könnte tatsächlich ein Frevel des Übersetzers sein, denn bei Kafka bleibt die konkrete Zielrichtung der Geste offen, es wäre genauso denkbar, daß er ihm den Stock, mit Verlaub, ans Hinterteil tippt oder auch ans Bein.

GEIER: Das ist die große Versuchung für den Übersetzer, deutlicher zu werden als der Autor. Und das darf nicht sein.

RUDNICKIJ: Nur: Das Russische verlangt ein Objekt, sonst hängt der Satz in der Luft. Anders ist der Satz aber nicht zu bauen. Ich hab mich lange gequält, hab mir die Geste viele Male vorgestellt und am Ende beschlossen, daß sie so und nicht anders ausgesehen haben muß. Mehr noch, ich bin davon überzeugt, hätte Kafka russisch geschrieben, auch er hätte den Körperteil genannt – oder aber den Text ganz anders aufgezogen ... Eine solche Entscheidung zu treffen fällt einem wahrlich nicht leicht.

GEIER: Übersetzen ist *an sich* ein Verlust. Wenn man den Kopf verloren hat, braucht man der Mütze nicht mehr nachzuweinen. Keine Übersetzung ist ein Doppelgänger des Originals. Das ist das Weh und das Glück eines Übersetzers. So ist es. Man kann keinen Doppelgänger schaffen in einer anderen Sprache, das ist unmöglich. Wenn man das weiß, wenn der Kopf sozusagen ab ist, dann kann man an den einzelnen Worten nicht mehr trauern, sonst kann man das überhaupt gar nicht machen.

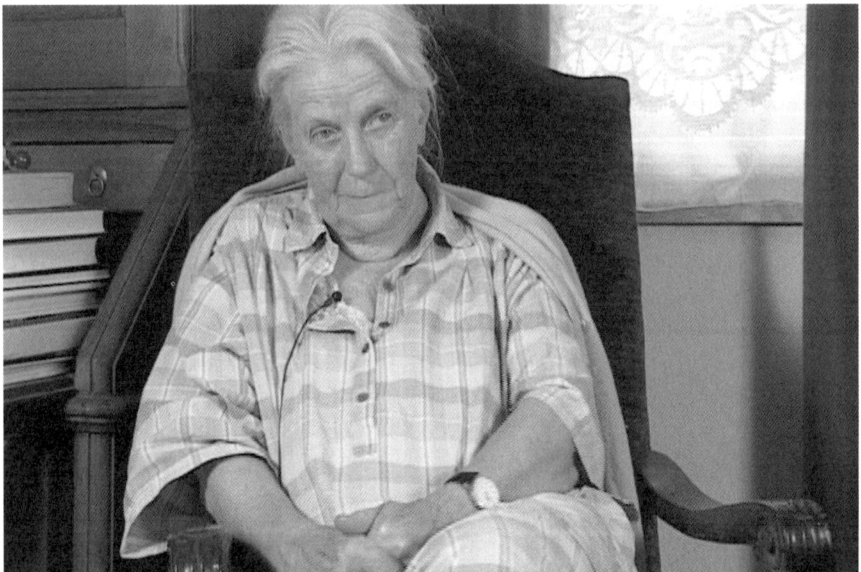

RUDNICKIJ: Bei Kafka, so habe ich es für mich formuliert, ist alles Merkwürdige natürlich und alles Natürliche merkwürdig. So sind seine Texte gebaut. Er ist ein Meister darin, einen an sich gewöhnlichen Anblick immer ein bißchen ins Sonderbare, Traumhafte zu verschieben, es entsteht eine gewisse Eckigkeit, ein Anflug von Surrealität. Das heißt, es ist eine Logik des Traums: Unnormales Geschehen wird als absolut logisch empfunden, folgerichtiges hingegen als sonderbar. Von daher rührt die Schwierigkeit, Kafka zu übersetzen.

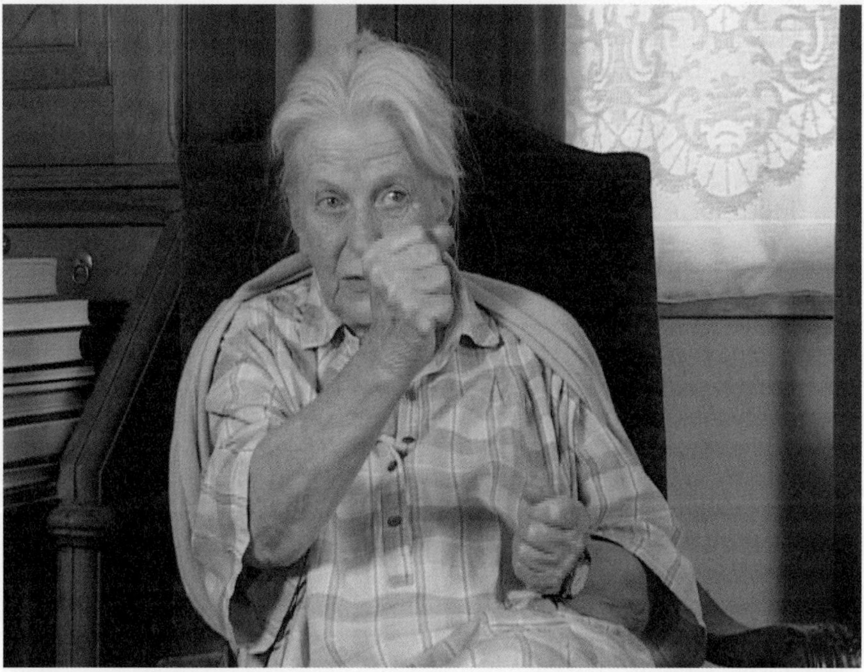

GEIER: Und in den *Brüdern Karamasow* habe ich mir jetzt etwas unglaublich Freches geleistet. Ich konnte ja nun den Titel nicht ändern – ich ändere ja so gern Titel! (*lacht*) – ich konnte den Titel *nicht* ändern. Aber darin gibt es ein Buch, und das Buch ist überschrieben mit einem Wort: *Nadryvy*. Ich habe seit zwanzig Jahren darüber nachgedacht, in der Akademie der Wissenschaften war ich eingeladen und habe darüber gesprochen, zum Internationalen Dostoevskij-Kongreß in Amsterdam, und ich habe diesen Neologismus eingeführt, das steht da nun drin: *nadryv*. Das ist die bewußte Selbstzerstörung als eine Möglichkeit der Freiheit. Im Grunde dieses Wortes liegt das Wort *rvat'*: reißen. Oder: kotzen. Reißen können Sie eigentlich nur faseriges Gewebe. Eisen können Sie nicht reißen, Holz reißt, aber das ist eine Metapher. Und wenn Sie reißen, und die Spannung bleibt, es macht nicht krrrch! bis nach unten, sondern die Spannung bleibt – das ist *nadorvat'sja*. Es ist auch in der Physiologie ein Ausdruck: wenn man einen Bruch bekommt. Und ich finde, das ist interessant: Wenn bei Ihnen, im Deutschen, im Bauch das Gewebe auseinandergeht und der Darm oder was wie eine Faust da rauskommt, haben Sie einen Bruch. Und ich sage: *ja nadorvalas'*... *Nadorvat'sja*. Das heißt, eine übergroße physische Anstrengung, die eine physiologische Folge haben kann.

Insert:

So hält sie sich zurück, an Zügeln, die ins Fleisch schneiden. Das geht ja, man lebt. Gefährlich wird es, wenn sie sich hinreißen ließe, die Zügel zu lockern, loszugehen, und wenn sie dann, in heftigstem Lauf, gegen jenen Widerstand stieße, den die anderen Wirklichkeit nennen …

Christa Wolf, *Kein Ort. Nirgends*

И вечно держать себя в узде, что до крови врезалась в мясо. Ничего, жить можно. Страшно не это, страшно забыться, дать себя увлечь и, закусив удила, на всем скаку налететь на преграду, которую все называют просто действительностью …

(Übersetzung: Michail Rudnickij)

RUDNICKIJ: Diese körperliche Gehemmtheit, der gezwungene körperliche Ausdruck, was die Wolf in dieser Novelle beständig vorführt, hat Kleist selbst sehr beschäftigt, und zwar von innen her, als einen Menschen, der selbst sehr komplexbeladen war, der sichtlich Probleme hatte, seine Körperlichkeit auszuagieren, und andererseits sah, wie künstlich, wie verkrüppelt die Körpersprache der Gesellschaft zu seiner Zeit insgesamt war.

Insert:

Oft denk ich: wenn der erste Idealzustand, den die Natur hervorrief und den wir zerstören mußten, nie zu jenem zweiten Idealzustand führte – durch die Organisation, die wir uns selber geben?

Heinrich v. Kleist, in: Christa Wolf, *Kein Ort. Nirgends*

Часто я думаю: а что, если первичная гармония вещей, дарованная нам природой и столь самонадеянно нами разрушенная, была последней, и мироустройство, которое мы себе положили, ни к какой вторичной гармонии не ведет?

(Übersetzung: Michail Rudnickij)

GEIER: Es ist ausgeschlossen, daß Dostoevskij bei seiner Art zu schreiben sorgfältig die Worte anbrachte an bestimmten Stellen. Es ist wie mit 42 Grad Fieber ... Er hat die Worte bestimmt nicht plaziert. Wie kommen die an ihre Stelle, das ist die Frage!

Insert:

Wir sehen, daß in dem Maße, als, in der organischen Welt, die Reflexion dunkler und schwächer wird, die Grazie darin immer strahlender und herrschender hervortritt.

Heinrich v. Kleist, *Über das Marionettentheater*

GEIER: Ich muß verstehen. Auf irgendeine Weise muß ich das Sinnwidrige oder das Sinnvolle eines Wortes im Abstand von 200 Seiten, die Wiederholung, einsehen. Wenn ich das aus dem Bauch mache ... Ich weiß es nicht, wahrscheinlich mach ich es nicht aus dem Bauch. Beim Autor entsteht es, und wir müssen es machen. Deshalb halte ich nichts davon, daß man ein Künstler ist. Ich glaube eher, der Übersetzer muß ein Goldschmied sein, mit dem Mikroskop arbeiten oder so, der Anteil des Bewußtseins muß sehr groß sein. Und das kann man in der modernen Gesellschaft überhaupt nicht erwarten, daß der Übersetzer in der Lage ist, im Abstand von 180 Seiten ein Wort zu erhalten.

RUDNICKIJ: Ich weiß nicht, ich bin da Anhänger einer sehr einfachen Theorie. Kant und Schelling haben recht, daß in der ästhetischen Tätigkeit das Bewußte und das Unbewußte einhergehen und nicht voneinander zu trennen sind. Ich meine, beim Übersetzen geschieht dasselbe. Das eine Mal liest man einen Satz und weiß augenblicklich, wie das Äquivalent zu lauten hat. Ein andermal sitzt man da, nimmt ihn auseinander, Schräubchen und Rädchen, das hilft, aber letzten Endes ist die Lösung doch schon in dir, sie muß nur wachsen und reifen. Analyse ist natürlich notwendig, aber ... Ich denke, was einen guten von einem schlechten Übersetzer unterscheidet, ist die Fähigkeit, die Gabe, aus einem Werk sogleich das herauszuhören, was auf dem Wege der Analyse vielleicht gar nicht zu formulieren ist. Es geht um etwas Ureigenes, so wie sich eine Melodie in Notenschrift fixieren läßt, doch um sie zum ersten Mal zu hören, braucht es keine Noten. Man muß sie nur hören. □

Bettina Spoerri

Der Slang – Am Puls der Sprache

Ivrith, das Neuhebräische, ist eine sehr junge Sprache, deren Wiederbelebung eng mit der Staatsgründung Israels 1948 zusammenhängt; diese historischen Hintergründe wurden in jüngster Zeit in mehreren Publikationen gut recherchiert dargestellt.[1] Um den politischen und kulturellen Kampf rund um die lingustische Leistung von Eliezer Ben Yehuda und die Wiedereinführung und Adaptation des weit mehr als zwei Jahrtausende alten Hebräisch soll es hier aber nicht gehen – vielmehr um die (damit zusammenhängenden) Fragen, wie sich im Laufe von bald einem Jahrhundert nicht nur ein Alltags-Ivrith entwickeln und etablieren konnte, sondern vor allem auch eine heute bereits drei Generationen umfassende israelisch-hebräische Literatur. Was sind die spezifischen Eigenheiten und Auffälligkeiten dieser Sprache – und welche Phänomene machen Übersetzungen in die deutsche Sprache problematisch oder praktisch unmöglich?

In Israel wird trotz der seit Jahrzehnten andauernden schwierigen politischen und wirtschaftlichen Situation viel gelesen und geschrieben, und es gibt insbesondere in Tel Aviv, aber auch in Haifa, im Norden Israels, eine lebendige Literaturszene. Im Beit Arieli beispielsweise, einem zentral gelegenen Gebäude in Tel Aviv mit mehreren Bibliotheken und Vortragssälen, finden fast täglich Literaturprogramme statt: mit Vorträgen von Literaturwissenschaftlern, Lesungen und Gesprächen mit israelischen Schriftstellerinnen und Schriftstellern.

Da Inhaltliches und Sprachliches im Ivrith gerade in der jüngeren israelisch-hebräischen Literatur eine explizite Wechselwirkung haben, hier zunächst ein kurzer Überblick über die Geschichte dieser Literatur. Die erste Neuhebräisch schreibende Autoren-Generation, die »Gründergeneration«, zu deren Vertreter unter anderem die Lyriker Chaim Nachman Bialik und Yehuda Amichai oder die etwas jüngeren Prosa-Autoren Jossel Birstein und Aharon Appelfeld zählen, schrieb, noch während der britischen Mandatszeit und um 1948, ihre ersten Werke in der neuen Sprache des Landes Israel; die Neubelebung der alten Sprache stand in erster Linie im Dienst der zionistischen Ideologie.

Von dieser Euphorie der (Sprach-)Anfänge entfernten sich die Autoren der Jahrgänge der 1930- und 1940er Jahre bereits kritisch. Abraham B. Yehoschua, Amos Oz, Meir Shalev und David Grossman sind die »Galionsfiguren« dieser zweiten Schriftstellergeneration Israels; vier Männer, deren Geburtsjahre in die Zeit von 1936 bis 1954 fallen. Alle vier engagieren sich explizit für den Ausgleich mit den Palästinensern. Ihre Prosatexte handeln von klassischen literarischen Themen wie Liebesbeziehungen, Familiengeschichten und zwischenmenschlichen Beziehungen. Doch ihre Figuren und Geschichten sind tief geprägt von der Schoah, der Gründung des Staates Israel, deren Folgen, vom Leben der Vorfahren in Europa und von jüdischer Tradition.

Diese und weitere Autoren der »(Staats-)Konsolidierungsgeneration« besitzen bereits eine stilistisch eigenständige Sprache, wobei ihre Herkunft (oder die

Herkunft ihrer Eltern) – aus Nordafrika, Osteuropa und Rußland oder Westeuropa – sich auf ihren Umgang mit der neuen Sprache auswirken.

Seit den 1990er Jahren hat sich eine neue Generation von israelischen Autoren deutlich herauskristallisiert. Die dritte Generation: Das sind junge Schriftstellerinnen und Schriftsteller mit 1960er Jahrgängen, unter denen sich auffallend viele Frauen befinden - womit sich diese Generation von den ersten beiden männerdominierten Generationen deutlich abhebt. Auch in Israel ist man heute auf der Suche nach »Fräuleinwundern«; nach relativ kurzer Zeit liegen die deutschen Übersetzungen vieler Autorinnen vor: Judith Katzir, Mira Magen, Lea Aini, Yael Hedaya, Zeruya Shalev, Ronit Matalon oder Alona Kimhi.

Die neuen literarischen Stimmen Israels sind urban geprägt, viele Romane und Kurzgeschichten spielen in Tel Aviv, in der israelischen Stadt, die im Gegensatz zu Jerusalem weitgehend säkular orientiert ist; hier können die anhaltenden Auseinandersetzungen mit den Palästinensern sowie die zunehmenden Spannungen innerhalb der verschiedenen Bevölkerungsgruppen am besten ausgeblendet werden.

In Yael Hedayas Romanen beispielsweise gibt es sehr viel mehr Raum für Privates, die Protagonisten ihrer Texte sind meist junge Tel Aviver Singles (oder allein erziehende Frauen) – darunter viele Intellektuelle –, die den Traum einer großen Liebe mit sich tragen. Viele Kurzgeschichten von Etgar Keret handeln von Tel Avivis freakigen, verträumt-versponnenen und verrückten Großstädtern. Doch hier und da bricht in diese an New York gemahnende Welt der Krieg ein, denn in Kerets pointierter Kurzprosa kann auch schon mal ein Amok laufender israelischer Soldat zu einer Hauptfigur werden.

Vorgespurt haben diese neuen Entwicklungen die – in Europa vor allem als Krimiautorin bekannte – Schriftstellerin Batya Gur und Zeruya Shalev mit ihren psychologisch abgründigen Ehegeschichten »Liebesleben« und »Mann und Frau«, in denen der israelische Macho-Mann genüßlich demontiert wird.

Die »Literaturväter«, Amos Oz und seine Altersgenossen, kritisierten in den 1990er Jahren die neue, junge Literatur, die sie als »apolitisch« empfanden; sie warfen der neuen Generation »Flucht ins Private« vor. Mittlerweile haben sie die Veränderung akzeptiert. Dabei hat sicher auch eine Rolle gespielt, daß in vielen Texten der jungen Generation ideologische Inhalte – seien sie zionistischer, religiöser oder bürgerlicher Herkunft – vor allem ironisiert und dekonstruiert werden.

Nun möchte ich zunächst einige grundsätzliche Besonderheiten der (neu)hebräischen Sprache hervorheben. Solche ›Besonderheiten‹ können natürlich immer nur im Vergleich mit einer oder mehreren anderen Sprachen überhaupt formuliert werden. Hier soll es um den Vergleich mit der deutschen Sprache gehen – und um die Probleme, welche die neuhebräische Sprache für (Hebräisch-Deutsch-)Übersetzer bereithält.

Hebräisch ist aufgrund seines Konsonantensystems eine äußerst komprimierte Sprache. Personalpronomen werden bei Verben, außer in Nebensätzen, nur im Falle einer Betonung angewandt. Das Verb »Sein« existiert im Hebräischen weder als Infinitiv noch im Präsens. Wie beispielsweise auch im Russischen lautet der Satz »Ich bin müde« deshalb im Hebräischen: »ani aief« (wörtl.: »ich müde«), und aufgrund der Konjugationsform ist außerdem im Hebräischen zu erkennen, daß es sich beim Sprechenden in diesem Fall um einen Mann handelt.

Das Verb »Haben« gibt es auch nicht als Infinitiv, sondern nur als konjugierte Form[2] – wobei das Besitzen im Hebräischen nicht als ein Zustand begriffen wird; jemand hat ein Objekt nicht; die hebräische Form »iesch lo...« heißt wörtlich übersetzt: »(zu) ihm ist...«. Possessivpronomen allerdings gibt es im Hebräischen, und sie können verkürzt auch einem Nomen angehängt werden.

Zudem weist die neuhebräische Sprache einen etwas anderen Satzbau als das Deutsche auf, beispielsweise bei Verneinungen (»ich sah ihn nicht«: »lo raiti oto«; wörtl. »nicht sah-ich ihn«.[3] Es gibt auch doppelte Verneinungen, z.B. mit »lo ... klum«: »nichts«; wörtl. »nicht ... nichts«; ein Satzbeispiel: »lo ra'iti klum«: »ich sah nicht«; wörtl. »nicht sah-ich nichts«) oder in Nebensatzkonstruktionen (»daß ich ihn sah«: »sche ra'iti oto«; wörtl. »daß sah-ich ihn«).

Im Hebräischen existieren nur drei Zeitformen: Vergangenheit (awar), Gegenwart (howe) und Zukunft (atid). Die ›atid‹-Form eines neuhebräischen Verbs entspricht dem deutschen Futur I, ›howe‹ dem Präsens, und ›avar‹ könnte man mit Präteritum / Imperfekt vergleichen. Die hebräische Vergangenheitsform übernimmt aber im Kontext eines Satzes entweder die Bedeutung eines Verbs in der Vorvergangenheit (Plusquamperfekt) oder bezeichnet eine Handlung der Vergangenheit, die entweder in der Gegenwart abgeschlossen (Präteritum / Imperfekt) oder nicht abgeschlossen (Perfekt) ist.

Die ›richtige‹ Zeitform im Deutschen zu finden, ist meist nicht schwer, aber man muß die hebräischen Sätze interpretieren. Ein Beispiel hierzu aus der Erzählung »Fellinis Schuhe«[4] von Judith Katzir, in der sich viele Beispiele solcher sprachlicher Eigenheiten (und vor allem auch spezifische Verfahren der dritten Generation) finden lassen: »Acharej sche-gamar lischtot et ha-tej schilem wehalach«[5] – das hebräische »gamar«: »er beendete« (zu trinken) muß, dem »acharej«: »als / nach(dem)« nachgestellt, im Deutschen korrekterweise als vorzeitig gedeutet werden: »Nachdem / Als er den Tee ausgetrunken hatte, zahlte er und ging...«.[6] Ein anderes Beispiel: »Im Winter, wenn / nachdem ... abgereist ist...«[7] (im Hebräischen: »ba-choref, acharej sche ... ozew...«[8]).

Im Hebräischen existieren auch keine Konjunktivformen, was beim Übersetzen eine weniger einfache Angelegenheit ist, denn Konjunktiv I und II werden ebenfalls mit nichts anderem als den drei genannten einfachen Verbformen gebildet. Zwei Nebensatz-Beispiele aus dem bereits erwähnten Text von Judith Katzir: »sche-lo ia'are sche-iesch li dmaot be-enaim«[9] (wörtlich: »damit er nicht sehen werde, daß ich Tränen in den Augen hatte«; die hebräische Zukunftsform »ia'are«: »er wird sehen« muß aber hier im Deutschen als Konjunktiv interpretiert werden. Die Übersetzerin Barbara Linner hat sich sogar für eine noch eindeutigere Formulierung entschieden: »...um ihn nicht sehen zu lassen, daß ich Tränen in den Augen hatte«.[10]

Ein anderes Beispiel für einen hebräischen Nebensatz, der im Deutschen als Konjunktiv I auszulegen nahe liegt: »...ki-ilu hu medaber al malkat anglia«[11]: »...als spräche er von der englischen Queen«[12]. »hu medaber« ist eigentlich eine einfache Indikativform: »er spricht«; diese erhält bei der Übersetzung ihre Möglichkeits-Bedeutung erst durch den Sinnkontext des Satzes. Selbst wenn ein Hauptsatz in der Vergangenheit steht, erscheint der Konjunktiv (hier: Konjunktiv II) wie eine einfache Indikativform: »ich hatte ja schon immer gewußt, daß es am Ende passieren würde«[13]: »harei tamid iadati sche-ba-sof ze ikre«[14] (wörtl. »ich wußte immer schon, daß das am Ende geschehen würde«).

Aufgrund des hohen Alters der hebräischen Sprache gibt es viele Wörter, die heute multifunktional, respektive vieldeutig sind und ein großes Bedeutungspotential bergen. Verschiedene, zeitlich weit auseinander liegende historische Schichten haben sich in die Wörter gelegt. So bedeutete beispielsweise das Wort »chaschmal« ursprünglich in der Bibel, dem hebräischen Tanach, »Blitz« – heute steht es, sozusagen profanisiert, für »Elektrizität«. Der komplexen, vielschichtigen und also nur scheinbaren Einfachheit der hebräischen Sprache entspricht auch das Prinzip, ein Wort zu verdoppeln, um seine Bedeutung zu verstärken. Zum Beispiel: »iom-iom«: »täglich« (wörtl. »Tag-Tag«).

Diese Verdoppelungstechnik wird heute von manchen Israelis inflationär auf alle möglichen Wörter ausgedehnt und kann auch phantasielos oder gar dümmlich wirken. Bei solchen Phänomenen setzen heute junge Schriftstellerinnen und Schriftsteller gerne an: Etgar Keret und Judith Katzir hören den Israelis beim Sprechen genau zu und lassen deren Sprache in die Ausdrucksweise ihrer Figuren einfließen.

Der etwas beschränkte Privatchauffeur in Etgar Kerets Kurzgeschichte »Benny Bagage« erzählt: »(hu) mekalel-mekalel«[15]. Die Übersetzerin versucht die Verdoppelung spürbar zu machen, indem sie forciert: »(er) flucht sich einen ab am laufenden Band«[16], oder: »hu zochek zochek dai mechuar«[17]: »er gibt ein ziemlich häßliches Lachen von sich«[18], oder: »hu makir et ha-kwisch ha-ze tov tov«[19]: »er kennt diese Straße praktisch auswendig«[20].

Einfache, oft benutzte hebräische Verben wie beispielsweise »laredet«: »hinuntergehen / -steigen« oder »la'uf«: »fliegen« haben im Alltagshebräisch zusätzliche, neue Bedeutungen erhalten; so kann »laredet« je nach Kontext auch »aussteigen«, »mit dem Hund auf die Straße gehen«, »jemanden fertig machen«, »weggehen / abhauen« oder »aus Israel auswandern« bedeuten.

In Kerets Geschichte benützt der erzählende Chauffeur: »(hu) af le-menahel«: »(er) landete im hohen Bogen beim Direktor«[21]; auch hier entscheidet sich die Übersetzerin für einen bildhaften Ausdruck, um im Deutschen das Fliegen zu verdeutlichen, indem sie »im hohen Bogen« ergänzt – Geschmackssache...

Wie die jüngste Literatur nimmt übrigens auch die Werbung in Israel diese neuen produktiven Wortbedeutungen schnell auf; so wurde beispielsweise im israelischen Fernsehen in einer Werbesendung der mittlerweile doppelte Wortsinn von »litfos«: »greifen / nehmen« – »begreifen« fruchtbar gemacht. Der Vater lobt die Vorzüge des Riegels und fragt seinen Sohn: »Tafasta?« (»Hast du kapiert / begriffen?«). Und der Sohn schnappt ihm die Süßigkeit aus der Hand und ruft triumphierend: »Tafasti!« (»Ich hab ihn (genommen)!«)[22].

Wortspiele sind im Hebräischen, in der alten Sprache der Kabbala und der Gematria, der Buchstaben-Auslegung und -Kombinatorik, aufgrund *der* Konsonanten-Struktur viel einfacher möglich als im Deutschen. Die Stelle in Judith Katzirs Geschichte, in der die Protagonistin aus einem Namen verschiedene Buchstabenkombinationen formt, muß deshalb die Übersetzerin ziemlich ins

Schwitzen gebracht haben. Im Hebräischen muß nur ein einziger Buchstabe (ein Konsonant) verändert werden, um die Bedeutung eines Wortes grundlegend zu verändern, weshalb im hebräischen Original sechzehn, im Deutschen aber nur noch sieben, also nicht einmal die Hälfte an Neu-Kombinationen entstehen (Der Name lautet: »S. Kornfeld«; die Übersetzerin holt daraus: Dorn, Sold, Nord, Fron sowie Rose, Kern, Krone).[23]

Angesichts der großen Anzahl moderner Wörter werden im Hebräischen entweder aus bestimmten Konsonanten-Wurzelkombinationen neue, noch unbesetzte Wortformen gebildet – so zum Beispiel »machschev«: »Computer«, aus einer sprachlichen Wurzel, die »denken« bedeutet –, oder aber es werden Ausdrücke aus fremden Sprachen allein aufgrund ihres Klangs mit den hebräischen Buchstaben (ohne Veränderungen) nachgeformt, wie zum Beispiel die französischen und englischen Ausdrücke »Chauvinist« oder »on the rocks«[24], oder sie werden zumindest mit einer hebräischen Endung versehen (zum Beispiel: »Maniacs / Irre«: »maniakim«[25]).

Ein fast ebenso häufiges Verfahren sind direkte Übersetzungen, wie zum Beispiel für »honey moon«: »iareach dwasch« oder für »blind dates«: »pgischa iweret«. Fremdwörter, Lehnwörter und Lehnübersetzungen treten wie auch in Europa zunehmend häufig auf, die Anglizismen vor allem – und so lassen Judith Katzir, Etgar Keret oder auch Yael Hedaya ihre Tel Avivis entsprechend reden.

Sie bilden den Slang ab – und geben ihn dadurch ein wenig der Lächerlichkeit preis, denn sie lassen ihre Figuren so sprechen, während ihre eigene literarische Sprache, in der sie erzählen, den jungen Slang vermeidet oder reflektiert. So liebt Judith Katzir in ihren Erzählungen lange und oft auch kompliziert gebaute Sätze, und Yael Hedaya benützt in ihren genauen Beschreibungen eine nüchterne Sprache.

Am kreativsten geht Etgar Keret mit dem Slang um, indem er seine sehr kurzen, ironischen und sarkastischen Texte seinen Antihelden in den Mund legt. In der Erzählung »Benny Bagage« parodiert Keret das seit den 1990er Jahren modische Wort »dafka«, das kaum zu übersetzen ist – respektive je nach Kontext neu interpretiert werden muß. Das Wort erscheint in »Benny Bagage« insgesamt sieben Mal – vier Beispiele: »le-row hu dafka beseder«: »Sonst ist er durchaus in Ordnung«[26]; »dafka et ze lo ahawti«: »Gerade das hatte ich aber nicht so gern«[27]; »lama? dafka ben-adam beseder«: »Warum, der Typ ist eigentlich schon in Ordnung«[28]; »hu dafka nechmad«: »Er ist sogar richtig nett«[29].

Die großen Städte Israels sind der Ort, wo unzählige Neologismen, Modewörter und Redewendungen entstehen. Der Slang und die Wortspiele sind Zeichen dafür, daß das Ivrith heute für die meisten jungen Israelis eine Selbstverständlichkeit ist und keine fremde, angelernte Sprache mehr.

Für die in Israel geborenen und aufgewachsenen Autoren ist Ivrith nichts Künstliches oder Biblisches, sondern ihre erste, ihre ›Muttersprache‹. Deshalb ist es ihnen und ihren Altersgenossen möglich, mit weniger Scheu und Respekt an die Sprache heranzugehen. Sie spielen mit ihr, erweitern ihre Regeln und nutzen ihre Möglichkeiten kreativ.

Individuelle Schreibstile können bereits bei den ersten neuhebräischen Autorinnen und Autoren ausgemacht werden, doch erst in den letzten zehn bis zwanzig Jahren hat das Ivrith eine lebendige Eigendynamik entwickelt, die sich nun auch auf die Literatur auswirkt. Die junge Literatur nimmt den Sprachpuls der Städte auf. □

Anmerkungen:

Alle Zitate aus den folgenden Ausgaben: Etgar Keret: *Anihu. Zmora-Bitan*, Lod 2002. – Etgar Keret: *Mond im Sonderangebot.* 33 Short Stories. Aus dem Hebräischen von Barbara Linner. Luchterhand Verlag, München 2003. – Yehudit Katzir: *Sogrim et ha-iam.* Kibbuz ha-me'uchad, Tel Aviv 1990. – Judith Katzir: *Fellinis Schuhe.* Erzählungen. Aus dem Hebräischen von Barbara Linner. Ammann Verlag, Zürich 2000. – Yael Hedaya: *Liebe pur.* Diogenes Verlag, Zürich 2000 und Yael Hedaya: *Schloscha sipurei ahawa.* Am Owed, Tel Aviv 1997.

1 Vgl. u.a. Benjamin Harshav: *Hebräisch. Sprache in Zeiten der Revolution.* Jüdischer Verlag, Frankfurt am Main 1995. (Englische Originalausgabe: 1993).

2 Dafür gibt es zum Beispiel die Möglichkeit, mit dem hebräischen Verb »haben» in der Vergangenheitsform auszudrücken, daß einer Person eine bestimmte Aktion zur Gewohnheit geworden ist: »tamid hu haia masmin«: »(Wenn wir…), hat er mich immer eingeladen« (Vgl. Etgar Keret: Benny Bagage. In: Anihu. Lod 2002, S. 56; in der deutschen Übersetzung: Mond im Sonderangebot, S. 76).

3 Hier und im Folgenden bedeutet die Abkürzung »wörtl.« stets, daß – für Hebräisch-Unkundige – mit einer Wort-für-Wort-Übersetzung ins Deutsche deutlich gemacht werden soll, wie eine Wortstellung im Hebräischen genau beschaffen ist. Verbindungsstriche (wie bei: »sah-ich«) dienen dazu, herauszustellen, daß die entsprechenden zwei deutschen Wörter im Hebräischen zu einer Einheit verschmolzen sind.

4 Zu allen erwähnten literarischen Texten: Siehe die detaillierten bibliografischen Angaben zu Beginn dieser Anmerkungen.

5 Judith Katzir: *Fellinis Schuhe.* Zürich 2000, S. 51. Im Folgenden als »Fellinis« aufgeführt.

6 Yehudit Katzir: *Sogrim et ha-iam.* Tel Aviv 1990. Im Folgenden als »Sogrim« aufgeführt.

7 Fellinis, S. 56.

8 Sogrim, S. 45.

9 Sogrim, S. 50.

10 Fellinis, S. 63.

11 Sogrim, S. 49.

12 Fellinis, S. 62.

13 Fellinis, S. 64.

14 Sogrim, S. 50.

15 Etgar Keret: *Benny Bagage.* In: *Anihu. Lod* 2002, S. 58. Im Folgenden als »BB« aufgeführt.

16 Etgar Keret: *Benny Bagage.* In: *Mond im Sonderangebot.* München 2003, S. 79. Im Folgenden als »BB dt« aufgeführt.

17 BB, S. 59.

18 BB dt, S. 79.

19 BB, S. 59.

20 BB dt, S. 80.

21 BB, S. 57; BB dt, S. 77.

22 Ein anderes Wortspiel betreibt beispielsweise der Radiosender »Kol Israel« mit der Nachrichtenansage: »kol Israel, kol ha-chadaschot«, was sowohl »Stimme Israel(s), alle Neuigkeiten / Nachrichten« als auch »(in) ganz Israel, alle Neuigkeiten/Nachrichten« bedeuten kann.

23 Vgl. Sogrim, S. 61; Fellinis, S. 79.

24 Vgl. Sogrim, S. 55.

25 BB, S. 59; BB dt, S. 79.

26 BB, S. 56; BB dt, S. 76.

27 BB, S. 56, BB dt, S. 76.

28 BB, S. 57, BB dt, S. 77.

29 BB, S. 58, BB dt, S. 77.

Irene Weber Henking

Die Lust des Lesens ... und der Leserin

»Schön, gut und treu« – stets anders und stets das.
Ich find, erfind – um sie in eins zu bringen,
sie einzubringen ohne Unterlaß.

Paul Celan (1983): Gesammelte Werke in fünf Bänden. Band V, Übertragungen II. Frankfurt a.M.: Suhrkamp.

Nein, wir übersetzen weder eine Geburtsurkunde aus dem Polnischen ins Französische, noch ein selbstgeschriebenes Liebesgedicht aus dem Französischen für eine Hochzeit in Lettland. Nein, wir haben leider keinen Lehrgang für literarische ÜbersetzerInnen, und nur einige wenige Studierende vom Deutschen Seminar der Universität Lausanne können sich der Literatur auf dem Umweg über eine eigene Übersetzung im Rahmen ihrer Diplomarbeit nähern. Ja, das ist schade, wir möchten es ändern[1], aber auch wenn wir nichts »schaffen«, so lesen wir viel und hören vielen zu. Das ist doch schon etwas.

Inzwischen geben wir im Centre de Traduction Littéraire (CTL[2]) mit unzähligen morphologischen, syntaktischen und prosodischen Varianten, aber auch in unterschiedlichen Sprachen (Deutsch, Französisch, Italienisch, Spanisch, Englisch, etc.) täglich die nötigen Beweise dafür ab, warum man nicht nur übersetzen kann, sondern auch Übersetzungen lesen soll.

Ja, ich gestehe es: Ich lese mit Lust Übersetzungen.

Offenbar ist mein Lesen eine sehr eigene, sonderbare und merkwürdige Tätigkeit. Dies beweist auch die Tatsache, daß mein Lesestoff in der hiesigen Bibliothek zu einem Großteil in einem mehrstöckigen, unterirdischen und, wie ich mir vorstelle, sehr komplexen und winkligen Gewölbearchiv gelagert wird und nicht in der Freihandbibliothek zugänglich ist. Zudem befindet sich dieses Archiv nicht im Hauptgebäude der Bibliothek auf dem Uni-Campus, sondern in den Kellergeschossen der alten Bibliothek im Stadtzentrum von Lausanne. Dort leisten sie jenen Büchern Gesellschaft, die offenbar kein akademisches Spezialwissen erfordern, oder aber als allzu exotisch ausgesondert wurden.

So kommt es, daß beinahe die gesamte Belletristik in Übersetzung (außer den Klassikern der »Weltliteratur«) zusammen mit den Reiseberichten, den Werken von Schriftstellern aus den ehemaligen französischen Kolonien und den bebilderten Bänden zu Theateraufführungen die Untergeschosse des Palais de Rumine bevölkern.[3]

Ein höllisches Stimmengewirr schlägt wohl jenem entgegen, der hinter die verschlossenen Archivtüren hört. Englisch wird er dort kaum vernehmen – das gehört aufgrund offensichtlicher wirtschaftlicher Ungleichgewichtigkeiten sofort zur Weltliteratur auf den Universitäts-Campus, sprich »Kæmpes«, ins Hauptgebäude.

Dieser Campus ist in Tat und Wahrheit ein sehr polyphoner Raum in dem sich täglich die verschiedensten Nationen, Kulturen und Sprachen treffen. Dies zu nutzen, ist eines der Ziele des Centre de Traduction Littéraire der Universität Lausanne, welches vor bald 15 Jahren von Prof. Walter Lenschen, einem Mediävisten des Deutschen Seminars, gegründet wurde. Tatsächlich kommen bei den monatlich organisierten zweisprachigen Lesungen mit Autoren aus aller Welt und deren Übersetzern jeweils zwischen 30 und 300 Personen zusammen. Und immer steht die Übersetzung im Zentrum.

Auch im Unterricht am deutschen Seminar treffen wir uns wöchentlich zur Lektüre und Analyse von Übersetzungen. Wie lustig und lustvoll das hermeneutische Arbeiten mit Texten, das Verstehen und Interpretieren sein kann, zeigt exemplarisch das nachfolgende Beispiel.

Bald 150 Jahre nach dem Erscheinen von *Madame Bovary* in Frankreich[4] wird die Leserin bei der Lektüre der Stellen, welche damals einen Skandal auslösten und dem Autor einen Prozeß einbrachten, noch immer sinnlich-ästhetisch berührt – ist aber kaum noch schockiert.

Auf dem Ball von Vaubyessard beim Marquis d'Andervilliers kommt Madame Bovary aus dem gleichnamigen Roman von Gustave Flaubert ein erstes Mal in Tuchfühlung mit dem, »was man im Leben eigentlich unter den Worten *Seligkeit, Leidenschaft* und *Rausch* verstand, [und] die ihr in den Büchern so schön vorgekommen waren«[5]. Die literarische Sublimation des Lustgefühls wird für Emma Bovary endlich Realität – und Flauberts Leserin wird von der literarischen Virtuosität des Schriftstellers verführt.

Cependant, un des valseurs qu'on appelait familièrement Vicomte, dont le gilet très ouvert semblait moulé sur la poitrine, vint une seconde fois encore inviter madame Bovary, l'assurant qu'il la guiderait et qu'elle s'en tirerait bien.

Ils commencèrent lentement, puis allèrent plus vite. Ils tournaient: tout tournait autour d'eux, les lampes, les meubles, les lambris, et le parquet, comme un disque sur un pivot. En passant auprès des portes, la robe d'Emma, par le bas, s'ériflait au pantalon; leurs jambes entraient l'une dans l'autre; il baissait ses regards vers elle, elle levait les siens vers lui; une torpeur la prenait, elle s'arrêta. Ils repartirent; et, d'un mouvement plus rapide, le Vicomte, l'entraînant, disparut avec elle jusqu'au bout de la galerie, où, haletante, elle faillit tomber, et, un instant, s'appuya la tête sur sa poitrine. Et puis, tournant toujours, mais plus doucement, il la reconduisit à sa place; elle se renversa contre la muraille et mit la main devant ses yeux.

Quand elle les rouvrit, au milieu du salon, une dame assise sur un tabouret avait devant elle trois valseurs agenouillés. Elle choisit le Vicomte, et le violon recommença.[6]

Wenn sich die Leserin nach der Lektüre dieser Passage heute einfach über so viel literarisches Können freut, so war dem damaligen Staatsanwalt Ernest Pinard gerade diese Stelle ein Dorn im Auge: »Je sais bien qu'on valse un peu de cette manière, mais cela n'en est pas plus moral!«[7] Worauf ihm denn aber der Verteidiger Flauberts mit Recht und Erfolg entgegenhalten konnte: »Mais accusez donc la valse elle-même, cette danse de nos grands bals modernes où, dit un auteur qui l'a décrite, la femme »s'appuie la tête sur l'épaule du cavalier, dont la jambe l'embarasse«.[8]

Wo die französische Frau des ausgehenden 19. Jahrhunderts das störende Bein ihres Tänzers spürt, stolpern einige Übersetzer des 20. Jahrhunderts darüber und machen gerade dadurch den Tanz des Originals sichtbar.

In der Übersetzung von Josef Ettlinger aus dem Jahre 1902[9] bleibt die Erzählstimme dem Tanz jedoch fremd und wirft aus der Distanz einen „scharfen" Blick auf die leicht erregbare Emma:

Sie begannen langsam; erst allmählich wurden sie rascher. Bald kamen sie in den Wirbel. Alles schien sich um sie zu drehen: die Kerzen, die Möbel, die Wände und das Parkett, alles ein einziger Kreisel. Einmal, als sie durch eine offene Tür tanzten, wickelte sich Emmas Schleppe um das Beinkleid ihres Tänzers; ihre Knie berührten sich; er sah ihr scharf in die Augen und begegnete ihrem Blick; eine momentane Betäubung kam über sie, sie mußte anhalten...[10]

Die Gegenüberstellung von Original und Übersetzung macht nicht allein die übersetzerische Untreue zum Original und Emmas ehebrecherische Gelüste sichtbar, sondern erklärt auch die Faszination der Leserin dem Original gegenüber, indem das Konstruktionsprinzip von Flauberts Text deutlich wird.

Weil Ettlinger die Perspektive des Erzählers, welcher den Tanz beschreibt und bewertet, nie aufgibt, gerät er bei der Übersetzung von Flauberts Bild »tout tournait autour d'eux [...] comme un disque sur un pivot« in Sprachzwänge: »Alles schien sich um sie zu drehen: [...] alles ein einziger Kreisel.«

Während Flaubert im Drehpunkt des Chiasmus, bezeichnet mit dem Doppelpunkt (»Ils tournaient: tout tournait autour d'eux«), die Perspektive wechselt und von der distanzierten Außensicht auf die Tänzer deren Standpunkt, oder besser Drehpunkt, einnimmt, so daß der Ballsaal mit all seinen Lampen, Möbeln und Wänden in eine schwankende Kreisbewegung um die Tänzer und den Erzähler gerät, »wie eine Scheibe auf einem Zapfen«[11], bricht der Vergleich bei Ettlinger auseinander:

Sie begannen langsam; erst allmählich wurden sie rascher. Bald kamen sie in den Wirbel. Alles schien sich um sie zu drehen: die Kerzen, die Möbel, die Wände und das Parkett, alles ein einziger Kreisel.

Einerseits dreht sich hier wie im französischen Original alles um die Tänzer. Doch die bei Flaubert literarisch inszenierte Rauscherfahrung der Tänzer, welche auch den Standpunkt der Leserin ergreift, materialisiert sich in einem Kinderspielzeug, dem »Kreisel« und die Leserin wird aus dem Flaubertschen Tanz gelöst und zum Stillstand gebracht.

Wie schwierig dieses Drehmoment zu übersetzen ist, zeigen auch die entsprechenden Stellen aus einigen späteren Übersetzungen.

Arthur Schurig fokussiert in seiner 1911 in Leipzig erschienenen Version von Anfang an die Perspektive auf das Paar und lokalisiert die beiden Tänzer im Drehpunkt des Kreisels, ohne die Leserin in den Wirbel der Bewegung einzubeziehen:

Sie begannen langsam, um allmählich rascher zu tanzen. Schließlich wirbelten sie dahin. Alles drehte sich rund um sie: die Lichter, die Möbel, die Wände, der Parkettboden, als ob sie in der Mitte eines Kreisels wären.[12]

Dagegen richtet Alfred Wolfenstein rund 30 Jahre später den Blick ganz auf Emma, isoliert sie als Spielfigur, die willenlos von der Bewegung ergriffen wird und im Tanz als Lustobjekt auf der Bühne dem Leser zur Schau gestellt wird:

Langsam begannen sie, bald tanzten sie rascher. Alles kreiste um Emma, Lampen, Möbel, Wände und Parkett, als sei sie auf einer Drehscheibe.[13]

Beide Übersetzer lassen so den Erzähler und die Leserin am Rande der Tanzfläche stehen und substituieren das von Flaubert inszenierte Lustgefühl durch papierene Literatur. Unwillkürlich findet sich die Leserin der Übersetzungen in der Situation von Emma wieder: Die Literatur will nicht so recht zum erlebten Lustprinzip führen.[14]

Auch die schon vom Verteidiger als »embarassant« qualifizierten Beine stören die Übersetzer bis hin zu den neuesten Übersetzungen.

Einmal, als sie durch eine offene Tür tanzten, wickelte sich Emmas Schleppe um das Beinkleid ihres Tänzers; ihre Knie berührten sich…

Während sich so bei Ettlinger um die Jahrhundertwende lediglich die »Knie berühren«, bleibt Schurig seiner Paarperspektive treu:

Einmal, als das Paar dicht an einer der Türen vorbeitanzte, wickelte sich Emmas Schleppe um das Bein ihres Tänzers. Sie fühlten sich beide und blickten sich einander [sic] in die Augen.

Die störrischen Beine weichen einem von beiden Tänzern geteilten Gefühl: »Sie fühlten sich beide«. In den neueren Übersetzungen berühren sich die Beine zwar öfters in der ganzen Länge, doch dringen sie kaum wie in Flauberts Text so eindeutig den Liebesakt simulierend 'das eine ins andere ein', »leurs jambes entraient l'une dans l'autre«.[15]

Die meisten Übersetzungen »berühren« an dieser Stelle das Original sicherlich, ohne jedoch der unmoralisch erotischen Schönheit des (Sprach-)Tanzes zu verfallen. Der Staatsanwalt hatte richtig gelesen: Die Worte verweisen nicht nur metonymisch auf den Walzer ohne ihn zu nennen, sondern auch auf den Körpertanz im Liebesakt. Im Wechsel der Pronomen und Perspektiven, mittels der antithetischen Struktur der einzelnen Satzteile und dem mit einem Legato alternierenden Stakkato des Satzrhythmus' führt Flaubert seine Tänzer zur wortlosen Klimax des Liebesaktes: »où, haletante, elle faillit tomber«. – Nichts wird hier gesagt und trotzdem verstehen alle, auch der Ankläger, den libidinös unmoralischen Inhalt.

Der Flaubertsche Text übersetzt körperliche Lust in Sprache, ohne sie zu bezeichnen. Und gerade in diesem zweideutigen Spiel und Tanz zwischen Sagen und Meinen steckt die literarische Potenz des Textes.

Beinahe kommt es hier zum Sündenfall, doch Emma fällt noch nicht und die Leserin wird nie mit der primitiven Form von Obszönität konfrontiert. – Ganz im Gegenteil! Das raffinierte Spiel des verbergenden Enthüllens der Sprache geht weiter und »die Violine setzte wieder ein«. Und lustvoll liest man weiter und wartet auf neue Übersetzungen und kreative Erfindungen, welche die originalen Zweideutigkeiten als in den Übersetzungen potenzierte Mehrdeutigkeiten lesbar machen, und so das Motto dieses Textes illustrieren: »Schön, gut und treu« – »stets anders und stets das. / Ich find, erfind – um sie in eins zu bringen, / sie einzubringen ohne Unterlaß.«

Die Übersetzung kann nicht in einem ausschließlichen und einzigen Verhältnis zum Original gelesen werden, sondern soll immer im Plural und in der Vielfalt die unabschließbare Leselust, welche Flauberts Text wachruft, belegen und nähren. □

Anmerkungen:

1 Ein Projekt für ein Schweizerisches Literaturinstitut als eine zweisprachige, nationale Ausbildungsstätte für AutorInnen und ÜbersetzerInnen wird vom Centre de Traduction Littéraire (CTL) mitgetragen. Während es in den Bereichen der Musik, des Theaters und der Bildenden Künste seit Jahrzehnten Akademien gibt, bestehen für die Aneignung von literarischen Kompetenzen in der Schweiz bisher keinerlei Ausbildungs- und kaum Weiterbildungsangebote – trotz der zahlreichen Modelle im deutschen und amerikanischen Kulturraum, und trotz der konstanten Nachfrage insbesondere von Seiten der literarischen ÜbersetzerInnen.

2 Eine kurze Präsentation des CTL ist unter www.unil.ch/ctl zu finden.

3 Ein vergleichbares Schicksal ereilt übrigens auch die Übersetzungen im Schweizerischen Literaturarchiv in Bern, wo z.B. die Übersetzungen von Dürrenmatts Werken zusammen mit dessen Pfeifen, Schreibmaschinen und anderem mehr archiviert werden.

4 Gustave Flauberts Roman *Madame Bovary. Mœurs de Province* erschien 1857 ein erstes Mal vollständig in einer zweibändigen Ausgabe in Paris. Ein Jahr zuvor war der Roman in einer stark zensurierten Fassung in der Revue de Paris veröffentlicht worden.

5 Flaubert, Gustave: *Madame Bovary*. Aus dem Französischen von Maria Dessauer. Frankfurt a.M., Leipzig. Insel Verlag. 1996. S.44.

6 Flaubert, Gustave: *Madame Bovary*. Paris. Flammarion. 1986. S.113.

7 Idem, S.445.

8 Idem, S.483.

9 Flaubert, Gustave: *Madame Bovary. Ein Sittenroman aus der Provinz.* Aus dem Französischen übertragen von Josef Ettlinger. Berlin und Leipzig. Verlag Schweizer & Co. 1902.

10 Idem, S.80.

11 Vgl. dazu Fußnote 5, S.66.

12 Flaubert, Gustave: *Frau Bovary.* Die Übertragung des Romans besorgte Arthur Schurig. Leipzig. Insel-Verlag.1911. S.71.

13 Flaubert, Gustave: *Madame Bovary*. Deutsch von Alfred Wolfenstein. Ill. von Charles Hug. Zürich: Büchergilde Gutenberg. 1947. S.63.

14 Vgl. dazu die zahlreichen Stellen im Roman, welche belegen, wie Emma Bovary versucht, die Realität nach der Fiktion auszurichten. So etwa S.55 in der Übersetzung von Maria Dessauer: »Immerhin versuchte sie nach Theorien, die sie für gut hielt, sich selbst in Liebesstimmung zu versetzen. Bei Mondschein im Garten deklamierte sie alles, was sie an leidenschaftlichen Reimen auswendig kannte, und sang ihm unter Seufzen langsame wehmütige Weisen vor; doch sie fühlte sich danach ebenso ruhig wie davor, und auch Charles schien daraufhin weder verliebter noch ergriffener.«

15 In der Übersetzung von Caroline Vollmann wird die moralisch und semantisch verwickelte Situation geklärt und in die Einzelelemente und –beine auseinanderdividiert: »Als sie an den Türen vorbeikamen, verfing sich Emmas Kleid mit dem Saum in [sic] seinen Hosen; ihre Beine gerieten zwischen die seinen; er blickte zu ihr hinunter, sie sah zu ihm hinauf; ein Schwindel ergriff sie, sie blieb stehen.« In: Flaubert, Gustave: *Madame Bovary. Sitten in der Provinz.* Aus dem Französischen neu übersetzt und mit Anmerkungen von Caroline Vollmann. München: Piper. 2003. S.80. (Erstausgabe Zürich: Haffmanns Verlag AG, 2001).

Jonathan Burton und Amanda Holden

Oper übersetzen

Der Gedanke, Operntexte aus der ursprünglichen Sprache des Librettos in die Sprache des Publikums zu übersetzen, umfaßt mindestens drei gesonderte Tätigkeiten, die jeweils eigene Anforderungen und Fallstricke mit sich bringen: die »direkte« Übersetzung des Librettos, Unter- und Obertitel-Übersetzung und die gesangliche Übersetzung.

Die »direkte« Übersetzung des Librettos

Eine »direkte« Übersetzung des Librettos braucht man für das zwei- oder mehrsprachige Textheft, das CDs beigegeben wird, oder für gedruckte Programmhefte bei Aufführungen. Diese Disziplin ist insofern die einfachste, als sie weiter nichts erfordert als die akkurate Wiedergabe des vollen Textkorpus im ursprünglichen Libretto; andererseits setzt sie die Kunst des Übersetzers einem mikroskopischen Blick aus, denn es muß ja jedes Wort übersetzt werden, ohne Zusammenfassungen oder Umschreibungen – außer es handelte sich darum, eine ungewohnte Redewendung oder ein Sprichwort durch eine Entsprechung zu ersetzen, die das Zielpublikum klar erkennen kann; so warnt in Mozarts *Cosi fan tutte* (das Libretto von Lorenzo da Ponte zeichnet sich durch eine besondere Reichhaltigkeit an Wortschatz und Sprachbildern aus) Don Alonso die beiden jungen Männer:

> *...che follo è quel cervello*
> *che sulla frasca ancor vende l'uccello.*

»Es ist unsinnig, den Vogel schon zu verkaufen, wenn er noch auf dem Zweig sitzt« – das klingt in den Ohren deutscher Zuhörer recht unbeholfen; dagegen mag »Der Spatz in der Hand ist besser als die Taube auf dem Dach« durchaus als Äquivalent gelten.

Wer ein Libretto übersetzt, muß nicht nur mit vielen klassischen, historischen und kulturellen Bezügen vertraut sein, sondern auch mit bestimmten archaischen Wendungen, die selbst den zeitgenössischen Benutzern der ursprünglichen Sprache nicht mehr verständlich sind; ein Verweis in einer Kantate von Haydn auf ein *argivo legno* täuschte einen italienischen Übersetzer (»Wald von Argivo??«), weil er nicht erkannt hatte, daß es sich hier um einen Ausdruck handelt, der im 18. Jahrhundert für »ein griechisches Schiff« gebräuchlich war.

Das Italienische ist nicht die einzige Sprache, die dergleichen Probleme aufwirft (Wagners Deutsch ist dafür berüchtigt), doch italienische Librettisten – das gilt sogar noch für Arrigo Boito, der in den 1890er Jahren für Verdi schrieb – neigen dazu, sich mit ihrer »hohen« poetischen Diktion zu brüsten. Boitos Libretto für Verdis *Falstaff* enthält eine Fülle von Wörtern, die in gängigen italienischen Nachschlagewerken nicht zu finden sind.

In Operntexten kommen nicht selten zahlreiche Wiederholungen vor; zum Beispiel wird eine zehnminütige Da Capo-Arie in einer Oper von Händel mit einem Abschnitt beginnen, der wahrscheinlich nur zwei Zeilen Text verwendet, der viele Male wiederholt wird, gefolgt von einem Mittelteil mit zwei weiteren Zeilen Text und einer ausgeschmückten Reprise (*da capo*) des ersten Abschnitts mit seinen beiden Textzeilen.

Der Gebrauch der Abkürzung »etc.« mag hier durchaus angebracht sein. Ein Auftraggeber, der pro Zeile bezahlt, wird nicht gerade sehr erfreut sein, wenn ihm ein Übersetzungsstück wie das folgende – aus Mozarts *Hochzeit des Figaro** – unter die Augen kommt:

Marcellina
Sei ruhig und wisse,
ich bin seine Mutter,
dein Gatte ist mein
und ist Bartolos Sohn.

Susanna (*zu Bartolo*)
Die Mutter?

Bartolo (*zu Susanna*)
Die Mutter!

Susanna (*zum Grafen*)
Die Mutter?

Der Graf
Die Mutter!

Susanna (*zu Curzio*)
Die Mutter?

Curzio
Die Mutter!

Susanna (*zu Marcellina*)
Die Mutter?

Marcellina
Die Mutter!

* Zitate nach *Figaros Hochzeit*. Komische Oper in vier Akten von Lorenzo da Ponte [ein/e Übersetzer/in ist nicht angegeben]. Musik von Wolfgang Amadeus Mozart. Nach dem Originalmanuskript herausgegeben und mit einem Vowort von Hermann Albert (London / Zürich / Mainz / New York: Edition Eulenberg. o.J.), S. 464–467.

Marcellina, Curzio, der Graf, Bartolo
Die Mutter, die Mutter!

Susanna (*zu Figaro*)
Die Mutter?

Figaro
Und der ist mein Vater,
er sagt es ja selbst,
er sagt es ja selbst.

Susanna (*zu Bartolo*)
Sein Vater?

Bartolo
Sein Vater!

... und so fort; wer hier jedoch lediglich »etc.« schriebe, würde die ganze Raffinesse und die feinen Details dieses übermütigen Austausches verfehlen.

Mozartdenkmal in Wien.

Wolfgang Amadeus Mozart. Unvollendetes Porträt von Joseph Lange, Mozarts Schwager, 1782/83.

Die Übersetzung von Unter- und Obertiteln

Tatsächlich gibt es ausgeprägte Unterschiede in den Anforderungen an Untertitel zu Opern, je nachdem, ob sie für Film, Fernsehen, Video und DVD bestimmt sind oder »live« auf den oberen Bühnenrand projiziert, beziehungsweise von kleinen Bildschirmen an den einzelnen Sitzplätzen abgelesen werden. Untertitel fürs Fernsehen sind so kurz wie möglich zu halten – sie dürfen nicht viel länger zu sehen sein, als man braucht, um sie zu lesen (zehn Sekunden stellen eine zweckdienliche Obergrenze dar); bei Großaufnahmen im Fernsehen ist es mitunter möglich, winzige Nebenbemerkungen oder Textbruchstücke zu untertiteln oder eine Gestalt aus einem größeren Ensemble herauszulösen.

Dagegen müssen Untertitel, die »live« gezeigt werden, mit breiterem Pinselstrich ausgeführt werden; der Text sollte als Anleitung zum besseren Verständnis über den Köpfen des Publikums zu sehen sein und dessen Aufmerksamkeit nicht dadurch ablenken, daß er mit zuviel Text bepackt wird oder gar zu rasch vorüberhuscht. Wer Untertitel schreibt, muß im Gedächtnis behalten, daß die Zuschauer ins Theater gekommen sind, um die Oper zu sehen, nicht die Untertitel.

Viele Anforderungen, die an die »direkte« Übersetzung eines Librettos zu richten sind, gelten auch für Unter- und Obertitel; immer liegt der Schlüssel zum Erfolg jedoch darin, die Sache »einfach zu halten«. Das Ziel ist die Übermittlung dessen, *was*, und nicht, *wie* gesungen wird. Es ist nicht notwendig, Wiederholungen, Vorhaltungen oder blumige Formulierungen zu berücksichtigen; die Zeichensetzung kann auf ein Mindestmaß beschränkt oder überhaupt weggelassen werden. Das Publikum kann sehen, wie die Gestalt auf der Bühne »Gefühlsausbrüche erleidet«; die Titel brauchen es nicht ihrerseits noch einmal zu tun. So ließe sich beispielsweise die (fiktive) Zeile eines italienischen Opern-Textes wörtlich folgendermaßen übersetzen:

Ihr Götter, ach, wie reißt das arme Herz in Stücke mir im Busen!

Für Obertitel genügt eine vereinfachte Wiedergabe:

Mir bricht das Herz.

Manche Regisseure und Kritiker wehren sich erbittert gegen alle Obertitel, weil sie meinen, daß die Theaterbesucher ihre Hausarbeiten machen und die Sprache des Originals lernen oder den Text vorher studieren sollten; bekanntlich hat ein Regisseur einmal die Obertitel mit »einem Präservativ zwischen Oper und Publikum« verglichen. Doch der Verfasser von Obertiteln sieht sich vielen weiteren Fallstricken gegenüber. Ein Regisseur mag den Text ignorieren oder gar gegen ihn inszenieren (»Da sitze ich nun, in rotem Gewand«, während die Bühnenfigur, die dann aufsteht, blaue Hosen trägt...) oder der Aufführung ein formales Konzept überstülpen, das mit einer wörtlichen Übersetzung unvereinbar ist; hier ist ein gewisses Maß an diplomatischem Geschick gefordert, um zu Titeln zu gelangen, die angemessen formuliert sind und die Bedeutung des Gesungenen transportieren, ohne zu dem, was das Publikum sieht, in krassem Gegensatz zu stehen.

Zeilen, die sich auf der Druckseite denkbar einfach ausnehmen, können plötzlich einen unglücklichen Doppelsinn entfalten oder auf die Zuhörer unfreiwillig komisch wirken; oder ein wahrhaft komischer Obertitel ist zu früh zu lesen, so daß sich im Publikum ein leises Gelächter breitmacht, noch bevor der Sänger die »Pointe« überhaupt zum Besten gegeben hat.

Jeder Opernbetrieb wird, was Obertitel betrifft, einen eigenen »Stil nach Art des Hauses« entwickeln; verschiedene vertraute Kunstgriffe sind allgemein üblich, wie etwa die Verwendung von Kursivschrift für »hinter den Kulissen«, Klammern für »beiseite gesprochen« und Gedankenstrichen, um zwei Stimmen anzudeuten (gleichzeitig oder in rascher Folge). Daß mehrere Stimmen gleichzeitig singen (Trios, Quartette, Quintette), die eine wohlüberlegte Auswahl erfordern, kommt nur in der Oper vor; erst bei den Proben stellt sich dann heraus, welche Stimmen zu hören sind oder welche Figur in dem Augenblick der Handlung dramaturgisch am wichtigsten ist.

Manche Obertitel-Systeme lassen eine Zweiteilung auf beiden Seiten des Bildschirms zu, um anzudeuten, welche Figur in einem großen Ensemble gerade singt. Das ist aber nur bei kurzen Textzeilen sinnvoll und kann ablenken; es paßt daher besser zur Komödie als zur ernsten Oper. Links und rechts angebrachte Titel können auch eine Abfolge signalisieren –

Er glaubt, ich kann ihn nicht sehen	*Sie glaubt, sie kann mich nicht sehen*

– oder sogar gleichzeitig zu lesen sein (Vorsicht!):

Ich verstecke mich in dieser Nische	*Figaro spioniert mir nach*

Über die Frage, ob man Opern, die in der Sprache des Publikums gesungen werden, mit Obertiteln versehen soll, gibt es heftige Auseinandersetzungen. Das Royal Opera House Covent Garden in London stattet neuerdings Opern, die auf Englisch gesungen werden, mit englischen Obertiteln aus – »zum Nutzen derjenigen Zuhörer/innen, die nicht gut hören, und für jene, deren Muttersprache nicht Englisch ist.« (Auf der ganzen Welt sind andere Opernbetriebe diesem Beispiel gefolgt; manchmal zeigen sie zwei Sprachen gleichzeitig: Die Nationaloper in Prag versieht tschechische Opern mit Obertiteln auf Tschechisch und auf Englisch.)

Diese Vorgehensweise ist bei Regisseuren und Kritikern nicht sehr beliebt, auch nicht bei Sängern, die das Gefühl haben, sie ziehe die Hörbarkeit ihres Gesangs in Zweifel; dem Publikum ist freilich alles recht, was ihm hilft, eine Oper besser zu verstehen.

Die gesangliche Übersetzung

Eine Alternative zur Erstellung von Obertiteln besteht natürlich darin, daß man die Oper in der Sprache des Publikums singt. Dies ist die bei weitem schwierigste Art von Übersetzung, weil sie komplizierte musikalische, aber auch linguistische Erwägungen einschließt. Wer auf diesem Feld arbeitet, muß über die verbalen und poetischen Fertigkeiten eines da Ponte oder Boito verfügen und gleichzeitig versuchen, die Worte den gegebenen Musiknoten anzupassen, damit sie so natürlich klingen, als wäre die Oper in der Zielsprache geschrieben worden.

Um ihren Gedanken zu diesem Thema Raum zu geben, überlasse ich jetzt Amanda Holden das Wort, der *doyenne* der englischen Opern-Übersetzer, die für mehr als 50 Übersetzungen im Auftrag der English National Opera, der English Touring Opera, der Opera North, aber auch von Chandos Records und vielen anderen Labels verantwortlich ist. Sie schreibt:

Wenn man einen Text für eine Theateraufführung übersetzt, ist es, als löste man ein riesiges multidimensionales Kreuzworträtsel, während man sich auf eine lange Bühnenreise begibt. Der Zweck liegt darin, ein Hindernis auszuräu-

men, das der Kommunikation im Wege steht, aber diese Kunst ist schwer faßbar und vielschichtig.

Eine Übersetzung taugt nichts, wenn sie wie eine Übersetzung klingt. Sie muß vielmehr ebenso überzeugend ›lesbar‹ (und ›singbar‹) sein wie das Original. Die Originalsprache wird am besten durch ein Gebilde ersetzt, das ihr in Wesen und Bedeutung nahe verwandt ist, und das bedeutet: auch im Stil; ein Aspekt, der allzu leicht übersehen wird. Umgangssprachliche Ausdrücke fallen auf wie Kuhfladen auf der Autobahn, und schlechte Verse klingen gekünstelt (obwohl sie in Komödien gelegentlich Platz haben können).

Vollkommene Klarheit ist dringend notwendig. Ungewöhnliche Wörter werden nicht mit der erforderlichen Unmittelbarkeit aufgenommen, wenn sie nicht genügend musikalischen Raum haben, und kein Zuhörer wird die Zeit haben, gedanklich ein Problem zu erkennen, das nicht auf Anhieb klar ist.

In dieser Hinsicht ist das Italienische zu beneiden. Es ist zugleich sehr präzise und überaus expressiv, während sich das Englische im Vergleich dazu unbeholfen und schwerfällig bewegt, ungeachtet seines größeren Wortschatzes. Sehr viele italienische Ausdrücke enden mit einem Vokal; wir dagegen neigen zu einem ungelenken konsonantischen Auslaut.

Man muß dem Libretto getreulich entsprechen, und das Steigen und Fallen in den Wendungen der Übersetzung muß dem Original von Text und Musik ebenbürtig sein. Angesichts der grundlegenden Unterschiede zu den kontinentalen Grammatiken sind die Probleme offenkundig. Man muß vokalische Klänge setzen, die Sänger als gut singbar empfinden; Betonung und Nachdruck, Wortspiele und Reime sind zu berücksichtigen. Das Resultat muß ein stilistisch konsistentes Gefüge ergeben, das Geist und Gewandtheit des Originals spiegelt.

Eine Oper zu übersetzen und ihren sublimen Qualitäten gerecht zu werden, ist keine leichte Bürde. Musik wohnt in jeder Silbe, doch wirkt sie auch in jeder Silbe hemmend: Worte ohne Musik zu übersetzen, ist – damit verglichen – ein Kinderspiel. So viele Lösungen, auf die man im Hinblick auf das musikalische Kreuzworträtsel kommt, passen nicht; die Arbeit daran dauert eine Ewigkeit, wird oft gedankenlos verlacht oder übergangen und gelegentlich beschimpft.

Manchmal fürchte ich, daß die Übersetzung von Opern eine aussterbende Kunst ist, doch werde ich bis an mein Lebensende darauf bestehen, daß eine gute Übersetzung eher für einen befriedigenden Theaterabend sorgt als eine, die das Publikum fortwährend mit dem Sinngehalt einer Sprache ringen läßt, die nicht seine eigene ist. □

Aus dem Englischen von Jürgen Dierking

SÄTZE WÖRTER SÄTZE

Die Sprachen trennen
und schließen uns
voneinander ab,
nicht weil sie als Sprachen
verschieden sind,
sondern weil sie aus
verschiedenen Vorstellungen,
letzlich unvereinbaren Denksystemen,
voneinander abweichenden Denkweisen
hervorgegangen sind.
Wir sprechen nicht nur
in einer bestimmten Sprache,
sondern unser Denken
bewegt sich in geistig
vorgegebenen Bahnen,
an die wir mit unserer Sprache
schicksalhaft gebunden sind.

José Ortega y Gasset

Christoph Rütimann: Sechs Polaroids. alles, 2004.

Hermes baby, 2004.

Satz, 2004.

über, 2004.

und, 2004.

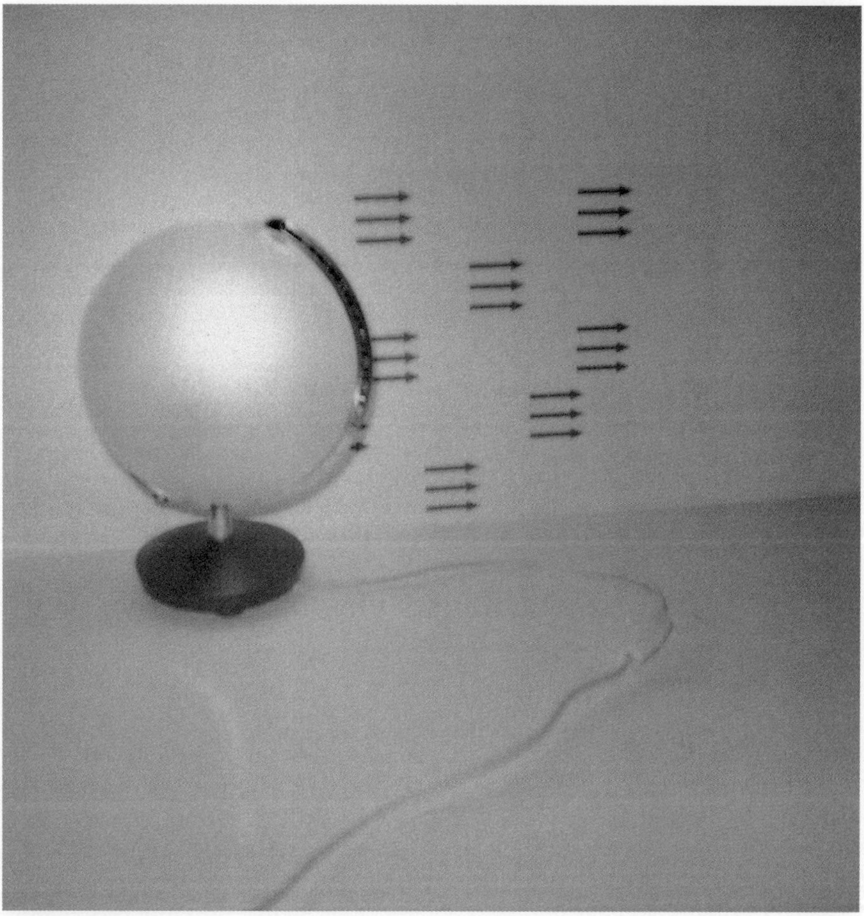

weiter, 2004.

Felix Philipp Ingold

Rilke, russisch imprägniert

Nachdichtung als Rückübersetzung in die Ursprungssprache

In der literarischen Kultur Rußlands kommt dem Übersetzer und kommt auch der Übersetzung eine privilegierte Stellung zu. Wer übersetzt, gilt hier als ein Autor besonderer Art, genießt jedenfalls hohen Respekt und steht hinter dem Originalverfasser – dem Verfasser des Originals – kaum zurück. Des Merkens wert ist die Tatsache, daß im Bereich der Lyrik die meisten Autoren, von Puschkin bis Ajgi und Brodsky, auch Übersetzer sind.

Der poetische Status der Übersetzung ist dadurch beglaubigt, daß übersetzte Texte vielfach unter dem Namen des Autors (der Übersetzung) veröffentlicht und somit dem poetischen Schaffen zugeordnet werden. Die Übersetzung, aufgefaßt als Nachdichtung von eigenständiger sprachkünstlerischer Qualität, gewinnt den Rang eines Originalwerks, von dem lediglich mitgeteilt wird, es sei »nach Shakespeare« geschrieben oder »aus Goethe« hergeleitet worden.

Die Annäherung, die Angleichung des übersetzerischen an das dichterische Verfahren führt in aller Regel dazu, daß dichterische Übersetzungen kaum noch als übersetzte Dichtungen erkennbar sind; daß Übersetzungen – entsprechend frei und riskant praktiziert – sich in der Zielsprache tatsächlich als (oder wie) Originaldichtungen zu behaupten vermögen.

Puschkins Übersetzungen »aus Parny«, Schukowskijs Übersetzungen »aus Schiller« oder Annenskijs Übersetzungen »nach Euripides« gelten – nur diese wenigen von sehr vielen entsprechenden Beispielen seien an dieser Stelle genannt – seit ihrem Erscheinen als Dichtungen (in) der russischen Sprache, und keineswegs als sekundäre, aus der Ursprungssprache bloß hergeleitete Texte.

Von solch originärer Qualität ist auch Boris Pasternaks russische Fassung von Rainer Maria Rilkes Gedicht *Der Lesende* (1901), die 1958, neu versehen mit dem Titel *Überm Buch* (Za knigoj), entstanden ist. Die Eigenständigkeit der Übersetzung zeigt sich vordergründig in starken formalen Abweichungen vom Original (Strophik, Reimstruktur), besonders aber in der willkürlichen Modifikation der Textaussage, die von Pasternak bald beschnitten, bald ergänzt oder umgedeutet wird.

Staunenswert bleibt andererseits, daß und wie weitgehend es dem Übersetzer – bei allen semantischen Verlusten und trotz massiver struktureller Eingriffe – gelingt, die poetische Intonation, das heißt: die unverwechselbare Besonderheit von Rilkes lyrischem Sound in der Zielsprache zu erhalten.

Mit Rilke, dem er an übersetzerischem Eigensinn und Einfallsreichtum in nichts nachsteht, stimmt Pasternak darin überein, daß die Qualität der Lyrikübersetzung nicht durch philologische Treue zum Original beziehungsweise durch semantische Übereinstimmung mit diesem bestimmt wird, nicht also durch die bloß korrekte Wiedergabe des originalen Wortbestands im einzelnen, vielmehr dadurch, wie das vorliegende Gedicht *insgesamt*, nämlich als integraler Klang- und Bedeutungskomplex, in die Zielsprache gebracht – gerettet! – wird.

Pasternak selbst hat in einer Notiz zu seinen Shakespeare-Übersetzungen unterstrichen, »daß wörtliche Genauigkeit und Übereinstimmung der Form noch keine Garantie sind für echte Übersetzungsnähe«; wie das Original, so müsse auch »die Übersetzung den Eindruck von Leben und nicht von Literatur« vermitteln.

Bei dem hier vorgelegten Gedicht *Überm Buch* handelt es sich um die deutsche Übersetzung einer russischen Übersetzung, die Boris Pasternak von Rainer Maria Rilkes Gedicht *Der Lesende* (entstanden in Westerwede, 1901, veröffentlicht im *Buch der Bilder*, Zweiter Teil, 1902) angefertigt hat, um es in seine *Autobiographie* (1958) aufzunehmen.

Die Übersetzung der Übersetzung ist dadurch gerechtfertigt, daß Pasternaks philologisch ungenaue, poetisch aber durchaus adäquate russische Fassung als eigenständiges Gedicht »nach« oder »aus« Rilke gelesen werden, mithin als ein »Original« gelten kann.

Das Anliegen – das Experiment viel eher – bestand denn auch darin, die Nachdichtung Pasternaks noch einmal in deren Ursprungssprache zu übersetzen, einen deutschen Text also auf dem Umweg über das Russische gewissermaßen in sich selbst zu übersetzen, und dies nach den selben Übertragungsprinzipien – Lebendigkeit versus Literarität –, denen sich Pasternak verpflichtet fühlte. Man bekommt hier also einen russisch imprägnierten, durch die Zweitübersetzung zusätzlich verfremdeten Text von Rilke *neu* zu lesen. □

ЗА КНИГОЙ

Я зачитался. Я читал давно.
С тех пор, как дождь пошел хлестать в окно.
Весь с головою в чтение уйдя,
Не слышал я дождя.
Я вглядывался в строки, как в морщины
Задумчивости, и часы подряд
Стояло время или шло назад.
Как вдруг я вижу, краскою карминной
В них набрано: закат, закат, закат.
Как нитки ожерелья, строки рвутся
И буквы катятся куда хотят.
Я знаю, солнце, покидая сад,
Должно еще раз было оглянуться
Из-за охваченных зарей оград.
А вот как будто ночь по всем приметам.
Деревья жмутся по краям дорог,
И люди собираются в кружок
И тихо рассуждают, каждый слог
Дороже золота ценя при этом.
И если я от книги подыму
Глаза и за окно уставлюсь взглядом,
Как будет близко все, как станет рядом,
Сродни и впору сердцу моему!
Но надо глубже вжиться в полутьму
И глаз приноровить к ночным громадам,
И я увижу, что земле мала
Околица, она переросла
Себя и стала больше небосвода,
А крайняя звезда в конце села —
Как свет в последнем домике прихода.

Boris Pasternak

Überm Buch

(nach Rilke)

Ich las und las, saß da, vergaß –
Ein großer Regen schlug ans Fensterglas.
Doch hörte ich den Regen nicht,
Im Buch vergrub ich mein Gesicht.

Wie Runzeln krümmten sich die Zeilen,
Und während Stunden stand die Zeit,
Stand still, ging rückwärts in die Ewigkeit.
Ein Wort sah ich durch alle Zeiten eilen,
Das rote Wort für Abend, Abschiedsleid …

Jetzt reißt der Faden, und wie Perlen kollern
Die Lettern in die Leere, rollen fort.
Ich weiß, die Sonne hätte an den Ort,
Den sie verließ, noch einmal wiederkehren sollen
Aus all den Gärten übervoll von Abendrot.

Doch nun ist Nacht, so weit ich sehe.
Die Bäume stehen starr am Straßenrand,
Die Menschen reichen schweigend sich die Hand,
Und wenn sie reden – jedes Wort ein Pfand,
Mit Gold nur aufzuwiegen. Welche Nähe!

Und wenn ich dann vom Buch die Augen hebe
Und mich ins Freie wage mit dem Blick –
Wie rasch da fern und nah zusammenrückt
Und wie genau ich mit der Zeit zusammenlebe!

Das Dunkle ist's, wonach ich strebe,
Mein Auge taucht ins nächtliche Massiv,
Der Erde war der Zaun zu eng, der Garten schlief,
Als sie gewaltig über sich hinaus
Und in den Himmel wuchs – der erste Stern
Steht überm letzten Haus,
Er ist so nah und ist zugleich so fern.

(1958)

Aus dem Russischen von Felix Philipp Ingold

Rainer Maria Rilke

Der Lesende

Ich las schon lang. Seit dieser Nachmittag,
mit Regen rauschend, an den Fenstern lag.
Vom Winde draußen hörte ich nichts mehr:
mein Buch war schwer.
Ich sah ihm in die Blätter wie in Mienen,
die dunkel werden von Nachdenklichkeit,
und um mein Lesen staute sich die Zeit. –
Auf einmal sind die Seiten überschienen,
und statt der bangen Wortverworrenheit
steht: Abend, Abend … überall auf ihnen.
Ich schau noch nicht hinaus, und doch zerreissen
die langen Zeilen, und die Worte rollen
von ihren Fäden fort, wohin sie wollen …
Da weiß ich es: über den übervollen
glänzenden Gärten sind die Himmel weit;
die Sonne hat noch einmal kommen sollen. –
Und jetzt wird Sommernacht, soweit man sieht:
zu wenig Gruppen stellt sich das Verstreute,
dunkel, auf langen Wegen, gehn die Leute,
und seltsam weit, als ob es mehr bedeute,
hört man das Wenige, das noch geschieht.

Und wenn ich jetzt vom Buch die Augen hebe,
wird nichts befremdlich sein und alles groß.
Dort draußen ist, was ich hier drinnen lebe,
und hier und dort ist alles grenzenlos;
nur daß ich mich noch mehr damit verwebe,
wenn meine Blicke an die Dinge passen
und an die ernste Einfachheit der Massen, –
da wächst die Erde über sich hinaus.
Den ganzen Himmel scheint sie zu umfassen:
der erste Stern ist wie das letzte Haus.

Bodo Hell

a whiter shade of pale

(nach Procul Harum, Keith Reid, Gary Brooker)

Du machst uns als Zuhörer tanzen
Dich lesend schlagen wir Rad
die Wörter rumoren im Ranzen
dem Publikum platzt bald die Naht

im Raum, da tönt es so mächtig
die Saaldecke hebt sich empor
unser Durst entwickelt sich prächtig
die Chefin serviert Hemd im Moor

und so kommt es, so kann es geschehen
wie der Müllerbursch weiß geht im Mehl
daß Dein Gesicht, eben noch nachtbleich gesehen
jetzt strahlend erscheint, heller denn hell

und Du sagst: there is no reason
die Wahrheit liegt auf der Hand
wir wandern als Paare durch Wiesen
nur Zuwendung habe Bestand

Du hütest das Feuer im Tempel
und halluzinierst den tosenden Strand
wir legen zur Probe aufs Exempel
die Augen unters schützende Band

und so kommt es, so kann es geschehen
wie der Müllerbursch weiß geht im Mehl
daß Dein Gesicht, eben noch nachtbleich gesehen
jetzt strahlend erscheint, heller denn hell

für Friederike Mayröcker

Peter Salomon

Lektüre

Soll ich statt LIEBE
SÄURE sagen?

Der letzte Satz meiner Lektüre
(»Kuhwarm kam die Milch auf den Tisch«)
In welcher Sprache las ich ihn, und
Wo kommt er her?

Aus einem oldenburgischen Heimatepos?
Aus einem Stück WELTLITERATUR
Englisch im Urtext und aus Manhattan?
Wo spielt er?
Und wie wirkt er, wo er herkommt
Und wie wirkt er, wo er hin soll?

Aus dem Thurgau nach Schweden?
Aus den USA nach Sizilien?

»Eisgekühlt kam die Milch auf den Tisch«.
»Die Milch auf dem Tisch
War eine warme, säuerliche Brühe«.

Das Eklige soll eklig bleiben
Das Kühle erfrischend
Natur Natur
Von einer Sprache in die andere.

Soll ich statt LIEBE
SÄURE sagen?

Péter Esterházy

Was für ein Péter

Gespräch an der Jahrtausendwende – Drei Happen aus dem habhaften Text

(Stimmen von einem Verhör. Mächtige Schmerzen im Äther.)

Frau: *(atmet heftig) (Pause)* Nochmals von vorne. Sprechen Sie, bitte... Einige flüchtige Gedanken... Gedankengänge... Über Ihre ganz persönlichen Wünsche, Hoffnungen und Ängste (*Pause*). Über Privates, Kultur und /oder Politik (*Pause*) vollkommen frei *(Pause)* das kann von Gedanken einer erfundenen oder einer geschichtlichen Person handeln... Sie sind frei, ohne jede Handschellen...

Mann *(stöhnt vor Schmerzen)*

Frau: Tut es weh? Sind es die Hände? Verzeihen Sie. Sie können ein Szenario, eine Erzählung, ein Gedicht, einen Dialog wählen. Nun, sprechen Sie bitte... (*Pause*) Sprechen Sie mir nach (*Pause*) Sprechen Sie mir nach: Die Krise des Romans (*Pause*) Warten Sie mal, sagen Sie lieber das folgende: Fischers Fritze fischt frische Fische.

Mann (*bravourös*) Fischers Fritze fischt frische Fische.

Frau (*erfreut)* Sehen Sie... das wird schon klappen... Europa ... Mitteleuropa...der Roman... wie Sie das sonst immer... (*Pause*) Dabei sagen Sie das sonst so schön...Der Roman hat dann immer eine Krise – Nun? – Wann hat der Roman eine Krise?

Mann: Immer.

Frau: Nein, nein... Sie haben das auch schon besser... Ganz ruhig... Der Roman hat eine Krise, wenn Sie...

Mann: Sie

Frau: (*ungeduldig*) Nicht »Sie«, »ich«, das heißt: Sie, wenn Sie keinen Roman schreiben können!

Mann: *(schluchzt)*

Frau: *(kalt):* Hören Sie auf damit. Und fangen Sie an. Ich stoppe die Zeit.

Mann: *(anfangs noch schniefend)* Der Roman hat eine Krise, wenn ich gerade keinen Roman schreiben kann, und er hat keine Krise, wenn ich ihn schreiben kann. Literatur und Kunst sind im Grunde gesättigt. Nichts kann man mehr erfinden. Es wurde bereits alles erfunden. Das eine oder andere kann man offensichtlich dennoch tun, denn vereinzelt gibt es immer wieder einen persönlichen Standpunkt, aus dem heraus jemand etwas untersuchen kann. Einerseits fühle ich mich von der Ruhe des Prosaschreibens sehr angezogen, davon, daß ein Text ruhig ist. (Das nenne ich zur Zeit die Lampedusierung eines Textes, der soll nämlich sein wie bei Lampedusa.) Andererseits hat sich das Verhältnis zwischen Roman und Wirklichkeit verändert. Vor etwa zwanzig Jahren hat jeder Tatsachen erforscht: Tatsachenromane, Tatsachenliteratur. Jetzt aber habe ich den Eindruck, als hätte die Wirklichkeit aufgehört, und alles ist *Roman*. Es gibt nur noch den Roman. Ich will ein Beispiel nennen, Namen sind dabei unwichtig. Ich habe einen sehr persönlichen Bericht von jemandem gelesen, in dem er

»ich« schreibt, und wir wissen, daß sozusagen von ihm die Rede ist, trotzdem habe ich im Lesen das nicht gerade schlechte Gefühl, was auch von der Qualität des Textes spricht, daß ich einen Romanabschnitt lese. Daß aus mir merkwürdigerweise der Darsteller von irgendeinem Roman geworden ist. Und ich meine zu wissen, wodurch dieser Eindruck entsteht: durch die merkwürdige neue Informationsstruktur – so will ich sie nennen –, die jetzt für die Welt kennzeichnend ist. Daß wir über alles Mögliche Bescheid wissen, während wir nicht alle möglichen Erfahrungen haben, unsere Erfahrungen reichen nur bis zum Dorfrand. Bis zum Dorfrand verstehen wir alles, verstehen jede Regung, wissen, was es bedeutet, wenn man das Huhn des Nachbarn gestohlen hat. Das können wir erfassen, selbst, wenn wir das Huhn gestohlen haben sollten, und auch, wenn das Huhn wir sind, wir verstehen alle Versionen des Vorfalls. Aber daß in Bangkok wieder hundert Menschen ermordet wurden, trifft uns so schmerzlich wie eine unglückliche Wendung unter der Führung Kutusows in *Krieg und Frieden*. Diese zivilisierte Situation hat etwas Dramatisches, das die Verhältnisse durcheinanderbringt, daß nämlich ein Roman etwas beschreiben und eine Einheit bieten könnte. So ist es nicht mehr; die Einheit bringt der Roman selbst hervor; er selbst ist diese Einheit.

Meine Sätze haben ohnehin ein anderes Verhältnis zur Wirklichkeit, beinahe stehen sie im Gegensatz zu den herkömmlichen Sätzen. Ich beschreibe nicht einen Teil der Wirklichkeit und kontrolliere dann, ob ich gut gearbeitet habe, ob meine Sätze diese Wirklichkeit wirklich beschrieben haben, sondern ich füge Sätze zusammen, und kontrolliere die Wirklichkeit meiner Sätze, indem ich beobachte, ob es in der Welt etwas gibt, das dieser Beschreibung entspricht. Das ist ein anderes Verhältnis, und im wesentlichen besagt es, daß ich nur die Sprache als Wirklichkeit sehe, daß ich alles als Sprache sehe. Eher noch: das einzige, was mir ernst ist, ist die Sprache.

* * *

Frau:... Und wo leben Sie?

Mann: In Budapest.

Frau: Blödsinn. Sie leben in der Sprache und mit der Sprache. Sagen Sie, ist das nicht provinziell? Wie finden Sie die ungarische Sprache?

Mann: Es ist gar nicht unbedingt die Struktur, sondern der Geist und die Gattung der ungarischen Sprache, die eine phantastische Beschränkung und zugleich eine Möglichkeit bedeuten. Mit dieser Eigenart wird man besonders bei Übersetzungen konfrontiert. Ich kann nur mit der deutschen Übersetzung recht umgehen, und wenn wir also diese Übersetzung betrachten, stellen sich unglaubliche Dinge über die beiden Sprachen heraus. Beispielsweise das unablässige Zittern, das ständige unsichere Strahlen des Ungarischen (womit ich ihre Schönheit meine), die man von einem anderen Blickwinkel auch als eine erstaunliche Ungenauigkeit betrachten kann. Während sie auch eine der genauesten Sprachen ist, da man sie überall hineinpassen kann, man kann sie in alle Löcher stopfen. Manche Dinge muß man auf Ungarisch nicht entscheiden. Der Text entscheidet sie nicht. Der deutsche Text hingegen will mehr wissen, also fragt mich der Übersetzer, die Übersetzerin, wer dies denn hier gesagt habe, ein Mann oder eine Frau.

Frau: Der Mann.

Mann: Ich muß erst nachschauen. Ich schaue mir den Text an, doch mir, seinem Vater, sagt der Text auch nicht mehr als er weiß. Also versuche ich hinterhältig die Umstände seiner Geburt herauszubekommen, woran ich zu jenem Zeitpunkt gedacht haben mochte. Da ich der Schuft bin, der diesen Satz damals gesagt hatte, soll die Person jetzt ein Er sein. Solche Unsicherheiten stecken – etwas weniger anschaulich – auch in den Satzkonstruktionen, da man auf Ungarisch keine sehr langen Sätze schreiben kann. Das geht nicht, weil sich die bezüglichen Fürwörter nur locker fügen lassen; da es kein *der, die, das* gibt, weisen diese Fürwörter nicht unmittelbar auf etwas hin, sondern zeigen nur irgendwie um sich herum. In irgendeine Richtung, und das ist sehr schön, mit dieser Art Zuordnung kann man einen Satzteil einfach hinlegen, einfach fallenlassen, einen Satz neben den anderen. Der Satzteil hat dann eine Beziehung und hat auch keine, und das ist überhaupt nicht liderlich. Deutsche Schriftsteller, auch die mittelmäßigen, können sehr genau schreiben. Für eine solche Genauigkeit müßte bei uns jemand schon zum Beispiel ein Miklós Mészöly sein. Ein deutscher Schriftsteller kennt diese Genauigkeit von vornherein, weil sie seine Sprache kennt, die deutsche Sprache kennt die Genauigkeit. Diesen Unterschied in der Übersetzung kann ich nicht wirklich empfinden, ich kann nämlich nicht wissen, was die deutschen Sätze, die als Übersetzung meines ungarischen Textes vorliegen, in der deutschen Sprachumgebung bedeuten. Wie viel weiß mein aus dem Ungarischen stammender deutscher Satz? Wenn ich einen Satz auf ungarisch schreibe, weiß ich, welche Stellung er zum Beispiel zwischen dem vierzigjährigen László Garaczi und dem vierhundertjährigen Péter Pázmány einnimmt, miteinbezogen sei dabei auch der Gemüsemann von der nächsten Ecke. Von einem übersetzten Satz weiß ich nicht, welche Stellung er zwischen Goethe und Handke bezieht. Das ist die Leistung, die die Übersetzung zu erbringen hat: sie muß eine klare Stellung für die neuen Sätze finden. Es geht hier um eine zwielichtige Landschaft, und der radikale Gedanke, nichts mehr zu übersetzen, ist mir nicht fremd, wobei das sicher ungerecht wäre, denn viele Werke kenne ich nur aus Übersetzungen, wobei ich trotzdem glaube, sie zu kennen.

Frau: Wenn für Sie Sprache alles bedeutet, dann sprechen Sie weiter von der Sprache, von ihren Veränderungen. Die Veränderungen an der Jahrtausendwende.

Mann: Dieses Ganze – für das vergangene Regime haben wir kein Wort, uns fehlen die Worte, meist reden wir von der Staatspartei, aber das ist ein Witz, und die noch treffendste Bezeichnung ist „Kádár-Aera« – dieses Ganze war eine Goldgrube für die Sprache und bedeutete immerzu eine Herausforderung. Ständig waren wir mit Wittgensteins Gedanken konfrontiert: die Wörter haben keine Bedeutung, nur eine Anwendung. Das aber führte in dem Soft-Kádárismus zu einem völligen Durcheinander. Und es bedeutete, daß unser Verhältnis zu den Wörtern immerzu ein sprachkritisches Verhältnis war, also war ständig von der Reinigung der Wörter die Rede. Abgesehen von den Leiden, Tränen und dem Dreck, war das ein sehr variationsreiches und sehr fruchtbares Verhältnis. Das hat sich nun verändert. Im gewissen Sinn sind die Wörter fremd geworden, die allgemeine Übereinkunft hat sich geändert. Es gibt neue Übereinkünfte, die alten gibt es nicht mehr. Ich habe den Eindruck, daß man neu lernen muß, ein schreibender Mensch muß eigentlich neu ungarisch lernen, oder wenn nicht die ganze Sprache, so muß er doch die Wörter neu kennenlernen. Wie ein Kind muß er sich jedes einzelne Wort vornehmen und anschauen, was es ist, was es tut, was es wann tut. Wer hätte gedacht, daß das Wort *ungarisch* eine solche Karriere durchlaufen würde. Das Wort bedeutet etwas völlig anderes als vor zehn Jahren. Das muß ein Schriftsteller wissen. Dabei ist gar nicht von einer veränderten literarischen Situation die Rede, was sich verändert hat – und das kann ich weniger feierlich nicht ausdrücken – ist das Verhältnis zur Kultur.

Bewahren muß man nichts mehr, denn was wir bewahren wollten, die ungarische Kultur, auf die sich irgend so ein Belag niedergelassen hatte, ist jetzt ohne Bedingungen gültig. Diesen Belag gibt es jetzt nicht mehr, unsere teure ungarische Kultur können wir in vollen Zügen genießen, und teuer ist sie uns wirklich, da wir sonst nichts haben, wir haben nur sie, aber zum großen Dank verpflichtet das auch wieder nicht, folglich verspüre ich sozusagen kritische Regungen. Solche Regungen waren auch vorhanden, da Fakten, die wir nicht schon zum Beispiel von Ady, zu Beginn des Jahrhunderts, gekannt hätten, nicht hinzugekommen sind. Es war alles bekannt, und daß war jedem bekannt. Und doch ist es anders, es ist etwas Neues, wenn es einem unmittelbar entgegen... Es ist etwas anderes, etwas nur zu wissen oder das Etwas in sich hämmern zu fühlen. Das trifft sogar auf solche Trivialitäten zu wie die Situation der Literatur. Wir wußten, wie es sich ausnimmt, wenn Literatur nicht wichtig ist, wir mußten ja nur in den Westen hinüberschauen. Selbstherrlich pflegten wir (ich) zu behaupten, daß es so gut sei, weil die Literatur wenigstens einen angemessenen Platz hat. Und selbst wenn ich nicht glaube, daß es so nicht gut sei, sobald man an der eigenen Haut fühlt, daß es für die Kunst keinen Platz gibt, gibt es immerhin viele neue Fragen, oder die Fragen stehen in neuem Licht. Man weiß nicht, wie man die Literatur unterbringen soll, man kann sie nicht zwischen Sarajewo und Adidas schlüpfen lassen. Auf den ersten Blick sah es aus, als gäbe es dort einen kleinen Spalt, aber dort kann man sie nicht hineinstopfen. Wohin aber dann? Wir haben wirklich das Ende von etwas erreicht, sagen wir, das Ende der mittelalterlichen Kunst. Da fällt uns ein Satz von Susan Sonntag ein: Wir leben nicht mehr in einer literarischen Kultur. Anscheinend ist die Kultur wirklich gerade dabei, sich umzustrukturieren, sie beginnt etwas anderes zu sein. Viel Gutes sehe ich in diesem Anderssein noch nicht, sehe nur das Andere, denn die Videoklips und die Bombardierung mit Bildern sehe ich. Ich meine, das ist nicht mehr die Kunst Flauberts, und somit ist hier etwas zu Ende.

Mit derlei Dingen haben wir in Ungarn noch keine Erfahrungen, die haben erst die Amerikaner, sie wissen, was es bedeutet, wenn Kinder zehn und mehr Stunden fernsehen, welche neue Sprache, welchen Kopf das bedeutet; welche phantastischen Assoziationsfähigkeiten und welches Gestotter. Diese Erfahrungen stehen uns noch bevor.

»Ich bin Ungar«, »ich bin Rumäne« oder »ich bin Slowake« für einen solchen Satz braucht man keine Literatur. Für einen solchen Satz braucht man einen Beamten und einen Stempel oder einen Grenzpolizisten, ein Heer. Literatur braucht man für den Satz, daß ich alles bin. Auf trivialste Weise bin ich natürlich ein Ungar, aber nur ein Ungar zu sein, wäre bedauernswert, denn gleichzeitig bin ich auch ein Mann, eine Frau, ein Homo, gottesfürchtig und tausend anderes mehr. Notwendig ist die Literatur für diese tausend Gesichter. Um solche erstaunlichen Zusammenstellungen zeigen zu können.

* * *

Wir stellen diese Fragen jetzt in einer wesentlich weniger unschuldigen Welt. Jetzt, während Europa nun insofern vereint ist, als daß es vereint ratlos ist. Westeuropa stellt seine Fragen über die Ratlosigkeit mit einem entschlosseneren Ich-Bewußtsein, also weiß es mehr über sich selbst in einer funktionierenden Welt. Unsere Welt im Osten funktioniert nicht, und entsprechende Fragen stellt hier ein unsicheres Ich. In solchen Fällen bekäme uns die Kultur gut, sie wäre eine unpersönliche Hilfe, ein unpersönliches Wissen. *(Pause.)* Meiner Meinung nach bedeutet Demokratie – und das zu lernen hätten wir alle Chancen und mehr als genügend Zeit gehabt – sie bedeutet, daß man das Gute nicht allein wollen kann. Das bedeutet Demokratie. Sie bedeutet die phantastische Erkenntnis, daß alles vergebens ist, und daß ich sozusagen vergebens das Gute will; solange ich es allein will, wird daraus früher oder später etwas Schlechtes entstehen. Deshalb wurde der Pluralismus erfunden, deshalb gibt es das Parlament.

Frau: Wie sehen Sie die Chancen einer Demokratie in Ihrem Land?

Mann: (*beiseite*) Früher hieß die Frage bei Diskussionsrunden: *Sind Sie frei?* Und man durfte zurecht von uns erwarten, daß wir eine Beschimpfungs-Arie gegen die Diktatur vorbringen, und sobald wir uns erkundigten, ob *sie* diese Frage einem Updike oder einem Handke auch schon gestellt (zu stellen gewagt) haben, waren sie indigniert und verständnislos. Nun lautet die neue Frage: *Wie ist Ihr Bild von der Zukunft*? Und man erwartet von uns, zurecht, daß wir einen Dankesgesang an die Demokratie vorbringen. Wenn ich aber meinerseits frage, wie es sich bei Ihnen verhält, wie denn Ihr eigenes Zukunftsbild aussieht, würden Sie überrascht sagen: wieso, wieso denn?, ich bin doch die Moderatorin… (*große Pause*) Na, Herzchen, dann wollen wir lieber voraussetzen, daß auch ich ein Moderator bin!

Aus dem Ungarischen von Zsuzsanna Gahse

Petr Borkovec

Die Übersetzung

Schon reicht dir das Gedächtnis eine Weidenrinde
mit dem Dreizeiler einer kultivierten koreanischen Kiseng,
den du mit einer nephritfarbenen Decke bezahlt hast
und in dem der Mond über leeren Bergen aufsteigt.
Noch den Duft der Schminke und des Körpers auf den Fingern,
schon Vergangenheit und zehntausend Li.

Wie der Schnee den Garten füllte? Fiel er, oder lag er?
Hat sie das Fenster geöffnet, als sie das Schreien der Gänse hörte?
Vernahm sie das Geschrei des fliegenden Schwarms,

als sie das Fenster öffnete? Oder hatte sie einfach
das Fenster geöffnet während des traurigen Geschreis
des fortziehenden Schwarms? Und so weiter.

Hinter dem Paravent mit Lotosblumen und Pfauen,
hinter dem Vorhang aus hauchdünner Seide
sind Paravents mit Lotosblumen und Pfauen,
Vorhänge aus hauchdünner Seide.

Aus dem Tschechischen von Christa Rothmeier

Hans Thill

Hans Harfe erbaut Freitag und Mannheim

setzt Stein auf Gummi für Leute
die ihre Löcher in den Taschen spazierenführen
höchstens drei Knöpfe am Armaturenbrett fahren sie
unter unseren Sperberaugen entlang und lassen sich das
Geld nachtragen. Mit blauen Flecken (Eisen) auf den
Stirnen neigen wir uns vor Besenstiel mit Mütze
das ist unser Islam

im Frühjahr rutscht die Hose das Bein hinauf
einen Kompaß zu finden ziehen wir aus und kommen
mit Bachkrokodilen zurück die Glieder fallen ihnen ab
nach kurzer Reife im Marmeladenglas vor Kellertreppen
stürzen wir hart auf unsere roten Bäuche und setzen
die Schnecken (Vollblut) zum Derby auf den Beton

da wird uns schlecht in den Serpentinen
wir erbrechen Schlangen und Kirschenjockel
auf die Hüte aus Iffezheim. Hans Harfe schaut auf die
Uhr jetzt heißt es Zwiebel oder Sputnik. Wer Kiesel
sagt möchte vom Universum sprechen. In diese
Verkleinerung schleichen wir hinein schönes
Schmalbild aus Obstblüte rotem Porphyr

für Gisela Thill

ISOLDE OHLBAUM

Zsuzsanna Gahse und Péter Esterházy, Frankfurt/Main, Oktober 2004.

Begegnungen an der Wortgrenze II

Felix Philipp Ingold und Gennadij Ajgi, Perùgia 1993 (oben); Uwe Timm (Mitte) mit seinen russischen Übersetzern: Galina Snezhinskaja aus Sankt Petersburg und Michail Rudnickij aus Moskau, Sankt Petersburg, Mai 2004.

Peter Schwaar (Mitte) mit Carlos Ruiz Zafón und Tomás Eloy Martinez, Solothurn 2005 (links); Hanna Grzimek und Juan José Saer, Solothurn 2005.

Doreen Daume und Andrzej Kopacki, Freistadt, Juni 2004 (links); Dirk van Gunsteren und Colum McCann, München, Oktober 2003.

Christa Rothmeier und Katerina Rudcenkova, Heidelberg, Juni 2003 (oben); Sylvia List und Tatjana Tolstaja, München, Februar 1988.

Ilma Rakusa und Imre Kertész, Krakau 2000 (oben); Ilma Rakusa und Mustafa Al-Slaiman, Darmstadt, Oktober 2004.

Thomas Eichhorn und Les Murray, Leipzig, März 2004 (oben); Christiane Kayser und Tahar Ben Jelloun, München, November 2004.

Terézia Mora und Lajos Parti Nagy, Leipzig, März 2005 (oben); Fabjan Hafner und Uros Zupan, Bächlingen im Hohenloher Land 1999.

Elke Erb und Rosemarie Waldrop, München, April 2005 (oben); Anne Weber und Pierre Michon, nahe Limoges, April 2005.

Antonia S. Byatt (3.v.l.) mit ihren Übersetzerinnen Susanne Röckel, Brigitte Heinrich und Melanie Walz (v.l.n.r.) im Januar 1997 im Münchner Hofgarten.

Miriam Pressler und Lizzie Doron, München, März 2005.

Klaus Reichert und John Ashbery, Graz, Herbst 1982 (oben); Maja Pflug und Rosetta Loy, München, November 1996.

ZUSATZ

Da die Sprachen
in verschiedenen Landschaften
und unter dem Einfluß
unterschiedlicher Lebensumstände
und – erfahrungen entstanden sind,
ist ihre Inkongruenz
ganz natürlich.
Es ist zum Beispiel falsch
anzunehmen, der Spanier
nenne dasselbe »bosque«,
was der Deutsche »Wald« nennt:
und doch behauptet
das Wörterbuch,
»Wald« bedeute »bosque«.

José Ortega y Gasset

Oskar Pastior

Übersetzung: Der Vorgang. Das Ergebnis. Wumm.

Übersetzung, das ist doch, bitte sehr, das falsche Wort für eine Sache, die es im Grunde nicht gibt. Das falsche Wort, weil es, im Deutschen zumindest, eine materialiter vollzogene Translokation suggeriert, die dann aber mein In-eine-andere-Sprache-bringen-wollen natürlich schon ausschließt. Und eine Sache, die es so allgemein nicht gibt, weil ja tatsächlich jeder einzelne (reale oder potentielle) Lesakt im Kopf des Lesers oder des Hörers eine andere Lesart herstellt als das Druckbild oder die Akustik der sogenannten Übersetzung, die somit auf jeden Fall ein präsumptives Original ist, auch wenn wir es als solches nie kennen, sondern immer nur die eigene Wahrnehmungsvariante, also Übersetzung, dann doch, davon.

Ziemlich kompliziert. Übersetzung ist also streng genommen nicht möglich. Da es das Wort aber gibt, gebrauche auch ich es als konventionelle Münze und falle auf den Trugschluß, es gäbe sowas wie einen Gegenwert, immer wieder herein. Im Grunde ist es die Realismusfalle (»es gäbe die eine außersprachliche Wirklichkeit hinter beiden Texten – O und Ü –, und Übersetzen sei dann bloß ein Durchschleusen«). Die Falle lauert und bewirkt schlechtes Gewissen. Sie suggeriert mir den »Verrat«, der nötig sei, um mit dem Original überhaupt kommunizieren zu können – die trotzige Eigenverantwortlichkeit im arbiträren Handeln. Ist Übersetzen vielleicht eine protestantische Erfindung?

Wenn es schon kein Übersetzen gibt, dann ist jede Übersetzung wie jeder Originaltext ein Einzelfall, und jede allgemeine Übersetzungstheorie hinkt und verpufft am jeweiligen Einzeltext. Nur in ihm ist der Modus des Herangehens praktisch wirklich angelegt – mein jeweils gebrochener Umgang mit Texten wie Autoren. Irgendwie läuft es darauf hinaus, daß Wahrnehmung und Kenntnisnahme bereits Fabrication und Sinnbelehnung ist – ob man das nun Lesen, Interpretieren, Übersetzen oder Musizieren und das Ergebnis davon Lesart, Variante, Variation, Transformation, Reduktion, Amplifikation nennt, oder solche Leseweisen dann Spielregel, textgenerative Einschränkung, Eigengrammatik des Textes oder gar ein Oberflächenphänomen.

Bei Velimir Chlebnikov, »meinem Chlebnikov« ging es darum, in Analogie zu seinem Umgang mit der russischen Sprache einen Umgang mit der deutschen Sprache zu finden. Übersetzung war das nicht – höchstens in dem Maße, als ich mich bemühte, die großen Wortfelder so wie er in einem vorindustriellen Naturbereich zu halten. Ansonsten »verlangten« seine Lautprofilgedichte andere Tast- und Sammel-Hinwendungsbemühungen innerhalb des deutschen Wortschatzes als etwa seine Miniatüren, bei denen es um die molekulare Poiesis von Neubildungen ging.

Auch die 33 Texte mit Petrarca führe ich in der Bibliographie bei den eigenen Büchern, nicht bei den von mir übersetzten. Obwohl ich Wort für Wort dem

Originaltext gefolgt bin; freilich ohne Italienisch zu können (nur mit dem Wörterbuch); aber mit dem Vorsatz, seine Metaphern und Bilder in vermeintliche Gedankengänge (»die bei Petrarca zum Bild geführt haben könnten«) quasi detektivisch aufzudröseln; und die Sonettform Petrarcas dabei konsequent zu vernachlässigen.

Die Coproduktionen mit Weil Kusters. Wie wir uns in Hin- und Hertransformationen eines Anagrammtextes mal wörtlich, mal anagrammierend mit der absurden Fragestellung »Wie übersetzt man ein Anagramm in eine andere Sprache« abgestrampelt haben – bis ein Büchlein daraus wurde. Oder das andere Projekt mit ihm, wo ich ein Gedicht von Stefan George mit einer ganz arbiträren Methode (Versuchsanordnung) in »mein persönliches Deutsch« gebracht habe – damit der Niederländer Kusters es dann in »seine« Sprache übertragen konnte und ich das wieder »normal« ins Deutsche: George durch doppelte Brechung wieder in einer von zahllosen möglichen deutschen Lesarten.

Oder meine Anagrammgedichte selbst: nach Titeln von Kalendergeschichten von Johann Peter Hebel. Ein Movens dabei war, die Geschichten, ohne sie gelesen zu haben, bloß aus ihren Titeln »herauszuanagrammieren«. Das Unmögliche möglich machen. Mercurius oder Hermes; ich denke an The Go-Between, das ist Der Mittler, den Film von Losey. Hermetik wäre eine materiale Mittelbarkeit, das offenkundige Rätsel.

Oder die vertrackte Situation, zusammen mit H.C.Artmann und zwei japanischen Autorenkollegen, beim Renshi-Kettenprojekt. Jedes Kettenglied die Anregung fürs nächste – das aber hieß, die dazwischengeschalteten Hilfsbrücken-Übersetzungen (die gewiß sehr gewissenhaft waren) für bare Münze zu nehmen, obwohl sie, bei so entfernten Sprachen, Niemandsland waren, weiße Zonen im Schaukelmoor. Diese Hochstaplersituation mußte dann auch in meinen Antworttexten zum Tragen (beziehungsweise Schaukeln) kommen.

Beim Selberschreiben wie beim Selberlesen wie beim Übersetzen manipuliere, rezensiere, zensiere ich; das liegt in der Natur der neugierigen Dinge und dem so und nicht anders gearteten, biographisch entstandenen Sprachen- und Sprachschichtengemenge im Kopf; ja und auch an der so und in keine andere Reihenfolge geratenen Lektürenbiographie. Hätten mich der Metaphernreichtum bei Petrarca und der Metaphernschwulst bei manchen seiner Übersetzer nicht gereizt und geärgert, hätte ich einigermaßen Italienisch gekonnt, hätte ich mich nie darauf eingelassen. Und eine Übersetzung ist es ja auch nicht geworden.

Wenn ich rückblickend die »Bandbreite« meiner sogenannten »echten« wie der »unkonventionellen« (eigentlichen oder traditionellen, wie der entsprechenden Antithesen, usw) Übersetzungen feststelle, geniere ich mich wegen solcher und für solche Meßlatten, weil sie die Texte, um die es geht und die nun da sind, nur unter dem prekären O- und Ü-Verhältnis sehen wollen. Solche Meßeinheiten lassen außer acht, daß jeder gute Text, jedes gute Gedicht durch eine Reihe von vielleicht gar nicht mehr für nennenswert erachteten oder einfach noch nicht depistierten Spielregeln, produktiven Einschränkungen und persönlichen Grammatiken überhaupt so gut geworden sind wie sie sind.

Ich kann jedes Anagramm als eine buchstäbliche Übersetzung seiner Ausgangszeile, d.h. ihres Letternkosmos, ansehen – in welcher Sprache auch immer, die sich dieser Lettern bedient.

Ich kann auch eine Vokalise (die ich dann so nenne) der Vokalabfolge ihrer Ausgangszeile als eine Oberflächenübersetzung ansehen – in welcher Sprache auch immer, die sich in der gleichen Reihenfolge der Vokale bedient.

Ich kann ein Lautgedicht von Paul Scheerbart von 1897, nach hundert Jahren mit den Augen meiner Sinnbelehnung gelesen, durchaus als eine Oberflächenübersetzung ansehen.

Und ebenso die Winterreise, d.h. die 24 Gedichte von Wilhelm Müller und Franz Schubert, in meiner Gimpelschneise als deutsch-deutsche Neuübersetzung knapp unterhalb der romantischen Oberfläche.

Oder alle »Rede auf dem Bahndamm an die Steine« als »Übersetzungen, ohne Punkt und Komma, aus dem Sprachzustand genannt Gellu Naum« (und nicht aus irgendeinem anderen Rumänisch).

Oder all die Jahre meines Umgangs mit dem einen Gedicht von Charles Baudelaire »Harmonie du soir« als »meine 43 Intonationen davon«, so in einem Atem, als könnte man die einzelnen Momentfiguren letztlich einmal simultan zusammenhören. Was »o du roher iasmin«!, natürlich nicht geht. Dafür scheint stellenweise Baudelaire jetzt auf der Sprachenkarte auch im Mittelmeer ein wenig östlicher zu liegen.

Vom Übersetzen, wenn man einmal Blut geleckt hat – und ein herrlich »greuliches Festmahl« ist es allemal – läßt man ja doch nicht die Finger. Aber für den Text, auf den es ankommt, spielen die Bezeichnungen »O« und »Ü« (eigentlich »O versus Ü«) eine kleinere Rolle als etwa die Erkenntnisfreude des Kupplers, der ein Benngedicht mit einer Kleistanekdote gekreuzt hat und dann im Erkenntnisschreck sieht, was da, sozusagen selbsttätig gezeugt, herausgekommen ist. Dann schreibt »der Übersetzer« sich das selber zugute und hält sich für das Orakel vom Dienst.

»Was aber ist die Übersetzbarkeit? Sie ist einleuchtend. Sie ist so einleuchtend, daß der Fuhrmann sie dem jüngsten Sohn abnimmt und ohne Schwierigkeit durchs zwanzigste Jahrhundert vehikuliert. Sie ist ein Hoffnungsschimmer, den Worte an sich haben, die Politik machen, indem sie ihr heimleuchten. Der Kürbis wird von innen erhellt, eine Fuhre Illumination. Wir erweisen Denkanstößen die Reverenz, indem wir sie anstößig übersetzen.« □

Ein paar in diesem Text erwähnte Texte und Bücher des Autors:

– *»Vom geknickten Umgang mit Texten wie Personen« – in: Jalousien aufgemacht.* Ein Lesebuch. Hg. von Klaus Ramm. Carl Hanser Verlag, 1987, 2002.
– *Mein Chlebnikov.* Buch + CD. Urs Engeler Editor 2003.
– *33 Gedichte (mit Francesco Petrarca)* Carl Hanser Verlag 1983.
– *»Oulipotisch…« (Vokalise); »Zweite Berliner Ansteckung«* (Benn und Kleist); *»Der Tanz der Schere«* (mit Weil Kusters und St. George); *Kikakokú (mit P. Scheerbart)* – in: *Das Hören des Genitivs.* Gedichte. Carl Hanser Verlag 1997.
– *Gimpelschneise in die Winterreisetexte von Wilhelm Müller.* Buch + CD. Urs Engeler Editor 1997.
– *Gellu Naum: »Rede auf dem Bahndamm an die Steine.* Gedichte. Aus dem Rumänischen von Oskar Pastior. Ammann Verlag Zürich 1998.
– *o du roher iasmin.* 43 intonationen zu »Harmonie du soir« von Charles Baudelaire. Buch + CD. Urs Engeler Editor 2002.
– *»Was aber ist die Übersetzbarkeit?…«* – in: *Höricht.* Verlegt bei Klaus Ramm 1975 – in: *Werkausgabe* Band 2 *»Jetzt kann man schreiben was man will«,* Carl Hanser Verlag 2003.

Claude Esteban

Die eigene Sprache

Ich möchte mich hier auf einige eher kurze Anmerkungen zum Schreiben und Übersetzen beschränken. Zuerst soll die Frage nach dem Akt des Übersetzens an sich gestellt werden, wie es schon viele vor mir getan haben, und nach dem Platz, den das Übersetzen auf dem Gebiet literarischer Kreativität einnimmt oder einnehmen sollte.

Während die Linguistik den Bereich der Poesie in den letzten fünfzig Jahren durch methodische Forschungen erschließen konnte, scheint mir, als habe man die Bemühungen der Übersetzer vor allem der Poesie nur mit sporadischer Aufmerksamkeit, wenn nicht sogar mit Herablassung behandelt.

Sind die sprachlichen Fundamente eines Dichters einmal gesichert, seine Ausdrucksformen dechiffriert und kodiert – was Jakobson recht glücklich die »Grammatik der Poesie« genannt hat – soll die Praxis des Übersetzens, die beinahe immer auf eine »transidiomatische Operation« reduziert wird, sich gewissermaßen von selbst erledigen, sich einer Ordnung beugen, die ihren Lauf regelt.

Das Übersetzen wäre also eine subalterne Tätigkeit mit dem »Rang einer Dienstmagd«, um das Wort aufzugreifen, das Antoine Berman in seiner meisterhaften Studie über das Deutschland der Romantik, »l'Épreuve de l'étranger«, benutzt, dabei hätte die »verheimlichte, verdrängte, verachtete« Art des Sprechens und Nachschreibens besseres verdient als gewisse Verdikte oder Theorien im Hau-Ruck-Verfahren – etwa das berühmte Diktum Wittgensteins, die »Übersetzung aus einer Sprache in eine andere ist eine mathematische Aufgabe«, oder gar: »einen lyrischen Text in eine fremde Sprache zu übersetzen ist vollkommen analog zu einem mathematischen Problem«.

Nun kann man all jene zu Zeugen aufrufen, die sich in Frankreich seit dem 19. Jahrhundert gegen solche Behauptungen formiert haben, einmal durch ihre Arbeit als Übersetzer, zum anderen durch eigenes Reflektieren dieser Erfahrung: Chateaubriand mit seiner vollständigen Übersetzung von Miltons »Paradise lost«, Nerval bei seiner Beschäftigung mit Heine, oder Mallarmé, als er die Gedichte von Edgar Allan Poe übersetzte.

Wir wollen hier nur einen erhellenden Gedanken von Paul Valéry festhalten, dem es gelang, anläßlich seiner Übersetzung der »Bucolica« in Versform jenen Platz zu definieren, den der Akt des Übersetzers einnimmt, den er sich einrichtet: »Die Arbeit des Übersetzens, sofern sie mit dem Bemühen um eine gewisse formale Annäherung einhergeht, hält uns in gewisser Weise dazu an, in die Fußstapfen des Autors zu treten, nicht etwa einen Text ausgehend von einem anderen zu formen, sondern diesen als Ausgangspunkt zu nehmen, um sich in die imaginierte Epoche seiner Entstehung zu begeben.« Besonders die letzte Wendung dieses Satzes nimmt uns gefangen, hier sieht sich der Übersetzer konfrontiert mit dem Erscheinen des Gedichts im Augenblick seiner Geburt, mit jener geistigen Kraft, die in Worte geformt wurde, keinesfalls aber mit einer schlichten Grammatik, der Verknüpfung von Vokabular und Syntax, deren Übertragung ins Werk zu setzen sei.

Zu ganz ähnlichen Schlußfolgerungen kommt der äußerst eloquente Octavio Paz, selbst ein glänzender Übersetzer von Pessoa und Apolliniare, von John Donne und Bashô, wenn er seine Antwort auf Chomskys kompromißlose Axiome ohne Zögern so formuliert: »In den letzten Jahren gab es eine Tendenz, die zweifellos dem Imperialismus der Linguistik entsprang, nach der man geneigt war, den ungemein literarischen Charakter des Übersetzens herabzumindern.« Und er fügt hinzu: »Das Übersetzen von Poesie ist als Vorgehensweise analog zum Schreiben von Poesie. Jede Übersetzung ist in gewisser Hinsicht Erfindung und konstituiert somit einen einzigartigen Text.«

Nach mehr als dreißig Jahren, in denen meine Praxis persönlichen Schreibens mit dem Übersetzen gleichsam untrennbar verbunden war, muß ich gewiß nicht betonen, daß ich das Gefühl von Octavio Paz teile, denn niemals trenne ich beide Aktivitäten, die sich gegenseitig nähren und bereichern. Ein Gedicht zu übersetzen, bedeutet in meinen Augen nicht einfach den Übergang von einem System besonderer Zeichen – dem ursprünglichen Idiom des Textes – in ein anderes so gut es geht zu bewerkstelligen, das dann mein Idiom wäre, auf dem Umweg über die immer fragwürdigen Entsprechungen in Entwurf oder Lautlichkeit, sondern es bedeutet auch und sicherlich vor allem, daß man die Solidität und Dichte eines gedanklichen wie sprachlichen Gebäudes auf die Probe stellt – in unserem Fall der französischen Sprache – seine Fundierung überprüft, seine Möglichkeiten der Zukunft erfindet, ganz abgesehen von dem, was man den vorgeblichen »Geist« der Sprache nennt, um ihm nicht zu nahe zu treten, mit seinen Kodierungen, seinen Werten, seinen Verboten.

Ein Gedicht zu schreiben bedeutet, die angelernte Syntax zu überschreiten und mit ihr die Modalitäten des Denkens und Handelns, die sie transportiert, und um genau dasselbe geht es beim Übersetzen. Das hat meines Erachtens zur Folge, daß jeder, der sich diesem wahrhaft schöpferischen Akt ausliefert, den die Übersetzung von Poesie darstellt, von einer Leidenschaft erfüllt wird, die auch auf ihn übergreift, manchmal, wenn nicht immer, sogar auf das eigene Schreiben.

Aus diesem Abenteuer, das man nicht auf eine schlichte translinguistische Übung reduzieren sollte, geht man nicht unbeschadet hervor. Man hat sich im eigenen Höhlensystem in größere Tiefen hinabgewagt, man hat sich an Unerhörtem bereichert. Hinzu kommt, daß die Tätigkeit des Übersetzens, wenn man sie parallel zum ganz persönlichen, individuellen und gleichsam in seiner endgültigen Formulierung abgeschlossenen Schreiben betreibt, eine offene Form darstellt, eine unendliche Potentialität.

Ich denke an den hoch willkommenen Titel eines Buches von Jacqueline Risset, »La traduction commence«. Das Bestreben des Übersetzers, das vielleicht meines ist, galt dem Ziel, jenseits der Wechselfälle des Möglichen an einen stabilen Punkt zu gelangen; wobei meine Intuition, wie formlos auch immer, mir nahelegt, in ihm nur einen Ruhepunkt zu sehen. Denn der Prozeß des Übersetzens – in der Poesie, aber genauso in der Prosa – kennt keine Gewißheit, allenfalls die seines Ausgangspunkts.

Hier beginnt die Übersetzung tatsächlich, falls ihr Ursprung auszumachen ist, aber hat man sie einmal aufgenommen, gelangt sie niemals an ihren Schlußpunkt. Dabei möchte ich keinesfalls die Präsenz und Permanenz eines Originaltextes in Zweifel ziehen. Dieses Gedicht, diese Worte, die jemand zusammengesetzt hat, der nicht ich bin, waren vor mir da, wenn auch ihre Unumstößlichkeit im Augenblick, da ich mich von ihr freimache, mir lästig fällt und mich provoziert.

Kaum habe ich jedoch an dieses Gebäude Hand angelegt, gerät alles in Bewegung, und nun wäre jeder Versuch vergebens, das Durcheinander zu unterbrechen. Ich muß es übrigens sogar noch verschärfen, seine Wirkung vergrößern, wenn mein Vorhaben darin besteht, dem Gedicht eine neue Gestalt zu geben, und es eben nicht wörtlich oder mit Hilfe einer Art doppelter Illusion wiederherzustellen.

Das Schicksal der Übersetzung eines Gedichts, einer Sequenz, manchmal nur eines Verses besteht darin, nur vorläufig zu bleiben, in jenem Augenblick für Künftiges unverzichtbar, aber unzulänglich, und dadurch selbst immer bereit, sich zu erholen, sich neu zu beleben, im Lauf der Zeit Erfüllung zu finden.

Gedichte existieren nur, wie Goethe bereits ahnte, in dem geheimnisvollen Austausch, den sie mit der Verschiedenheit ihrer Versionen unterhalten, welche ihnen, so unterschiedlich sie sein mögen, niemals etwas nehmen, sondern vielmehr neue Energie spenden. Und vielleicht ist dies ein Verrat, aber ein »heiligkühner«, wie es Hölderlin in seiner prophetischen Sprache ausdrückte.

Noch habe ich nicht gesagt, inwiefern das Übersetzen meine Arbeit als Schriftsteller bereichert, und ob sie durch das Übersetzen vielleicht einen anderen Verlauf genommen hat. Dies ist eine Frage, die ich nur schwer in aller gebotenen Klarheit beantworten kann. Es besteht natürlich kein Zweifel, daß diese in zwei Sprachen zurückgelegte Wegstrecke, die sich anschließend anderen idiomatischen Horizonten öffnete – Italienisch, Katalanisch, dann Englisch, und aus Liebe zu Vergil sogar Latein ... –, daß dieses Vorgehen mein Bestreben um das richtige Wort nur verstärken konnte, falls das notwendig gewesen sein sollte.

Aber was wäre anders gewesen, wenn ich weder Quevedo, noch Guillén, noch Octavio Paz übersetzt hätte? Die Kenntnis der Sprache hätte mir genügen können, weil sie es mir erlaubte – was ja bereits das wertvollste ist – zu jedem dieser Gedichte Zugang zu erhalten, zu hören, wie in mir sich aufs Natürlichste das erhob, was Quevedo mit Rührung »die stumme Musik ihrer Rhythmen« nannte.

Freilich versprach ich mir von ihnen mehr als ein heimliches Ergötzen oder einen Vorwand zum Studium. Ich erhoffte mir, gewiß naiv, daß sie mir etwas auf Französisch gewähren würden, was durch mich selbst nur schwer zu erreichen war, weniger eine geistige Sicherheit als eine Überzeugung des Herzens.

Ich weiß nicht, ob ich zu ihr gelangt bin, und ob mein Schreiben heute dafür steht. So nehme ich erneut auf das Hauptanliegen Hölderlins Bezug, der ja mit großem Nachdruck gesagt hatte, daß ein Dichter niemals seiner wahren Sprache näherkommt als in der außergewöhnlich spirituellen Erprobung durch das Übersetzen.

Von uns hat jeder in für ihn angemessener Weise ein wenig diese Erprobung erlebt, die ebensogut eine Selbstprüfung ist. Unaufhörlich bemüht, ein immerzu fremdes Wort zu hören oder zu erhaschen, erhofft sich der Dichter zweifellos tatsächlich nur, eine jedes angelernte Idiom überschreitende Sprache erstehen zu lassen, von der selben Substanz wie die seine, die nur ein einziges Mal existieren kann. □

Aus dem Französischen von Hans Thill

Hans Thill

Griffel in der Hand, Dorn in der Pranke

Es ist schwer, den Zeilen eines anderen Autors zu folgen.
Sophronius Eusebius Hieronymus

Der heilige Hieronymus (347 – 420), erster Bibelübersetzer und Schutzpatron des gesamten Berufszweigs, wird häufig mit einem Löwen dargestellt, dem er einen Dorn aus der Pranke zieht. Die Legende erzählt uns eine paradiesische Geschichte von der zahmen Bestie, die sich bereit findet, den klostereigenen Esel zu hüten. Die Mitbrüder des Hieronymus kamen nur deshalb nicht mit aufs Bild, weil sie vor der Bestie reißaus genommen haben. Hieronymus ist Einsiedler, aber nicht allein. Dem Löwen den Dorn zu entfernen, so heißt es in der »Legenda Aurea« des Jacobus de Voragine, steht für das Eliminieren des Fehlers.

Der Meister der Askese und Demut ist ein gefürchteter Kritiker. Er findet Textstellen, in denen Matthäus die Bibel ungenau zitiert, weil er einen Bezug zwischen dem Alten Testament und dem Evangelium herstellen möchte (Matth. 27,9). Er kommt auf manche andere Schludrigkeit der Evangelisten. Dann schreibt er: »Man könnte den Apostel der Fälschung anklagen ...« (»Brief an Pammachius«).

Will man die Legende des heiligen Hieronymus emblematisch lesen, erhält auch eine eher komödiantische Episode ihren neuen Sinn. In seiner kirchenpolitisch aktiven Zeit hatte man Hieronymus zum Papst gewählt. In dieser Position straft er »die Unzucht etlicher Mönche und Cleriker«, die ihm deshalb eine Falle stellen. Nachts vertauscht man seine Kleider und »da er zur Frühmesse aufstund nach seiner Gewohnheit, da fand er einer Frauen Rock, den hatten ihm die Neider neben sein Bett gelegt; den zog er an und wähnte, es wäre sein eigen Kleid und ging also in die Kirche.«

Diese Eulenspiegelei führt dazu, daß Hieronymus (d.i. der heilige Name) sich nach Bethlehem zurückzieht, um sich nur noch zu kasteien und der Übersetzung der Vulgata zu widmen.

Der Übersetzer, so könnte man folgern, geht im fremden Rock.

Auch die Travestie, der Wechsel der Vorzeichen, des Geschlechts, ist ihm nicht fremd. Seine Funktion ist eine dienende. Man kann die Sache aber auch umgekehrt sehen. Im fremden Rock gehend, partizipiert er an dem Werk des anderen. Dem Werk, das er übersetzt, ist er am zweitnächsten, gegenüber dem Autor hat er überdies die Position des privilegierten Kritikers.

Übersetzend werde ich von fremden Geistern bewohnt, aber ich profitiere auch von ihnen. Diesem Aspekt wird in der Debatte um die Stellung der Übersetzer im Literaturbetrieb verständlicherweise wenig Aufmerksamkeit geschenkt, ich könnte mir aber vorstellen, daß dies der Grund ist, weshalb trotz all der wirtschaftlichen Widrigkeiten und Demütigungen sich immer noch zahlreiche talentierte Menschen finden, die diesen Beruf ausüben möchten.

Dem Übersetzer der Evangelien wird natürlich besonders hohe Wertschätzung zuteil. Die in der »Legenda Aurea« übliche etymologische Auslegung des Namens (mit zahlreichen Varianten) gipfelt in folgendem Übersetzungsvorschlag: »Hieronymus heißt auch Erschauung der Schönheit oder Richter des Worts.«

Für Martin Luther ist das richtige Übersetzen eine Frage der Moral. In seinem »Sendbrief vom Dolmetschen« heißt es: »Darum halt ich dafür, daß kein falscher Christ [=Papist] noch Rottengeist [=Anhänger Müntzers] treulich dolmetschen könne.«

Von katholischer Seite der bewußten Fälschung gescholten, weist er nach, daß ein echter Papist zu einer gelungenen Formulierung nicht in der Lage ist. Denn die Papisten sind Esel, die am gesprochenen Deutsch kein Interesse aufbringen. Man will ihn auf eine wörtliche Übersetzung festlegen (ganz nach Art der heutigen Fundamentalisten des Islam). Luther kontert:

»So wenn Christus spricht: ›Ex abundantia cordis os loquitur‹. Wenn ich den Eseln soll folgen, die werden mir die Buchstaben vorlegen und so dolmetschen: Aus dem Überfluß des Herzens redet der Mund. Sage mir, ist das deutsch geredet? [...] Denn ›Überfluß des Herzens‹ ist kein Deutsch, sowenig als das Deutsch ist: Überfluß des Hauses, Überfluß des Kachelofens, Überfluß der Bank, sondern so redet die Mutter im Haus und der gemeine Mann: Wes das Herz voll ist, des gehet der Mund über.«

Zu Zeiten, als ich aus finanziellen Gründen einen Roman nach dem anderen übersetzen mußte (was für die Mehrzahl der Übersetzer alltägliche Praxis ist), habe ich oft in Gedichten mit Gallizismen, false friends und anderen Verzerrungstechniken gearbeitet, um mich abzureagieren. Dabei kam mir entgegen, daß in meinem Sprachgedächtnis einige Wörter mit den Fragen aus der Kindheit markiert waren, die sie beim Spracherwerb ausgelöst hatten, allesamt Übersetzungs- oder genauer: Benennungsprobleme, und gleichzeitig war auch die kindliche Lust nicht erstorben, sich über die Konvention der Bedeutungen hinwegzusetzen. Denn die Arbeit, die Gegenstände mit den Wörtern in Übereinstimmung zu bringen, erfordert ein demütiges sich Einfinden in die vorgegebenen Muster, sie ist allenfalls kreativ in der Anwendung dieser vorgegebenen Systeme.

Man muß dabei die eigene Phantasie zurückdrängen und einige Bedeutungen schlucken, die nicht so recht einzusehen sind. Weshalb sang man in der Kirche »großer Gott wir loben dich«, wo doch sonst Lob immer nur von oben nach unten gespendet wurde?

Die Fragen vermehren sich, wenn man zu lesen beginnt, die Informationen nicht mehr aus dem direkten (vertrauenswürdigen) Umfeld kommen, sondern anonym weitergegeben werden. Plötzlich sieht man sich mit paradoxen Benennungen konfrontiert. Auf einem Kompressor konnte ich von der Schule heimkehrend den Markennamen entziffern: »leise wie der Wind«.

Diese Zumutungen vermehren sich, wenn man schreiben lernt. Gegen die disziplinierende Auffassung von dem Fehler als Pfahl im Fleische (des Löwen), kann man sich, erwachsen geworden, dann endlich wehren. Man kann Rache nehmen für ein paar Kopfnüsse und die viel größere Demütigung, etwas richtig schreiben zu müssen, indem man selbst anfängt zu benennen, nach Gusto und den Regeln einer Ästhetik, die man immerhin selbst zu entwerfen hat.

Aber auch der Schreiber von Gedichten sieht sich häufig von fremden Geistern bewohnt. So kann er den komplizierten Prozeß der Aneignung fremder Wörter (Zitate, Verweise, geliehene Metaphern) durch die Technik des poetischen Übersetzens durchsichtig machen.

Deshalb sind viele Autoren, die ich übersetzt habe, als Anreger in meinen Gedichten präsent. Einen, der nie von mir übersetzt worden ist, habe ich als groteske Figur in einen Zyklus eingeschmuggelt, Jean Arp, der in dem Moment übersetzbar wird, da man den französischen Namen gesprochen hört, Jean Harpe, auf deutsch: Hans Harfe.

Ein Kunstgriff, der es mir ermöglichen sollte, aus dem strengen Kloster der Schriftlichkeit auszubrechen. □

Anmerkungen:

Jacobus de Voragine, *Legenda Aurea*. Aus dem Lateinischen übersetzt von Richard Benz. Heidelberg (Lambert Schneider) 1984.

Hieronymus und Martin Luther aus: Hans Joachim Störig (Hg.) Das *Problem des Übersetzens*. Darmstadt (Wissenschaftliche Buchgesellschaft) 1963.

Heinz Schafroth

Lebenszeichen der Toten Sprachen

Catull als Übersetzer, Catull übersetzen

Die beiden merkwürdigen, weil dem Zeitgeist gründlich zuwiderlaufenden Nachrichten kommen aus Italien. Die eine, schon etwas zurückliegende, beruft sich auf eine Umfrage der Zeitung »La Stampa«. Sie befragte ihre Leser nach dem ihnen wichtigsten nicht-historischen »Helden« der Vergangenheit. Nicht Krishna, nicht Christus und keiner der Ritter der Tafelrunde, auch keiner der sonstigen Wagner-Heroen (aus dem Nibelungen-Sagenkreis zum Beispiel) schwang obenauf. Sondern ausgerechnet der doch schon in der antiken Uberlieferung reichlich zwielichtige Odysseus/Ulisse. Und noch erstaunlicher: den zweiten Rang nahm laut der »Stampa«-Umfrage der an seinem Wage- und Übermut tragisch gescheiterte junge Ikarus ein.

Was die Nachricht beweist: Zumindest die Welt des griechischen Mythos hat überlebt. Trotz des auf dem Dekretsweg verordneten Niedergangs der gymnasialen Fächer Griechisch und Latein. Die Leichtfertigkeit, womit die zeitgenössische Bildungspolitik sie zu Fall zu bringen droht, muß schon lange erbittern. Umso mehr, als fast alles, was als Schul- und Universitätsreform angepriesen wird, nichts anderes ist als die phantasielose Institutionalisierung des Zeitgeistes, seiner Effizienzgläubigkeit, seines Materialismus und seiner gleichmacherischen Kompatibilitätsziele.

Die Reformen sind nie als Versuch angelegt worden, Gegensteuer zu geben und den beiden längst massiv in die Defensive gedrängten Fächern Raum für eine neue Entfaltung zu verschaffen. Griechisch und Latein waren im Gegenteil nichts als die lästigen Stolpersteine, die es möglichst rasch aus dem Wege zu räumen galt, wenn der europa- und welt-, also vorallem wirtschaftskompatible Einheitsgymnasiast und -student zu etablieren war.

Daß unter diesen Voraussetzungen die Alten, die Toten Sprachen nicht bereits endgültig in die Bedeutungslosigkeit gesunken sind, grenzt an ein Wunder. Und daß zum Beispiel in der prachtvollen Tusculum-Reihe (Patmos,/Artemis) und in Reclams Universal-Bibliothek weiterhin antike Literatur in zweisprachigen Ausgaben publiziert wird, scheint einzig der puren ökonomischen Unvernunft zu verdanken sein.

* * *

Es sei denn, die Eliminierung der Alten Sprachen laufe auf die Dauer nicht so problemlos ab, wie es hierzulande, d.h. im deutschsprachigen Raum den Anschein macht. – Ein Indiz dafür könnte die zweite Zeitungs-Nachricht aus Italien sein. Sie findet sich in »La Repubblica« vom 17. Februar 2004 und besagt (und belegt es anhand von Tabellen), daß seit dem Schuljahr 2000/2001 die Zahl der Einschreibungen ins *Liceo Classico* (mit Griechisch und Latein also) kontinuierlich und signifikant zugenommen habe. Und im Jahr 2003/4 haben bis zu 12% (bei den Mädchen) und im Duchschnitt fast 10% der neueintretenden Gymnasiasten sich für Griechisch und Latein entschieden und damit für einen gymnasialen Typus, dem zuvor auch in Italien jahrelang das nahe Ende prophezeit worden war.

Und deshalb darf es wohl vorstellbar sein, daß auch anderswo irgendwann die Wende eintrete und daß die Erkenntnis sich durchsetze, die Alten Sprachen verdienten eine neue Chance. Nutzen werden sie diese jedoch nur dann können, wenn ihnen eine andersgeartete Bildungsreform eine Vorzugsbehandlung bei der Stundendotierung garantiert. Nicht weil sie besser (oder gar etwas Besseres) als andere wären, sondern weil sie nur so verantwortungsvoll zu lehren und zu erlernen sind.

Denn nur mit der notwendigen Anzahl der Wochen- und Jahresstunden werden die beiden Fächer ihre unspektakulärste Aufgabe wieder aufnehmen können: die Übersetzung der Texte aus der Originalsprache. Die Überlieferung von Mythos, Philosophie, der Tragödie und der Geschichte der antiken Welt kommt ohne sie aus. Ebenso die Erinnerung an die humanistischen Ideale und ihre oft genug inhumane Umsetzung in die soziale und historische Realität der antiken Welt.

Aber ausgerechnet das, was die Alten Sprachen Generationen von Schülern (und Lehrern) verleidet und suspekt gemacht hat, das Übersetzen also, ist unerläßlich im Griechisch- und Lateinunterricht. Eine Lektion für acht Verse von Horaz, sieben Zeilen von Tukydides, Tacitus, zehn von Platon oder Ovid: welcher Latein- oder Griechisch-Schüler wird sich nicht mit Grausen an soviel Aufwand für so wenig Ertrag seiner Bemühungen erinnern? Welcher nicht an die haarsträubend krummen Sätze, die dabei herausschauten, an die Zeit, die es brauchte, sie in eine muttersprachliche Form zu bringen, die er vor den andern und vor sich selber verantworten konnte?

Vielleicht erinnert er sich auch an die seltenen Glücksgefühle, die sich einstellten, wenn es für einmal gelang, mit seiner Übersetzungsarbeit eine höhere Form der Verständlichkeit zu erreichen und zu vermitteln. Aber auch so wird, wenn die Erinnerung an den Unterricht in den alten Sprachen überhaupt eine freundliche ist, die Freundlichkeit sich auf das beziehen, was auf die Übersetzung folgte: die Auseinandersetzung mit dem großen alten Text, das gemeinsame Gespräch über ihn.

Natürlich ist das alles tatsächlich das Schönere, das Nachhaltigere. Das Wichtigere, Fundamentalere aber ist vorher geschehen: als um die (halbwegs, behelfmäßig) richtigen Wörter und Sätze gerungen wurde; als Entscheidungen für das eine Wort getroffen werden mußten (aber die Optionen für ein zweites und drittes bestehen bleiben durften); als eine noch so geglückte Übersetzung (wenn es zu einer solchen je gekommen war) sich als bloßer Abglanz der Schönheit des Originals erwies.

Es ist nicht ganz leicht, ein Plädoyer für die Alten Sprachen mit ihrem verhaßtesten Element, der Übersetzungs-Plackerei, zu begründen. Aber sie müssen sie weiterhin oder erneut auf sich nehmen und, natürlich so gut es geht, die Mühsal des Übersetzens als »eine schöne Anstrengung« (Kleist) plausibel zu machen versuchen.

* * *

Es ist nichts als eine Vermutung, wenn auch eine verlockende, daß diese ersten Erfahrungen mit dem Übersetzen auch denen nicht erspart blieben, die später geniale Übersetzer wurden. War es mühsam oder spielend leicht für Catull und Horaz, Griechisch zu lernen? Und wieviel oder wie wenig haben Peter Handkes, Raoul Schrotts und Thomas Klings Tragödien- oder Lyrikübersetzungen aus dem Griechischen und Latein dem Unterricht in den beiden Sprachen zu verdanken?

Zwei der berühmtesten (im Unterricht meistübersetzten, -malträtierten) lateinischen Gedichte gehen auf ein griechisches Orignial zurück. Im Falle von Horaz' Soracte-Gedicht (carm. 1/9; mit dem tiefverschneiten Soracte im Eingangsbild) ist das griechische »Original« des Alkaios nur bruchstückhaft erhalten. Aber auch so ist die Aussage zu verantworten, die Horaz-Version sei das komplexere (auch kompliziertere), das reichere und spannungsvollere Gedicht und deshalb zu Recht im Verlauf der Literaturgeschichte in den Status des Originals erhoben worden.

Catulls Gedicht 1/50 hingegen konnte dem Originalgedicht, Sapphos Fragment 2D, nur dadurch beikommen, daß der Übersetzer die nicht überlieferte letzte Strophe Sapphos vervollständigte und sie anlegt als brilliante Ironisierung der in den drei vorangehenden Strophen von Sappho übernommenen Emotionalität. Damit gesteht er ein, daß das Original für ihn unerreichbar ist. Und zugleich wird aus einer bestmöglichen Übersetzung ein originales (und typisches) Catull-Gedicht.

Sappho läßt in ihren drei Strophen eine lyrische Ich-Stimme reden. Das (grammatikalisch) nachweislich weibliche Ich beschreibt die Empfindungen, die die Hochzeit einer geliebten jungen Freundin auslöst. Mit selbstzerstörischer Konsequenz reiht Sappho (es ist sinnlos, dem Ich des Gedichts einen anderen Namen zu geben) die körperlichen Symptome von Eifersucht und Verlangen aneinander, die auftreten, wenn sie die Freundin beglückt mit dem Bräutigam reden und lachen hört.

Natürlich sind die extreme Subjektivität und Spontaneität nur gespielt. Das beweist allein schon die objektivierende strenge Strophen-Form, die später nach Sappho genannt wurde und die nicht die geringste metrische Abweichung zuläßt. Es ist, anhand anderer Sappho-Fragmente, auch leicht aufzuzeigen, daß dieses so einmalig persönlich angelegte Gedicht mehrere Elemente traditioneller Hochzeitslyrik verwendet. Aber gerade dieses Wechselspiel von Subjektivität und Objektivierung, von Exaltation der Emotionen und Strenge der Form (wobei nie das eine das andere in Frage stellt oder aufhebt) wird keine Übersetzung des Gedichts je wieder zustande bringen.

Und genau deshalb mußte Catull mit seiner Rekonstruktion der letzten Strophe eine Dekonstruktion des ganzen Gedichts wagen und in Kauf nehmen. Er macht dabei klar, daß er ihm formal und im Ausdruck absolut gewachsen ist. Seine lateinischen »sapphischen Strophen« sind perfekt wie die griechischen, seine Wörter und Sätze kommen den griechischen erstaunlich nahe. Die Brisanz und Explosivität der Empfindungen aber sind Catulls Ich völlig fremd. Es ist ein männliches Ich, und es wendet sich an Lesbia, die Dauerprotagonistin von Catulls »Liebesgedichten«.

Die emotionale Emphase und Exaltation, die Catull in den drei Strophen davor, metrisch genau und ziemlich wortgetreu übersetzt hat, nimmt er in der letzten zurück, indem er sie als Flausen, als Auswüchse des Müßiggangs anprangert: Der aber habe immer schon ganze Königreiche und blühende Städte in den Untergang getrieben, behauptet Catull in den letzten Versen des Gedichts, das sich damit endgültig von der griechischen Vorlage verabschiedet, dafür eine neue Ebene der Ironie und Selbstironie ins lyrische Spiel bringt.

* * *

Die Geschichte der Übersetzungen des Sappho-Gedichts ist lang. Und seit Catull ist sie nur da faszinierend, wo nicht silbenzählende Philologen übersetzt haben, sondern Dichter-Übersetzer am Werk sind. Auch die hervorragendsten Zeitgenossen dieser Gattung, Thomas Kling und

Raoul Schrott, haben das Sappho-Gedicht übersetzt. Und auch sie ergänzen die nur als Fragment erhaltene letzte Strophe, aber aus dem Geist und der Stimmung der vorangehenden heraus, nicht, wie Catull, um sich davon abzusetzen.

Für beide zeitgenössischen Lyriker ist indessen auch Catull ein bevorzugter, vielleicht der modernere antike Autor. Obwohl er im Verlauf der Jahrhunderte zum Schulautor avanciert oder mutiert ist. Dies jedoch ausschließlich mit einigen wenigen seiner Lesbia-Gedichte. Genau gesagt: mit denjenigen, die nicht *ad usum delphini* ediert werden mußten. Der Rest von Catulls Werk ist entweder zu gelehrt oder dann von einer derart schockierenden sprachlichen Drastik im Anal- und Genitalbereich, daß sogar die Übersetzer der Gesamtausgabe sich die komischsten Verrenkungen einfallen ließen: »dir und deinem – du weißt schon«, ist dann beispielsweise zu lesen, wo es bei Catull schlicht und einfach: »dir und deinem Schwanz«, heißt.

Die Unverblümtheit der Sexualsprache ist für die sprachgewaltigen Lyriker von heute gewiss ein zusätzlicher Reiz. Der tiefere Grund für Catulls Attraktivität ist jedoch seine lyrische Souveränität, nie preiszugeben, was die innerste Wahrheit seiner Gedichte ist. Nicht einmal der Zyklus der Liebesgedichte für und an Lesbia, das lyrische Protokoll des Auf und Ab der Liebesaffäre Catulls mit einer verheirateten Römerin aus vornehmem Haus, verrät je, ob die Rasanz der Leidenschaften (Liebesglut, Haß, Eifersucht ect.) ernst zu nehmen ist oder ob nicht vielmehr bewundert werden soll, mit welcher Eloquenz, Formenvielfalt, mit wieviel Sprachwitz und rhetorischen Tricks die Gefühle illuminiert, zelebriert, inszeniert werden.

Schrott und Kling setzen, und auch das spricht letztlich für den Römer, ganz verschiedene Akzente in ihrer Catull-Rezeption. Schrott nimmt ihn (mit Properz; aber nicht mit Tibull oder Horaz) auf in seine grandiose Anthologie »Die Erfindung der Poesie. Gedichte aus den ersten vier Jahrtausenden«. Seine umfangreiche Catull-Auswahl berücksichtigt vor allem die Liebes- und Schmähgedichte, die der eminenten Sprachphantasie dieses Übersetzers in der Tat besonders entgegenkommen.

Kling hingegen wagt es, ins Zentrum seines Catull-Bandes solche Gedichte zu stellen, die man längst an ein paar wenige Spezialisten verloren glaubte und die sogar für diese eher zum Pflichtstoff zu gehören schienen. Es handelt sich dabei um Gedichte von abschreckender epischer Länge und von einer derartigen Fülle alexandrinischer Gelehrsamkeit, daß man in der Originalsprache eigentlich fast nur davor kapitulieren kann.

Aber ausgerechnet eines von ihnen, »Das Haar der Berenice«, ist Titelgedicht von Klings Catull-Anthologie. Ich-Stimme dieses Gedichts (das auf ein nur in Fragmenten erhaltenes griechisches des Kallimachos zurückgeht und nahezu hundert Verse umfaßt) ist eine als Sternbild an den Himmel versetzte Locke der Königin Berenice. Und diese Locke beklagt das traurige Los, vom Kopf der Herrin für immer getrennt zu sein und erzählt, wie es zur Trennung gekommen ist.

Wer an der absurden, dezidiert anti-realistischen Konzeption dieses Mini-Epos noch seine Freude haben mag, dem müßte sie angesichts der Überladenheit des Textes mit gelehrten Anspielungen (mythologischen, astronomischen) eigentlich rasch vergehen. Aber davor bewahrt schließlich das Verführungs-

und Überzeugungspotential der Übersetzungskunst des Neu-Alexandriners Thomas Kling. Sie läßt sogar die explizite Reserviertheit Schrotts gegenüber diesem Teil des Catullschen Werks im nachhinein obsolet erscheinen.

* * *

Im übrigen ist auch Raoul Schrott die begnadete Wiedergeburt eines alexandrinischen *poeta doctus*. Einer von denen also, die ein Höchstmaß an Tradition zu absorbieren versuchen und sie wiederzuleben vermögen. Und als Meisterübersetzer sind die beiden ohnehin ebenbürtig. Für beide gilt, daß es witzlos wäre, ihre Übersetzungen nach philologischen Kriterien zu beurteilen.

Wer so gut, so animierend übersetzt, hat von vornherein auch richtig übersetzt. Das ist darzustellen anhand der seltenen Beispiele, wo sich die beiden desselben Catull-Gedichts annehmen. Und zwar sogar eines der klassischsten des Autors überhaupt: dasjenige mit der Aufforderung an Lesbia, zu leben, zu lieben und endlos zu küssen (Catull 5).

Das Gedicht scheint vorerst nichts anderes im Sinn zu haben als privaten Übermut und harmlose gesellschaftliche Provokation. Aber die Zwei, die sich da Tausende und Abertausende von Küssen geben wollen, sind nicht ein selbstvergessenes romantisches Liebespaar. Im Gegenteil, sie wollen gesehen, beachtet werden, wenn auch bloß, um sich keinen Deut darum kümmern zu können.

»Keinen Pfifferling« wollen sie geben »um das getuschel greiser spießer« (Kling), »keinen groschen auf den sauren sermon alter männer« (Schrott). Das Zielpublikum des endlos küssenden Paares ist nicht irgendeines. Es verkörpert im alten Rom die herrschende Klasse, das machtausübende Establishment. Das Gedicht war damals nicht ohne politischen Hintersinn zu lesen und ist es heute noch immer nicht.

Aber auch nicht ohne den Schatten der Todesgewißheit, der auf die Küssenden fällt und der angesichts von Catulls frühem Tod (er soll dreißigjährig gestorben sein) fast prophetisch anmuten könnte: »unser lichtchen, wenns ausgeht, ein für / allemal ewig nacht dann, und ein schlaf«, sagt Kling; »während unser kurzes licht verlöscht / in eine nacht endlosen schlafes«, sagt Schrott.

Und beide sagen es Catull nach: »nobis, cum semel occidit brevis lux, / nox est perpetua una dormienda.«

Bei allen, beim Original-Autor und bei den Übersetzer-Autoren, geht es erst dann so richtig los mit der Küsserei und der Küssezählerei, die dem Gedicht zu seiner Berühmtheit verholfen haben.

In solch komplexen Zusammenhängen ist das Gedicht des Schulautors , das vor lauter Klassizität abgedroschen zu werden drohte, auf einmal wieder brennend zeitgemäß und dürfte es leichter nachzuvollziehen sein, warum die Stammel-Übersetzungen im Lateinunterricht aller Epochen möglicherweise als Initialzündungen zu begreifen wären. □

Wolfgang Werth

Übersetzungen lesen

Seit mehr als fünfzig Jahren bin ich ein passionierter Leser russischer Literatur. Doch leider fehlt mir die Fähigkeit, sie in ihrer Sprache wahrzunehmen. Mein Russisch ist nur passiv, ein in acht DDR-Schuljahren mühsam erworbener und späterhin (im Westen) durch sporadische Übung eher gesicherter als erweiterter Besitzstand, der gerade mal ausreicht, mich an Hand von Übersetzungen in literarische Originaltexte hineinzutasten. Die weitaus meisten Bücher aus dem Russischen aber habe ich so hingenommen, wie sie ins Deutsche gebracht worden waren – und bei ihrer Lektüre oft vergessen, daß es sich nur um Nachbildungen handelte, die bestenfalls vorstellbar machen konnten, wie die Autoren geschrieben haben würden, wenn sie genötigt und in der Lage gewesen wären, sich der deutschen Sprache zu bedienen.

Aber welche dieser Übersetzungen kamen dem Unmöglichen so nahe wie möglich: der unerreichbaren Übereinstimmung mit den mir unbekannten Originalen? Manche wirkten in Form und Ton stimmig. Literaturkritiker lobten sie als vortrefflich, wo nicht gar als kongenial. Andere holperten und erhielten schlechte Noten.

Mehr als ein Nebensatz oder ein Nachsatz, ein Apropos zur Qualität der Übersetzung wurde selten geboten, nicht genug für den Nachweis des Entscheidenden – ihres Verhältnisses zum Original. Offensichtlich waren die deutschen Fassungen als »Texte an sich« gelesen und ihre stilistischen Vorzüge oder Mängel kurzschlüssig als Indizien ihrer übersetzerischen Stärken oder Schwächen gewertet worden.

»Was man auch von der Unzulänglichkeit des Übersetzens sagen mag«, sagt Goethe, »so ist und bleibt es doch eines der wichtigsten und würdigsten Geschäfte in dem allgemeinen Weltverkehr.« Ist es auch ein wichtiges und würdiges Geschäft – oder doch bloß ein windiges – Übersetztes in Unkenntnis des Originals zu rezensieren?

Über vierzig Berufsjahre hin habe ich nicht wenige Novitäten aus dem Russischen rezensiert, neben deutscher Literatur, aber durchaus nicht nebenher. Denn diese Bücher waren zum Zeitpunkt ihres Erscheinens hochaktuelle und brisante Botschaften aus dem Inneren jenes Landes, dessen weltmächtiges System den »allgemeinen Weltverkehr« und in besonderem Maß auch das deutsche Schicksal mitbestimmte.

Auch in Unkenntnis dessen, was die Vermittler den deutschen Adressaten vorenthalten mußten, ließ sich Wesentliches erkennen und erörtern: die meist moralische Motivation der Autoren, sich heikler Themen anzunehmen, die Struktur und Dramaturgie und der beträchtliche Nachrichtenwert ihrer realitätsnahen Fiktionen. Zu erkennen, manchmal auch nur zu vermuten, war zudem, was den sowjetischen Zensor veranlaßt hatte, einige dieser Bücher zur Veröffentlichung freizugeben und andere durch Verbot in den Untergrund zu verbannen, wo sie umso wirksamer zirkulierten.

So gesehen schien es mir kein allzu großer Nachteil zu sein, mich an die Übersetzungen halten zu müssen. Ihm stand zudem der starke Heimvorteil gegenüber, die literarischen Zusammenhänge in Betracht ziehen zu können, in die das jeweils zu rezensierende Buch gehörte.

Welche Einflüsse es aufgenommen hatte, welche Traditionslinie es fortsetzte, von welchen Konventionen es sich distanzierte und worin es originell, innovativ, also beispiellos war – um das durch Vergleich herauszufinden, bedurfte es meistens nur der im eigenen Kopf präsenten Bibliothek übersetzter russischer Literatur, die sich, wo nötig, leicht um noch darin Fehlendes ergänzen ließ.

Denn der besagte Heimvorteil bestand darin, daß der auf Übersetzungen angewiesene Leser auf nahezu nichts verzichten mußte, was er, aus welchen Gründen auch immer, lesen wollte: weder auf Alexander Solschenizyns »Archipel GULAG« noch auf Alexander Fadejews »Junge Garde« (ein Musterbeispiel des stalinistischen Sozrealismus), nicht auf Jurij Trifonows Moskauer Novellen, Isaak Babels »Reiterarmee«, Ilja Ehrenburgs von ihm selbst verdrängtes Meisterstück »Lasik Roitschwantz« und auf kaum eines der neben den weltliterarischen Œuvres der Großen des 19. Jahrhunderts zweitrangig erscheinenden Werke ihrer Zeitgenossen.

Von ihren Anfängen bis zur jeweiligen Gegenwart ist die russische Literatur nirgendwo so umfassend und so repräsentativ zu öffentlicher Erscheinung und Wiedererscheinung gebracht worden wie zwischen 1945 und 1990 im politisch geteilten deutschen Sprachraum.

Nirgendwo sonst und schon gar nicht in der Sowjetunion, wo bis zum verspäteten Reformversuch Michail Gorbatschows die lange Reihe der seit Boris Pasternaks welterfolgreichem »Doktor Schiwago« als literarische Konterbande in den Westen gelangten Bücher verboten blieb und wo die großen Dichter und Schriftsteller aus der frühen Sowjetzeit, deren Namen und Werke auf Stalins Geheiß »für alle Zeit« aus der Literaturgeschichte und aus dem Gedächtnis des Volkes hatten getilgt werden sollen, nach langem Zögern immer noch keine offizielle Ehrung erfuhren, sondern nur die »Gnade«, postum rehabilitiert zu werden.

Viel gab es für den passionierten Leser zu entdecken. Und dabei halfen ihm nicht zuletzt zahlreiche Leitfäden und Wegweiser: Selbstäußerungen von Schriftstellern, Autobiographien und Biographien, literaturhistorische und -theoretische Abhandlungen, Essays und Aufsätze, die Themen und Tendenzen der russischen Literatur erörterten, oder die Strukturen einzelner Werke analysierten – darunter Boris Eichenbaums meisterliche Darlegung »Wie der Mantel gemacht ist«, Gogols »Mantel« nämlich, aus dem, wie Dostojewski, für seine Kollegen mitredend, kundtat »wir alle herkommen«.

Das mir liebste, weil lebendigste Lehrbuch sei hier weiterempfohlen: Es versammelt die souveränen Lektionen, mit denen der bilinguale Exil-Russe Vladimir Nabokov seinen amerikanische Studenten die Kunst des Lesens russischer Meisterwerke beibrachte – übrigens in deren englischen Übersetzungen. □

»Entscheidend ist das Ungesagte!«

Zsuzsanna Gahse im Gespräch mit dem Lektor Reto Ziegler

Gahse: *Muß eine Übersetzung im Deutschen ein absolut richtiges Deutsch sein oder nur ein überzeugendes Deutsch, oder ist es am Ende besser, wenn man die Ferne der anderen Sprache fühlt, die Sprache in der Ferne?*

Ziegler: Richtiges oder korrektes Deutsch scheint mir nicht unwichtig zu sein, aber es ist sicherlich kein besonders gutes Kriterium, um die Qualität einer Übersetzung zu beurteilen. Auch eine hölzerne Übersetzung kann in einem absolut korrekten Deutsch verfaßt sein. Wichtiger ist, daß die Übersetzerin oder der Übersetzer eine Sprache findet, die dem Original adäquat ist. Denn überzeugen kann eine Übersetzung nur dann, wenn eine stilistisch durchgeformte, rhythmische Sprache gefunden wird, die der Struktur des Originals möglichst entspricht.

»Absolut richtiges Deutsch« könnte dann unter Umständen sogar eine unerwünschte Glättung oder Entstellung des Originals sein. So ist es wohl besser, von »überzeugendem Deutsch« zu sprechen, und ein solches kann durchaus auch mit dem »Fühlen der Ferne anderer Sprachen« zusammengehen – ja muß es, wenn die Übersetzung für den deutschen Sprachraum eine Bereicherung sein soll.

Sprache wandelt sich, sie ist in steter Transformation begriffen. Und eine literarische Übersetzung hat ja nicht zur Aufgabe, möglichst die gegenwärtig gerade gültige Sprachnorm zu dokumentieren, nein, sie soll auch das uns Fremde, das der andern Sprache und Poesie Eigene vermitteln, und dazu muß der Übersetzer, wie schon Rudolf Pannwitz sagte: »die eigene Sprache durch die fremde bereichern und vertiefen«.

Wenn es um Übersetzungen geht, hast Du meistens Gedichte zu lektorieren. Wie weit kannst Du bei den einzelnen Gedichtzeilen korrigierend eingreifen?

Korrigierende Eingriffe durch den Lektor – soweit es sich nicht einfach um Rechtschreibung und Grammatik handelt – sind eine sehr heikle Sache. Daher versuche ich möglichst nicht einzugreifen, zumindest nicht direkt. Denn der Lektor ist ja nicht der bessere Übersetzer – oft beherrscht er die Sprache, aus der übersetzt wird, kaum oder gar nicht –, sondern ein erfahrener Leser, der die Übersetzung ein erstes Mal genau gegenliest und mit dem Übersetzer bespricht.

Nebst dem Gesamteindruck geht es bei einem solchen Gespräch natürlich vor allem um jene Stellen, über die ich als Leser gestolpert bin, sei es, daß ein Gedicht aus dem Rhythmus läuft, daß mir eine Formulierung, eine Zeile zu ungelenk erscheint, zu sehr nach Linearübersetzung klingt oder unverständlich bleibt usw.

Ziel eines solchen Gesprächs darf natürlich nicht sein, mehrdeutige und dunkle Stellen »leser- und verkaufsfreundlich« zu verflachen, sondern dem Text eine möglichst präzise Form, den letzten Schliff zu geben.

Nicht selten zeigt sich in einem solchen Gespräch, daß eine unklare Stelle aufgrund der komplexen Übersetzungsstruktur sich nicht so einfach beheben läßt, wie es mir auf den ersten Blick schien, ja daß Änderungen an ganz anderen Stellen vorgenommen werden müssen, als dort, wo die Schwierigkeiten für mich als deutschsprachigen Leser akut werden.

Lassen Übersetzer gut mit sich reden? Dulden sie weniger oder mehr Einwände als Autoren?

Generell läßt sich das sicherlich nicht beantworten, da jeder Autor, jeder Übersetzer jeweils anders auf Einwände reagiert. Diese persönlichen Begegnungen macht meine Arbeit sehr spannend: Jedes Lektorat verläuft anders. Es kann sein, daß ein Übersetzer, eine Übersetzerin sehr schnell und entschieden auf Einwände reagiert: »Ja, hier muß was geändert werden, das machen wir besser so – nein, das hier sollte so bleiben, das entspricht eher dem Original.« Andere diskutieren gerne über problematische Stellen, wieder andere suchen lieber für sich nach einer Lösung.

Entscheidend für das Gelingen der Zusammenarbeit, für die intensive, anregende Auseinandersetzung ist aber in allen Fällen gegenseitige Wertschätzung und Vertrauen: mein Vertrauen in die Fähigkeiten des Übersetzers, sein Vertrauen in meine genaue Lektüre. Denn natürlich ist diese kritische Auseinandersetzung mit der Übersetzung nicht immer einfach. Wer liebt schon Kritik? Und eine unvorsichtig gestellte Frage kann schnell auch als Bevormundung verstanden werden und statt zu einem produktiven Prozeß zu Spannungen oder zu einer Blockade führen.

Solche Spannungen entstehen oft – wie könnte es anders sein –, wenn es um besonders schwierige Texte oder Textstellen geht, also dort, wo Übersetzer und Lektor besonders gefordert sind.

Was ist ein schwieriger Text?

Schwierig zu übersetzen ist die Leichtigkeit, die zwingende Ungezwungenheit eines Textes: das Komplexe, das ganz einfach daher kommt.

Wenn zum Beispiel ein Autor für ein Gedicht Metrik, Reim und Assonanzen benutzt, zudem eine verschachtelte, ungewöhnliche Syntax mit komplizierten Perspektivenwechseln gebraucht, Sprachspiele einsetzt und mit bestimmten Wortfeldern arbeitet, und zugleich all diese Elemente so gekonnt ineinander greifen läßt, daß ein luftig leichtes Gebilde entsteht, dann ist es für den Übersetzer kaum möglich, all diesen Aspekten gerecht zu werden.

Andererseits scheint mir aber die Übersetzung einfacher Sätze, wo jedes unpräzis gewählte Wort das ganze Gefüge aus dem Gleichgewicht bringt, um nichts weniger schwierig. Denn, zugespitzt gesagt: Entscheidend ist hier wie dort das Ungesagte.

Und hat der Übersetzer einen Satz oder eine Zeile bereits 20 Mal hin und her gedreht, bevor er sich für eine der Übertragungsmöglichkeit entschieden hat, dann ist es keine leichte Situation, wenn der Lektor wünscht, daß diese Stelle nochmals genauer angeschaut wird. Aber gerade die manchmal durchaus auch hitzige und also entsprechend intensive Diskussion solcher Textstellen kann das Verständnis für die Probleme beim Übersetzen des Textes vertiefen und führt letztlich meist zu zumindest zufrieden stellenden Ergebnissen und zu Einsichten, die auch weit über die einzelne Textstelle hinausreichen können.

Mußt Du Dich auch mal bei dem Dichter, dem Autor des Originals, bei manchen Fragen vergewissern?

Natürlich halte ich, wenn möglich, auch mit den Autoren und Autorinnen Kontakt. Ich bin neugierig, wer die Gedichte geschrieben hat, deren Übersetzung ich begleite, und die Autoren sind meist neugierig, wer ihre Texte betreut, in welchem Verlag ihr Buch erscheint, usw.

Dabei kommt es auch zu Gesprächen über die Zusammenstellung des Bandes, über poetologische Ansätze und auch über einzelne Textstellen. Das ist meist sehr hilfreich fürs Lektorat, und die eine oder andere vergewissernde Frage kann schon auch mal dabei sein. Grundsätzlich scheint es mir jedoch richtig, daß der Übersetzer, der ja meist mit dem Autor in engerem Kontakt steht, nachfragt, wenn während des Lektorats ein Problem auftaucht.

Gerade bei Gedichten kommt es häufig vor, daß sie in mehreren Übersetzungen vorliegen. Hat man dadurch einen besseren Blick auf die Kluft zwischen Original und Übersetzung? Einen Blick auf das Vakuum zwischen den Sprachen?

Ein Vergleich zwischen mehreren Übersetzungen eines Gedichts kann eine äußerst spannende Sache sein. Sicherlich auch, weil dabei besonders deutlich wird, daß zwischen Original und Übersetzung eine Kluft, eine Differenz ist und daß es die absolute Übersetzung nicht gibt. Faszinierender scheint mir aber, daß es diese Vielzahl von Möglichkeiten, ein Gedicht zu übersetzen, überhaupt gibt, daß ein einzelner Text so viele Übersetzungen provozieren kann. Jeder hat sicher schon die Erfahrung gemacht, daß ihn ein Gedicht, ein Text zu unterschiedlichen Zeiten ganz unterschiedlich anspricht, daß ihm plötzlich ganz andere Aspekte eines Gedichts wichtig scheinen, als zuvor.

Es gibt also auch eine Kluft zwischen den verschiedenen möglichen Wirkungen eines Gedichts zu unterschiedlichen Zeiten: Jedes Lesen und Wiederlesen ist eine Aktualisierung einer möglichen Lesart des Gedichts. Und entsprechend gibt auch jede Übersetzung eine andere Lesart des Gedichts wieder.

Dabei gibt es natürlich Lesarten und Übersetzungen, die mehr von den Möglichkeiten des Originals umsetzen als andere und somit adäquater sind. Solche Übersetzungen zeichnen sich auch dadurch aus, daß sie weniger schnell veralten, als jene, die sich allzu stark an die Übersetzungs- und Sprachmoden ihrer Zeit halten. Ihnen ist wohl tatsächlich gelungen, etwas vom Original, von seiner Kraft und Lebendigkeit mit zu übersetzen.

So geben Übersetzungen auch den Blick auf die Differenz in der eigenen Sprache frei. Auf Texte, Satzstrukturen und Formulierungen, die sich und ihren momentanen Effekt schnell überleben, und auf solche, die sich im Wandel der Sprache mitwandeln.

Meinst Du manchmal, im trüben Wasser zu fischen? Beziehungsweise die Sprache, die Orientierung zu verlieren? Oder ganz anders gefragt: Liegt beim Übersetzen ein Sprachverlust vor, ein Wortgewinn oder vor allem Mißtrauen?

Eine gute Übersetzung ist fürs Deutsche immer auch ein Wort-, ein Sprachgewinn, denn ihr gelingt es, etwas vom Einzigartigen des Originals – von seiner

Stimmung, seinen Bildern, seiner Sprache – ins Deutsche zu vermitteln. Das schließt aber nicht aus, daß diese Bereicherung, gemessen am Original, zugleich auch Sprachverlust ist. Dies ist wohl auch der Grund, weshalb selbst die großartigste Übersetzung veraltet und daß insbesondere die Werke der Weltliteratur zu immer wieder neuen Übersetzungen herausfordern.

Der Eindruck, im Trüben zu fischen, stellt sich bei mir daher vor allem dann ein, wenn Passagen einer Übersetzung allzu belanglos bleiben. Dann werde ich mißtrauisch: Ist die Vorlage belanglos, die Übersetzung mißraten oder fehlen mir wichtige Kontexte für ein adäquateres Verständnis?

Gehört ein lektorierter Text gewissermaßen einem selbst?
Und: bekommt man als Lektor eine kleine Nähe zu den Sprachen, aus denen übersetzt wurde? Bei Deiner Arbeit geht es ja – das ist eher ein Seltenheitsfall – um zweisprachige Ausgaben, bei denen das Original offensichtlich mitspielt.

Ein literarischer Text, eine literarische Übersetzung gehört – von rechtlichen Aspekten abgesehen – sich selbst. Mir gehört die Auseinandersetzung mit dem Text, und die ist durch das Lektorat besonders intensiv: die mehrfache Lektüre des Textes, das Gespräch mit dem Übersetzer, das Erwägen von Varianten.

Bei lyrischen Texten kommt die Auseinandersetzung mit dem Original dazu, die Analyse der klanglichen und rhythmischen Strukturen, der verwendeten rhetorischen Mittel usw. Dadurch entsteht natürlich auch eine »kleine Nähe« zu den übersetzten Sprachen, besonders zu den sie jeweils prägenden klanglichen Qualitäten. Und es entsteht jeweils auch eine »kleine Nähe« zu den Originaltexten, eine Nähe aus dem Pendeln zwischen Klängen und Rhythmen der Übersetzung und des Originals.

Das ist es, was ich an den zweisprachigen Ausgaben so schätze – gerade auch dann, wenn ich die Originalsprache selbst nicht spreche. ☐

Joachim Kalka

Sprachliche Minima als Problem des Übersetzens

und als Thema einer Kulturgeschichte. Skizze eines Projekts

Der Verfasser beschäftigt sich schon länger mit dem Thema der sprachlichen Minima – jener Formulierungen, die auf knappem Raum eher eine gleichzeitig allbekannte und kryptische Sprachgeste bilden als eigentlich etwas Diskursives ausdrücken (»Na!«, *»eh what?«*, »ha!«,*»bof«*, »so?«, »hoppla!«, »hmm«, *»ecco«*, »uff«, *»eh bien«*, *»say!«* usw. usw.).

Das hat zweierlei Ursachen. Einmal stößt man in der Praxis des Übersetzens (und beim Versuch einer Didaktik der Übersetzung) immer wieder darauf, daß gerade bei diesen ganz unscheinbaren Sprachbausteinen die Aporie droht. Was heißt *»wow«* auf deutsch? (Gelegentlich, aber nur gelegentlich, kann es »ui« heißen. Eine Hilfslösung wie »toll!« verlöre bereits ihre eigentliche Expressivität.)

Das ist der eine, der praktische Anstoß. Allgemeine Überlegungen zu einer Ästhetik des Minimalen führen aus einer anderen Richtung an das Phänomen heran: der Gedanke, sprachkritisch eine detektivische Linie zu verfolgen (wie sie Carlo Ginzburg als Historiker mit den Namen Freud, Morelli, Conan Doyle verknüpft hat), die darauf zielte, im Unscheinbarsten die dichteste »Wahrheit« zu suchen, das entscheidende Indiz bloßzulegen.

Das würde bedeuten, diesen Winzigkeiten der Sprache einmal experimentell eine besondere Aussagekraft zu unterstellen und zu analysieren, ob nicht analog zur Begriffsgeschichte so etwas wie eine Mikrologie des »Ach!« oder des »Ha!« viel über die Geschichte unserer Sprache (und unserer Sprachempfindungen) aussagen könnte. Dazu gehört auch eine Art paradoxe Verliebtheit in die kleinen, dummen, scheinbar nichtsnutzigen Füllsel der Sprache.

Es gibt hier, soweit ich sehe, nur wenige isolierte und vorsichtig abstrakte Versuche von Linguisten beziehungsweise Einzelbeobachtungen (oft aus dem Interesse an regionalen Wortbildungen erwachsen). Hierher gehören manche beiläufigen Interpretationsversuche von eigentlich anderweitig interessierten Gelehrten – etwa Panofskys Überlegungen zum Hamburgischen »ja nun auch« (»Martha Y. hat sich ja nun auch verlobt«, vgl. »Goldschmidts Humor«, in *Adolph Goldschmidt zum Gedächtnis*, Hamburg 1963) oder Franz Dornseiffs Bemerkungen (in dem knappen Aufsatz »Wortgeographisches« von 1927) zum Berlinischen »man«, zum hessischen »gell«, zum bayerischen »fei«, zum österreichischen »halt«. »In solchen Wörtern sind«, wie Dornseiff ironisch, aber nicht ohne Ernst schreibt, »Gebärden der Seele gegen das All laut geworden.« Das berlinische »man« (»wenn Se man nich naß werden«) will laut Dornseiff gemütlich sein, aber es kommandiert.

»Nicht Maria, sondern Martha.« Das ist ein Beispiel für eine maximal ausgreifende Interpretation eines Minimums, der man in ihrer Konsequenz nicht unbedingt beitreten möchte, die aber ein reales Sprachproblem fixiert. (Minima werden gelegentlich als national oder regional bezeichnende Schlüsselchiffren interpretiert. – Gerade die in vielfältigen Übersetzungen zirkulierende »Trivialliteratur« drängt übrigens den Leser gelegentlich fast unwiderstehlich zur Konstatierung eines auf komische Weise national Typischen. Der »head beagle«, als den sich Snoopy in Charles M. Schulz' Comic Strip *Peanuts* gelegentlich phantasiert, erinnert im amerikanischen Original vor allem an das britisch-schulische »headmaster« oder vielleicht an den Direktor, *the head of a corporation*. In der deutschen Übersetzung des *Peanuts*-Comics heißt er knapp und militärisch/bürokratisch »der Oberhund«, auf italienisch schwelgerisch »il grande bracchetto«, auf französisch aber großartig »le président des corniauds«.)

Manche der Minima wurden literarisch erst in ihrem Verfall wirklich bewußt eingesetzt – als Mittel satirischer Zeichnung à la »Professor Unrat« (»traun... wahrlich... vorwärts denn also«). Wann tritt der Zeitpunkt ein, ab dem ein »Ach!« wie das der Alkmene unmöglich geworden ist? Lassen sich Aufstieg und Fall solcher Minima wie »Ei!«, »Oho!«, »Ha!« genau rekonstruieren? Expektorationen oder Ejakulationen wie »Ha!« oder »Ho!« sind gute komplexe Beispiele.

Das »Ha!«, das in der Lyrik und auf der Bühne des sechzehnten bis achtzehnten Jahrhunderts eine so große Rolle spielte, wurde dann rasch zum Inbegriff des falschen Pathos, zur Chiffre der Lächerlichkeit, so daß die Herausgeber von Christian Wagners Gedichten bereits um 1910 glaubten, die Zeilen in dem herrlichen Gedicht »Syringen«, die mit »Ha, bin ich's selbst, des einstig Erdenwesen / Nun auch einmal zu solchem Glanz genesen« nur in der Form »Bin ich es selbst...« drucken zu können.

Das englische »Ho!« ist ein interessantes Exempel für eine eigentlich unübersetzbare Sprachgeste, die in der Literatur komische Konvention geworden ist: Die Polizisten sagen bei einem Autor wie P. G. Wodehouse stereotyp »Ho!« (ins Deutsche müßte dies am ehesten noch mit »Was geht hier vor?« übersetzt werden, dann fehlt aber die gnomische Kürze); Bertie Wooster bemerkt: »I have an idea that the first thing they teach the young recruit on joining the Force is how to utter this ejaculation« *(Joy in the Morning)* . (Sprachliche Minima sind natürlich entscheidende Verbalsignale der Boulevardkomödie, in der stets jemand den Kopf zur Tür hereinstreckt und beispielsweise sagt: »Fichtre! C'est mon gendre.«) »Ho! Ho! Ho!« lacht der Weihnachtsmann auf amerikanisch, eine Sprachgebärde, die mittlerweile in die deutsche Werbung eingewandert ist, aber dort trotzdem eigentlich noch ein exotisches Zitat darstellt.

Die Frage nach den Minima führt weit; man nähert sich mit ihr bald den averbalen Sprachgeräuschen wie »mhm« oder dem bedauernden Zungenschnalzen, für das sich noch nicht einmal eine allgemein akzeptierte schriftliche Wiedergabe eingebürgert hat (»dz, dz«; »te! te!«; »t, t, t« usw.), und schließlich der ganz sprachlosen Gebärdentypik, dem, was bei Queneau in den Dialogen lakonisch eingeklammert als Geste erscheint »'Ça' (geste)« oder »'Vous avez entendu ça à la tévé' (grimace)« und was oft eine große Bedeutung für ein Erzählen hat, in rituell wiederholten Formulierungen wie »Don Camillo allargò le braccia...«

In Witzen sollen Minima oft eine konventionelle, stigmatisierende Kennzeichnungsfunktion für ein ganzes soziales Milieu haben, etwa das »Äh« des preußischen Offiziers in von-Zitzewitz-Anekdoten, das in einer Satire von Meyrink so eingesetzt wird: »Sie, Schwert an meiner Linken – äh, Was soll Ihr heitres Blinken – äh...«

Es gehören hierher aber auch die Frage nach der Rolle »gesunkener«, zu Füllseln gewordener Philosopheme wie »an und für sich«; die Frage nach den divergierenden Fluch- und Schimpfvokabularen der verschiedenen Sprachen (mit der vollkommen bewußtlosen Beiläufigkeit von »fuck›ing‹« im gegenwärtigen Englisch); nach der Genese solcher plötzlich endemisch gewordenen Wendungen wie »aber hallo« oder »*und* tschüß«, in denen ein Beobachter mit kulturkritischen Neigungen typische Äußerungen der sogenannten Spaßgesellschaft sehen könnte.

Dies alles sind, es ist evident, Impressionen, die es überhaupt erst zu systematisieren und zu durchdringen gilt. Es wäre ein großes Vorhaben – das die romantische Vorstellung, im Abfall und an den Rändern der Sprache könne etwas Entscheidendes zu finden sein, nicht verleugnen kann –, an solchem Material (von dem es eine große Fülle gibt) eine kleine Kulturgeschichte bestimmter minimaler Sprachgesten zu entwerfen. Was wesentlich auch hieße: eine Geschichte des Verfalls bestimmter ursprünglich ernster Formen zu Papierenem oder nur noch Komischem (Pathosverlust). Auch wenn man die deutsche Sprache der letzten drei Jahrhunderte ins Zentrum rückte, müßten deren Vorgeschichte, die deutschen Dialekte und die Vergleichsphänomene in verschiedenen europäischen Sprachen sowie dem Amerikanischen hinzutreten.

Notwendig wäre eine Musterung der bisherigen linguistischen und sprachkritischen Beobachtungen zum Thema und vor allem eine fortgesetzte, ausschweifende und präzise Lektüre von möglichst vielen signifikanten Primärtexten.

Zu den Zielen gehörte eine Schärfung der Reflexion über die Probleme des Übersetzens von historischer und gegenwärtiger Alltagssprache. Der Versuch einer solchen Physiognomik der sprachlichen Minima steht natürlich unter dem Mißtrauen – und folgt der Hoffnung –, die Nietzsche in der *Fröhlichen Wissenschaft* ausdrückt: »Alle Dinge tief finden – das ist eine unbequeme Eigenschaft: sie macht, daß man beständig seine Augen anstrengt und am Ende immer mehr findet, als man gewünscht hat.« □

* * *

Diese Planskizze knüpft an kleine Versuche des Autors an wie an den Vortrag »'Rocking back on their heels with a startled whistle': Der Slang als Problem des Übersetzens ins Deutsche« (*Sprache im technischen Zeitalter* 159/2001) oder an die Rede »Das scheinbar Unscheinbarste: die Phrase« (*Deutsche Akademie für Sprache und Dichtung, Jahrbuch 1996*). Sie gehört andererseits als Vorstufe zu einem ehrgeizigeren Vorhaben: dem der Zusammenstellung einer repräsentativen Textsammlung, die für die deutsche Sprache etwa das leisten würde, was mit »The Oxford Book of English Talk« (James Sutherland, Oxford 1953) für das Englische unternommen wurde – die systematische Illustration des (direkt festgehaltenen oder literarisch inszenierten) *Gesprochenen* einer Literatursprache; ihrer »Prosa« im Sinn von Monsieur Jourdain.

Felix Philipp Ingold

Zum Übersetzen

›... traduire la vie sous son aspect universel, immense, et extraire de cette vie des images où nous aimerions à nous retrouver.‹ A.A.

Das Leben übersetzen!
In welche Sprache?
Das Leben als Übersetzung!
Aus welchem Urtext?
Das Übersetzen als eine Form des Überlebens!
Der Mensch, als sprachbegabtes Wesen, ein *geborener* Übersetzer?
So daß, wer Sprache erwirbt und Sprache gebraucht, wer spricht, liest, schreibt, zugleich – notwendigerweise, weil naturgemäß – die Kunst des Übersetzens praktiziert!
Also *jeder* ein Übersetzer?
Und jeder *kein* Autor!
Wäre das Wort denn immer *dort* und müßte, um Bedeutung anzunehmen, *herübergeholt* werden?

*

›Das Wort‹, Antonin Artaud weiß es, ›stellt den Maßstab für unsre Ohnmacht dar, den Maßstab für unsre Trennung vom Realen.‹

Denn sobald das Wort – als Hergeholtes, Abgesetztes – *da* ist, gehört es *allen*, und das heißt, es gehört allen *andern;* wer es ergreift, wer es ausspricht, bricht mit der Welt, indem er sie benennt.

*

Das Wort, als Übersetzung, macht den *Unterschied,* es definiert, grenzt ein, grenzt aus.

Als Echo, als Schatten steht es für das, was es nicht ist, was ihm vorangeht, was es nur bedeuten, nie erreichen kann.

*

Das Wort rückt aber nicht nur Nahes in die Ferne, es vermag auch Fernstes zu vereinen, Fremdes mit Hiesigem zu verbinden.

Ja. So jedenfalls habe ich es selbst, im engen Einzugsbereich meiner Biographie, *erlebt.*

Ich wurde, noch während des Weltkriegs, im sogenannten Dreiländereck bei Basel, unweit der reichsdeutschen Grenze, geboren. Je näher die Alliierten gegen den Rhein vorrückten, desto öfter gab es Fliegeralarm. Ganze Tage, viele Nächte verbrachte ich mit meiner Mutter im Luftschutzkeller.

Nur wenige Erinnerungen sind mir aus jener frühkindlichen Zeit geblieben. Vielleicht sind es auch bloß Bilder, Szenen, Empfindungen, die ich mir heute dazu *denke.* Die immer wieder aufheulenden Sirenen; die dadurch bedingten abrüpten Unterbrechungen beim Essen, beim Spielen; Mutters heißer Atem an meinem Hals, wenn sie mich auf den Armen durchs Treppenhaus in den Keller trug; die mit Zeitungen verklebten Kellerfenster; die feuchten, vom Blaulicht schimmernden Wände; vor allem aber das große grüne Auge des Rundfunkempfängers, um den herum die Hausbewohner sich drängten und dessen Stoffbespannung bei jedem Wort, das aus dem Lautsprecher kam, ganz leicht vibrierte.

*

Kurz vor Kriegsende begann die britische Luftwaffe auf der Achse zwischen Basel und Freiburg systematisch Bahnhöfe, Brücken, Kraftwerke zu bombardieren. Oft wachte ich nachts auf, wenn die Geschwader in nächster Ferne ihre Ziele suchten, wenn das an- und abschwellende Dröhnen der schweren Flugzeuge über die Häuser fuhr, wenn die Bomben – mitunter beängstigend nah – herunterkrachten, wie es bei der irrtümlichen Beschiessung des Basler Wolfsbahnhofs der Fall war und bei der Zerstörung des viel weiter entfernten Wasserkraftwerks von Kembs der Fall zu sein schien. Noch jedesmal sei ich bei solcher Gelegenheit, wie meine Mutter berichtet, aus dem Schlaf hochgeschossen und hätte immer nur das eine Wort hervorgestoßen: *Autooo-oo-o!* Was einerseits eine Übertragung der Vorstellung ›Auto‹ auf das mir unbekannte Konzept ›Flugzeug‹ war, anderseits eine ebenso hilflos wie spontan resümierende Übersetzung für ›Bedrohung‹ und ›Angst‹, für ›laut‹, für ›unbekannt‹ und gleichzeitig wohl auch für ›Mutter‹ – es gab in jener Situation offenbar nur dieses eine Wort, will sagen–. diese *eine* Übersetzung für *alles,* was ich damals wahrnahm und empfand, ohne es genauer benennen zu können.

*

Meine ersten Lebensjahre verbrachte ich fast ausschließlich in Gesellschaft meiner Mutter; sie war, heiratsbedingt, aus Ins nach Basel gezogen, ihr heimischer Dialekt war die erste Sprache, die ich hörte und lernte, meine Muttersprache.

Es dauerte Jahre, bis ich realisierte, daß es außer Mutters Sprache noch andre Sprachen gab. Sowohl mein Vater, mit dem ich erst nach seiner Entlassung aus dem Militärdienst näheren Kontakt hatte, wie auch die meisten gleichaltrigen Kameraden im Kindergarten und in der Primarschule sprachen ›Baseldytsch‹, mithin einen Dialekt, der sich von dem meiner Mutter in mancher Hinsicht – vor allem, was die Intonation, aber auch die Lexik und die Idiomatik betrifft – stark unterscheidet.

Innert kurzer Zeit eignete ich mir den Basler Dialekt an, wurde ›zweisprachig‹; die Sprache (das Sprechen) meiner Mutter verwendete ich nun tatsächlich exklusiv als *Muttersprache,* das heißt ausschließlich im Gespräch mit der Mutter, während Vaters Sprache zugleich meine Umgangs-, meine Alltagssprache wurde. Erst allmählich stellte ich dann fest, daß es innerhalb dieses Dialekts (damals noch) recht unterschiedliche Ausprägungen gab, und bald schon konnte ich nicht nur die Dialekte von Basel-Stadt und Basel-Land klar auseinanderhalten, sondern auch innerhalb des städtischen Bereichs – sofort den Unterschied zwischen Kleinbasel und Großbasel, aber auch gewisse sozial bedingte Spezifika der Sprache und des Sprechens erkennen. Gerade weil die Unterschiede so *gering* waren, erforderte deren Beachtung (Beobachtung) besondere Aufmerksamkeit. Im Umfeld dieser hochdifferenzierten Redeweisen, zwischen denen ich – passiv, automatisch – ständig *übersetzte,* indem ich sie *unterschied,* bildete sich bei mir bereits so etwas wie eine latente Mehrsprachigkeit heraus, noch bevor ich mit dem Hoch- oder Schriftdeutschen meine erste Fremdsprache erlernte, eine Sprache, die in meiner Alltagswelt von niemandem gesprochen wurde und die für mich während langer Zeit (da ich sie ebenso wenig in authentischer Lautung *hören* konnte wie Latein) eine reine *Kunstsprache* blieb, welche nicht einfach – zum Sprechen, zum Lesen, zum Schreiben – *verfügbar* war, sondern stets (nun aber aktiv) *übersetzt* werden mußte.

*

Was sich nun herausbildete, war eine neue innersprachliche Differenz und damit auch eine neue Möglichkeit – zugleich eine Notwendigkeit – zu übersetzen: die Differenz zwischen geschriebener und gesprochener Sprache. Meine Alltagssprache, der Dialekt also, war ausschließlich oralem Gebrauch vorbehalten, ein volatiles Gebilde, für das es keine festgeschriebene Grammatik oder Orthographie, sondern lediglich bestimmte Konventionen der Aussprache und gewisse lexikalische Spezifika gab – abgesehen davon, daß im Dialekt weder ein Imperfekt noch ein Futurum zur Verfügung stand.

Auf der andern Seite war das Hochdeutsche, ebenfalls ausschließlich, für den schriftlichen Einsatz bestimmt; es war Amtssprache, es war Literatursprache, und wenn es – im Radio, im Parlament – gesprochen wurde, dann stets mit einer stark dialektalen Einfärbung, die bis in die späten fünfziger Jahre gegenüber der verpönten ›reichsdeutschen‹ Rhetorik bewußt akzentuiert wurde.

*

Das ständige Übersetzen zwischen Dialekt und Hochsprache bedingte also auch ein ständiges Übersetzen zwischen Rede und Schrift. Die in Basel besonders ausgeprägte und durch die nahe Landesgrenze zusätzlich markierte innerdeutsche Mehrsprachigkeit ließ mich, ob ich sprach oder schrieb oder las, unweigerlich zum *Simultanübersetzer* werden. Auch machte mir diese besondere sprach-geographische Situation noch einmal deutlich, daß meine ›Muttersprache‹ eine Privatsprache war, die ich als Umgangssprache nicht verwenden konnte.

Ich vermute, daß gerade auch diese frühe Erfahrung – eine defizitäre, weitgehend ›unbrauchbare‹ Muttersprache zu haben – das Übersetzen für mich zur primären sprachlichen Geste hat werden lassen. Und dabei wußte ich, da niemand in meiner Familie irgendeine Fremdsprache beherrschte, noch beim Eintritt ins Gymnasium nicht, daß es außer den verschiedenen Varianten von Deutsch auch *auch andere Sprachen* gibt.

*

Was mir in der Primarschule als ›Schriftdeutsch‹ beigebracht wurde, war zunächst eine tote Sprache, die nur in der Fibel, als geschriebene und zu lesende, existierte und die niemand – auch der Lehrer nicht – in den Mund nahm. *Lebendig* wurde diese Sprache für mich erst dann, als ich sie erstmals ›von drüben‹ gesprochen hörte.

Von drüben?

Unser Spielplatz lag unmittelbar an der Grenze zu Deutschland, die damals noch durch einen Stacheldrahtverhau geschützt war (›geschützt‹ vor wem?) und wo es große gelbe Tafeln gab, die vor Minen warnten. Den Verhau die Grenze – habe ich in Erinnerung als ein undurchdringliches, wenn auch transparentes Dickicht von vielfach verschlungenen Drähten, als eine skulpturale Wand von vielleicht drei Meter Höhe und mindestens einem Meter Tiefe. Nicht zu überwinden. Die Grenzanlage wirkte gigantisch, sie war beängstigend und lächerlich zugleich, dahinter weitete sich, idyllisch, das Wiesental, man sah hinüber zum Tüllinger Hügel, an dessen südlicher Flanke wie ein Schrifttext der regelmäßige lineare Raster der Weinberge sich abzeichnete.

Hin und wieder – anfangs eher selten, dann immer häufiger – tauchten drüben Kinder auf, sie waren meist etwas älter als wir, deutsche Jugendliche, die mir, aus welchen Gründen auch immer, auffallend ›schwarz‹ vorkamen, schmale huschende Gestalten, die plötzlich da waren, wortlos zu uns herüberschauten und wieder verschwanden. Für uns waren diese namenlosen jungen Deutschen einfach ›die dort‹, ›die andern‹, man grüßte sich nicht, man stellte keine Fragen, man fühlte sich, diesseits der Grenze, irgendwie überlegen.

Die dort, die andern, die Deutschen – sie hatten ›verloren‹; viel mehr wußten wir nicht. Aber wenn wir auf der Spielwiese unsre Früchte und belegten Brote verzehrten und man uns von drüben mit großen Augen zuschaute dabei, spürten wir, daß es dort ein Begehren gab, Hunger.

Die Kommunikation begann, bevor auch nur ein Wort geäußert wurde, damit, daß wir hin und wieder einen Apfel, eine Orange, ein Stück Brot oder Käse über den Drahtverhau warfen, manches blieb in den stacheligen Lianen hängen, es brauchte ziemlich viel Schwung, damit die Sachen auch wirklich drüben landeten.

Die Art und Weise, wie die deutschen Kinder sich auf unser Mitgebrachtes stürzten, es an sich rissen, um es sofort zu verschlingen oder damit wegzurennen, machte uns ihre Bedürftigkeit, aber auch unsre Vorzugsstellung klar. Bald begannen wir uns mit ihnen zu unterhalten, fragten sie nach ihren Namen, nach dem Ort, woher sie kamen, nach ihren Eltern und so fort, und bei dieser Gelegenheit hörten wir denn auch zum erstenmal *gesprochenes* Hochdeutsch.

*

Und merkwürdig – die Klang gewordene Schriftsprache schien von *drüben* wie ein Echo zurückzukommen, wie das Echo meiner eigenen verzerrten Stimme, wie eine hochdeutsche Parodie auf meine Muttersprache, die einzige Sprache, in der ich *ohne zu übersetzen* mich ausdrückte, in der ich aber niemals auch nur ein Wort *schreiben* würde.

Die prägende Erfahrung war für mich freilich die, daß vermittels einer *Fremdsprache* (einer Sprache also, die man *gelernt* hatte) über eine physisch unüberwindbare Grenze hinweg *kommuniziert* werden konnte. An jenem Stacheldrahtverhau, der die Verbindung des Eigenen mit dem Fremden *verhindern* sollte, erlebte ich die Urszene des Übersetzens.

*

Aber ich erlebte dort auch die Aufhebung, die Öffnung der Grenze nach außen, zum Fremden hin. Denn es kam – 1948? 1949? – der sensationelle Augenblick, da an einem schulfreien Mittwochnachmittag, als wir zum Spielen auf die Wiese kamen, eine deutsche Arbeiterbrigade eben grade damit begann, den Grenzzaun abzureißen. Mit riesigen Metallschneidezangen oder -scheren wurden die Stacheldrahtknoten gekappt, dann walzte man den Verhau mit Bulldozern nieder, das Metallgewinde wurde zu kompakten Quadern zusammengestaucht.

Zwei, drei Tage später war von der Grenze kaum noch eine Spur zu erkennen, sie war einfach nicht mehr da, wurde auch nicht durch eine andre Abschrankung ersetzt, es gab sie nur noch in unserm Bewußtsein.

Ich erinnere mich, wie ich auf dem nunmehr freien Feld mit dem Fuß den Boden ›drüben‹ ertastete, ohne genau zu wissen, wo die Demarkationslinie zwischen ›hüben‹ und ›drüben‹ verlief und ob es eine solche überhaupt noch gab. Mit *einem* Sprung war die Grenze nun zu überwinden, Kontrollen gab es kaum, der Weg nach Deutschland, das trotz allem ›der große Nachbar‹ geblieben war, stand offen.

*

Und immer öfter benutzte ich in der Folge diesen Weg, fuhr als Gymnasiast und noch als Student mit dem Fahrrad über die Grenze nach Lörrach, nach Weil am Rhein, vor allem um dort Bücher einzukaufen, die preislich viel günstiger waren als in der Schweiz und die, im Unterschied zu fast allen andern Waren, nicht verzollt werden mußten. So brachte ich selbst, auf zahllosen Fahrten hin und her, einen Großteil der deutschen Literatur – von Kuhlmann über Kleist bis zu Kafka – in billigen Nachkriegsdrucken auf holzhaltigem Papier oder gelegentlich auch in antiquarischen Ausgaben über die Grenze: ich *setzte* sie *über:*

Diese Bewegung hatte durchaus ihre Richtigkeit. Deutschland, die deutsche Sprache, die deutsche Kultur waren für mich (und sind bis heute) etwas *Jenseitiges,* etwas ebenso Vertrautes wie Fremdes, etwas, das ohne Grenzüberschreitung, mithin ohne Übersetzung nicht zu holen, nicht zu haben ist. Als deutschsprachiger Schriftsteller schreibe ich, nach wie vor, in einer Fremdsprache. Das ist mein Vorteil, weil es die Automatisierung der Schreibbewegung verhindert; weil es die Aufmerksamkeit für den sprachlichen – schriftlichen – Ausdruck wachhält.

Der Nachteil mag der sein, daß ich Deutschland und die Deutschen nie mit der deutschen Sprache, mit der deutschen Kultur zu identifizieren vermochte, für die ich die höchste Bewunderung hegte und von der meine intellektuelle Entwicklung wie auch meine spätere literarische Arbeit weit stärker geprägt war als von irgendwelchen ›heimatlichen‹ Quellen. So wie das Deutsche für mich bis heute eine Fremd- und Kunstsprache geblieben ist, bleibt Deutschland für mich die Fremde, das Fremde schlechthin – fremder als alle andern Länder, die ich inzwischen bereist, kennengelernt und wieder verlassen habe.

*

Auch alle weitern Sprachen, die ich mir in der Folge angeeignet habe, waren mir weniger ›fremd‹ als das Deutsche. Vor einem Postschalter in Rußland, in einer Buchhandlung in Tschechien, auf einem Markt in Italien, in einem Bistro in Frankreich fühle ich mich, auch sprachlich, ›freier‹ als irgendwo in deutschen Landen, obwohl – oder weil? – ich dort viel eher als ein ›Fremder‹ gelte. Der kleine Unterschied scheint im allgemeinen wesentlicher, also trennender zu sein als der krasse Gegensatz.

Mir selbst ist das Vertraute, das Heimatliche schon immer fremder gewesen als das wirklich Fremde, und die wirkliche Fremde (auch die, deren Sprache ich nicht kenne) ist mir erfahrungsgemäß vertrauter als die wirkliche Heimat.

*

Um auf die Sprache, die Sprachen zurückzukommen – am meisten liebte ich Latein, die einzige Sprache, die man nicht zu sprechen, nicht zu benutzen brauchte, weil sie ›ausgestorben‹ war; die einzige Sprache, die ausschließlich als Vorlage für Übersetzungen diente, und deshalb die einzige auch, die für mich durchweg das Prestige der ›Originalität‹ (im Sinne von *Ursprünglichkeit)* bewahrte und von der ich also annehmen konnte, daß sie ›im Anfang‹ immer schon vorhanden war.

Das Französische wiederum ist mir – obwohl es, linguistisch gesehen, von meiner Muttersprache viel weiter entfernt war als das Hochdeutsche – sehr rasch sehr nah gewesen. Die nachbarschaftliche Nähe des Fremden war nicht zuletzt dadurch gegeben, daß es in Basels Umgebung – bei Leymen, bei Burg, bei Rodersdorf – diverse offene Grenzübergänge ins Elsaß gab, die ich in den letzten Schuljahren wie auch in den ersten Universitätssemestern besonders gern benutzte, weil man ohne jede Kontrolle von einem Land ins andre, von einer Sprache zur andern wechseln konnte.

›Dort‹, ›drüben‹ bereitete ich mich gern, zusammen mit Freunden, auf Prüfungen vor, dort – in einer Dorfkneipe mit dem unvergeßlichen Namen *Le Boeuf a' la mode* – übersetzte ich, noch als Schüler, die ersten Texte aus dem Französischen: ›Le Horla‹ von Maupassant, ›Images à Crusoé‹ von Saint-John Perse, Gedichte von Valéry, von Reverdy.

*

Als ich dann auch selbst zu schreiben begann, wurde mir mehr und mehr bewußt, daß ja eigentlich jede sprachliche Geste eine übersetzerische Geste ist; daß ich, als Schreibender, notwendigerweise zwischen Umgangs- und Schriftsprache, zwischen Gebrauchssprache und Literatursprache unterscheiden, also auch vermitteln muß; daß beim *Schreiben* – sieht man von der reinen Wortkunst ab – Erfahrenes, Gedachtes, Erinnertes, Gelesenes ›übersetzt‹ wird; daß beim *Lesen* Geschriebenes in Ideen, Vorstellungen, Bilder zu ›übertragen‹ ist; daß beim *Übersetzen* mit exakter Ungenauigkeit Fremdes ins Eigene ›eingebracht‹ werden muß; daß ja auch schon beim *Reden*, hier und jetzt, ›übersetzt‹ wird, was man an Ungesagtem oder Unsäglichem zu sagen, *in Worte zu fassen* hat.

Keine Sprache, am wenigsten die eigene, ist ein integrales Ganzes. Jede Sprache umfaßt eine Vielzahl von ›Sprachen‹. Und da keine Sprache als ›meine‹ Sprache *gegeben* ist, kann ich die eigene Sprache einzig durch Übersetzung gewinnen.

Also muß ich die Sprache, damit sie ›meine‹ Sprache *werden* kann, immer wieder (stets *von neuem)* in sich selbst *übersetzen*. So daß ich auch als Autor, wenn ich mich und meine Arbeit ernstnehme, nur Übersetzer sein kann. An ihren *Übersetzungen* – und nicht an ihren ›Originalen‹ – sind die Dichter zu erkennen. □

Günter Eich

Indogermanisch

Vom Irischen kenne ich bloß ein paar Wörter, aber ich muß mich in Irland damit behelfen, da ich kein Englisch spreche. Ebenso geht es mir in Wales mit dem Kymrischen und in Schottland mit dem Gälischen.

Loch Ness sage ich und schon bin ich ein Sprachwunder, ein Keltologe von Rang.

Schwieriger ist es in England, aber dort weiche ich auf Esperanto aus und wandere von Ortsgruppe zu Ortsgruppe. Esperanto ist leicht, knabo der Knabe, das versteht man. Es ist nicht ganz so leicht wie Englisch, aber beinahe.

Keine Schwierigkeiten hätte ich in Griechenland, da verstehe ich alles, altgriechisch, neugriechisch, griechisch-orthodox. Nirgends ist das Griechische so verbreitet wie in Griechenland. Diese Tatsache wird meist nicht genügend gewürdigt. Wie merkwürdig sie ist, würde man würdig merken, wenn das Land nicht Griechenland, sondern China hieße.

Dies nur als Beispiel für das Erstaunliche in den kleinen Dingen ringsum.

Zurück nach Irland.

UMSETZUNG

Überhaupt sollte kein Schriftsteller
die Übersetzungstätigkeit
geringschätzen,
er sollte
sein eigenes Schaffen
mit der Übertragung
eines Werkes
aus der Antike,
dem Mittelalter oder
der Neuzeit abrunden.

Unsere Sprachen sind
anachronistische Werkzeuge.
Wenn wir sprechen,
sind wir schlicht
Geiseln der Vergangenheit.

José Ortega y Gasset

Helmut Heißenbüttel

Fünf »Herbste« aus »Eichendorffs Untergang und andere Märchen«

Im Original und in sechs Übersetzungen

Herbst der Liebe

Ein sonst unauffälliger Mann, ein Liebhaber der schönen Künste mit muschelförmigen Ohren und seitwärts geöffneten Nasenlöchern, verliebte sich, als er schon nicht mehr ganz jung war, einmal so heftig und intensiv, daß er infolge der Heftigkeit und Intensität seiner Gefühle, den Gegenstand seiner Verliebtheit völlig vergaß.

Mehr ist dazu eigentlich nicht zu sagen.

Eheherbst 1

Ein Zaunkönig heiratete einmal eine Butterblume. Die Kinder, die sie miteinander zeugten, sind gut geraten und haben Erfolg im Leben.

Mehr läßt sich dazu eigentlich gar nicht sagen.

Bürosexherbst 1

Ein Kollege von mir, gut, wie man sagt, verheiratet, ein vorbildlicher Vater, Antialkoholiker, Nichtraucher, korrekt gekleidet, gewissenhaft, fleißig, bescheiden, wollte einmal, merkwürdigerweise, dahinter kommen, was es mit dem Sex im Büro auf sich hat. Als es ihm, nicht ohne Mühe, aber auch ohne daß er etwas Sensationelles dabei fühlte, gelungen war, seine Sekretärin zu verführen, hatte er sie auch schon geschwängert. Die Sekretärin verlangte, daß er sich scheiden ließ und sie heiratete. Schweren Herzens und nicht ohne Schwierigkeiten mit seiner ersten Frau zu haben, tat er ihr den Willen. Es wurmte ihn jedoch. daß er nicht dahinter gekommen war, und er versuchte es noch einmal. Nach dem dreizehnten Versuch, er war inzwischen Vater von fünfundzwanzig Kindern geworden und stand kurz vor der Pensionierung, brannte er mit einem älteren Balletänzer durch.

Mehr kann ich dazu eigentlich nicht sagen.

Vaterherbst

Ein in die Jahre gekommener Freischaffender aus der Fernsehbranche, hochgewachsen, weißhaarig, jung erhalten im Krieg mit Redakteuren, Produzenten, Schauspielern, Gläubigern, Assistenten, Fans und Maskenbildern, aufgerieben von mehreren Ehen, Unterhaltsansprüchen, hysterischen Anfällen, erblickte einmal, als er zu später Stunde eine Party aufsuchte, der er eigentlich hatte fernbleiben wollen, an der teilzunehmen ihm jedoch geschäftliche Rücksichten zwangen, einen hochgewachsenen, lebhaft redenden jungen Mann, der ihm interessant und zugleich äußerst unsympathisch erschien. Als er sich ihm zögerlich näherte, blicke dieser auf und sagte: Na Papa was tust du denn hier?

Mehr ist dazu eigentlich nicht zu sagen.

Willichnichherbst

Einem Mann, der fünfzig Jahre im Geschäft des Handwerks seines Lebens hinter sich gebracht hatte, wurde es nach und nach zuviel, und er gewöhnte sich an, immer häufiger und schließlich nur noch zu sagen: Willichnich. – Unter dem Schutz dieses Satzes gelang es ihm, weitere fünfzig Jahre im Geschäft des Handwerks seines Lebens hinter sich zu bringen. Er starb kurz nach seinem hundertundersten Geburtstag. Seine letzten Worte waren: Willichnich. – Aber sie nützten nun nicht mehr viel.

Mehr ist dazu eigentlich nicht hinzuzufügen.

Martin Amanshauser

Heißenbüttel Wienerisch

Herbst der Liebe

a typ, dea sunst nia aufgfoin is, a freind von da schenan kunst, ana mit ohrn wia muschaln und mit nosenlecha, die zua seitn hin omi offn stengan, dea hot se gonz schrecklich valiebt. des gfüh woa so stoak, daß er vua lauta valiebtheit gonz vagessen hod, in wen oder wos ar valiebt gwesn is.

mea gibts ned zum sogn zu dera gschicht.

Eheherbst 1

a zaunkenig hod a buttablumal gheirat. de kinda aus dera zeugungsgschicht san gonz normal gwordn und oiss, wos de jez mochn haut hin.

mea gibts ned zum sogn zu dera zeugungsgschicht.

Bürosexherbst 1

I hob an kollegn, dea is, wia ma so sche sogt, guad vaheirat, a supa vota, sauft ned, raucht ned, ziagt se urdentlich on, is gwissenhaft, fleißig und bescheiden. nua a anzigs moi, da woit ars wissen, nämli, was des auf sich hod mitm sex im büro. sei sekretärin hod ar vaführt, ned ohne gwoit. gfühlt hot ar echt nix dabei, oba ihr bauch is glei gwochsn. de sekretärin woit, daß ar si scheiden losst und sie heirat. obwoi sei oide gschissn reagiert hot, hot er des echt tan. oba des, wos ar ursprüngli wissen hätt woin, des hot ar immer no net gneißt und deshoib hot ar des mim sex no amoi probiert. nochdem ars dreizehn moi durchgschpüd hat, inzwischen vota von fünfazwanzg kindern gwesn is und kurz vua da pension woa, da hot er oiss hingwurfen und is mit am oiden ballettänzer auf und davon zogn.

mea gibts ned zum sogn zu dera gschicht.

Vaterherbst

a freia mitarbeita, oda, wia mar a sogt, a pauschalist, dea woa groß und lang, med weiße hoa, jung ghoitn hat ar si durchn kriag mit de redakteur, produzentn, schauspiela, gleibiga, assistentn, gruupis und maskenbüdna. er woa fertig gfoarn von mehrare ehen. unterhoitsfordarungen, histerische attackn und so weida. amoi, wiar a spat in da nocht auf a party kumma is, die eam eigentli komplett wuascht woa, die er oba aus gesöschoftlichn grindn ned auslassn woit, siagt ar an ehenfois großn keal, dea lebhoft redt und den ar anaseits interessant findt, obar a total gschissn. longsom geht a auf den keal zua, do sogt eam dera keal echt woar: heast papa, sog ma, wos mochstn du do?

mea gibts ned zum sogn zu dera gschicht.

Willichnichherbst

a monn hat fuffzig joa in sein gscheft vabrocht, des ar aufbaut hod. oba des hackln durt hod eam nimma taugt, deshoib hod ar immer efta und efta an anzegn sotz widahoid: wü-i-ned. – mit dar hüfe von dem anen sotz hod ars gschofft, no amoi fuffzig joa im gscheft z'bleibm. iagendwonn noch seim hundatansa is a gsturbn. dletzten woate woan: wü-i-ned. oba des hod eam a nix mea ghoifn.

mea gibts ned zum sogn zu dera gschicht.

Markus Bundi

Heißenbüttel in Schweizer Mundart

Herbscht vu de Liebi

En suscht unuffällige Ma, en Liebhaber vu de schöne Künscht mit muschelförmige Ohre und siitwärts grichtet Naselöcher, het sich, won er scho nüm eso ganz jung gsi isch, dermasse verliebt, das er wäge dene mächtige Gefühl ganz vergässe het, was er öberhaupt gliebt het.

Meh gits dodezue eigentlich ned z säge.

Eheherbscht 1

En Zuunkönnig het es Ankeblüenli ghürote. D Chind, wo sie zäme übercho händ, sind guet usecho und händ erfolg im Läbe.

Meh ehamer dodezue eigentlich gar ned säge.

Bürosexherbscht 1

En arbetskoleg vu mer, en guete Ma, wie mer seit, ghürote, en vorbildliche Vater, Antialkoholiker, Nichtraucher, korräkt aagleit, gwüssehaft, flissig, bescheide, het komischerwis emol welle usefinde, was es mit em Sex im Büro uf sich het. Wos im de, ned ohni Müe, aber au ohni das er öppis Sensationells gefühlt hetti, glunge isch, sini Sekretärin z verfüere, het er se grad au no geschwängeret. D Sekretärin het druf abe verlangt, das er sich scheide liessi und si hüroti. Mit eme schwere Herz und noch eme Krach mit sinere erschte Frau het er ire dänn de Gfalle to. Es het em aber kei Rue glo, das er ned dehindercho isch, und er hets nomol probiert. Noch em drizähte Mol. er isch scho Vater vu foifezwanzg Chind gsi und churz vor de Pänsionierig gschtande, isch er mit eme ältere Ballettänzer durebrännt.

Meh chani eigentlich dodezue ned säge.

Vaterherbscht

En altdiente Freyschaffende vum Fernseh, grossgwachse, mit wisse Hoor, wo jung blibe isch im Chriege mit Redaktore, Produzänte, Schauschpiler, Gläubiger, Assischtänte, Fäns und Maskebildner, sich aber ufgribe het i mehrere Ehine, a Underhaltsahschprüch und hysterische Ahfälle, het emol, won er no schpoht an e Party gange isch, won er eigentlich gar ned het hi welle, aber us gschäftliche Gründ hi het müesse. eine gseh, en grossgwachsne junge Ma, wo nume eso gschprudled het bim Rede, won im no interessant, aber au sehr unsympatisch vorcho isch. Won er langsam nöchter isch, het diese ufglueget und gseit: Aber Vater, was machsch dänn du do?

Meh isch dodezue eigentlich ned säge.

Wottinedherbscht

Emene Ma, wo füfzg Johr im Gschäft bim Handwerch vu sim Läbe zuebrocht het, isch es mit de Zit zvil wurde und er het sich's ahgwönt, immer hüfiger und schlussändli no z säge: Wottined. – Gschützt dur de Satz ische em glunge, no witeri füfzg Johr im Gschäft bim Handwerch vu sim Läbe hinder sich z bringe. Churz noch sim hundertsche Geburtstag isch er gschtorbe. Sini letschte Wort sind gsi: Wottined. – Si händ de aber nüme vil gnützt.

Meh isch dodezue eigentlich ned säge.

Jacques Guidon

Heißenbüttel Rätoromanisch

L'utuon da l'amur

Ün hom chi nu daiva insè in ögl, ün amatur da las arts, cun uraglias a fuorma da coquiglia e fouras da nas a travers, s'ha inamura, i's pudess bod dir uschè violent ed intensiv, e quai cur ch'el vaiva fingià üna tscherta età, tant cha quista emoziun our da las bottas til ha fat invlidar l'oget da seis amuramaint.

Otramaing nun esa insè plü nöglia da dir.

L'utuon da la lai 1

Ün poldschin ha maridà üna flur d'painch. Ils uffants chi sun parschendüts da lur lai han bütta bain ed han gnü success illa vita.

Otramaing nun esa insè plü nöglia da dir.

L'utuon dal sex i'l büro 1

Ün collega da mai, ün bunatsch, sco chi's disch, maridà, ün bap exemplaric, abstinent nunfümader, adüna vesti correctamaing, conscienzchus, diligiaint, modest s'ha üna jada miss in testa, curiusamaing, da gnir a savair che cha quai saja vairamaing il sex i'l büro. El ha fat quist'experienza cun ter fadia, però sainza ch'el füss gnü consquassà da sentimaints. A tuottavia til d'eira qual reuschi da surmanar a sia secretaria e da tilla ingravidar. La secretaria ha pretais ch'el as divorziescha e marida ad ella. Cun cour greive neir bricha sainza difficultats ha'l accumpli il giavüsch. I til ha però fat gnir las vivras, ch'el nu vaiva badà nüglia, ed el ha provà amo üna jada. Davo la traideschavla prouva, el d'eira intanta gnü bap da vainchetschinch uffants e d'eira per ir in pensiun, s'ha'l fat our da la puolvra cun ün ballerin chi d'eira eir eI fingià süls ons.

Otrarnaing nun esa insè plü nöglia da dir.

L'utuon dal bap

Ün our da la branscha da la televisiun chi lavuraiva ad agen cuost, ün tip fingià ter stagiunà, ün standerlun, chanuoss, restà però giuven i'l cumbat cun redactuors produzents, actuors, credituors ed assistents, fans e visagists, strapatschà da sias lais, pajamaints d'alimaints, attachas istericas, ha üna jada dat ögl, la saira tard, in occasiun d'üna party ch'el vaiva vuglü s-chivir, a la quala el però, our da chaschuns e resguards d'affar, vaiva tuottüna stuvü tout part, ad ün giuven hom bain creschü, discursiv, chi til paraiva interessant ed a listess mumaint zuond antipatic. Cur ch'el s'ha fat via pro el, cuntriond, bainschi, schi quel til ha be guardà e dit: Che, bap, che ma fast tü qua?

Otramaing nun esa insè plü nöglia da dir.

L'utuon da Nuvöglnuvögl

Ün hom chi vaiva passantà tschinquant'ons da sia vita illa scrouvera da la vita professiunala, d'eira plan a plan gnü stuf saz, ed el s'ha adüsà da dir adüna plü suvent e per glivrar be plü: Nuvöglnuvögl. – Suot la protecziun da quista frasa til esa reuschi da passantar arno üna jada üna tschinquantina d'ons illa scrouvera da la vita professiunala. El es mort cuort davo seis tschientedünavel cumplion. Seis ultims pleds sun stats: Nuvöglnuvögl. Ma quels nu til han plü nüzzià güsta bler.

Otramaing nun esa insè plü nöglia da dir.

Carl V. Scholz

Heißenbüttel Niederdeutsch

Harvst vun de Leevde

En jüst nich upfallen Keerl, en Leevhebber vun de moien Künst mit muschelformte Ohren un nah de Sied to open Nääslöcker verleev sik, dar as he al nich so jung mehr weer, eens so dull un andächtig, dat he bi all de Heftigkeit un de Allgewalt vun siene Geföhle de Ursaak vun sien Verleeftsien vullends vergeten dä.

Mehr is egens darto nich to seggen.

Eh'harvst 1

En Tuunkrüper hieraat maal'n Botterbloom. De Kinner, de se mit'nanner maakt hebbt, sund good inslaan un hebbt ehr Utkamen in't Leven.

Wat mehr lett sik darto egens gaarnich seggen.

Kontorsexharvst 1

En Kolleeg vun mi, good, as'n seggt, verhieraat, en Vadder as man een, hett wat gegen dat Supen, smöökt nich, good antrucken, gewetenhaftig, flietig, truchhollern, wull eens, up sunnerbaar Aart un Wies, dar achter kamen, wat dat mit den Sex in't Kontor up sik hett. As em dat, nich ahn Meihte, aver ok ahn dat he wat Besünners darbi föhlen dä, gluckt weer, sien Sekretärin rumtokriegen, harr he se ok al swengert. De Sekretärin verlang, dat he sik scheiden leet un se heiraden. Swaar dat Hart un nich ahn Swaarheit mit sien eerste Fru to hebben, dä he so na ehren Willen. Man dat worm em, dat he dar nich achterkamen weer, un he versoch dat nochmaal. Nah den darteihnsten Versöök, he weer twuschentiets Vadder vun fievuntwintig Kinner un stunn kort darvör, dat he in Pension gahn schull, dar brenn he mit en oller Ballettdänzer dör.

Mehr kann ik darto egens nich seggen.

Vadderharvst

Een in de Jahren kamen Freedooner ut de Fernsehbranche, hochwussen, witthaarig, jung bleven bi't Krieg hebben mit Redakteure, Produzenten, Schauspeelers, Glöviger, Assistenten, Fans, Schabellen-koppmakers, versleten vun mehr as een Eh', Ansprüch up Unnerhalt, överspöönsch Anfälle, kreeg to sehn eenmaal, as he teemlich laat noch en Party upsöken dä, vun de he egens harr wegblieven wullt, man wo mittomaken em en geschäftlich Rücksicht nehmen dwungen harr, een hoogwussen, mit Hannen un Föten reden jungen Keerl, de em interesseer un togliek heel nett un verdrägern dunk. As he em sik mehr tögerlich wat neeger keem, dar keck disse hoog un sä: Na Vadder, wat maakst du denn hier?

Mehr is darto egens nich to seggen.

Williknichharvst

En Keerl, de fofftig Jahr in Geschäften vun't Handwark sien Leven achter sik brocht harr, worr dat na un na toveel un he wenn sik dar an, jummer fakener un upletzt blot noch to seggen: Williknich. – Unner Schuul vun dissen Satz gluck em dat, noch eens fofftig Jahr vun sien Leven in de Geschäften vun't Handwark achter sik to bringen. He sturv kort achter sien hunnertuneenten Geburtsdag. Sien letzte Wöör weern: Williknich – Aver se nutzen nu nich mehr veel.

Mehr is darto egens nich hentotosetten.

Kathrin Schmidt

Heißenbüttel Thüringisch

Härbst dor Liewe

Ä ansunsten unnauffälcher Gärl, ä Liebhoower dor schöönen Günnste mit muschelardchen Ohrn un seidwärtz geüffnedn Nosenlüchorn, vorliebde sich, olser schonn nich meer gonz junk wor, ämoal so hefftich un intensiev, dosser infulche dor Hefftichkeid un lndensidäd seinor Gefühle dn Geechenstond seinor Vorliebdheid vüllich vorgaaß.

Mehr is dadorzu eichndlich nich ze sahng.

Ehehärbst 1

A Zaunköhnich heirodede ämoal ä Budderbliemschen. De Kindor, die se midnander zeuchden, sinn guhd geroaden unn ham Erfolch im Lähm.

Mehr Iäßd sich dadorzu eichndlich gornich sahng.

Bürosexhärbst 1

Ä Kulleeche vunn mir, gud, wie mor sohcht, vorheirad, ä vorbildlichor Voader, Anndiealkeholikor, Nichtrauchor, gureggt gekleid, gewissnhoft, fleißch, beschein, wullde moal märkwürdcherweise, dohindergumm, wosses mittn Sex im Büro auf sich hot. Als esn, nich ohne Mühn, oawer au ohne dosser wos Sensazchenelles dobei fühlde, gelungn wor, seine Segretährin ze vorführn, hodde er se au schon geschwängort. De Segretährin vorlangde, dosse sich schein ließ unn se heirodede. Schwärn Herzns unn nich ohne Schwierichkeidn midd sinne örstn Frau ze hohm, toader ihrdn Willn. S' wurmde in ohwer, dosser nich dohinnder gekumm wor, unne vorsuchdes nochämoal. Nochm dreizehnden Vorsuch, ä wornzwischen Voader von fümfezwonzch Kinnorn geworrn unn schtond kurz vor de Pangsjon, bronndemiddn ältren Bolleddtänzor dursch.

Mehr konnsch dadorzu eichndlich nich sahng.

Voaderhärbst

Ä in de Johre gckummnor Freischoffndor aus de Fernsehbrongsche, hochgewochsn, weißhoorich, jungerholden im Kriech mid Redagtörn, Produzendn. Schauschpielorn, Gläubchorn, Ossisdendn, Fenns un Mosknbiltnorn, aufgeriehm vunn mähreren Ehn, Unndorholdsonschbrüchn, histärischn Onfälln, sah ämoal, olse ze schpädor Schtunde ne Portie aufsuchde, dere eichndlich hodde fernbleim wulln, an der deilzenehm n jeduch gescheffdliche Rüggsichdn zwongn, ä hochgcwochsnen, lebhoft rehnden jungn Monn, därn indressond unn zegleich äußorsd unnsimpohdisch orschien. Olsesichn zööchornd näherde, blickde auf unn soochde: No Pobbo, wos mochsdn du hier?

Mehr is dadorzu eichndlich nich ze sahng.

Willchnichhärbst

M'Monn, der fuffzich Johre indn Geschäft des Hondwergs seines Lähms hinnorsich gebrochd hodde, wurds noochndnooch ze viel unne gewöhnde sich's an, immor häufchor unn schließlich nur noch ze sahng: Willchnich. – Unndorm Schudz dieses Sotzes gelong esn, weidore fuffzich Johre indn Geschäft des Hondwergs seines Lähms hinnorsich ze bring. Er storb kurz noochn hunnortunörstn Geburrdsdooch. De ledzdn Wurrde worn: Willchnich. Oower se nüdzdn nun nich mähr viel.

Mehr is dadorzu einchndlich nich hinzuzeführng.

Róša Domašcyna

Heißenbüttel Obersorbisch / Wendisch

Nazyma lubos´ce

Poprawom njenadpadny muž, lubowar rjanych wuměłstwow z wušomaj, kiž běštej na mušlu podobnej a z plečitymaj nosowymaj dźěrkomaj, zalubowa so, hdyž njebě hižo cyle młody, ze zamachom a intensiwnje, zo slědujo zamachej a intensiće swojich začučow na objekt swojeho zalubowanja dospołnje zaby.

Wjace so poprawom rjec nima.

Mandźelska nazyma 1

Raz zmandźeli so kralik z maslenku. Dźěći, kiž staj spłodźiłoj, su derje radźene a wuspěšne w kóždym padźe žiwjenja.

Wjace so poprawom scyła rjec nima.

Běrowowa seksnazyma 1

Jedyn z mojich kolegow, dobry, kaž so praji, woženjeny, přikładny nan, antialkoholiker, njekurjak, korektnje zdrasćeny, swědomity, pilny a zdźeržliwy, chcyše raz, štoš je dźiwne dosć, za tym přińć, kak so to z tym seksom w běrowje ma. Hdyž so jemu, wězo nic bjez prócy, ale tež bjez toho, zo by něšto sensacionalneho při tym začuł, poradźi, swoju sekretarku zawjesć, bě je tež dźěćo spłodźił. Sekretarka žadaše sej, zo by so dźělić dal a so z njej woženił. Ćežkeje wutroby a z mnohimi wušparanjemi, kiž jemu jeho prěnja žona dla toho načini, bě sekretarce k woli. Mjerzaše pak so, zo njebě poprawom za tym přišoł, kak so to z tym seksom ma, tak pospyta tole hišće raz. Po třinatym pospyće, mjeztym bě wón nan pjećadwaceći dźěći a krótko do pensioněrowanja, zminy so ze staršim baletnym rejwarjom.

Wjace k tomu poprawom rjec nimam.

Nanowa nazyma

Zestarjenemu swobodnje tworjacemu z telewizijneje branše, wysokemu, běłowłosatemu, kiž bě w bojach z redaktorami, producentami, dźiwadźelnikami, wěrićelemi, asistentami, fanami a twórcami maskow, tola tež přez wjacore rozwjedźene mandźelstwa, próstwy wo zastaranje a z tym zwjazane hysteriske ataki mlody wostał, nadpadny raz, hdyž w pózdnjej hodźinje na party přińdźe, kiž poprawom wopytać nochcyše, ale kotruž wobeńć sej ze słužbnych přičin dowolić njemóžeše, wysoki, žiwje powědacy młody muž, kiž so jemu zajimawy a přewšo njesympatiski zezda. Hdyž so młodemu mužej wahajo bližeše, pohladny tón na njeho a rjekny: Na, papa, što ha tule činiš?

Wjace so k tomu poprawom rjec nima.

Tonochcunazyma

Mužej, kiž bě połsta lět w gšefće rjemjeslnistwa přetrał, bu to pomału přewjele a wón přiwuči sej, bóle a husćišo, skónčnje wšak bjez wuwzaća wotmołwjeć: Tonochcu. – Pod škitom tejele sady so jemu poradźi, dalšich połsta lět w gšefće rjemjeslnistwa přetrać. Zemrě krótko po stoćinach. Jeho poslednje słowa běchu: Tonochcu. – Ale tole jemu hižo wjele njepomhaše.

Wjace so poprawom přidać nima.

FORTSETZUNG

Dem festverankerten
Vorurteil verhaftet,
daß wir uns
durch Sprechen verständigen,
reden und hören
wir so guten Glaubens zu,
daß wir uns am Ende
viel mehr mißverstehen,
als hätten wir uns
stumm darum bemüht,
uns zu erraten.
Ja noch mehr:
da unser Denken
in hohem Maße
der Sprache zugeordnet sei –
erweist sich Denken
als ein Mit-sich-selbst-Sprechen
und konsequenterweise
als ein Sich-selbst-Mißverstehen
und eine große Gefahr,
überhaupt nicht mehr
ein noch aus zu wissen.

José Ortega y Gasset

Otto Neumaier

Reden wir von Glück

Oft werden uns die verschiedenen Bedeutungen von Ausdrücken in der von uns jeweils gesprochenen Sprache eher bewußt, wenn wir uns klar machen, welche Ausdrücke uns dafür in anderen Sprachen zur Verfügung stehen. So kennt etwa das Englische für all das (oder zumindest für vieles von dem), was im Deutschen als *Glück* bezeichnet wird, wenigstens drei Ausdrücke, nämlich »happiness«, »luck« und »fortune«; diese beziehen sich darauf, daß jemand glücklich *ist* oder Glück *hat* beziehungsweise daß ihm das Glück in einem *schicksalhaften* Sinne hold ist. Noch weiter geht die Differenzierung im Französischen, das nicht nur etwa mit »prospérité« einen *Zustand*, der für jemanden Glück bedeutet, vom inneren *Glücksgefühl* (bonheur) abhebt, sondern auch ein vom *Schicksal* (fortune) bestimmtes beziehungsweise abhängiges Glück von einem, das uns *zufällig* widerfährt (chance, veine); dementsprechend ist es nicht dasselbe, ob etwas jemandem Glück bringt (porter bonheur), ob er Glück hat (avoir la chance) beziehungsweise sein Glück versucht (tenter sa chance) oder ob er sein Glück macht, sei es durch eigene Leistung (réussir), sei es aufgrund anderer Gegebenheiten (faire fortune).

Daraus, daß im Deutschen *ein* Ausdruck Phänomene bezeichnet, für die in anderen Sprachen mehrere Wörter stehen, ist weder zu schließen, daß die Sprecher des Deutschen diese Phänomene nicht auseinander halten könnten, noch, daß den Angehörigen anderer Sprachgemeinschaften bei aller Vielfalt von Glückswörtern der Gedanke an einen übergeordneten Begriff für alle davon fremd wäre. Andererseits unterscheiden sich Kulturen sehr wohl auch dadurch, welche Bedeutung das Glück für ihre Angehörigen hat.

Auch in der europäischen Kultur hat sich die Einstellung dazu gewandelt. So spielte anscheinend im Mittelalter das subjektive Glücksgefühl zumindest eine geringere Rolle als heute, was wohl damit zusammenhängt, daß dem individuellen Leben weniger Gewicht beigemessen wurde und daß es eher als *Mittel* für die Verwirklichung des Wohlergehens einer ganzen Gemeinschaft oder für Gottes Preis angesehen wurde.

Aber auch der griechische Ausdruck »eudaimonia« zeugt von einer anderen Einstellung, da er ein gutes Leben auf Grundlage von Glück im Sinne objektiv bestehender Sachverhalte bezeichnet: Es geht *nicht* darum, daß Individuen glücklich *sind*, sondern darum, daß sie den objektiven Bedingungen und den Zielen ihres Lebens gemäß leben; sofern es um individuelle Bedürfnisse geht, ist nicht Glück das zentrale Thema, sondern *Lust* (wobei wir uns – in einer Lebensform des gesteigerten Individualismus – fragen müssen, ob *wir* dann, wenn wir von Glück sprechen, in vielen Fällen nicht ebenfalls Lust meinen).

Die Glückswörter werden also nicht nur im erwähnten Sinn verwendet, und der Sprachgebrauch ist auch nicht in jeder Hinsicht konsequent: So wird etwa im Englischen einerseits zwischen einer »lucky person« und einer »happy person« unterschieden, doch ist es andererseits auch üblich, Leuten ein »happy new year« oder »many happy returns of the day« zu wünschen; dabei geht es wohl weniger um Glücksgefühle (happiness) der mit solchen Wünschen bedachten Personen als darum, daß ihnen Glück (luck) beschieden sei, also ein Leben unter für sie günstigen Bedingungen.

Wenn wir jemanden *beglückwünschen*, so gratulieren wir ihm zu etwas, das ihm geglückt ist, sei es durch sein Handeln, sei es allgemein im Leben, und meinen damit etwas anderes, als wenn wir ihm *Glück wünschen*. Der italienische Ausdruck »felicitazione« scheint sich dabei wieder eher auf den inneren Aspekt des Glücksgefühls zu beziehen, während der Glückwunsch im Sinne von »augurio« in die Zukunft gerichtet ist, als Ausdruck einer Verheißung von Glück – und damit wieder von etwas, das einem durch das Schicksal bestimmt ist.

Wenn wir *fortune* haben, dann hat Fortuna ihre Hand im Spiel. Bei der dem menschlichen Leben zugrunde liegenden Regelmäßigkeit, Gerichtetheit oder Gesetzmäßigkeit, die dem Gebrauch des Ausdrucks »fortune« in vielen Fällen zugrunde liegt, kann aber sowohl ein »Naturgesetz« gemeint sein, das wir nicht beeinflussen können, als auch ein Muster im Leben, das von unserem Handeln abhängt. Dieser Unterschied zeigt sich etwa in Formulierungen wie »fortune telling« gegenüber »making our fortune«.

Nicht alles, was wir im Deutschen mit Glück verbinden, wird auch in anderen Sprachen mit einem Ausdruck bezeichnet, der dem Wortfeld »Glück« unmittelbar zuzuordnen ist. So müssen wir etwa andere Lebensbedingungen bedenken, um zu verstehen, warum es ein besonderes Glück ist, bereits im Hemd geboren (ital. nato con la camicia) und deshalb ein *Glückspilz* zu sein, während die Vorstellung, man sei ein solcher, wenn man mit den Füßen voraus zur Welt kommt (span. nacido de pie), wohl auf der Vorstellung beruht, man komme gleich glücklich auf die Füße zu *stehen*.

Auch dem *Glücksritter* gewinnen die verschiedenen Sprachen jeweils andere Gesichtspunkte ab: Wird im Italienischen vor allem sein *Eifer* geschätzt (cavaliere d'industria), sehen die Sprecher des Englischen oder Französischen eher das *Verwegene* seines Tuns (adventurer beziehungsweise aventurier). Die Verwegenheit oder Sorglosigkeit kann derart in den Blickpunkt rücken, daß der Bezug auf ein damit verbundenes Glück nur noch bedingt erkennbar ist: Interessanterweise ist in kaum einer Sprache außer der deutschen von *Glücks*-Spiel die Rede; vielmehr wird gewöhnlich der dabei unwägbar ins Spiel kommende *Zufall* betont, noch dazu – mit Ausnahme des englischen Ausdrucks »game of chance« – weniger im Sinne einer damit verbundenen *Chance* auf Glück als mit Blick auf die darin lauernde *Gefahr* (hazard), die wiederum als Angelegenheit des Zufalls ebenso wie des Schicksals aufgefaßt werden kann. Dennoch ist auch dabei stets das Glück im Spiel: Wer hasardiert, tut etwas »auf gut Glück«; er handelt damit zwar nicht im moralischen Sinne verantwortungsvoll (da dies hieße, die Gefahren und Folgen sorgfältig abzuwägen), jedoch im *Vertrauen*, daß sein Handeln richtig und ihm das Glück dabei hold ist; und wenn er trotz des Risikos Glück *hat*, spricht anscheinend oder scheinbar alles dafür, sein Handeln rückwirkend als richtig zu erklären.

Dabei ist aber zu unterscheiden zwischen Fällen, in denen jemand sein Glück mehr oder weniger leichtfertig aufs Spiel setzt, und solchen, in denen er angesichts geringer Chancen sein Glück herausfordert – und mithin herauszufinden versucht, ob die Welt tatsächlich bloß das ist, was objektiv und aufgrund uns nur teilweise bekannter Bedingungen der Fall ist, oder ob wir das vermeintliche Schicksal zu unserem Glück *wenden* können. Dies heißt nicht unbedingt »corriger la fortune«, sondern erkunden, ob die Welt so ist, wie wir gedacht hatten.

Wir müssen nicht nur subjektive und objektive Aspekte des Glücks unterscheiden, sondern auch die Vielfalt jeder dieser Erscheinungsformen von Glück betrachten. So kann uns etwa das Glücksgefühl auf verschiedene Weise erfüllen, von einer an bloße *Zufriedenheit* grenzenden Ahnung bis hin zu einer *Glückseligkeit* (engl. bliss, franz. béatitude), die uns sogar an die Grenze dessen führen kann, was zu erleben oder zu erfahren wir gerade noch in der Lage sind – und die insofern zum Bereich des *Erhabenen* gehört. Dies zeigt sich nicht zuletzt darin, daß wir im Gefühl höchster Glückseligkeit *zerspringen* könnten.

Das Glück ist uns also gerade in seiner Gegenwärtigkeit nicht schlichtweg gegeben; vielmehr ist sein Gegenteil stets darin geborgen, und zwar um so eher, je mehr Glück wir erleben oder erfahren – nicht nur im subjektiven, sondern auch im objektiven Sinne: Ist uns das Glück allzu hold, so verstärkt dies die Neigung, mit Bezug auf ein angenommenes »Naturgesetz« beziehungsweise Schicksal den Umschlag in das Gegenteil zu erwarten.

Interessant ist in diesem Zusammenhang, daß die »Handlungsmacht« in den Sprachen unterschiedlich zugewiesen wird: Während es im Deutschen das Glück ist, das uns verläßt, sind es im Englischen wir, die dem Glück davon laufen (to run out of luck); dazwischen steht schicksalshaft das Italienische, das seine Sprecher ins Unglück stürzen läßt (gettare nella disgrazia).

Auch mit »Lebensglück« kann die Vorstellung, daß wir während unseres Lebens im wesentlichen *glücklich sind*, ebenso gemeint sein, wie daß wir in den für unser Leben entscheidenden Situationen *Glück haben*, vor allem aber, daß uns im Leben möglichst vieles oder daß uns das Leben insgesamt *glückt*.

Was aber heißt es, daß uns etwas glückt? Den Wörterbüchern zufolge ist darunter nichts anderes zu verstehen, als daß wir *Erfolg* haben (engl. to succeed, franz. réussir, ital. riuscire). So gesehen hängt es vor allem von unserer *Tüchtigkeit* ab, ob uns das Leben glückt. Sicher ist es eine Überlegung wert, welche Rolle der Gedanke an Glück in diesem Sinne für das Führen unseres Lebens spielt, was wir zu seinem Glücken beitragen und wie wir dafür tüchtig werden können (also eine Art *Lebenskunst* erwerben und pflegen), doch erscheint es vermessen zu glauben, daß das Lebensglück *allein* von unserer Tüchtigkeit und einem darauf beruhenden Handeln abhinge.

Wenn es für uns schwierig ist, eben dieses Glück zu erfahren, so hängt dies vielmehr damit zusammen, daß wir auch lernen müssen, mit »Dingen« umzugehen, die unsere individuelle Handlungsmacht weit übersteigen – nicht nur *Tragisches*, in das wir verwickelt sind, ohne es abwenden zu können, sondern auch ein *Glück*, das uns über alles »strebende Bemühen« hinaus hold ist.

Die etymologische Herkunft des Ausdrucks »Glück« liegt indes im Dunklen. Deshalb sind wir auf Vermutungen angewiesen – die wiederum Ausdrücke anderer Sprachen ins Spiel bringen: Manchen gilt das Wort »Glück« etwa als

Bildung, die sich an das altfranzösische »destinée« anlehnt und dessen Bedeutung ins Deutsche überträgt, also »Festsetzung«, »Bestimmung« oder »Beschluß«; andere führen es auf ein altfränkisches Wort »gilukki« zurück, das vom Verb »lûkan« abgeleitet sei, das so viel bedeute wie »schließen«.

Beide Erklärungen verweisen also auf etwas, das für uns vorherbestimmt oder beschlossen ist, doch läßt die zweite eine vermutlich überraschende Verwandtschaft mit dem englischen Verb »to lock« erkennen. Wenn dem so ist, war die ursprüngliche Bedeutung von »Glück« sehr viel enger als heute und auf den Aspekt des Schicksals begrenzt. Der Gedanke, daß der Verlauf unseres Lebens offen sein und etwa auch von zufälligen Ereignissen geprägt sein könnte, scheint den Menschen erst später gekommen zu sein, wohl in Zusammenhang mit dem Erosionsprozeß eines festgefügten Weltbildes und dem Aufkommen naturwissenschaftlicher Erklärungen. Diese verstärken andererseits die Neigung, die verschiedenen Aspekte von Glück im »Licht der Vernunft« ein für allemal zu erklären.

Wir sollten uns jedoch der Möglichkeit bewußt sein, daß zum Glück, wenn es seinem Namen gerecht werden soll, auch gehört, daß es sich letztlich solchen Erklärungen entzieht – und unser Staunen anregt. Zum Glück. □

Sigrid Hauser

Doppelt übersetzt

Der Film *Le Mépris* von Jean-Luc Godard ist die Übertragung eines Romans von Alberto Moravia, *Il disprezzo*, ein Roman, der 1954 erschienen ist, und den Godard als einfache und nette Zuglektüre bezeichnet hat, die trotz moderner Hintergründe voll von klassischen, nicht mehr gewohnten Gefühlen ist und deshalb zu einem Genre gehört, das sich zur Verfilmung eignet und zu guten Verfilmungen führen kann.

Auch Moravia verwendet in seinem Roman die Insel als Hintergrund: die kargen Felsen, das blaue Meer, die Sonne, den Himmel. Er beschreibt den Weg, den seine Protagonisten vom Hauptort der Insel bis zum Haus des Produzenten gehen – weit außerhalb des Ortes, an einer einsamen Küstenstelle gegenüber der Halbinsel von Sorrent –, er beschreibt den Promenadenweg, den Pfad, der rings um die Insel verläuft, er beschreibt den Anblick der Faraglioni-Felsen, er beschreibt die nackten Hänge an der Westküste, keine Villen mehr, keine Gärten, endlich, an einer einsamen Stelle, den langgestreckten niedrigen Bau mit einer Terrasse, die zum Meer hinausragt.

Der Weg und dieser letzte Blick stimmen mit dem Weg zur Punta Massullo und dem Bild vom Haus Malaparte überein. Aber nach diesem Überraschungseffekt entsteht bei weiterer Lektüre doch ein anderes Haus.

Die deutsche Übersetzung verzichtet auf eine Präzision, denn eigentlich spricht Moravia von einem *weißen* langgestreckten und niedrigen Bau, und im weiteren Text führt das Wohnzimmer direkt auf die Terrasse, gibt es nur noch drei Zimmer außer diesem Wohnzimmer. Er verwendet also ein bestimmtes Haus, aber es ist fiktiv und erinnert eher an den Entwurf von Adalberto Libera, auch wenn das Haus Malaparte nach 1945 eine Zeitlang weiß angemalt war.

Ich weiß nicht, von welchem Haus Moravia spricht, meine aber, die Wirklichkeit, die ihn, den Schriftsteller inspiriert hat, mußte er sich ein bißchen verändern, um den Roman nicht mit dokumentarischen und realen Hintergründen zu belasten, um seine Gedanken als Erzähler und die Gedanken des Lesers nicht durch die Erinnerung an einen bestimmten Ort von der Handlung abzulenken.

Es ist *sein* Entwurf eines Hauses.

Bei Moravia soll in diesem Haus ein Drehbuch geschrieben werden, Godard hingegen läßt seine Schauspieler auf der Terrasse einen Film drehen, er bezieht das Haus ganz anders in das Geschehen ein, er macht es zum Ort der Verachtung, die Verachtung wird durch diese Architektur materialisiert, schon wie es gezeigt wird, vorgestellt wird am Beginn der zweiten Hälfte des Films: Der Weg führt abwärts, führt über enge Serpentinen durch den Wald, hinter den Pinien reflektiert hell der Meeresspiegel, sie gehen weiter, Fritz Lang und Michel Piccoli, sie diskutieren die Motivation ihres Films, diskutieren Penelopes Liebe oder Verachtung – Schnitt –, dort steht es, ziegelfarben, langgestreckt, elegant, man sieht jemanden über die Stiege nach unten laufen – Schnitt –, Brigitte Bardot auf der Terrasse winkt, sie wendet sich ab – Schwenk –, das Meer, im Hintergrund schimmern die Konturen von Sorrent.

Die Verachtung ist nicht in dem Haus oder auf dieser Terrasse entstanden, aber sie erreicht dort ihren Höhepunkt, sie wird dort verbalisiert und wird hintergründig sichtbar als allgemeine Not- und Abwehrhaltung in den zwischenmenschlichen Umgangsformen. Mittelpunkt dieser Beziehungen ist ein amerikanischer Produzent, der Verachtung ausstrahlt und entstehen läßt. Er hat Macht und Geld und produziert damit einen Film über: zum Beispiel Liebe. »Deine Liebe ist total« – auf diese Weise erhält der am Anfang eingeleitete Diskurs im Laufe der Handlung neue Vorzeichen, wird ein Diskurs über das Geld und erfährt zum Schluß sein totales Ende – *Fin*.

Die Mittel des Films sind andere als die des Romans. Insofern ist jede Verfilmung einer literarischen Vorlage eine Art Übersetzung. Hier kommt noch hinzu, daß für Godard dieser Roman tatsächlich nur eine Vorlage geblieben ist, sozusagen als Ersatz für ein Drehbuch, das er in der Form wie es erforderlich ist, um dem Produzenten eine Vorstellung zu geben, nicht schreiben kann – wie er selbst sagt.

Das heißt, es kommt bei ihm eine Komponente hinzu, besser gesagt, es entsteht über die Form der Erzählung hinaus etwas Neues: Godard verwendet – das ist nicht etwa üblich, das ist *seine* Art von Filmregie – das, was er auswählt, was unter die Definitionen Darsteller und Ausstattung fällt (also Schauspieler, Räume, Landschaften), in seinen Bildern vor allem mit der besonderen Charakteristik, die es im Realen hat.

Natürlich zeigt er seine persönliche Sichtweise dazu, aber – und das ist das Wesentliche – auch seine Meinung darüber, also seine Einstellung im übertragenen Sinn: zum Beispiel über Fritz Lang. Sie wird nicht gesagt, sie wird im Film mitgeliefert, und es bleibt dem Zuschauer überlassen, sie zu verstehen und sich damit auseinanderzusetzen.

Es soll jedenfalls der Anschein von Wahrheit erweckt werden – in diesem Sinne ist für Godard jeder Darsteller brauchbar: »Man muß einen Schauspieler finden und sich, ausgehend von ihm, eine Szene ausdenken.« Es ist anzunehmen, daß er mit eben diesem Vorsatz auch den Dekor wählt, den Schauplatz, den Hintergrund. Auf diese Weise wird zum Beispiel eine Gegend personifiziert, oder anders gesagt: So wie Godard die Persönlichkeit eines Schauspielers entdeckt und darstellt, so wird auch auf der Leinwand etwas wie die Persönlichkeit einer Gegend, einer Landschaft sichtbar gemacht – und eben auch die Persönlichkeit eines Hauses.

Casa Malaparte – *Le Mépris*: Der Film gibt dem Haus seinen Titel. Ich glaube, Curzio Malaparte wäre darüber sehr stolz gewesen. Insofern ist der Film Godards Interpretation zu dem Haus, eine Interpretation, die mir als Zuschauer im Kino übergeben wird und über die ich als Architekturbetrachterin die Konzeption des Hauses studieren kann – zum Beispiel der Film: als Darstellungsmittel von Architektur, als Hilfsmittel bei der Architektur-Rezeption.

Architektur ist eine Sprache, die Ideen übersetzt. Als solche ist sie ein Medium zwischen Autor (Architekt) und Betrachter (Rezipient). Die Formen der Darstellung sind demnach Übersetzungen verschiedener Art. Letztlich ist dann auch das fertige Bauwerk nichts anderes als eine Übersetzung.

Für die Verständlichkeit dieser Sprache ist die Realisation eines Objekts nicht notwendig, aber sie macht dem Betrachter eine neue Ebene der Kommunikation und der Erkenntnis zugänglich.

Jede Form der Darstellung ist als Übersetzung für sich interpretierbar. Die Erkenntnis des Betrachters ist zugleich seine Interpretation, und auch diese ist wieder eine Übersetzung der ursprünglichen Idee: sich annähernd entfernt sie sich. □

ISOLDE OHLBAUM

Dreizehn Übersetzer. Eine Übersetzung.

Eva Hesse, München, Februar 2005.

❞ Das Wesen der Übersetzung ist das Werden der Sprache; das *Es werde!* … der Welt. ❞

Felix Philipp Ingold

Elisabeth Edl, München, Dezember 2004 (oben); Hans Wollschläger, Bayreuth, März 1983.

Hansi Bochow-Blüthgen, München, Dezember 1976 (links); Elisabeth Schnack, Zürich 1989.

Simon Werle, München 2002 (links); Oswalt von Nostitz-Wallwitz mit seiner Enkelin Sidonie von Krosigk, München 1994.

Klaus Reichert, Frankfurt/Main, Juni 2003 (links); Rosemarie Tietze, München, Januar 2005.

Hans Thill, Leipzig, März 2005 (links); Peter Handke, Weimar 1994.

Ryszard Krynicki, Krakau, Mai 2000 (oben); Marcus Ingendaay, München 2003.

Elmar Holenstein

Zur Relativität des sprachlichen Relativismus

Japanische Beispiele

Eine japanische Beifahrerin macht den europäischen Wagenlenker vor einer Verkehrsampel mit den Worten »Es ist blau geworden« darauf aufmerksam, daß er weiterfahren kann. Die Japanerin hatte ihren Hinweis wörtlich aus ihrer Muttersprache ins Deutsche übertragen. Die beiden sind auf einer Fahrt »ins Blaue« an einem hellen Maisonntag. So liegt die Rückfrage nahe, ob sie den Unterschied zwischen der Farbe des Himmels über sich und der Farbe der Wiese neben der Straße denn nicht bemerke und sehe, daß das Licht der Ampel mehr dem grünen Gras als dem blauen Himmel gleiche.

Die Japanerin ist über die Frage ebenso verdutzt wie ihr deutscher Kollege, der »Weißwein« anbietet und daraufhin gefragt wird, ob er denn nicht sehe, daß die Farbe des Weins mehr derjenigen von Sonnenblumen gleiche als derjenigen des Papiers, auf das er schreibt. Offenkundig kann man nicht einfach sagen, daß die Sprachen die Welt so widerspiegeln, wie sie ihre Sprecher wahrnehmen.

Kein Kenner wäre jedoch überrascht, wenn ein Kind, das nebeneinander ein Glas Weißwein und ein Glas Rotwein zu zeichnen hätte, den Weißwein weiß zeichnen würde oder auf jeden Fall heller, als wir ihn sehen. Warum? Einen Kontrast verdeutlicht man, indem man ihn übertreibt, beim Malen wie beim Sprechen. Man muß überdies unterscheiden zwischen dem möglichen Einfluß der Sprache auf die Wahrnehmung und ihrem Einfluß auf die gedankliche Verarbeitung des Wahrgenommenen und auf seine bildhafte oder sprachliche Wiedergabe.

Wahrnehmungen sind weniger leicht verformbar als ihre Verarbeitung im Kopf oder ihre Reproduktion in Bild und Sprache. Menschen haben die Neigung, in der Kunst das darzustellen, was sie wissen oder zu wissen glauben, nicht, was sie sehen. Bei Kleinkindern und ähnlich bei Angehörigen alter Kulturen ist diese Tendenz besonders auffällig. Sie wissen, daß Menschen Beine haben, und zeichnen sie entsprechend.

Paul Feyerabend, beschwingt von der logischen Möglichkeit seines *anything goes,* schrieb, Kinder und »archaische Menschen« würden die Welt so sehen, wie wir ihre Bilder sehen. Ein archaischer Zeichner wäre jedoch wohl ebenso erstaunt gewesen, wenn er gefragt geworden wäre, ob er nicht sehe, daß die Beine des Pferdelenkers, die er über den Seitenwänden des Streitwagens stehend zeichnet, in Wirklichkeit von den Seitenwänden verdeckt werden, wie der moderne Wissenschaftstheoretiker, der gefragt wird, ob er den Unterschied zwischen der Farbe seines »Weißweins« und der Milch, die er nach wie vor trinkt, nicht wahrnehme.

Philosophen befassen sich nicht wie Linguisten mit der Klassifikation von Farben und Schneesorten. Sie fragen nach den denkbaren Seinsweisen und Seinssorten der Wirklichkeit. In den indoeuropäischen Sprachen unterscheiden wir grammatisch zwischen diskreten Gegenständen (Werkzeugen, Tieren, Menschen), die dank ihrer Gestalt deutlich voneinander verschieden und entsprechend leicht zählbar sind, und massigen Substanzen (Wasser, Lehm, Mehl, Speck).

Um Massen quantifizieren zu können, gebrauchen wir Messeinheiten, mit denen wir sie zugleich klassifizieren als von flüssiger, fester, brocken- oder scheibenförmig aufteilbarer Stofflichkeit. Wasser wird zählbar, wenn wir es in Krüge oder Liter abfassen. Mehl können wir in Säcken oder Kilos quantifizieren, Speck, indem wir ihn in »Bröcklein« oder »Scheiben« schneiden.

Die Substantive, die wir für diskrete Gegenstände gebrauchen, werden entsprechend als »Zählnomina« bezeichnet und die für massige Substanzen als »Massennomina«.

Der amerikanische Philosoph W. V. Quine ist nun darauf gestoßen, daß im Japanischen wie in vielen andern Sprachen die uns vertraute grammatische Unterscheidung zwischen Zählnomina und Massennomina nicht gegeben ist. Um diskrete Gegenstände zählbar zu machen, müssen sie wie die massigen Substanzen zuerst klassifiziert werden, als mehr oder weniger ein-, zwei- oder dreidimensionale Gegebenheiten, als Tiere einer bestimmten Art oder als Menschen und dergleichen mehr.

Wenn Japaner von fünf Rindern sprechen, gebrauchen sie eine nach Quine ontologisch zweideutige Sprachwendung *go tō no ushi*, die man annähernd entweder als »fünf zur Klasse der Bovine gehörige Rinder« oder aber als »fünf Stück Rindvieh« übersetzen könne, ohne entscheiden zu können, welche Übersetzung die richtige sei. Es sei »unerforschlich«, ob sie sich mit ihrer Redeweise letztlich auf Individuen oder auf eine massige Substanz beziehen.

Quine interpretiert dabei wohl einfachheitshalber »Vieh« nicht als Kollektivnomen, sondern als Massennomen, so, als wäre es möglich, daß die Japaner vor fünf Ochsen stehend *five pieces of beef on the hoof* wahrnehmen würden. Mit dem heute zur Verfügung stehenden Jargon könnte man sagen, es sei nicht auszuschließen, daß sie auf einer Wiese »fünf Stück Rind-Biomasse« wahrnehmen, ähnlich wie wir in einer Metzgerei »fünf Stück Rindfleisch« ins Auge fassen.

Quine hatte jedoch seine »Inskrutabilitätsthese« ein ontologisches Stockwerk zu hoch angesetzt. Einer seiner japanischen Schüler, Logiker am *Tokyo Institute of Technology,* für den Quines Interpretation überhaupt nicht seinem eigenen Sprachverständnis als *native speaker* entsprach, machte ihn darauf aufmerksam, daß Englisch lernende Japaner die Wendung *five pieces of bread* anfänglich fehldeuteten, als seien damit nicht fünf Scheiben Brot, sondern fünf Brote gemeint.

Der Unterschied zwischen individuierten Gegenständen (Rindern) und massigen Substanzen *(beef)* sei für sie so evident wie etwas. So sehr, könnte man meinen, daß sie es nicht nötig finden, den Unterschied auch grammatisch zu markieren. Der Logiker, der mir dies in den 80er Jahren berichtete, fügte maliziös hinzu, Quine gebrauche seither die japanische Redewendung für »fünf Rinder« nicht mehr als natürlichsprachliches Illustrationsbeispiel für seine ontologische Relativitätsthese, der Wissenschaftsphilosoph Thomas Kuhn hingegen zitiere sie nach wie vor.

Interkulturell durchgeführte Wahrnehmungs- und Sprachtests mit Kindern deuten inzwischen darauf hin, daß ihnen die ontologische Unterscheidung zwischen individuierten Gegenständen und massigen Substanzen sprachunabhängig geläufig ist. Gewisse Unterschiede sind augenfällig. Eine abgetrennte Portion Rindfleisch ist auch Rindfleisch, während ein Körperteil eines Rindviehs, etwa sein Hals, kein Rindvieh ist. Vor allem »größere Tiere«, Menschen zumal, werden unwillkürlich als Individuen erfaßt.

»Der westliche Individualismus« ist »den Japanern« nicht sprach- oder kulturbedingt etwas Unerfaßliches. Er ist ihnen nur zu vertraut. Auch aus eigener Erfahrung. Egoisten, die auf ihr Recht pochen, gibt es drüben wie hüben, ebenso Menschenkenner. Daß ein erwachsener Mensch für sein Tun individuell haftbar ist, wissen Japaner so gut wie Deutsche. Der Ausdruck dafür *jiko sekinin* kommt ihnen so leicht über die Lippen wie Deutschen die wörtliche Übersetzung dafür: »Selbstverantwortung«.

Wenn ein gewisser Relativismus auszumachen ist, dann scheint er weniger von den einzelnen Sprachen abhängig zu sein als von dem Bereich, in dem er sich bemerkbar macht. Einerseits ist, wie eingangs ausgeführt, zu unterscheiden, ob es sich um Wahrnehmung, begriffliche Verarbeitung des Wahrgenommen, Erinnerung oder Reproduktion zu Kommunikationszwecken handelt. Andererseits spielt die Beschaffenheit der Phänomene eine Rolle.

Wir haben es, was die Natur der Erfahrungsgegebenheiten betrifft, mit einem Kontinuum zu tun. An einem Ende des Kontinuums ist die Sprachunabhängigkeit der Wahrnehmung evident. Am anderen ist die Wahrnehmung, durch die Natur der Sache bedingt, schwankend, variabel und von der jeweiligen Sprache oder Sprachbeherrschung leicht beeinflußbar. Die Wahrscheinlichkeit einer individuierten Wahrnehmung ist, wenn wir Lebewesen sehen, am höchsten, gefolgt von konkreten Objekten. Am niedrigsten ist sie bei massigen Substanzen.

Ein Kenner fragt einen Käser, »wie viele Käse« er produziere, und meint dabei Käslaibe. Ein Laie fragt nach »wieviel Käse« und denkt dabei an Kilo. Der erste gebraucht »Käse« als »Zählnomen« im Plural, der zweite als »Massennomen« im Singular.

Eine gleicherweise zwischen- und binnensprachliche Variation der Wahrnehmungs- wie der Bezeichnungsweise entlang eines Kontinuums ist von Farbentests her wohlbekannt. Für Sprecher verschiedener Sprachen ist der Unterschied zwischen einem optimalen Rot und einem optimalen Blau genau so offensichtlich wie für Sprecher ein und derselben Sprache. Wo aber die Grenze zwischen Rot und Blau auf dem Farbspektrum zu ziehen ist, darüber sind die Benutzer ein und derselben Sprache nachweislich in vielen Fällen kaum weniger unsicher und uneins als die Benutzer verschiedener Sprachen.

Die Bestimmtheit, mit der die Benennung im einen Fall erfolgt, und die Unbestimmtheit, mit der eine Trennlinie im zweiten Fall gezogen wird, hat entschieden mehr mit der Natur unseres neuralen Wahrnehmungsapparates zu tun, den wir von unsern Eltern vererbt bekamen, als mit der Struktur der Sprache, die wir von ihnen gelernt haben. □

Elmar Holenstein

Kulturelle Höflichkeit

Zur Schreibweise fremdsprachiger Namen

Für die Schreibweise fremdsprachiger Namen sind, wie nicht anders zu erwarten, mehrere Standpunkte in Betracht zu ziehen. Neben dem Standpunkt derjenigen, über die geschrieben wird, gibt es den Standpunkt der Adressaten der Mitteilung. Wie man schreibt, hängt nicht nur davon ab, über wen oder was man schreibt, sondern auch davon, für wen man schreibt. Wer eine Mitteilung macht, will auch verstanden werden. Wer schreibt, orientiert sich deshalb an den Schriftkenntnissen der Leser. Wie in jeder Kommunikation spielen zudem sprach- und schriftökonomische und ästhetische Aspekte eine Rolle.

Unter den gegenwärtigen multikulturellen und dazu globalisierten Lebens- und Kommunikationsbedingungen sind die Transkriptionsprobleme um einiges dringender, als sie dies zu anderen Zeiten gewesen sein mögen. Alles wäre einfach, wenn die Leser monolingual wären, an keinen internationalen Veranstaltungen, nicht einmal an sportlichen, teilnehmen würden und nie auf Reisen gingen, wenn es in ihrer Sprache keine Fremdwörter (wie Chip und Job) gäbe, die wie in der Originalsprache geschrieben werden, und auch keine wissenschaftlichen Werke mit Namen und Fachausdrücken (wie Veda und Yoga), die sich auf fremde Sprachen und Kulturen beziehen und von diesen übernommen worden sind, wenn weiter der Übergang zwischen fach- und populärwissenschaftlichen Publikationen kein fließender wäre und wenn schließlich keine Angehörigen fremder Sprachen und Kulturen je zu lesen bekämen, wie über sie geschrieben wird.

Man könnte sich dann an die im 19. Jahrhundert aufgekommenen Transkriptionsregeln halten und mit einer Revision der Schreibweisen, die man als despektierlich, unökonomisch und unschön empfindet, bis zu einer allgemeinen Rechtschreibreform, die nahezu ungeteilte Zustimmung finden wird, warten, in Deutschland bis zum Sankt-Nimmerleins-Tag.

Alles wäre natürlich auch einfach, wenn sämtliche Leser mit den Schreibweisen für sämtliche Sprachen und in sämtlichen Wissenschaftsdisziplinen, mit denen sie in Berührung kommen, vertraut wären. Man könnte sich dann an die in den einzelnen Ländern amtlichen und in den verschiedenen Wissenschaftsdisziplinen standardisierten Schreibweisen halten.

Da jedoch Sprach- und vor allem Umschriftkenntnisse beschränkt sind, ist es seit Menschengedenken zum Gebrauch von *linguae francae,* interlingualen Verkehrssprachen, und später auch zu entsprechenden Wissenschaftssprachen gekommen. Man hält sich bei der Wahl einer solchen Sprache an eine Güterabwägung zwischen »kultureller Höflichkeit« (man nennt andere Menschen, so wie sie sich selber nennen, und benutzt für ihr Land und dessen Regionen und Orte die Namen, die sie selber gebrauchen) und »Leserfreundlichkeit« (man schreibt so, daß man mühelos verstanden wird).

In Werken, die sich an eine interdisziplinäre oder eine nichtakademische Leserschaft richten, verzichtet man deshalb auf die Wiedergabe von Namen in einer verhältnismäßig nur wenigen Einheimischen und Sprachwissenschaftlern vertrauten regionalen Sprache zugunsten einer *lingua franca,* die von den Betroffenen selber als Zweitsprache gebraucht wird oder die zumindest einzelnen Vertretern von ihnen (zur Begutachtung) zugänglich ist.

Nicht jedermann ist zuzumuten, den rätoromanischen Namen des Dorfes (Segl Maria) zu kennen, in dem sich Nietzsche während mehrerer Sommer aufgehalten hat, wenn bloß noch eine abnehmende Zahl seiner Bewohner rätoromanisch, eine nach quantitativen Kriterien dem Untergang geweihte Minderheitensprache, spricht und wenn sowohl allen Bewohnern wie allen Philosophiegeschichtsschreibern der deutsche Name (Sils Maria) geläufig ist.

Erstrebenswert wäre, daß sämtliche Namen und Fachausdrücke aus Sprachen, für die eine nichtlateinische Schrift Brauch ist, in allen Sprachen der Erde, die in lateinischer Schrift geschrieben werden, möglichst einheitlich wiedergegeben werden. Dies ist zur Zeit am ehesten zu realisieren, wenn man sich an die in den wissenschaftlichen englischsprachigen Publikationen üblichen Transkriptionsweisen für die einzelnen Sprachregionen hält.

Von einer einheitlichen Wiedergabe derselben Laute aller nicht lateinisch geschriebenen Sprachen – nicht mit den künstlichen Zeichen der *Association Phonétique Internationale*, sondern mit den jedermann vertrauten lateinischen Buchstaben und einer jedermann zumutbaren Anzahl diakritischer Zeichen – ist man heute noch weiter entfernt als vor einem halben Jahrhundert. Es ist nicht zu erwarten, daß die chinesische Regierung ihr erst 1979 offiziell eingeführtes Pinyin-Umschriftsystem den Umschriften der Indologen, Arabisten und Slavisten anpaßt. Diese haben sich selber in den vergangenen 200 Jahren nicht auf eine Vereinheitlichung ihrer verwandten Transkriptionsregeln geeinigt und werden nicht geneigt sein, diese auch noch den Pinyin-Umschriften mit deren zum Teil stark von den englischen Aussprachegewohnheiten abweichenden Lesungen anzugleichen.

Wem die sprachliche Hegemonie des Englischen als globaler *lingua franca* gegenüber den kontinentaleuropäischen Sprachen Deutsch und Französisch, die noch vor Jahrzehnten zumindest in den Wissenschaften ebenfalls den Status von »Weltsprachen« beanspruchten, Unbehagen verursacht, möge bedenken, daß die Schreibweisen einzelner Laute von weit mehr Sprachen mit derjenigen des Englischen als mit denjenigen des Deutschen und Französischen überlappen, die Pinyin-Umschrift des Chinesischen, der bei weitem von den meisten Sprechern benutzten Sprache, mit eingeschlossen.

Wenden wir uns nach dieser allgemeinen Lagebeurteilung konkreten und heute schon lösbaren Problemen zu: Seit der Auflösung der tschechoslovakischen Republik in zwei selbständige Staaten 1993 wird in amtlichen deutschsprachigen Verlautbarungen und in Publikationsorganen, die auf Stil bedacht sind, die Bezeichnung *Tschechei* gemieden. An ihre Stelle ist nahezu ohne Einspruch *Tschechien* getreten. Die Endung einer Landesbezeichnung auf *-ei* gilt als abschätzig. Nicht gerade konsequent ist jedoch für den zweiten selbständig gewordenen Staat, Slovensko, nach wie vor die Bezeichnung *Slowakei* üblich.

Warum nicht *Slowakien* in Analogie zu *Slowenien* oder aber *Slovakia* in Analogie zu *Nigeria*, für das die deutsche Endung auf *-ien (Nigerien)* nur noch selten zu lesen ist? Die Endung *–ia,* würde man meinen, ist wohllautender als die auf *-ien.* Sie hat zudem den Vorteil, daß sie sich mit der Schreibweise im Englischen und in den meisten lateinischen Sprachen deckt.

Zugunsten der Schreibweise *Nigeria* wird angeführt, daß Englisch nigerische Amtssprache ist. Wenn die Eigenbezeichnung ausschlaggebend ist für die Widergabe von Ländernamen in einer anderen Sprache, dann müßte man statt *Slowenien* auch *Slovenija* schreiben. Desgleichen wären die anderen Namen von Staaten und Regionen auf *-ei* raschenstes zu ersetzen, *Kabylei* durch *Tamurt, Mongolei* durch *Monggol Ulus, Türkei* durch *Türkiye* usf.

Welches Land mit *Türkiye* gemeint ist, mag ein Nichtwissenschaftler nach einigem Überlegen erraten. Bei *Monggol Ulus* dürfte das schon schwerer fallen. Ohne Hinweise aus dem Kontext wären viele unsicher, was der Ausdruck bezeichnet, ein Land oder sonst etwas, das mit Mongolen zu tun hat. Bei *Tamurt* schließlich hätte ein Laie sogar Mühe, das Wort in einem Lexikon zu finden.

Bei Sprachen, die von einer relativ kleinen Bevölkerung oder weit weg vom eigenen Land gesprochen werden und deren Kenntnis entsprechend nicht von jedermann erwartet werden kann, hält man sich, wie eingangs dargelegt, an eine interregionale Verkehrs- und interdisziplinäre Wissenschaftssprache. So liegt es nahe, die im Deutschen als herabsetzend empfundenen Bezeichnungsweisen durch die weniger anstössigen, wohlklingenderen und von den Betroffenen bei internationalen Kontakten selbst am meisten benutzten englischsprachigen Bezeichnungen zu ersetzen, *Kabylei* also durch *Kabylia* und *Mongolei* durch *Mongolia.*

Neben den Ländernamen gibt es im Deutschen noch eine ganze Reihe abschätziger ethnischer Bezeichnungen, die sich nicht gerade vornehm anhören, weder für diejenigen, auf die sie angewandt werden, noch für diejenigen, die sie verwenden. Anstelle von *Hottentotten* und *Buschmännern* hat sich in der angloamerikanisch dominierten wissenschaftlichen Literatur bereits *Khoisan* durchgesetzt. Aber noch immer schreibt man im Deutschen *Kalmücken* und *Goldene Horde.*

Warum nicht den Transkriptionsregeln für die russische Sprache, der *lingua franca* in deren Regionen, folgend *Kalmyken* und *Goldene Orda?* »Goldenes Zelt(lager)«, mongolisch-türkisch *Altın Ordu,* russisch *Zolotaja Orda* und lateinisch *Aurea Orda,* ist die metonymische Bezeichnung für die Westmongolen an der Volga.

Am weitesten fortgeschritten ist der Gebrauch der landeseigenen Bezeichnungen bei Fluggesellschaften, bei internationalen Sportverbänden und in Atlanten, die von Verlagen in verschiedensprachigen Ländern in Kooperation herausgegeben werden. Fluggesellschaften fliegen *Beijing* und *Moskva* an und nicht mehr *Peking* und *Moskau.*

Auf dem Fußballfeld spielt nicht der *Dynamo St. Petersburg* oder *Saint Petersburg,* sondern der *Dynamo S.-Peterburg* oder *Sankt-Peterburg.* Für das Entgegenkommen in der Schreibweise dürften bei den Fluggesellschaften und Sportvereinigungen neben der Höflichkeit (und der viel beschworenen *political correctness*) auch der Druck mächtiger Staaten ein Beweggrund gewesen sein, bei interlingualen Editionen von Büchern das wechselseitige Entgegenkommen der Vertragspartner und schlicht ökonomische Gründe.

Eine beflissene Übernahme der Eigenbezeichnungen von Städten und Ländern ist freilich nicht ohne Tücke. Der 1971 eingeführte Name *Zaïre* für Kongo-Kinshasa ist nach dem Tod des Diktators Mobutu alsbald wieder aufgegeben worden. Wer vermag zu garantieren, daß die Schreibweise *Myanmar* für Burma / Birma das gegenwärtige Regime überdauern wird?

Für die Mehrzahl der Staaten von Ellas / Hellas (Griechenland) und Magyarország (Ungarn) in Europa über Misr (Ägypten) in Nord-Afrika über Filastīn (Palästina) in Südwest- und Sri Lanka (ehemals Ceylon) in Süd-Asien bis nach Zhongguo (China) und Nihon (Japan) in Ost-Asien braucht man sich freilich um die Dauer der von den deutschen Namen abweichenden Eigenbezeichnungen nicht zu sorgen.

Ganz allgemein muß man bei jeder Transkription mit empfindlichen Reaktionen rechnen. Eine Übersetzerin wehrte sich gegen die Schreibweise *Volga* mit der Bemerkung, die »Wolga« sei auch ein deutscher Fluß, es gäbe doch die »Wolgadeutschen«. Wie beschriftet man bei Platzknappheit auf einer Karte, zumal in einem Geschichtsatlas, einen Grenzfluß: mit dem bekannteren Namen (Yalu) des größeren Staates (Zhongguo / China) oder mit dem weniger bekannten Namen (Amnok) des kleineren Landes (Han'guk/ Korea), dessen Gebiet während längeren Zeiten über den Fluß hinausreichte und dessen Sprache heute noch von einem großen Bevölkerungsteil auf der anderen Seite des Flußes gesprochen wird?

Für welche von zwei offiziellen Staatsbezeichnungen entscheidet man sich: für die von einem Flußnamen abgeleitete, jahrhundertealte geographische Fremdbezeichnung (India) oder für die neu geschaffene mit ethnischen Assoziationen und religiösen Restaurationsbestrebungen verbundene Eigenbezeichnung der Bevölkerungsmehrheit (Bharat)?

Weniger *political correctness* als *historical correctness* ist der Grund dafür, daß seit einigen Jahrzehnten die in den westeuropäischen Wissenschaftssprachen die Jahrhunderte lang üblich gewesene lateinische Schreibweise hellenischer (»griechischer«) Namen zunehmend einer Rehellenisierung Platz macht. Man schreibt wieder *Aisopos* statt *Aesopus* oder *Äsop*, *Alexandreia* statt *Alexandria, Athene* statt *Athena, Bakchantinnen* statt *Bacchantinnen* und *Heliupolis* oder *Helioupolis* statt *Heliopolis* wie schon seit längerem Platon statt Plato.

Eine Frage, die sich bei der Wiedergabe von Sprachen, die in einer nichtlateinischen Lautschrift (einer Einzellaut- oder Silbenschrift) immer wieder stellt, lautet: Transkription (Wiedergabe der Aussprache eines fremdsprachigen Wortes) oder Transliteration (schriftzeichengetreue Wiedergabe der traditionellen Schreibweise einer fremden Sprache)? Für Nichtspezialisten ist im allgemeinen die Transkription zur Anzeige der Aussprache vorzuziehen (Toukyou –› Tōkyō, Shinbashi –› Shimbashi). Ganz besonders gilt dies, wenn eine nicht selbstverständliche Lautassimilation anzuzeigen ist (etwa beim arabischen Artikel: al-Najaf –› an-Najaf) oder bei einem nur Spezialisten zumutbaren Transliterationssystem wie demjenigen für die tibetische Schrift mit seinen vielen stummen Konsonanten (gZhis-ka-rtse –› Shigatse).

Bei nur kontextbedingten Aussprachevariationen ein und desselben Buchstabens einer alternativen alphabetischen Schrift mag es Gründe geben, die Transliteration vorzuziehen: *Enisei* statt *Ienisei, Jenissej* oder *Yenisey; Solov'ev* statt *Soloviov, Solowjow* oder *Solovyov.* Bei einer Aussprachevariation, die auf eine historische Lautverschiebung zurückzuführen ist, die von einer (aus historischen Gründen) konservativen Schrift nicht nachvollzogen wird, ist dagegen in einem zeitgenössischen Zusammenhang eher eine Transkription angebracht, so für die neuhellenische (»neugriechische«) Aussprache klassischer hellenischer Namen: *Iraklio auf Kriti* statt *Hērakleion* auf Krētē, *Mitilini auf Lesvos* statt *Mytilēnē auf Lesbos.*

Umschriftvarianten nicht nur von ganzen Namen, sondern auch von einzelnen fremdsprachigen Lauten werden ganz allgemein gefühlsmäßig unterschiedlich bewertet. Slavisten, die in Praha/Prag in den 20er und frühen 30er Jahren deutsch publizierten (der russische Sprachwissenschaftler Roman Jakobson zum Beispiel), fanden bei der Verwendung der Namen *Tschechei und Tschechoslowakei* nicht nur die Endung auf *-ei* anstößig, sondern auch die Konsonantenhäufung am Anfang des Wortes. Sie mieden *tschechisch* und schrieben entweder *čechisch* (in Anlehnung an *česky*) oder *czechisch* (in Anlehnung an die polnische und englische Übersetzungen *czeski* und *czech*). In deutschsprachigen Gebieten wohnende Tschechen gaben das č in ihrem Namen bereits seit dem 19. Jahrhundert mit *cz* wieder (Ludwig Czech, Jerzy Patoczka; vgl. auch das polnisch-österreichische Czernowitz).

Die Konsonantenanhäufung *tsch* ergibt kein graziles Schriftbild. Mit ihrer Empfindlichkeit befanden sich diese Sprachwissenschaftler und tschechischen Namensträger in beachtlicher Gesellschaft. Goethe entschied sich im »West-östlichen Divan« (*nota bene*: nicht »Diwan«), einem Rat seines »orientalistischen« Fachberaters J. G. L. Kosegarten folgend, zur Wiedergabe von arabisch *hijra* (Muhammads »Emigration« aus Makka / Mekka) für die französische Schreibung *hegire* anstelle der »zu barbarischen« Verdeutschung *Hedschre*.

Man tut gut daran, sich bewußt zu sein, daß man mit der Wahl der Schreibweise auch die Einstellung zu Anderssprechenden bekunden kann.

Gegenwärtig wird die im Deutschen traditionell übliche Anhäufung von drei bis vier Buchstaben zur Wiedergabe eines einzigen Konsonanten in fremdsprachigen Namen unter dem Einfluß der Schreibweise im Englischen zunehmend auf einen oder zwei Buchstaben reduziert (*sch* –› *sh*, *dsch* –› *j* und *tsch* –› *ch, zh* oder *cz,* je nach Sprache). Am weitesten fortgeschritten ist diese Entwicklung für die südasiatischen Sprachen, wo sie unter dem Einfluß der Indologen bereits im 19. Jahrhundert einsetzte und nur unter dem Druck nationalistischer Strömungen in der ersten Hälfte des 20. Jahrhunderts vorübergehend unterbrochen wurde.

Brockhaus schreibt nicht mehr (wie in der 30er Jahren) *Dschaina* anstelle von *Jaina* und *Waischeschika* anstelle von *Vaisheshika,* aber immer noch sowohl *Yoga* als auch (wie in den 30er Jahren allein) *Joga*. Bei chinesischen Namen herrscht ein Durcheinander. *Brockhaus* schreibt nur mehr *Shang* (und nicht mehr *Schang*), aber weiterhin *Schanghai* (immerhin mit einem Verweis auf die »amtliche« Schreibung *Shanghai*).

Im Internet kann man vereinzelt nach wie vor *Jangtschou* für *Yangzhou* lesen. In Tageszeitungen ist es nicht ungewöhnlich, daß in ein und demselben Textabschnitt vertraute Namen in der alten deutschen Schreibweise wiedergegeben werden, während relativ unbekannte Namen, die der Verfasser direkt aus einer englischsprachigen Vorlage übernommen hat, englisch geschrieben bleiben.

Wer sich um eine konsistente Wiedergabe fremdsprachiger Namen bemüht, kann sich zur Zeit im Deutschen weder an den *Duden* noch an die *Brockhaus Enzyklopädie* halten, sondern orientiert sich am besten an neueren Handbüchern und Lexika zu den einzelnen sprach- und kulturwissenschaftlichen Fachdisziplinen.

Während man im *Duden* und im *Brockhaus* nach wie vor *Slawen* und *Slawisten* findet, schreiben sämtliche deutschsprachigen slavistischen Univeristätsinstitute nur noch *Slaven* und *Slavisten*, wie es international (von Polska/Polen abgesehen) üblich ist und dem Lautschriftsystem der *Association Phonétique Internationale* entspricht.

Brockhaus schreibt *Kushana* (nicht mehr *Kuschan* wie in den 30er Jahren), aber eine Seite zuvor weiterhin *Kusch* (für Kush).

Der neue *Duden* (2000), vollauf mit »binnensprachlichen« Rechtschreibproblemen befaßt, ist selbst innerhalb ein und derselben Fremdsprache nicht konsistent. Für den Strom Yangzi wird nur die alte deutsche Schreibung *Jangtse* angeführt, für die naturphilosophischen Prinzipien Yin und Yang nur mehr die Pinyin-Umschrift, für Shanghai beide Schreibweisen, wobei unter *Schanghai* auf *Shanghai* als »englische« (und nicht mehr wie früher als »postamtliche«) Schreibung verwiesen wird.

Bei den Städten in Indien wird, ausgenommen für Varanasi (»früherer Name«: Benares), nur die traditionelle deutsche Schreibung angeführt, wobei Madras (Chennai) europazentrisch »in Vorderasien«, Kalkutta (Calcutta/Kolkata) schlicht »in Indien«, Indien selber dagegen »in Südasien« und Pakistan wiederum schlicht »in Asien« lokalisiert wird.

Die Orte und Regionen im ehemaligen österreichischen Südtirol sind durchgehend unter dem deutschen und dem italienischen Namen angeführt, nicht aber alle früher zum Deutschen Reich gehörenden Orte in Elsaß und Lothringen. Bei diesen beiden Regionen selber wird nicht einmal auf die französischen Schreibungen *Alsace* und *Lorraine* verwiesen. Dasselbe gilt für Schlesien, aber auch für die Schweizer Kantone Waadt und Wallis sowie Stadt und Kanton Fribourg / Freiburg im Üchtland im Unterschied zu Genève / Genf und Neuchâtel / Neuenburg.

Unter dem Einfluß des Englischen als erdumspannender Verkehrs- und Wissenschaftssprache kommt es nahezu unaufhaltsam zu einer zunehmenden Anpassung an die englischen Umschriftregeln: dt. *ch* wird zu engl. *kh* (Chwarezm –> Khwarezm), *j* wird zu *i* (Berdjajew –> Berdia[i]ev) oder *y* (Himalaja –> Himalaya), *k* zu *c* (Inka –> Inca), stimmhaftes *s* zu *z* (Sansibar –> Zanzibar) und *w* zu *v* (Wladimir –> Vladimir). Indonesia hat 1972 das von den niederländischen Kolonisatoren eingeführte (sich teils mit dem deutschen, teils mit dem französischen deckende) Transkriptionssystem zur Vermeidung von verfehlten Aussprachen in einem englischsprachigen Umfeld durch das englische ersetzt *(ch –> kh, dj –> j, j –> y).* Aus *Djajapura wurde so Jayapura.* Die in der chinesischen

Pinyin-Umschrift von 1979 benutzten lateinischen Buchstaben *ch*, *j* und *y* werden wie im Englischen und nicht wie im Deutschen ausgesprochen. Die englische Schreibweise ist in vielen Fällen die schlankere, im wörtlichen und in einem übertragenen Sinn. Sie ist knapper (ein meßbares ökonomisches Kriterium) und eleganter (ein vielleicht subjektives Kriterium).

Man ist es gewohnt, daß Deutsche ohne Fremdsprachenkenntnisse in Fremdwörtern die einzelnen Buchstaben und Buchstabenverbindungen »deutsch« und nicht nach den Regeln der Herkunftsprache des Wortes aussprechen: *Judo wie Yudo, Chianti* wie *Schianti*, die Endsilbe von *pommes* wie die von *Hannes* udglm.

Im Kontext der zunehmenden Zahl von englischen Fremdwörtern und von englischen Umschriften fremdsprachiger Namen sind manche Leser bei den verbliebenen deutschen Transkriptionen nicht mehr sicher, ob einzelne Buchstaben und Buchstabenverbindungen traditionell deutsch oder doch auch englisch auszusprechen sind. Sie passen ihre Aussprache nicht mehr der üblichen deutschen Lesart der einzelnen Buchstaben an, sondern der zu einer Selbstverständlichkeit gewordenen Lesung in der englischen *lingua franca*.

So bekommt man das *ch* in *Chaiberpass* (für Khyberpass) als *tsch* wie in *Chip* zu hören, das *j* in *Jarlung* (für Yarlung) als *dsch* wie in *Job*, das *s* in *Simbabwe* (für Zimbabwe) als scharfes *s* wie in *Set* und das *w* in *Wolhynien* (für Volyn(ia)) als gleitendes *u* wie in *Web*.

Das Englische als faktisch maßgebende Transkriptionssprache hat freilich auch zur Folge, daß die traditionelle Regel, nach der in einer lateinischen Umschrift Vokale und Konsonanten wie in der nachklassischen lateinischen Wissenschaftssprache ausgesprochen werden, allmählich ihre Gültigkeit verliert. Beispiele sind die Ausweitung von *c* zu *ch* (Sanskrit: Sāñcī -> Sanchi; Tamil: Cennai -> Chennai), die Ersetzung von ch durch kh (hellenisch: Chios -> Khios) und von *i* durch *e* (amerindisch: Na-Diné -> Na-Dené) sowie die Reduktion von *th* auf *t*, tibetisch: Tholing -> Toling).

Das Englische ist nicht in jeder Hinsicht die ideale globale Transkriptionssprache. Von keiner einzelnen Schriftsprache kann man das erwarten. Vorteilhaft wäre es, den englischen Doppelbuchstaben *kh* (und das deutsche *ch*) im Rückgriff auf den hellenischen Buchstaben *chi* und in Anlehnung an den von ihm abgeleiteten kyrillischen Buchstaben *cha* durch *x* zu ersetzen (Bakhtin/Bachtin -> Baxtin) und das lateinische x kompensatorisch durch den Doppelbuchstaben *ks* (Aleksand[e]r), wie das in Übereinstimmung mit dem Lautschriftsystem der *Association Phonétique Internationale* teilweise auch praktiziert wird.

Ökonomischer wäre es auch den traditionellen Doppelbuchstaben *ph* (für den hellenischen Buchstaben *phi*) durch das einfache *f* abzulösen, wie das, wiederum in Übereinstimmung mit dem internationalen phonetischen Lautschriftsystem, in den ebenfalls interkontinental verbreiteten Sprachen Spanisch und Portugiesisch, aber auch im Italienischen und Niederländischen und in vielen anderen Sprachen, geschehen ist *(filosofia* und *filosofie)*, im Deutschen jedoch nur ansatz- und umstrittenerweise praktiziert wird.

Ein für Laien mühseliges Problem und eine Fehlerquelle nicht zählbaren Ausmasses sind die diakritischen Zeichen. Sie dienen zur Markierung einer besonderen Aussprache eines Buchstabens. Unmittelbar verständlich ist für

Nichtspezialisten dank seines ikonischen Charakters allein das Längezeichen (ein waagrechter Strich über den Vokalen).

In Publikationen, die sich an eine interdisziplinäre Leserschaft richten, werden die meisten Diakritika – mit dem Längezeichen als prominentester Ausnahme – mit Vorteil durch Doppelbuchstaben ersetzt: *č* durch *ch*, *ḏ* durch *dh*, *ġ* durch *gh*, *ḥ* und *ḫ* durch *kh*, *ṇ* durch *ng*, *ṛ* durch *ri*, *ś*, *š* und *ṣ* durch *sh*, *ṯ* durch *th* und *ž* durch *zh*. Für *ǧ* genügt das einfache *j*. *ñ* wird entweder (vom Spanischen her vielen vertraut) beihalten, zu einem einfachen *n* oder (seiner approximativen Aussprache entsprechend) zu *ny*. Doppelbuchstaben sind nicht nur leserfreundlicher, sie sind zur Zeit auch immer noch computerfreundlicher. □

Alfred Zimmerlin

Übersetzungsvorgänge in der oder mit Musik

Eine Auslegeordnung

Musik unterscheidet sich von anderen Ausdrucksformen meist strukturell auf einer grundsätzlichen Ebene (cf. Jean-Jacques Nattiez, Fondements d'une sémiologie de la musique, Paris 1975) und kann mit diesen dennoch große Gemeinsamkeiten haben. Dann beispielsweise, wenn sie wie Musik und Sprache aus einem zeitlichen Nacheinander von »Bausteinen« bestehen, welche zumeist semantische Bedeutung haben. Dann, wenn sie sich im Mitteilungscharakter treffen. Vorgänge, die man als »Übersetzung« in Musik bezeichnen könnte, gibt es zahlreiche. Zunächst mögen uns Übersetzungsvorgänge von einer Ausdrucksform in eine andere, musikalische interessieren.

* * *

1. Sprache und Musik

Versuche, Sprache direkt in Musik zu übersetzen, sind in der Musikgeschichte zahlreiche zu finden. Die Figurenlehre des Barock beispielsweise übersetzte den emotionellen Gehalt eines Textes in klare musikalische Zeichen, welche von den zeitgenössischen Zuhörenden auch verstanden werden konnten und bei ihnen die entsprechenden Emotionen auslösten. Sonderfälle sind die so genannten Kontrafakturen und Parodien, eine Art »Rückübersetzung«: Ein (beispielsweise weltlicher) Text wurde in Musik gesetzt, danach wurde die Musik neu (beispielsweise geistlich) textiert, wobei die Affekte des neuen Textes mit denen des Notentextes übereinzustimmen hatten. Das seit dem 15. Jahrhundert gebräuchliche Verfahren kulminierte im Schaffen Johann Sebastian Bachs, der es auf vielfältigste Weise differenziert hat.

Eine andere Methode geht zurück auf Kryptographien des Mittelalters, und sie ist bis heute verbreitet: Jedem Buchstaben des Alphabets entsprechen eine oder mehrere Tonhöhen und/oder Tondauern. Was ursprünglich dazu diente, Botschaften zu verbergen, wurde schließlich dazu eingesetzt, Botschaften zu kommunizieren, man denke etwa an die expressiv verwendeten Übersetzungen von Namen in Tonbuchstaben, wie B-A-C-H, (e)S-C-H-A (Schumann), D-(e)S-C-H (Dmitri Schostakowitsch), C-A-G-E.

Robert Schumann hat, noch in kryptographischer Absicht, ein elaboriertes »Noten-Alphabet« verwendet, und im zwanzigsten Jahrhundert ging es Olivier Messiaen vor allem darum, eine »langue communicable« zu schaffen: Jedem Buchstaben des (französischen) Alphabets hat er eine Tonhöhe, ein Register und eine Tondauer zugeordnet und präzise unterschieden zwischen den Vokalen und verschiedenen Arten von Konsonanten (palatale, dentale, labiale, linguale etc.).

Ebenso hat er grammatische Elemente (die Fälle beispielsweise), teilweise auch wichtige Worte mit melodischen Formeln dargestellt. Sein großes Orgelwerk »Méditations sur le Mystère de la Sainte Trinité« kommuniziert so unter anderem mit rein musikalischen Mitteln Texte aus der Bibel und von christlichen Mystikern.

Vor allem im zwanzigsten Jahrhundert finden sich zahlreiche Verfahren, Text gleichsam in Musik umzuschmelzen: Ein Text wird zum Generator für Musik, durch unterschiedlichste Transformationsprozesse wird etwas grundsätzlich Neues erschaffen. Doch von Übersetzung kann hier kaum mehr die Rede sein, geht es doch um das Schaffen eines Amalgams, in welchem Dichtung und Musik gleichermaßen »centre et absence«, Mittelpunkt und Ferne sind (Pierre Boulez).

* * *

2. Bild und Musik

Zahlreich sind die Beispiele, in welchen ein Musikwerk direkt auf eine bildnerische Vorlage zurückgeht, denken wir nur etwa an Mussorgskys »Bilder einer Ausstellung«. Zumeist geht es um das Erfassen eines poetischen Gehalts, um Tonmalerei, die zur Gattung der Programmmusik gehört. Hier interessieren mehr direkte Übersetzungen einer bildnerischen Vorlage in Klänge. Einiges wurde in den Ausstellungen »Der Hang zum Gesamtkunstwerk« (1983) oder »Vom Klang der Bilder« (1985) dokumentiert.

Hier seien zwei weniger bekannte Werke des zwanzigsten Jahrhunderts als Exempel gegeben. In Giselher Klebes »Die Zwitschermaschine – Metamorphose über das gleichnamige Bild von Paul Klee« für Orchester (1950) finden sich zwar durchaus auch Tonmalereien, vor allem aber werden Bildstrukturen direkt in musikalische Linien umgesetzt. Das Motiv der Kurbel, die vier Vogelköpfe, Achsen, Farbwerte, Tiefenwirkung sind zielbewußt in musikalische Gestalten übertragen worden.

Wie Ulrich Gasser eine Bildstruktur präzise in eine musikalische Struktur übersetzt hat, hat der Komponist selber in einem Werkstattbericht zu seinen »Vier Paprikafrüchten« für zwei Klaviere (1974) festgehalten (in: Neuland, Jahrbuch Bd. 2, hrsg. v. Herbert Henck, Bergisch Gladbach 1982, S. 110 ff.).

Das Werk bietet vier Lesarten einer Tusche-Malerei des Künstlers Hans Jörg Wüger. So wird in einem ersten Satz das Bild von links nach rechts abgetastet, wobei sowohl Emotionelles, Assoziatives als auch Strukturelles wiedergegeben wird. Die anderen Sätze verändern die Perspektive, so werden im zweiten die Details in den Vordergrund gerückt und die Leserichtungen verändert, im Dritten unter Aufhebung von Leserichtungen »eine freie, völlig offene, aber auch stark reduzierte Gesamtschau« angestrebt, während im vierten – von rechts nach links – gleichsam unter Aussparung der Malerei das die Bildobjekte umgebende Weiß des Papiers komponiert wird.

Zahlreiche weitere Beispiele von verwandten Übersetzungsvorgängen finden sich im gesamten Schaffen dieses Komponisten wieder.

* * *

3. Architektur und Musik

Musik und Architektur seien eng verwandte Künste, wird oft festgehalten, denn ein Ganzes ergibt sich erst aus der Wahrnehmung in der Zeit. Diese Vorstellung einer inneren Verwandtschaft findet sich bereits in der Antike, und es gibt bedeutende Beispiele in der gesamten Musikgeschichte, in welchen Architektur in ein Musikwerk übersetzt wird.

Zwei seien hier gegeben: Der Renaissance-Komponist Guillaume Dufay hat zur Weihe des Domes »Santa Maria del Fiore« von Florenz am 25. März 1436 die vierstimmige Motette »Nuper rosarum flores« geschaffen. Das Werk beruht auf einer genauen Umsetzung der Proportionen und Formen der berühmten Kuppel von Filippo Brunelleschi, ist also eine erstaunliche Übersetzung von Architektur in Musik.

Iannis Xenakis vereinigt in seiner Person den Architekten und den Komponisten, er hat als Assistent Le Corbusiers den Philips-Pavillon der Brüsseler Weltausstellung 1958 entworfen, der als eine Teilübersetzung von Xenakis' Orchesterwerk »Metastasis« gelesen werden kann. Eine genaue Untersuchung der Wechselbeziehungen zwischen Architektur und Musik im Schaffen von Xenakis in diesen Jahren wäre wünschenswert.

Einen Sonderfall stellen die in den letzten Dekaden in verschiedensten Varianten vermehrt stattfindenden Performances oder Klanginstallationen, die unter dem Obertitel »Musik für Räume« zusammengefaßt werden können. In unserem Zusammenhang interessieren vor allem diejenigen Konzepte, in welchen bestehende Architektur gleichsam abgetastet und in Klang übersetzt wird. Ein Komponist, der dies unter verschiedenen Aspekten getan hat, ist beispielsweise Walter Fähndrich.

* * *

4. Musik und Musik

Die Notenschrift hat sich über die Jahrhunderte stetig verändert. Die Notationen des Mittelalters oder der Renaissance unterscheiden sich in zentralen Punkten von der heute gebräuchlichen Notation. In der so genannten Mensuralnotation kann ein gleiches Zeichen je nach Mensur und Kontext unterschiedliche Notenwerte ergeben. In geistlicher Musik wurden diese variablen Werte auch zu Bedeutungsträgern: Ein dreizähliger Notenwert, beziehungsweise ein dreizähliges Tempus konnte beispielsweise auf die Dreieinigkeit Gottes bezogen werden. Das Einbrechen einer Zweiwertigkeit in einen dreiwertigen Kontext konnte die beiden Bedeutungsebenen von Geistlichem und Weltlichem benennen.

Damit diese Musik heute aufgeführt werden kann, muß die alte Notation in eine neue, heute lesbare übertragen werden, wobei zwangsläufig inhaltliche Informationen, welche die Mensuralnotation auch lieferte, verloren gehen. Diese Informationen bedürfen der Übersetzung, was üblicherweise durch Sonderzeichen innerhalb der neuen Notation geschieht (Bezeichnungen, welche auf das ursprüngliche Zeichen, zum Beispiel Ligaturen oder Color, hinweisen).

Übersetzungsvorgänge innerhalb von Musik können auch den Stil beziehungsweise das musikalische Idiom betreffen: Was passiert, wenn Ludwig van Beethoven für den kommerziellen Auftraggeber George Thompson eine Reihe von Schottischen Volksliedern für Gesang und Klaviertrio (op. 108) setzt? Über das Pekuniäre hinaus hat sich Beethoven ausgesprochen für Volksmusik unterschiedlicher Herkunft interessiert, und auch er war ein Verehrer von Ossian und Walter Scott. Allerdings erhielt er von seinem Auftraggeber für die Bearbeitung nur die Melodien, nicht aber die dazugehörigen Texte zugeschickt, was ihn – das geht aus der Korrespondenz hervor – erheblich verdroß.

Beethoven ließ die Melodien in ihrer Originalgestalt, setzte sie indes in einen verfeinerten, nun bürgerlichen musikalischen Kontext. Nun kannte Beethoven die schottische Volksmusik nicht wirklich, was teilweise seltsame Resultate zur Folge hatte. So einfach er die Begleitungen zu halten sich bemühte, sie sind unverkennbar Beethoven – und als Volksliedbearbeitungen nicht immer ganz geglückt.

Gerade wegen dieser Unvollkommenheit könnte das Beispiel einen spannenden Ansatz zur Analyse eines Übersetzungsvorgangs von Stil zu Stil beziehungsweise von einem sozialen Kontext in einen anderen bieten. Als ähnlich fruchtbar erweisen dürfte sich eine Untersuchung der Übersetzungsversuche klassischer indischer Musik in das Idiom des Jazz durch den Saxophonisten John Coltrane.

Die Bearbeitung eines Musikwerks ist immer auch eine Interpretation: Die Übertragung von einem alten Instrument auf ein Modernes (beispielsweise vom Clavichord auf den modernen Konzertflügel) oder von einer Instrumentierung in eine andere (Orchester zu Kammerensemble, Klavierstück zu Orchester etc.) gibt auch den Blick der bearbeitenden Person wieder, denken wir etwa an Ferruccio Busonis Bach-Bearbeitungen für Konzertflügel, an Edwin Fischers Bach-Ausgaben, an die Kammerensemble-Bearbeitungen von Orchesterwerken durch den Wiener Schönberg-Kreis für Arnold Schönbergs »Verein für musikalische Privataufführungen«, an Maurice Ravels Orchestrierung von Mussorgskys Klavierzyklus »Bilder einer Ausstellung«.

Wirklich als Übersetzungen verstanden werden können Bearbeitungen, welche ein Werk von einer alten in eine neue Zeit-Epoche weitergeben. Anton Weberns Orchester-Bearbeitung von Bachs »Fuga Ricercata« aus dem »Musikalischen Opfer« beispielsweise, in welcher Webern durch Klangfarben uns seine Analyse des Bachschen Originals und die Schlüsse, die er für sich selber daraus zieht, sinnlich vermittelt.

Noch weiter geht Dieter Schnebel mit seinem Werkzyklus »Bearbeitungen / Re-Visionen«: Hier geht es ganz konkret darum, bestimmte Aspekte einer Musik der Vergangenheit mit gegenwärtigen Mitteln erfahrbar zu machen, beziehungsweise »das Potential des Vergangenen, seine vielleicht noch unentdeckten Möglichkeiten zu erschliessen, gleichsam herauszuhauen – also zu Schichten vorzustoßen, die heute erst richtig erlebbar werden oder gar gegenwärtig erscheinen« (Schnebel: Kommentar zu Wergo WER 60 108, 1985).

Die Bearbeitung der Contrapuncti I, VI und XI aus Bachs »Kunst der Fuge« beispielsweise verteilen den ausführenden Chor auf einen ganzen Saal und schaffen aus Bachs kunstvoller Kontrapunktik eine Raum-Vision (vgl. auch Gisela Nauck: Dieter Schnebel, Mainz 2001, S. 198 ff.).

In der »Schubert-Phantasie« für Orchester bearbeitet Schnebel Material aus dem ersten Satz der Klaviersonate G-Dur (D 894) von Franz Schubert für großes, geteiltes Orchester und verändert dabei das Erleben des Werkes völlig: Er »sucht die latent vorhandene Klanggestaltung in orchestralen Farben zu entfalten, ohne ihr das quasi ideelle Wesen zu nehmen. Solistische Bläser und Streicher zeichnen das Farbspiel der Melodien, Klänge und Rhythmen fantasierend nach und aus. Das Streichertutti aber artikuliert als eine eigene Schicht, ja als selbständige Komposition den imaginären Klang, der gleichermaßen den Hintergrund wie einen verhüllenden und verwischenden Vordergrund der Schubertschen Texturen erzeugt« (Schnebel, a.a.O.).

Der Mensch lebt in einem Biotop, das klingt, und diese Klänge sind in der ganzen Musikgeschichte (und wohl auch in allen Kulturen) immer wieder als Modelle für die Musik verwendet worden. Dies kann auf offensichtliche Weise geschehen, wie etwa in Heinrich Ignaz Franz Bibers berühmter »Sonata Representativa«, in welcher der Komponist mit Hilfe einer Violine Nachtigall, Kuckuck, Frosch, »Henn & Hann« oder eine Katze zu Wort kommen läßt. Ziel solcher Übertragungen des Umweltklangs in Musik ist es, das fundamentale menschliche Bedürfnis nach einer »organischen Verbindung zum Universum oder wenigstens zum Biotop« zu befriedigen, so François-Bernard Mâche in seiner grundlegenden Untersuchung »Musique, Mythe, Nature ou les dauphins d'Arion« (Paris 1991). Ein Anspruch, den Joseph Haydn in seinem Oratorium »Die Schöpfung« eingelöst hat, um ein berühmtes Beispiel anzuführen.

Vor allem das 20. Jahrhundert ist reich an sehr verschiedenen Ansätzen, Modelle aus dem klingenden Biotop in Musik zu übersetzen, die weit über das Illustrative und Opernhafte eines »Hummelflugs« hinausgehen und die emotionelle Verbindung zum Universum auf einer gleichsam archaischen Ebene des menschlichen Bewußtseins suchen. Claude Debussy war ein Pionier darin (»Prélude à l'après-midi d'un faune«, »La mer«, »Trois Nocturnes«), fast das gesamte Schaffen von Olivier Messiaen läßt sich unter diesem Aspekt untersuchen (»Catalogue d'Oiseaux« u.v.a.m.), und sehr grundsätzlich, nämlich mit der Umsetzung der mathematischen (stochastischen) Gesetzmäßigkeiten von Naturvorgängen (beispielsweise den Bewegungen eines Mückenschwarms) ist Iannis Xenakis in seinem mittleren Schaffen vorgegangen.

François-Bernard Mâche, der nicht nur als Philosoph, sondern auch als Komponist tätig ist, hat seinen oben erwähnten ästhetischen Entwurf selber in zahlreichen bedeutenden Werken umgesetzt: Das Orchesterwerk »Estuaire du temps« (1993) besteht aus einer Folge von sozusagen »wörtlichen« Übersetzungen von Klängen verschiedener Biotope – belebte und unbelebte Natur, menschliche Sprache – in Musik.

Die technische Reproduzierbarkeit von Klang durch Tonband, Sampler, Computer hat dann die direkte Integration von Umweltklängen in einen musikalischen Kontext ermöglicht. Die Schallwellen des Klangereignisses werden in technischer Form (mechanisch mit dem Phonographen oder Grammophon, elektromagnetisch mit dem Tonband, als Zahlenfolge mit der Digitaltechnologie) in ein anderes Medium übertragen und so festgehalten.

Wird der Umweltklang durch dieses neue Medium reproduziert, ereignet er sich in einer anderen Zeitlichkeit und Örtlichkeit: Es geht also nicht allein darum, daß er in einem Zusammenhang erklingt, der ursprünglich für ihn nicht vorgesehen war, sondern darum, daß seine Zeitlichkeit – die in der Regel bestimmt ist durch Tages- und Jahreszeitenzyklen – in eine musikalische Struktur übersetzt und dann sozusagen auf einer »Bühne« präsentiert wird.

Ein unglaubliches Beispiel dafür ist die frühe, mit Filmschnitt-Technik und Lichtton komponierte Umweltklang-Collage des Experimentalfilmers Walter Ruttmann mit dem Titel »Weekend« (1930!). In den fünfziger und sechziger Jahren folgten Tonband-Arbeiten, welche unter anderem mit vorgefundenem oder rekonstruiertem Umweltklang komponiert waren (»musique concrète« von Pierre Schaeffer, Pierre Henri, François Bayle, Bernard Parmegiani oder dann die Reihe der drei Umweltklang-Tonbandstücke »Prèsque rien No. 1 – 3« von Luc Ferrari).

Auch hier hat in der Fortsetzung Mâche für das späte zwanzigste Jahrhundert Pionierarbeit geleistet: Der Einsatz des Samplers ermöglichte ihm eine neue Flexibilität, Umweltklang wurde in elektronischen Klang übersetzt. □

»Erstaunlich flogen die Wörter herum ...«

Zsuzsanna Gahse im Gespräch mit dem Regisseur Peter Schweiger

Gahse:*Im Zusammenhang mit der Aufführung eines Stückes von Cage, bei der Du mitgewirkt hast, schreibst Du in einem CD-Booklet über Interpretationen und Variationen. Cage steht ja für das Experimentelle schlechthin. Gelten die Stichwörter Interpretation und Variation nur für das Experimentelle oder an und für sich?*

Schweiger: Ich würde auf jeden Fall sagen, es gilt an und für sich. Aber was bei Cage für mich so bedeutsam ist, daß er den Begriff der Interpretation quasi bis in den Kern der Komposition hineinlegt. Bei ihm läßt sich, zumindest in einer späteren Phase seines Schaffens, die Anweisung, das Stück zu spielen, von der Anweisung, es zu interpretieren, überhaupt nicht mehr trennen. Im Gegenteil.

Er nimmt das als Methode, damit die Ausführenden immer wieder zu neuen Ergebnissen kommen. Das ist das Besondere für mich an Cage, und es ist, was mich so beschämte, als ich Cage kennenlernte und meine erste Erfahrung mit ihm machte, weil ich merkte, daß ich der Sache nicht traute. Gut, ich war dreißig, aber man hätte damals schon klüger sein sollen. Da war nämlich diese Unsicherheit, ob das, was er meint, auch wirklich tragfähig ist, so daß die Qualität durch das, was ich dazugebe, wirklich herausschaut.

Das ist für mich das Entscheidende: Wenn man von der Qualität oder vom Zugang zu einem Werk ausgeht, das der Interpretation bedarf. Ein für mich ganz wichtiger Standpunkt. Ich empfinde mich ja als Interpret – als Schauspieler *und* als Regisseur bin ich per se Interpret, das ist für mich kein abwertender Titel –, und daher ist dieser Ansatz, letzten Endes für jedes Stück oder für jede Rolle selbstverständlich inhärent. Das muß zuerst mal durch den Mund oder durch den Kopf von jemand anderem gehen, damit es zu dem kommt, als was es gedacht ist.

Als Regisseur bist du seit Jahren bekannt, so daß manche vielleicht nicht daran denken, daß Du auch Schauspieler bist. Aber bei allen Vorüberlegungen muß es ein großer Unterschied sein, ob man als Schauspieler interpretiert – übersetzt oder als Regisseur. Kann man die Unterschiede überhaupt zusammenfassend beschreiben?

Ein großer Unterschied. Und der Reiz, manchmal, die Fronten zu wechseln. Weniger militärisch gesagt geht es um Grenzen. Da ist der Blick, den man als Regisseur bei aller Befangenheit, die man beim Arbeiten entwickelt hat, der Befangenheit dem Stoff gegenüber, der eigenen Interpretation gegenüber, also man hat da immer noch ein Außen, man kann zuschauen, den Schauspielern zuschauen, der Bühnenmaschinerie zuschauen, man kann bis zu einem gewissen Grad immer wieder und fast bis zum Schluß sagen: Nein, das könnte man anders machen.

So die eine Seite. Das ist eine gewisse Objektivität, die dann doch bleibt, durch den Beruf oder durch das Handwerk. Hingegen beim Schauspieler stellt sich diese Objektivität überhaupt nicht her, im Gegenteil, das ist genau das schmerzliche Moment des Schauspielers, nie zu wissen, ob denn das, was er hier übersetzt, den Ideen des Autors entspricht, oder den Ideen der Regie, den Ideen des gesamten Arbeitsensembles. Denn da setzt sich auch im Miteinander-Spielen etwas Neues zusammen, und er weiß nicht, ob das hieb- und stichfest ist, ob das die Sache trifft, ob das wirklich das bewirkt, was man glaubt, bewirken zu wollen.

Diese Unschärfe bleibt für den Schauspieler. Was für mich auch erklärt, warum Schauspieler so süchtig nach einer Anerkennung, nach einer Bestätigung sind. Nicht aus Eitelkeit – das sicher auch – aber das ist nicht der Kern der Sache. Natürlich hilft einem Schauspieler eine Aufnahme, wo er zuschauen und dann sagen kann: aha! Nur: Da ist er bereits Interpret seiner eigenen Arbeit. Aber im Machen, im Augenblick des Herstellens bleibt immer die Frage: Ist es jetzt erreicht oder nicht.

Also der Regisseur sitzt auf der Seite der Zuschauer und sieht die Übersetzung des gesamten Werks, der Schauspieler nur einen Teil. In St. Gallen habe ich dich in »Leonce und Lena« als Leonce gesehen und hatte den Eindruck, daß dieser Leonce den Überblick hat und die Rolle manchmal kippen will. Es gab Kipppunkte, gleichzeitig war von einer bestimmten, vorstellbaren Person die Rede. Diese Doppelmöglichkeit empfinde ich als wichtig im zeitgenössischen Theater. Im Vergleich zu den anderen Schauspielern wirktest Du sehr objektiv.

Vielleicht lag das an der Besetzung. Daß wir ein altes Liebespaar und kein junges Liebespaar hatten, wie es das Stück oder die Geschichte der Interpretation des Stücks nahelegt. Das war das eine, und auf dieser Ebene war ich subjektiv total gefangen von den Problemen: Wie schaut eine Liebeserklärung, wie schaut der Schrecken einer Person in meinem Alter aus? Das ist ja kein naiver, kein romantischer, sondern ein abgeklärter oder zumindest erfahrener Blick.

So meine subjektive Seite. Aber es gab eine objektive Seite. Die habe ich gegen Ende der Probenzeit, obwohl sie immer in meinem Kopf steckte, quasi wie eine zweite Schicht klarbekommen. Daß der Theaterdirektor oder der Regisseur mit dem Stück gleichzeitig erzählt, wie Theater entsteht, was Theater in einem selber und für die anderen bewirkt. Das ist also eine nochmals andere Ebene.

In dieser Ebene fühlte ich mich letzten Endes objektiv, das war meine Geschichte. Sie gab mir einfach die Sicherheit, um die Unsicherheit, das Subjektive an der Rolle, sozusagen immer wieder aufzuhängen, indem ich mir sage: Das Theater ist ein Traum, das Theater ist eine Behauptung, ein Angebot an das Publikum. Und so, wie wir das gemacht haben, steht es ja bei Büchner auch im Text. Ich habe das halt plötzlich begreifen können.

Manchmal bist du mit zwei oder drei Wörtern aus dem normalen Sprachfluß ausgestiegen. Erstaunlich flogen diese Wörter dann herum. Dann folgte wieder das sozusagen gewohnte Sprechen von Leonce.

Ja, beim Theater wird oft vergessen, daß es nicht nur um die Handlung geht, das Stück handelt auch von der Sprache. Und je literarischer, jetzt im weitesten

Sinn des Wortes, ein Autor arbeitet, umso stärker ist dieses Moment. Später heißt es natürlich: Ha, der hat eine tolle Sprache!, Sein Deutsch ist so flexibel! Und ich weiß nicht, was alles. Aber ich wollte, und da war ich mit dem Regisseur sehr einig, ich wollte zeigen, daß die Sprache auch für sich vorhanden ist.

Das waren Momente, die zeigen: Das ist jetzt Sprache, in der die Sprache für sich etwas formuliert. Nachher muß man wieder zurückgehen auf die Ebene der Handlung. Sowas kann man natürlich auf verschiedene Weise lösen, also auch durch so einen Effekt, daß man ein Wort hervorhebt oder etwas wiederholt. Das ist für mich immer wichtig gewesen. Das sprachliche Moment.

Damit es dem Zuhörenden bewußt wird: Hier schaut er nicht einfach einer quasi historischen, psychologischen, realistischen Handlung zu, sondern er schaut einem Gebilde aus Wörtern und Sätzen zu, die ihm erlauben, dahinterzuschauen, was abläuft, auf der Ebene der Figuren, der Personen.

Für mich war es immer wichtig, daß man beide Möglichkeiten spürt, sicher nicht jeden Augenblick, aber daß man auf diese Ebene aufmerksam wird. Das ist etwas Kostbares, finde ich. Wobei das Über-Setzen von einem geschriebenen Text in die Bedeutungsebene der Handlung, und das Übersetzen dieses Textes in eine gesprochene Sprache zwei verschiedene Arbeiten sind.

Gibt es auch eine Übersetzung vielleicht zwischen Schauspieler und Regisseur? Wo man nicht genau sagen kann, wie es weitergeht, so daß es dann eine Interpretation zwischen Schauspieler und Regisseur gibt. Oder ist das jetzt Haarspalterei?

Nein, das ist keine Haarspalterei. Wenn man die Dinge formulieren und ausdrücken möchte, ist es eine Frage, wie man etwas versteht oder wie man etwas womöglich umdeuten möchte. Das Umdeuten eines historischen Stoffes in die Gegenwart, ist eine legitime Form der Interpretation. Etwas absolut Nötiges. Und das Schöne und so Spannende am Theater ist, daß man die eigene Meinung manchmal nicht formulieren muß, sondern zeigen kann. Im Sinne von: Ich spiele es dir einmal vor, und du sagst, wie du das liest.

Und dann sagt der Regisseur zu dem Schauspieler: Das, was du vorher gesagt hast, was du vorhattest, habe ich nicht gesehen, aber ich habe *das* gesehen. Und über so eine, fast möchte ich sagen, gestische Art, entsteht eine zusätzliche Bedeutungsebene, respektive, dort wird sie auf eine Art konkretisiert, die im Verlauf der Arbeit heikel bleibt. Heikel auch im Verlauf der Aufführung, weil man gerade da, wo man etwas nicht ganz genau benennen kann, einen Freiraum von Interpretation hat, der unter Umständen die Figur oder die Situation färbt.

Dann kann der Regisseur später kommen und sagen: Das haben wir nie so besprochen. Im Spielen aber hat sich eine Logik ergeben, die nur in Nuancen etwas verändert, und schon ist der Übersetzungsgrad ein anderer geworden. Das bleibt in einer Aufführung letztlich immer offen, meine ich, aber das macht sie lebendig, allerdings auch gefährdet.

Jetzt haben wir die Sprache oder die Sprachen, den Inhalt, den Körper, und – ich denke jetzt an deinen »Dantons Tod« – an die Gesamtbewegung auf der Bühne. Die Dynamik bei den Szenenwechseln. Bei dieser Inszenierung war es, als würden sich die Schauspieler in die wechselnden Szenen selbst weiterschieben.

Das war das Ergebnis eines Gesprächs mit dem Bühnenbildner. Er hat die Elemente so erfunden, daß ich plötzlich nicht nur das von mir erwünschte Labyrinth hatte, ein Labyrinth in den Köpfen, ein Labyrinth in der Politik, in der Geschichte. Ein Labyrinth, wo man nicht weiß, wenn man hineingeht, wo man wieder herauskommt. Was die Figuren alle antreibt, umtreibt.

Nach den ersten Proben war es klar, daß die Schauspieler Hand anlegen müßten, und zwar nicht im Sinne eines Umbaus, sondern so, wie es Danton am Anfang sagt: »Zwischen Tür und Angel will ich euch prophezeien...« dann schiebt er einfach die Wand weg, und es öffnet sich ein neuer Raum.

Das ist, was er formuliert, was er tun will. Damit wurde das Bühnenbild zu einer Übersetzung der Gedanken, die wir für diesen Raum hatten.

Ist das exemplarisch für diese Inszenierung, oder hattest Du ähnliche Ideen auch für andere Bühnenbilder. Daß die Handlung die Bühnenbilder bestimmt.

Das ist schon eine Konstante in meiner Arbeit, würde ich sagen. Wobei das bei bestimmten Inszenierungen mehr auffällt, bei anderen weniger. Bei den »Nibelungen« zum Beispiel hätten die Figuren die wuchtigen Bühnenbilder gar nicht bewegen können. Aber das ist wirklich eine Ebene meiner Überlegungen. Wir haben schon von den Figuren oder von der Psychologie oder von der Sprache gesprochen, und jetzt kommt noch der Gesamteindruck, den die Bühne als Ganzes dem Zuschauer vermittelt. Es soll sich wiederum zeigen, daß es sich hier um ein künstliches und in seiner Künstlichkeit erst um ein wahrhaftes Gebilde handelt.

Das ist, warum ich rein psychologische Stücke, die in einem fixen Interieur spielen, nicht mag, warum ich sie als Interpret nicht mag: Weil sie etwas behaupten, was ich auch in meinem Kopf abspielen könnte. Ich mag hingegen die Brüche, die zeigen, daß es nur um Theater, um ein Medium gehen kann, das nicht perfekt oder nicht vollständig ist, sondern in seiner Unvollständigkeit immer wieder neue Bedeutungsteilchen herauswirft, sei es der Umbau des Bühnenbildes, die Beteiligung der Schauspieler am Umbau, der sichtbare Einsatz der Technik. Das ist variabel. Aber das war für mich von Anfang an eine wichtige Ebene. Daß das Theater auf fast allen Element-Ebenen zuläßt, daß man damit spielt. Weil das Spiel ein Teil des Inhalts ist.

Und was ist mit den Thomas-Bernhard-Stücken? Die wechseln das Bühnenbild ja nicht. Könntest Du dir vorstellen, ein Thomas-Bernhard-Stück umzuordnen, daraus mehrere Szenen zu machen?

Das ist eine spannende Frage, weil ich noch nie einen Bernhard inszeniert habe. Ich kenne ein Paar berühmte Aufführungen der Bernhard-Stücke, die wirklich exemplarisch sind. Ich denke, Bernhard konnte sich das leisten und mit ihm sein Hauptregisseur, weil die Sprache, die Bernhard einsetzt, darauf insistiert, Sprache zu sein – mit ihren Wiederholungen, mit ihrer Penetranz etc. – so daß der Raum dazu praktisch nicht mehr nötig war.

Diese Form, die Bernhard gefunden hat, die reicht, um Theater zu produzieren. Aber spannend ist die Frage schon, weil das Insistierende der Figuren, die Wiederholungen, das fast Musikalische, das bei Bernhard thematisch immer wieder verwoben wird, vielleicht einen abstrakten, einen anderen Stellenwert bekäme, wenn man die Räume anders wählen würde.

Bisher war nur vom Sprechtheater die Rede. Du hast aber zum Beispiel auch »Ariadne auf Naxos« inszeniert. Ist der Unterschied bei einer Inszenierung zwischen Theaterstück und Oper eine besondere Herausforderung?

Auf der handwerklichen Ebene ist eine Oper ein sehr klar definiertes Gebilde und zwar weniger durch die Musik, als durch den Zeitablauf, den die Musik vorschreibt. Es ist wesentlich determinierter als ein rein literarischer Text, und in Bezug auf den Text, zumindest wenn wir von einer Hofmannsthal-Oper ausgehen, geht es immer schon um die Übersetzung dieses Textes in Musik durch den Komponisten, hier durch Richard Strauß. Und darüber setze ich nochmals eine Übersetzung.

Zudem geht es schon bei Hofmannsthal um die Übersetzung des alten Mythos. Das ist eine Kette von Köstlichkeiten, kann ich nur sagen, wo dann die Beschränkung, daß es sich um eine Oper handelt, Beschränkung im handwerklichen Sinn, überhaupt keine Rolle spielt. Es ist einfach köstlich, auswählen zu können, welche Ingredienzien dazugehören, um diese Übersetzung weiterzuführen.

Das habe ich mit großem Vergnügen relativ spät in meinem Leben gelernt und mit Begeisterung ausgeübt. Was bei der Oper außerdem erstaunlich ist, ist die Beobachtung, daß ein Text anders altert als Musik. Einem Text hört oder sieht man sein Alter weniger an als der Musik. Die Musik hat man rascher eingeordnet, in eine bestimmte Zeit, in eine Entwicklung. Bei einem Text weiß ich selbstverständlich sofort, wenn ich Shakespeare höre, daß es um die Renaissance geht, aber die Gedanken sind viel weniger zeitgebunden. Sie sind transitorischer, überdauern die Zeiten besser als die Musik.

Weil aber die Musik anders wirkt als der Text, ist die Musik wiederum unmittelbarer auf den Zuhörer gerichtet und überzeugt einen, während man noch nicht richtig begriffen hat, worum es eigentlich geht. Diese Dichotomie zwischen Text und Musik ist wunderbar beim Inszenieren. Sowohl dem Zuhören als auch dem Nachdenken folgen zu können.

Das Empfinden bezieht sich auf die Musik, das Nachdenken auf den Text, und schön ist es, die Kongruenz wieder herzustellen.

Auf vielen Bühnen werden zur Zeit auffallend oft Prosastücke umgesetzt. Was für eine Übersetzungsidee liegt da in der Luft? Woher kommt diese Lust auf Prosatexte?

Für mich oder für dort, wo ich bisher tätig war, fand ich es eher ein Armutszeugnis, zu sagen, wir machen einen Text, der noch nie zum Theater gehört hat als Theater. Es gibt so viele Texte, die für das Theater gemacht sind, daß ich es fast beschämend fand, nicht diese Stücke zu nehmen und andere Texte anzuschaffen. Damit wird der Haufen an Theatertexten, die nicht gemacht werden, noch größer.

Trotzdem hab ich meine Ansicht über diese Dinge etwas korrigiert. In der Zwischenzeit habe ich begriffen, daß der Wechsel des Regisseurs vom Interpreten zum Autor dem Wunsch entspricht, eigene Intentionen, eigene Gedanken ausdrücken zu können. Und weil man ja kein Autor ist, wählt man einen schon vorliegenden Text, der aber sozusagen weit vom Theater weg ist. Damit ist man frei in der Formulierung, in der szenischen, in der dialogischen Formulierung.

Das habe ich bei geglückten Adaptationen, also bei geglückten Übersetzungen eines Prosatextes in ein theatralisches Ereignis, nicht nur akzeptiert, sondern auch bewundert. Aber die Anzahl der mißglückten Aufführungen in dieser Hinsicht ist bei weitem größer als die der geglückten. Also ist die Anstrengung bis zu einem gewissen Grad doch dem Ehrgeiz geschuldet, der Originalität und nicht wirklich einer sinnvollen Auseinandersetzung.

Schriftsteller werden immer wieder gefragt, für wen sie schreiben, das fragen manchmal sogar interessierte, belesene Zuhörer. Übersetzer, literarische Übersetzer, werden nie gefragt, für wen sie übersetzen. Nun interessiert mich natürlich: Für wen spielt der Schauspieler, für wen inszeniert ein Regisseur. Für den Autor, für das Publikum?

Die schlimmste Frage, die man mir in dieser Hinsicht gestellt hat, und die kam dann vom Verwaltungsrat oder vielleicht von Kulturkritikern – die Frage: was haben Sie für ein Zielpublikum. Ich wußte nie, was ein Zielpublikum ist. Ich weiß nur, wenn ich Theater in Zürich mache, habe ich ein anderes Publikum vor mir, als in St. Gallen. Aber ich bin kein Soziologe, um das genauer auseinander halten zu können, ich kann nur versuchen, auf eine Komplexität zu reagieren, und das kann ich nur, wenn ich letzten Endes bei mir selber bleibe. Also, ich kann nicht sagen, ich mache jetzt den *Danton* für dieses Publikum. Ich kann nur sagen: Mein Wunsch ist, einen politischen Stoff, einen historischen Stoff aufzuarbeiten, für die Jetztzeit, in der ich die Probleme auch sehe. Und das hat im Moment Sinn für St. Gallen. Da entsteht allenfalls noch die Frage, in welcher Form ich das inszeniere, interpretiere. Da gibt es sicherlich eine Art Anpassung oder Annäherung.

In St. Gallen ist das Publikum das Avantgarde-Theater nicht gewohnt. Also muß eine Adaption stattfinden, die lesbar ist. Diese Haltung hat mir zum Teil eingetragen, daß man meine Aufführungen eher auf der konventionellen Ebene betrachtet. Ob konventionell oder nicht, ist mir egal. Wichtig ist, daß sie nicht konservativ sind.

K*ann man sagen, Du übersetzt Dich selbst und deine Gedanken bei einer Inszenierung mit? Meine Grundvorstellung ist, daß jedes Wort eine Übersetzung ist – das würde gut passen.*

Ich möchte mir nur sicher sein, daß ich ein Widerpart bin zu dem, was im Text passiert oder was mir die Schauspieler anbieten. Ob ich mir dabei selber treu bleibe, ist nicht sicher, da passiert nämlich tatsächlich etwas von dem, was du andeutest. Wenn ich sage, das war jetzt gut und lasse dem Schauspieler seine Lösung, dann ist das von der Tendenz her etwas anderes als hätte ich noch einmal eingegriffen.

Dieses Stück Interpretation, die der Schauspieler einbringt, geht vielleicht von dem weg, was ich ursprünglich meinte, aber es ist eine Farbe, zu der ich selbst nicht gekommen wäre, und die gibt mir eher das Gefühl des Reichtums an Übersetzungsmöglichkeiten, als hätte ich für mich allein alles gemacht. Insofern kann ich als Regisseur dasitzen, zuschauen und sagen: Ich weiß genau, warum diese Unschärfe entstanden ist, oder ich weiß, ich habe versäumt, etwas noch einmal genau zu sagen.

Dadurch ist die Sache ein bißchen anders, aber ich liebe sie trotzdem, weil die Aufrichtigkeit – das wollen wir voraussetzen, daß sie bei allen Interpreten vorhanden ist – daß die Aufrichtigkeit etwas befördert hat. Und damit ist eine Färbung, eine leichte Differenzierung, eine andere Übersetzung, ein anderes Wort gewählt.

Was ist, wenn sich ein Schauspieler wirklich widersetzt und sagt, er sieht das anders. Gibt es das überhaupt zur Zeit. Denn zur Zeit reden wir ja vom Regietheater.

Ich denke, daß die Arbeit des Regisseurs in Bezug auf die Interpretation des Werkes überbewertet wird. Ein mindestens so großer Anteil an der Arbeit ist die Koordination aller Meinungen. Dazu gehört, das ist eine der Hauptpunkte, die Überzeugungsarbeit mit den Schauspielern, um für die Inhalte, die man sich erarbeitet hat, zu einer Lösung zu kommen. Würde wirklich eine grundsätzliche Differenz auftreten, und die wäre vom Künstlerischen her und auch vom Schauspieler her wirklich stringent, dann, glaube ich, müßte man sich trennen. So weit geht es aber selten, weil eine der Übersetzungen eines Textes in einen Theaterkörper ja *Besetzung* heißt.

Im Laufe der Proben lernt also das Stück beinahe zufällig etwas dazu. So wie die Sprache immer Wörter dazulernen kann, wenn mit der Sprache gespielt wird.

Ja, das ist schön, und ich denke, das Stück lernt etwas dazu. Es ist meine tiefe Überzeugung, daß je besser ein Werk ist, es desto mehr lernen kann. Es ist unglaublich gierig, danach zu schauen: Was alles ist möglich mit mir?

Die großen Meisterwerke sind so. Daher ist Interpretieren eine der wundervollsten Arbeiten. Weil man an diesen Textkörpern immer wieder neues Fleisch entdeckt, ein neues Leben. Daher wird bei jeder Inszenierung, vielleicht sogar bei jeder Vorstellung etwas festgeschrieben, und dort liegt dann genaugenommen im Moment keine Interpretation mehr vor, in dem Moment ist das ein Werk. □

八月的梦游者

北岛

海底的石钟敲响
敲响，掀起了波浪

敲响的是八月
八月的正午没有太阳

涨满乳汁的三角帆
高耸在漂浮的尸体上

高耸的是八月
八月的苹果滚下山岗

熄灭已久的灯塔
被水手们的目光照亮

照亮的是八月
八月的集市又临霜降

海底的石钟敲响
敲响，掀起了波浪

八月的梦游者
看见过夜里的太阳

Bei Dao: Schlafwandler im August. –
Vom Autor für die horen *gefertigte Kalligraphie.*

Hugo Dittberner, Bei Dao und Wolfgang Kubin (v.l.n.r.). Fotos (4): Sandelmann.

Hugo Dittberner

Bei Daos Nein

*Eine Laudatio**

Wann weinen wir? – In Shi Mos Erzählung »Die Heimkehr des Fremden« wird die éducation sentimentale einer jungen Frau erzählt, einer Lehrerin, deren Vater –nach zwanzig Jahren Zwangsarbeit rehabilitiert– in die gemeinsame, übrigens aufgrund der Rehabilitation schlagartig neue, größere, komfortablere Wohnung zu Frau, Tochter und Sohn zurückkehrt und doch, das signalisiert der irritierende Titel (denn wohin soll ein Fremder HEIMkehren?), aufgrund seiner Erschöpfung und Lagergewohnheiten (wie es das Absuchen des Abfalls ist) eine herausfordernde Aufgabe eher als alles andere ist; dies besonders eben für die junge Lehrerin, die nur undeutliche, gefühlte, gleichsam in sich versenkte, Erinnerungen an die Bindungen einer Vierjährigen hat.

Trotz der Ermahnung der Mutter, wenigstens Verantwortung und Pflichtgefühl gegenüber dem unglücklichen Vater zu zeigen, bleibt sie gehemmt, spröde, ja kühl und abweisend. Hatte sie doch einst als

* *Gehalten am 1. Mai 2005 anläßlich der Verleihung des Jeanette-Schocken-Preises* – Bremerhavener Bürgerpreis für Literatur 2005 *an Bei Dao im Historischen Museum Bremerhaven / Morgenstern-Museum.*

Zehnjährige, nach einer nächtlichen Korrektur der Mutter am öffentlichen Urteil über den Vater, den mutig gewagten Kampf für den Ruf des Vaters, als nun die Mutter ihre Korrektur vor anderen leugnete, im Arrest, neben einem Sterbenden auf Scherben knieend, büßen müssen – und hatte sich dann wohl zu einer menschlichen Sparform in sich verkrochen und verhärtet.

Auch der von ihrem Verlobten, der so oft und so vielen schon geholfen hat, erbetene Vermittlungsversuch, so takt- und verständnisvoll er ist, erlöst sie nicht aus ihrer Erstarrung, ja scheint sie erst umfassend zu machen.

»Eine schmerzende Erinnerung«

Da, an einem Tag, als sie zu einem Sportfest der Schule keine Lust hat und zuhause bleibt, obwohl sie einem Mädchen, dessen Lächeln ein so reizendes Grübchen bilden kann, doch ihre Teilnahme versprochen hat – da lädt der Vater sie zu einem Spaziergang in den Park ein, und sie begleitet ihn zum Seeufer und zu den dort noch immer für den Winter auf die steinerne Plattform gezogenen alten Booten. Und dort, wohin der Vater in der Kinderwelt mit seiner kleinen Tochter, die aber so gern ein Junge sein und am liebsten vor Spielzeugwaffen starren wollte, an seinem letzten freien Tag gezogen war: dort tritt der Vater in die schmerzende Erinnerung ein und bekennt, in einer für die Lehrerin und den Leser überwältigenden Gebärde der Demut und Großmut (mit viel Mut also) schluchzend seine Schuld: »Ich bin als Vater nichts wert...« »›Nein‹ (heißt es nur) Ich zittere und mache mit der Hand eine abwehrende Bevegung.«

Der Vater hatte dem Kind am Vorabend seiner Abreise zur jahrzehntelangen Zwangsarbeit (es war für die staatliche Macht nicht einmal nötig, ihn vorher zu inhaftieren) den Besuch der Boote für den nächsten Tag versprochen – war aber gleich in der Nacht noch aufgebrochen, obwohl er sich erst am Nachmittag zur Abfahrt hätte einfinden müssen; weil er die Szene des Abschieds, vielleicht für immer, nicht ertragen wollte.

Das Bild von dem schlafenden Kind, die Grübchen in dem unschuldig hoffenden Gesicht nahm er mit wie das Bild seiner Lüge, seiner Schuld. »›Als du am nächsten Morgen aufgewacht bist, was hast du da wohl gedacht?‹ ›Papa!‹ stoße ich hervor, werfe meinen Kopf an seine Schulter und fange bitterlich an zu weinen.«

Und wenig später, sozusagen nach der Wiederaufnahme des alten Verwandtschaftsverhältnisses, heißt es: »An Papas Schulter weine ich mich aus. Träne um Träne versickert im Wollstoff seines alten Wintermantels. Mir ist, als würde ich plötzlich beißenden Tabak gemischt mit Schweiß und Lehm riechen. Ich sehe ihn bei der harten Arbeit vor mir, wie er in einer Pause sich müde an einen Erdhügel lehnt, sich eine Zigarette dreht und zwischen den Lederstiefeln der breitbeinig dastehenden Soldaten hindurch in die Ferne sieht...«

»Was ist sentimental?«

Die Geschichte ist, in all ihrer Lakonität und motivlichen Zielstrebigkeit (ich erinnere an die Grübchen der Mädchen damals und heute), vielschichtiger als ich hier zeigen kann; sie ist, auch nach mehrmaliger Lektüre, für mich eine der bedeutenden Erzählungen des Zwanzigsten

Jahrhunderts, in ihrer Lakonität und Direktheit, wie manche Hemingway-Story, etwa die Nick Adams Stories, fast verlegen machend, wenn man nicht allein ist.

An anderer Stelle fragt Bei Dao einmal: Ist das sentimental? Und er kann (oder will) diese Frage nicht beantworten. Ja, was ist sentimental? Vielleicht: der Genuß eines alten Gefühls, das in der eigenen Gegenwart keinen Anschluß finden kann oder soll – und also immer wieder als altes Gefühl herzitiert und genossen werden kann. Von ferne anstoßend an Erich Kästners Wort »Es gibt nichts Gutes, außer man tut es.«

Aber auch das ist es nicht; denn in der Beantwortung der Fragen nach Geschmack und Gewissen gibt es kein Man und kein Wir. Und doch sollte es in einer Gesellschaft um mehr als um die Ansammlung von einsamen Individuen gehen.

Diesen Appell lese ich aus dieser Erzählung wie aus der ähnlichen »In den Ruinen«, wo ein vor der Verurteilung durch die aufgehetzten Urteilsmassen stehender Professor, gleichsam am idealen Ort seiner pathetischen Selbstabschaffung in den Ruinen des Alten Sommerpalastes, angesichts eines Bauernmädchens, das seinen Vater nach solch einem ruchlosen Prozeß verloren hat, auf seinen Selbstmord verzichtet und sich dem unmenschlichen Urteil aussetzt und ihm so widersteht.

»Er ging auf das Kind zu, nahm es in die Arme und drückte bewegt sein Gesicht an das des erschrockenen Mädchens. Tränen liefen ihm übers Gesicht. Seit Monaten war dies das erste Mal, daß er weinen konnte. Das kleine Mädchen begann vor Schreck zu weinen, trat um sich, riß sich los und lief in den Wald hinein.«

»Freiheit zur Menschlichkeit«

Das Nein zum Unmenschlichen, das die Tränen in uns lösen, gerade wenn es bisher versäumt wurde und nun mit einem neuen Anschluß an die Geschichte der Menschlichkeit gewagt werden könnte, hat Sie vielleicht an das Schicksal Jeanette Schockens denken lassen.

Jeanette Schocken blieb, eine besondere Geschichte auch des Auswandererhafens Bremerhaven, im Deutschen Reich der Nazis bei ihrer kranken Tochter und begleitete sie in den Tod, obwohl sie sich vor der haßvollen Raserei lange noch hätte in Sicherheit bringen können – und das in einer Umwelt, die Herr über alle menschlichen Bindungen sein wollte, die mit der Verbrennung der Bücher am 6. Mai 1934, vier Tage vor dem übrigen Reich, und gerade der freiheits-, geist- und kunstvollsten Bücher ihre gnadenlose Gier angekündigt hatte.

Der Jeanette Schocken-Bürger-Preis möchte nicht nur Jeanette Schocken, ihrer Familie und ihren vielen Leidensgenossen mit der Bitte um Verzeihung das uneingeschränkte Menschen- und Bürgerrecht nachtragen (die Weimarer Verfassung war ja die erste deutsche Reichs-Verfassung gewesen, die die unveräußerlichen Menschen- und Bürgerrechte den staatlichen und bürgerlichen Organisationsbestimmungen vorangestellt hatte); der Jeanette Schocken-Bürger-Preis möchte auch Bücher sammeln, die damals des Feuers wert gewesen wären und deren literarische Qualität diesen Geist des Nein zur Unmenschlichkeit heute vor der Ermüdung im Klischee und der Korrumpierung in Kaltschnäuzigkeit und Zynismus bewahren.

Nicht immer können die Werke, die wir sammeln, solche Fanfarenstöße der Freiheit zur Menschlichkeit sein wie diese Erzählungen Bei Daos aus der Zeit des sogenannten 1. Pekinger Frühlings (1978-80); das hat auch Bei Dao, nicht zuletzt in den Feinmühlen des westlichen Lebens, erfahren. Und vielleicht ist dafür auch ein Signal, daß heute die Welt Bei Dao und seine Werke unter seinem lyrischen Pseudonym kennt, das, wie die meisten wohl wissen, »Insel im Norden« bedeutet, – und nicht unter seinem bürgerlichen Namen Zhao Zhenkai, mit dem er am 2. August 1949 in Peking geboren wurde, oder unter einem der Prosa-Pseudonyme wie Shi Mo (»Stummer Stein«).

»Einkehr und Engagement«

So alt wie die Volksrepublik, gehörte Bai Dao, mit der Prägung durch das Elternhaus der katholischen Ärztin und des Versicherungsangestellten mit demokratischen Ambitionen, mit der Ausbildung an der renommierten Pekinger Mittelschule Nr. 4, zu den klassischen Jahrgängen der Kultur-Revolution, die ihre Bildung irgendwann abbrechen mußten, um Helden zu werden, Helden der Revolution in diesem Fall; zu Aufbruch und Leiden, zu Einkehr und Engagement dieser Generation, die sich heute wohl als Lost Generation empfindet.

Im abschließenden Beitrag zu seinen leider noch nicht auf deutsch erschienenen Essays »Blue House« erzählt Bei Dao vom Rezitieren. In der Tat war ja die Kultur-Revolution, einige von uns haben die Bilder der Massen mit den erhobenen kleinen roten Mao-Bibeln noch vor Augen, ein einziges organisiertes Rezitieren von Mao-Sätzen und Mao-Gedichten, eine millionenfache Groß-Aufführung nach Partitur, vom Blatt gelesene Revolution, eine aufmotzende Interpretation also einer Generation eben, der damaligen Jugend.

Nachleben, sich trimphierend einmischen und dann, irgendwann, stumm oder unter Protest verschwinden; die Interpreten erkannten zu spät, wie sehr sie für andere funktioniert hatten.

Die grundlegende Begabung des von uns so geschätzten Lyrikers und Erzählers Bei Dao ist, so meine ich, ein eher bei Dramatikern gesuchter, übrigens oft von Humor bestimmter, Sinn für Übersicht; Maß, Platzierung, Ökonomie einer Szene; in der Perspektive, im Satz, im Vers; in Anordnung, beim Wahrnehmen des Zentrums eines Werks. Das alles sitzt und verliert sich nicht.

Und so dachte ich bei der Lektüre des letzten Essays über das Rezitieren zurück an jene ersten über Allen Ginsberg und an die Nachricht, daß die jungen chinesischen Literaten der frühen siebziger Jahre, neben Richard Bachs allegorischem Möwenbuch: »Jonathan Livingston Seagull«, die Beat-Dichtung aufgenommen, ja aufgesogen haben, um zum Beispiel Jack Kerouacs »On the Road« seitenweise auswendig zu lernen und aufzusagen.

Ein faszinierendes Bild: Die dort im China der Kultur-Revolution an jenem literarischen Lebensentwurf der amerikanischen Außenseiter entlang gedachte, geträumte Rebellion der Beats, die nur durch radikale Individualität beglaubigt und in pathetischer, ja ekstatischer Freundschaft zu verwirklichen sei, ihr Steigerungs-Begehren, sei es mit Drogen, Sex, Skandal oder einfach nur mit der Feier und dem Verschleiß der Gegenwart für das tägliche Gedicht, also für die Hoffnung des morgigen Tags: das hat also auch dort manche Stimme gelöst; als wir hier freilich gerade mit den wunderschönen Joris Ivens-Filmen vom Neuen China schwärmten.

Jedenfalls meine ich das ein wenig nachklingen zu hören, gerade auch in den litaneihaften Verkündungen, in Bei Daos erstem Nein zum Beispiel, das Bonnie McDougall, die australische Sinologin, die ihn zuerst im Westen bekannt gemacht hat, auf jene bahnbrechende, und schließlich Deng Xiaoping Bahn brechende Demonstration vom 5. April 1976, zwischen dem Tod Zhou Enlais und dem Mao Zedongs, bezieht, die Chinas moralische und politische Selbstbesinnung forderte:

Ich glaube nicht an die Bläue des Himmels;
Ich glaube nicht an die Stimme des Donners;
Ich glaube nicht an die Falschheit von Träumen;
Ich glaube nicht an die Sühnelosigkeit des Todes.

»Auf Augenhöhe mit der Weltliteratur«

Heißt das nicht auch: Der Himmel hat viele Farben; / Der Donner ist ein erklärbares Naturereignis; / Träume sind wahr und: Tod, ein Mord kann gesühnt werden – für das rufende Ich, den Nonkonformisten in der Wüste der Gemeinschaft?

Das Gedicht »Die Antwort«, aus dem ich diese Verse zitiert habe, in der Übersetzung Wolfgang Kubins, der seit den frühen achtziger Jahren Bei Daos lyrisches Werk so übersetzt hat, daß es in der avancierten deutschen Gegenwartslyrik mit eigener Stimme spricht – das Gedicht »Die Antwort« ist, zusammen dann mit einigen anderen Gedichten (bei uns unter dem Titel »Notizen vom Sonnenstaat«) nicht nur in China, sondern in der ganzen Welt bekannt geworden und hat seinen Autor berühmt gemacht.

Seine Verse haben sich in die Köpfe und auf die Transparente der Menschen emanzipiert und nicht zuletzt zu jener anderen Demonstration auf dem Platz des Himmlischen Friedens, deren Ruf nach Selbstbestimmung und unkorrumpierter Demokratie am 4. Juni 1989, wenn ich mich recht erinnere: unter den Tränen Zhao Ziyangs, so blutig erstickt wurde. Damals hielt sich Bei Dao mit einem Stipendium des DAAD in Berlin auf, plötzlich ein Exilant und heimatlos.

Darin liegt eine bittere Ironie; denn Bei Dao hatte sich wie wenige um die literarische Entwicklung seines Vaterlands verdient gemacht. Sein aus fünf Ich-Perspektiven erzählter Roman der Kultur-Revolution »Gezeiten« kann, ohne jene Begütigung, die bis dahin gegenüber chinesischer Gegenwarts-Literatur üblich war, ohne Hilfspunkt für ein verdienstvolles Dokument, gleichsam auf Augenhöhe mit der Weltliteratur gelesen werden und ist ein Meisterwerk, das nicht recht sein Ende findet (was nicht verwundert, denn die erste Fassung wurde 1974, also vor der Abfertigung der Kultur-Revolutionäre, geschrieben). Der Roman, mit seinen rasch und immer rascher wechselnden Perspektiven, ist streng, ökonomisch, ungemein stilsicher und übrigens humorvoll, ja witzig und mit großer Frische geschrieben. Es ist eine Lust, ihn zu lesen, auch weil seine Personen prägnant und anschaulich und in einem Fall sogar anrührend und bewegend sind.

Diese Person ist die weibliche Heldin, die 23 Jahre alte Xiang Ling, eine aufs Land geratene Rotgardistin, die über ihre Schuld nicht hinwegkommt: denn ihr mutwilliges Verhalten, ihre leichtfertige Wette hat in den gesetzlosen Terrorzeiten zu einem bedenkenlosen Mord geführt. Die junge Rotgardistin, eine nicht zuletzt von Maos Frau gewünschte revolutionäre Emanzipatiosrolle, ein Topos, ein Klischee der Propanaga – hier moralisch aufgelöst in einem Liebesroman, der Versuch bleiben wird.

Sie ist schön und merkwürdig abrupt, anziehend und plötzlich abweisend, alles andere als eine verläßliche Revolutions-Heldin, zutiefst zerrissen, furchtlos und traurig, und nicht ohne verzweifelte Hoffnung.

Sie leuchtet geradezu aus dem Roman hervor, was nicht zuletzt an ihrer Einführung durch die Perspektive des fremden jungen Mannes liegt, der gerade als Politischer aus dem Gefängnis kommt und sie nach seiner langen Reise um einen Becher heißes Wasser bittet, neugierig wird, fragt, noch einmal fragt, einmal zuviel und also indiskret fragt, – und der von ihr auf eine herausfordernde Weise abgewiesen wird: in einer archetypischen Situation der Armut auf dem Land, am Ende der Welt.

Es liegt an zwei literarischen Motiven, die mit den Personen und durch den Roman hindurch zum Leser sprechen. Die junge Frau führt ein blaues Heft (ich möchte an die chinesischen Notizbücher erinnern, die damals, seit der Kultur-Revolution von vielen Jungen in der ganzen Welt gekauft wurden), in das sie einträgt, was sie denkt; Aufzeichnungen ihrer Wahrheit.

Das Gedicht als rettende Oase

Und sie lebt mit Gedichten, die sie auswendig sagen kann, wenn sie einem Augenblick vertraut. Baudelaire zum Beispiel; vor allem aber. und das wird zitiert, ein Gedicht von Federico Garcia Lorca, in dem alles grün ist. Die Fluchtlinie ihrer Existenz, ihre Oase, ihr Medium der rettenden Transformation ist die Literatur, das moderne Gedicht…

Der außerordentliche Roman ist auf deutsch 1986 im S. Fischer Verlag erschienen und müßte nur wieder aufgelegt werden. Bei Dao hat ihn mehrmals überarbeitet und in der Zeitschrift »Jintian« (»Heute«) veröffentlicht.

Diese, von ihm gemeinsam mit dem Lyriker Mang Ke 1978 gegründete, Zeitschrift ist eine chinesische Brücke zur modernen Weltliteratur. Sie hat andere Autoren anderer Gegenwart in Übersetzungen vorgestellt (so die Literaturfähigkeit der eigenen Sprache erweiternd); und sie hat moderne chinesische Dichtung der Gegenwart ins Gespräch gebracht. Sie hat dabei auch Bezug auf programmatische Positionen genommen. Für uns Deutsche heute überraschend hat sie in der ersten Nummer zum Beispiel Heinrich Bölls »Bekenntnis zur Trümmerliteratur« von 1952 exponiert.

Wir erinnern uns vielleicht: »ein gutes Auge gehört zum Handwerkszeug des Schriftstellers«, »Der Blindekuh-Schriftsteller sieht nach innen, er baut sich eine Welt zurecht«,

und, nicht zu vergessen, »mit einem menschlichen Auge, das normalerweise nicht ganz trocken und ganz naß ist, sondern feucht – und wir wollen daran erinnern, daß das lateinische Wort für Feuchtigkeit Humor ist« – Daran sei heute gern gedacht...

Von heute aus gesehen ist diese Zeitschrift so etwas wie ein Handlauf durch Bei Daos Leben geworden. Die Übersetzer und die übersetzten Dichter sind mehr geworden in seinem Leben, das internationale Lyrik-Publikum wurde auch seines, in den achtziger Jahren, als er nach der Arbeit als Bauarbeiter und Angestellter einer Konstruktionsfirma einige Jahre als Redakteur im Verlag für fremdsprachige Literatur arbeitete, und mehr noch und wichtiger danach, als er an vielen Orten, in Berlin, in Oslo, in New York, in Stockholm, in Aarhus, in Leiden..., seinen Ort zum Leben und Schreiben suchte, bis er in Davis, Kalifornien ein neues Zuhause fand.

Von dort gab er dann seit 1991 wieder seine Zeitschrift »Today« (»Heute«) heraus... Doch ich erzähle Legenden, was ich gelesen habe, bitte bedenken Sie das; und Legenden können nicht mehr als eine aufmerksam machende Annäherung sein.

Seine Leidener Wirtin Maria verfolgte ihn noch lange mit ihren Briefen durch die Welt. »With each letter«, heißt es in dem Essay »Moving«, »she enclosed a self-adressed envelope, but I hardened my heart and threw them all away. In this world no one can save anyone else, my lonely Maria!«

Das blaue Haus

Die wichtigste Übersetzung in eine andere, aus einer anderen poetischen Welt, so will mir scheinen, ist Bei Dao 1979 widerfahren, als er für seine Zeitschrift neun Gedichte von Tomas Tranströmer übersetzte und, wie er schreibt, stolz darauf war, dies als erster Chinese zu tun.

Mit Tomas Tranströmer teilt Bei Dao die Vorliebe für die Kunst der, oft sich über die Verse hinziehenden oder im Bildbruch landenden, im Bildschnitt stoppenden Metapher und für die Formel; prägnante Verse wie »Wir erwachen wie aus Wunden«.

In seinem wundervollen Essay über Tranströmer berichtet er von seinen Besuchen in dessen Sommerhaus auf dem Land, wo er manchmal Station gemacht hat. Es ist ein kleines Haus an der Bahn, das immer rasch wieder blau gestrichen werden muß, um es in Fasson zu halten, ein blaues Haus: Blue House.

Bei Dao berichtet, wie er Tranströmers Klavierspiel lauscht und mit ihm im Regen Pilze gesammelt hat; wie Tranströmer die Pilze in den Mund steckte und die bitteren als giftig wegwarf, die anderen mitnahm, Bei Dao bei sich.

Im englischen »Blue«, das wissen Sie, meldet sich nicht nur eine Farbe, sondern auch eine Trauer zu Wort. Nach seinem Schlaganfall im Dezember 1990 hat Tranströmer seine Sprache und seine Beweglichkeit verloren, und konnte sie in mühevollen Übungen nur begrenzt wiederherstellen, das geliebte Klavierspiel nur einhändig.

Er hat, das sei hier erwähnt, doch auch wieder Gedichte schreiben können, darunter Haikus, die mich an die späten Scherenschnitte Matisses und auch ein wenig an Hölderlins Turmgedichte erinnern.

Bei Dao schrieb nach seinem erneuten Besuch im blauen Haus sein Gedicht »Für Tomas Tranströmer«, sozusagen ihre nachbarliche Art des Dichtens aufnehmend. Es wird darin ein Bild von Glocken gebraucht, die kopflose Engel zu sein scheinen. Die Moderne erreicht ihre Steigerungen und Innovationen durch Abkürzungen und Konzentrationen (Unpathetische sprechen vom Brühwürfeleffekt), mit ihren eigensinnigen, privaten, bis zu Chiffren gebrachten Metaphern und Perspektiven, mit Beschleunigungen, die man nur in einer langsamen Erzählung einholen könnte oder mit immer wiederholten, immer neuen Übersetzungen – von denen der entscheidende Rest doch vom einzelnen Individuum zu entdecken bleibt.

Lesen Sie Wolfgang Kubins Übersetzung:

Für Tomas Tranströmer

Du verschließt den letzten Vers eines Gedichtes
im Herzen – Das ist dein Herzstück
Das Herzstück einer Kirche im Pendeln der Glocken
Beim Tanz mit kopflosen Engeln
bewahrst du das Gleichgewicht

Dein Klavier steht auf einem Hang
Zuhörer halten es fest
Ein Donnerschlag, ein Flug der Tasten
Du sinnst, wie der letzte Zug der Nacht
die Finsternis der Zukunft eingeholt hat

Von einen Bahnhof mit blauen Räumen
gehst du im Regen Pilze begutachten
Sonne und Mond Signallampen im Wald:
Hinter siebenjährigem Regenbogen
drängen sich Leute mit Automasken

»Dichter des Schmerzes«

Tranströmers Frau Monika schreibt Bei Dao nach Empfang des Gedichtes, Tomas habe geweint. – In der klassischen chinesischen Dichtung kann der Dichter ein Weinen konstatieren (und er tut dies für unser Empfinden nicht selten), aber er spricht nicht, sezierend, von seinem Innern, sondern findet es in den Valeurs der Außenwelt, in den Bildern der Natur, in den Nachrichten von Freunden und Mitmenschen.

Von da zu Bei Daos späteren Gedichten ist es ein weiter Weg. Im langen Exil verschwindet die sprechende heimatliche Welt in den Worten und macht sie lastender zugleich und selbstgenügsamer; selbstbezüglicher.

Das Exil wird zu einem »Exil der Worte«. Dazu gehören wollen auch die Fremdbestimmungen des Sprechens, die mit ihren Definitionen Politik machen.

Im Gedicht »Passagen« schreibt Bei Dao:

Die Verwalter der Freiheit der Welt
gaben mich in einen Großrechner ein:
Ein Fremdwort, ins Lexikon geschmuggelt
ein Dissident
oder etwas mit Distanz zur Welt

Am Ende eines Ganges stieg aus beliebigen Phrasen
Rauch auf
Dem Fenster war das Glas geraubt
Gegenüber lag der Winter der Bürokraten

Politik also wurde noch wichtiger, als Verantwortung, in Briefen, Unterschriften, als Engagement, zum Beispiel im internationalen Parlament der Schriftsteller; aber auch als ermüdende Anforderung, auf Podien, in Interviews, in denen alles aufs neue und immer mehr Zeugen verlangt werden.

Auch deutsche Dichter hat Bei Dao genannt. Rilke, Trakl, Celan: Dichter der Melancholie und des Schmerzes. Bei Celan: des Schmerzes gerade aus der Zeit, über die Zeit des Nationalsozialismus, die uns immer wieder mit der Versuchung herausfordert zu schweigen.

Und wir nennen und ehren nun ihn, Bei Dao, indem wir sein Nein, das Sprechen seines Neins, ehren.

Nein

Lösungen finden sich schnell
Der Kalender, dieser Schein der Lüge
brach sich längst in seinem Gesicht

Nahe dem Vergessen, nahe
dem Monolog der Gefilde
nahe dem Wort Vaterland
Verzweiflung inbegriffen

Das Getreide steht voll mit
reifen Tränen
Heute nacht wird Einsamkeit
sein treuester Führer sein

Allen geschwätzigen Tagen
in Reih und Glied
erklärt er
ein Nein.

Mit Bei Dao aber hoffen wir, daß dies nicht das letzte Wort sein wird; daß aus seinem Nein des Exils wieder sein Nein in China wird. □

Bei Dao

»Die Finsternis durchdringen!«*

Zunächst möchte ich den Juroren des Jeanette Schocken-Preises und den Bürgern von Bremerhaven für die besondere Ehre der Preisverleihung danken. Ich möchte die Gelegenheit ergreifen, um bei diesem würdevollen Anlaß ein paar Worte zu sagen. – Nach meinem Verständnis ist der Preis nach einer Jüdin namens Jeanette Schocken benannt. Dies läßt uns auf ein höchst finsteres Zeitalter der Menschheit zurückblicken. Damals war Bremerhaven die letzte Station der Leidenden auf der Flucht aus Nazi-Deutschland. Dank der Hilfe durch die Familie Schocken konnten viele überleben. Da aber Jeanette Schocken nicht mit ihrer kranken Tochter fliehen wollte, wurde sie zu guter Letzt zusammen mit anderen jüdischen Bürgern Bremerhavens von den Nazis ermordet.

Der Grund, warum ich diese Tragödie nochmals zur Sprache bringe, hängt mit meiner Absicht zusammen, den besonderen Sinn dieses Preises zu betonen, das ist die Beziehung, die das Schreiben mit dem Wissen um die Finsternis eingeht.

Ein kurzer Rückblick genügt, um die Schwäche der menschlichen Zivilisation zu erkennen. Im gerade abgelaufenen Jahrhundert haben sich zwei Weltkriege ereignet, zahllose Menschen wurden getötet. In totalitären Staaten kamen viele Unschuldige ins Gefängnis, wurden gefoltert, ja umgebracht. Das geht selbst bis heute so weiter: Genozid in Afrika, Gewalt im Mittleren Osten, amerikanische Invasionen im Namen der Demokratie, die erneute Aufteilung der Welt durch den Kapitalismus, der an die Stelle des Kolonialismus getreten ist, bis hin zu religiösem Haß, der sich ununterbrochen verschärft.

All das führt uns vor Augen, wie tief die Finsternis ist. Unter dem täuschenden Bild eines blühenden wissenschaftlichen Fortschritts liegen manche Katastrophen verborgen.

Adorno hat 1949 in seinem Werk *Kulturkritik und Gesellschaft* [1951] den folgenden Satz geschrieben: »Nach Auschwitz ist es barbarisch, ein Gedicht zu schreiben.« Er ist ein großer Denker, aber diese Aussage ist offensichtlich falsch.

*Dankrede anläßlich der Verleihung des Jeanette-Schocken-Preises – Bremerhavener Bürgerpreis für Literatur 2005.

Nach meiner Ansicht ist es gerade umgekehrt – nach Auschwitz muß man Gedichte schreiben. Paul Celan hat mit seinem Schreiben besagte berühmte Aussage korrigiert. In diesem Sinne muß der Dichter die Finsternis durchdringen, in ihrer Mitte Spuren des menschlichen Geistes suchen, ihr ein Zeuge vom Licht sein.

Die Sprache ist die Wirklichkeit des Gedichtes, sie ist aber auch die Wirklichkeit, die vom Gedicht verändert wird. Heutzutage ist uns die Sprache eine große Last. Sie wird von unterschiedlichen Bewußtseinsformen autoritärer Strukturen gegängelt und von der allumfassenden globalen Kommerzialisierung aufgelöst. Heute macht Vergnügen den Zeitgeist aus. Die Dinge gut sein lassen, ganz der Lust leben, alles treibt im Schaum des Sinnlosen dahin. Und eben auf Grund dieser Gefahr verspüren wir die Notwendigkeit, den Traum der Menschheit als Möglichkeit hervorzuheben, wir betonen auch die dunkle Eigenschaft des Gedichtes und die Funktion des Gedichtes zur Reinigung der Sprache.

In China hat die offizielle Sprache seit 1949 eine herrschende Position innegehabt, so daß das moderne Chinesisch immer mehr erstarrte und seine individuelle Stimme verlor. Für eine gewisse Zeit haben Chinesen im Zustand eines kollektiven Sprachverlustes gelebt.

Die Gedichte, die 1978 in dem dürftig edierten, inoffiziellen Magazin »Today« erschienen, sagten der offiziellen Sprache den Kampf an und untergruben deren Vorherrschaft. Auf diese Weise erneuerten sie die Magie des Chinesischen.

Seit dem 20. Jahrhundert ist das Exil zu einer allgemeinen Erscheinung geworden. Ironischerweise ist diese zu einem Spiegelbild der sogenannten Globalisierung geworden. Für einen Dichter sind Schreiben und Exil reziprok. Sie sind grenzüberschreitend, von einer Sprache zu einer Staatsgrenze, von einer individuellen Erfahrung zur Tragödie eines Volkes, von einer Gehirnwäsche durch die Medien zu einem Machtbewußtsein. Eben diese Grenzüberschreitung ist es, die das Exil über die enge Bedeutung von Politik hinausgehen läßt, die das Schreiben von Gedichten nach Auschwitz möglich werden läßt.

Der Dichter erfährt seine Not in der Beschränkung durch die Sprache, wenn er nach dem Geheimnis jenseits der Sprache sucht. Er vermag weit zu gehen, aber das hängt von der gefährlichen Balance ab, die er zwischen Individuum und Zeitalter, zwischen Erfahrung und Form, zwischen Leid und Traum findet.

Ich stehe hier und bin mit dem Namen einer getöteten Jüdin verbunden. Darauf bin ich sehr stolz. In meinen Augen ist ein Literaturpreis nicht nur die Bestätigung für das Schreiben eines Schriftstellers, sondern er hebt auch unsere Verantwortung für das gemeinsame Schicksal hervor, nämlich das Schicksal aller Reisenden in die Tiefe der Finsternis.

Damit wir niemals einen Kompromiß schließen mit der Macht und der Lüge, damit wir einer despotischen Sprache widerstehen, damit wir die Vergangenheit auf der Suche nach dem Morgen erinnern, um der Träume und Würde der Menschheit willen, für all dies wollen wir kämpfen. □

Aus dem Chinesischen von Wolfgang Kubin

Wolfgang Kubin

Vom Wunsch, aus einem chinesischen ein deutsches Gedicht zu machen

Der Fall Bei Dao

Ist Bei Dao so gut oder übersetzen Sie so gut?« Diese peinliche Frage stellte mir einmal Joachim Sartorius, selber preisgekrönter Übersetzer und erfolgreicher Dichter. Das war vor vielen Jahren in Berlin nach einer Lesung mit einem anderen chinesischen Schriftsteller. Was läßt sich darauf antworten?

Eine gute Übersetzung bedarf einer guten Vorlage. Und eine schlechte? Geht sie immer auf ein schlechtes Original zurück? Die Sache ist komplizierter, als sie klingt. Ich muß nämlich zugeben, daß ich in dem einen oder anderen Fall besser übersetzt habe, als es die Vorlage verlangt hat. Sei es aus Mitleid mit dem Autor oder sei es aus Angst vor dem Vorwurf einer unbedarften Übersetzerleistung.

Eine feststellbare Wirkung hat die Verbesserung des Originals über die Zeit nicht zur Folge gehabt. Die Autoren haben sich trotz Gehhilfen nicht ins Herz der deutschen Leserschaft zu stehlen vermocht.

Bei Dao, 1949 in Peking geboren, heute mit Wohnsitz in Kalifornien, habe ich nie aufgepeppt und auch andere nicht. Warum nicht? Ich habe oft spöttisch gesagt, für ein Gedicht des sparsamen Bei Dao brauche ich als Übersetzer eine Stunde, für eines von dem wortreichen Yang Lian einen Tag, für eines von dem merkwürdigen Zhang Zao eine Woche und für eines von der so dunklen wie schönen Zhai Yongming einen Monat.

Warum verlangt mir Bei Dao die wenigste Zeit für meinen Versuch ab, aus einem chinesischen Gedicht ein deutsches Poem werden zu lassen? Und warum ist bislang nachweislich dennoch sein Erfolg beim Publikum größer als der Erfolg im Fall der anderen genannten Poeten, die mir mehr Qual bereitet haben als er?

Der Grund ist denkbar einfach. Wir haben denselben Hintergrund. Ich bin von Haus aus kein Übersetzer, ich schreibe seit meiner Jugend, habe aber erst 1994 mit dem (regelmäßigen) Veröffentlichen begonnen, als ich mich längst wider Willen als Übersetzer verstehen mußte.

Als Gymnasiast geriet ich unter den Einfluß des spanischen, italienischen und französischen Modernismus beziehungsweise Hermetismus, und Bei Dao las zur Zeit der Kulturrevolution (1966-1976), als nahezu alles gute Schrifttum verboten war, in der Übersetzung des modernistischen Dichters Dai Wangshu (1905-1950) heimlich die Gedichte von García Lorca.

Nicht zufällig hat Bei Dao letztes Jahr einen längeren Aufsatz zu diesem spanischen Dichter in China veröffentlicht.

Kurz, Bei Dao übersetzen heißt für mich daher nicht selten García Lorca übertragen oder mich selber übersetzen. So erinnert mich das Gedicht »Am Horizont« (Zai tianya) aus dem gleichnamigen Gedichtband (1993) an García Lorcas Gedicht »Der Schrei« (El Grito, 1923). Letzteres beginnt mit den Versen: *Die Ellipse eines Schreis / geht von Berg / zu Berg.*

Und so beginnt und endet das besagte Gedicht von Bei Dao: *Die Liebe zwischen Bergketten / [...] / Ein gehender Schrei.*

Der spanische Modernismus ist nicht die einzige Gemeinsamkeit von Dichter und Übersetzer. Wir teilen auch noch Grundkenntnisse der klassischen chinesischen Dichtkunst, in die Bei Dao als Bub vom Vater unterwiesen wurde, in die ich als Student der Sinologie an der Ruhr-Universität Bochum von einem Fachmann eingeführt wurde.

Beim Schreiben bedienen wir uns gern eines konkreten Bildes im zweiten Vers zur Erläuterung des ersten abstrakten Verses. Ezra Pound nannte dieses Verfahren Imagismus. Es ist dazu hinreichend geschrieben worden.

Natürlich übertreibe ich ein wenig, wenn ich sage, ein Gedicht von Bei Dao lasse sich auf Grund des gemeinsamen Hintergrundes innerhalb von einer Stunde in ein deutsches Gedicht verwandeln. Denn nach wie vor befällt mich die schiere Verzweiflung bei der Übersetzung seiner Poeme. Nie ist der Dichter an meiner Seite, wenn ich übersetze, selten kann ich jemanden befragen, und wenn ich mich an ihn richte, der lieber schweigt als redet, bekomme ich kaum die Antwort, die mir weiterhilft.

Dabei begann unsere Zusammenarbeit sehr früh. Im Herbst 1983 an der Universität Peking, als die Staatssicherheit ihn auf dem »Kieker« hatte. Damals stellte ich nur Fragen zur Grammatik der Gedichte, die ohne Punkt und Komma daherkommen. Heute dagegen scheint mir die grammatische Struktur auf der Hand zu liegen. So frage ich denn manchmal vor oder nach einer Lesung nach dem einen oder anderen Bild.

In seinen Antworten geht der Dichter nicht auf Inhalte ein, er erläutert inzwischen bereitwillig die Struktur eines Textes. Dabei kann sich durchaus herausstellen, daß ich nicht immer »richtig« übersetzt habe. Was heißt das? Dies hat mit dem chinesischen Anteil zu tun, der Bei Dao als Erbe aus seiner Bekanntschaft mit der klassischen chinesischen Lyrik verblieben ist.

Bei denjenigen, die nicht zu übersetzen pflegen, hält sich hartnäckig das Vorurteil, es gäbe etwas wie eine wörtliche Übersetzung. So kann es durchaus dazu kommen, daß mir der Vorwurf gemacht wird, zu frei übersetzt zu haben. Oder zu gut.

Sehen wir einmal von der Tatsache ab, daß in meine Übertragungen, die keine Nachdichtungen sein wollen, auch gemeinsame (politische) Erfahrungen aus den Zeiten der Verfolgung einfließen, so besagt das tägliche Geschäft der Übertragung, daß kein einziges chinesisches Zeichen, kein einziges Wort von »wörtlicher« Natur ist.

Warum nicht? Bei Dao liebt es, mit einem Nomen einen Text zu eröffnen, das nicht näher spezifiziert ist. Nehmen wir an, dieses sei das Zeichen für »Pferd«. Was ist seine Wörtlichkeit?

Wir haben fünf Möglichkeiten, denn das Deutsche verlangt Spezifizierung für etwas im Chinesischen, was eher die Gattung als das Individuelle betont: Pferd, Pferde, ein Pferd, das Pferd, die Pferde. Alles richtig, alles wörtlich, doch alles anders.

Streng gesehen hätte eine wörtliche Übersetzung dieses einen Zeichens wie folgt zu lauten: Pferd-ein-Pferd-das Pferd-Pferde-die-Pferde. Doch welcher Leser verlangt schon nach einem solchen Ungetüm? Und das nachfolgende Verb? Dasselbe Problem: Singular, Plural, Gegenwart, Vergangenheit, Indikativ, Konjunktiv, Imperativ: der Kontext entscheidet, nachdem sich der Übersetzer für die erste Entscheidung entschieden hat. Aber ob diese richtig ist oder nicht, erfährt er bestenfalls durch den Autor, denn niemand sonst in der Welt kann hier Auskunft geben So hatte ich auf Wunsch von Bei Dao für die Lesung anläßlich der Verleihung des Jeanette Schocken-Preises an ihn (1.5.2005) Gedichte nach seiner Auswahl zu übersetzen. Darunter »Mission« (Shiming) aus dem Gedichtband *Etwas öffnet sich* (Kaisuo, 1999). Und ich übersetzte vor Bremerhaven die »Mission« eines Autoren wie folgt. Hier nur die erste Strophe:

Priester gehen irre im Gebet / Eine Lüftungsklappe / öffnet eine andere Epoche: / Flüchtlinge steigen über die Mauer

Bei Dao, der seine Gedichte, wenn man ihn wiederholt befragt, immer wieder anders erklärt, sagte mir in Bremerhaven, es handele sich um einen einzigen Priester und einen einzigen Flüchtling, beide seien verschiedene Personen und nicht, wie ich gemeint hatte, ein und dieselbe Person. Ich hatte mich seinerzeit jedoch bewußt für den Plural »Priester« und »Flüchtlinge« entschieden, um ein vierfaches »ein« zu vermeiden. »Lüftungsklappe« und »Epoche« sind nämlich mit einem unbestimmten Artikel versehen. Und ich hatte mich für die Einheit von »Priester« und »Flüchtlingen« entschieden, um in einem Bild zu bleiben. »Richtiger« hätte ich also übersetzt:

Ein Priester geht irre im Gebet / Eine Lüftungsklappe / öffnet eine andere Epoche: / Ein Flüchtling steigt über die Mauer

Interessanterweise hat Bei Dao, der seine englischen Übersetzungen zu überprüfen pflegt, den Plural »Flüchtlinge« in der zweisprachigen amerikanischen Ausgabe durchgehen lassen, vielleicht um Priester und Flüchtlinge eindeutig für den Leser unterscheidbar zu machen.

Mir persönlich mißfällt diese Häufung des unbestimmten Artikels im Deutschen, der im modernen Chinesisch möglich wäre, aber nur zur Betonung gebraucht wird. Daher habe ich auch aus aus dem Zeichen für Mauer »die Mauer« gemacht, statt »eine Mauer« etc.

Das Unbestimmte mag zwar ein poetisches Phänomen des (spanischen) Modernismus sein, doch gehe ich in einem Fall wie diesem eher von einem chinesischen Sprachbewußtsein aus, das die Idee der Dinge betont und nicht die Dinge selber. Dies Verfahren macht großenteils den Reiz der klassischen chinesischen Dichtkunst aus. Und manchmal bedient sich Bei Dao dieses Verfahrens ganz bewußt.

So zum Beispiel im letzten Doppelvers des Gedichtes »Das Schlüsselwort« (Guanjianci) aus dem Gedichtband *Landschaft über Null* (Lingdu yishang de fengjing, 1995). Ich übersetzte wie folgt: *ein Leben, ein Tag, ein Satz / das Ende.*

Dies sind die Zeichen, die Seidenreiher (Singular oder Plural?) aufs Wasser schreiben, aber was schreiben sie? »Ein Leben« ist auch ein ganzes Leben, »ein Tag« ist auch ein ganzer Tag, und das letzte Binom jieshu) kann Nomen oder – wie für die meisten (Chinesen) – Verb sein: also »Ende« beziehungsweise »enden«.

Nominal verstanden ist das Binom *jieshu* das vierte Glied in einer Reihe von Aufzählungen. Verbal gesehen muß es im Deutschen mit dem Singular oder mit dem Plural widergegeben werden. Doch was endet? Das Leben, der Tag, der Satz, oder enden gar alle drei? Die verbale Deutung klingt in der Übertragung ästhetisch höchst unbefriedigend: *ein Leben, ein Tag, ein Satz / endet /enden.*

Was schließen wir daraus? Auch die Zielsprache hat beim Akt der Übersetzung »ein Wörtchen mitzureden«. Dies gilt insbesondere für merkwürdige Bilder, die im Deutschen komisch wirken würden, wenn man sie nicht dem Sprachgebrauch angliche.

Bei Dao ist, ob er es mag oder nicht, ein politischer Dichter. Viele seiner »merkwürdigen« Bilder haben mit dem Politischen zu tun. Sie treten oft unvermittelt auf. Hier kann der Übersetzer nur seiner Erfahrung, seiner Eingebung, seinem Gespür folgen.

Nehmen wir das Gedicht »Post bellum« (Zhanhou) aus *Etwas öffnet sich* zum Beispiel. Der Übersetzer kann den Dichter nicht befragen. Der lebt in Amerika und erläutert sich selbst nicht gern. Das hat der Übersetzer zu akzeptieren. Also übersetzt er:

Gestalten, destilliert im Traum
werfen am Horizont die Fahnen fort

Der Teich wird licht
Das Gelächter der Vermißten
beweist: Schmerz
ist der Schrei des Lotos

Unser Schweigen
wird Strohbrei, wird Papier, ein Winter
zur Heilung von Schreibwunden

Sehen wir einmal von den bekannten Problemen, ob Singular oder Plural, ob Gegenwart oder Vergangenheit ab, so fragt sich der politisch geschulte Leser spätestens bei der zweiten Strophe, was die Lichtwerdung eines Teiches mit der Fahnenflucht der Revolutionäre (der Kulturrevolution), von der in der ersten Strophe die Rede ist, auf sich haben mag. Welcher Teich ist überhaupt gemeint?

Ähnlich dunkel ist die Sache mit dem Lotos. Die Vermißten können nur Verschollene des Krieges sein. Aber warum lachen sie, und warum ist ihr Gelächter zu hören, wo sie doch »keine Spuren hinterlassen haben«? Und wieso ist (ihr) Schmerz »der Schrei des Lotos«?

Der Rest dagegen ist verständlich: Die Kulturrevolution endete im Oktober 1976, der Winter kam. Das Schreiben durfte wieder beginnen, und es beginnt auf der Basis des (einstigen) Schweigens, eines erzwungenen Schweigens, denn privates Schreiben war verdächtig.

Bei Dao schrieb zum Beispiel seinen Roman *Gezeiten* (Bodong) 1974 mit dem Ohr an der Tür: Jederzeit konnten Beamte der Staatssicherheit vorgefahren kommen, um Menschen zu verhaften, die ohne Genehmigung etwas verfaßten und sich zu diesem Zweck rationiertes Papier besorgt hatten.

Übersetzen bedeutet wie in diesen Fällen, neben den Vorgaben der Grammatik, dem begrenzten Verständnis, aber vor allem der eigenen Inspiration folgen. Zum einzigen Maßstab wird dabei die deutsche Sprache. Sie entscheidet letzten Endes über Tempus, Anzahl, Modus etc. Und da Bei Dao seine Gedichte rhythmisch strukturiert, hat auch das Deutsche dem Rechnung zu tragen.

Die Frage, was der Dichter einmal gemeint haben könnte, stellt sich nicht. Er ist ja nicht befragbar, und wenn, nicht sehr auskunftswillig. Andere können ihn nicht vertreten, auch Chinesen nicht, also ist der Übersetzer allein auf weiter Flur und dabei oft zu frei.

Und das ist der Grund seiner schöne Verzweiflung. Diese lichtet sich nur für einen kurzen Moment, wenn eine Hörerschaft, eine Redaktion, eine Jury die Übersetzung für das Original halten. □

Die Autoren, Künstler & Übersetzer

Martin Amanshauser, geb. 1968, lebt in Wien. Autor und Übersetzer aus dem Portugiesischen. Veröffentlichungen u.a.: *Im Magen einer kranken Hyäne*, Wiener Stadtkrimi, 1997; *Erdnussbutter*, Roman, 1998; *Der Sprung ins Dritte Jahrtausend*, 2 Stories, gemeinsam mit Gerhard Amanshauser, 1999/2000; *in der todesstunde von alfons alfred schmidt*, gedichte, 2000, *NIL*, Roman, 2001; *100.000 verkaufte Exemplare*, Gedichte 2002; *Chicken Christl*, Roman 2004; *Alles klappt nie*, Weltraumroman 2005.
S. 197: Heißenbüttel Wienerisch.

Bei Dao (eigentl. Zhao Zhenkai), geb. 1949 in Beijing (Peking). Nach Abschluß der Mittelschule zeitweilig als Bauarbeiter tätig, während der Kulturrevolution (1966-76) für kurze Zeit Rotgardist; studierte chinesische Sprach- und Literaturwissenschaft; Redakteur im Verlag für fremdsprachige Literatur; gründete zusammen mit dem Lyriker Mang Ke die lit. Untergrund-Zs. der Demokratiebewegung *Jintian* (Heute), Hrsg. von 1978-80, die er seit ihrer Wiederbegründung (1991) vom Ausland aus betreut (*Jintian* / Today). Trat 1984 in den chinesischen Schriftstellerverband ein – 1986 gemaßregelt für seine Kritik an der Einstellung der Lit.-Zs. *China* – und erhielt 1988 den Staatspreis der Volksrepublik China für den besten Gedichtband. Im Februar 1989 forderte Bei Dao die Freilassung von Wei Jingsheng in einem Offenen Brief an Deng Xiaoping, der von 40 führenden Intellektuellen unterzeichnet wurde und so eine breite Kampagne für Menschenrechte auslöste. Zur Zeit des Massakers auf dem Tiananmen-Platz (Platz des Himmlischen Friedens) im Juni 1989 hielt sich Bei Dao als Gast des DAAD in Berlin auf: in seiner Heimat von Verhaftung bedroht; lebt seither im Exil. Gastdozenturen in England, Dänemark und in den USA. Er erhielt u.a. den »Freedom-to-Write«-Preis des PEN-Zentrums USA West (1995) und ist seit 1996 Ehrenmitglied der American Academy of Arts and Letters, lebt z.Z. in Kalifornien / USA. – Seine Werke, heute in 25 Sprachen übersetzt, waren zeitweise in der Volksrepublik China nicht genehm, können aber inzwischen wieder erscheinen. Mehrfach für den Nobelpreis vorgeschlagen, zählt er heute zu den bedeutendsten chinesischen Gegenwartsautoren. In deutscher Sprache erschienen der Roman *Gezeiten* (1990) und die Gedichtbände *Notizen vom Sonnenstaat* (1991) und *Post bellum* (2000) (Hanser Verlag); Lyrik, Prosa, Essays und Berichte erschienen in den *horen*, Band 138/1985, 155 + 156/1989 und 169/1993. 2005 erhielt er den »Jeanette-Schocken-Preis – Bremerhavener Bürgerpreis für Literatur« – Dokumentation in diesem Band.
S. 240: Schlafwandler im August -Vom Autor für *die horen* gefertigte Kalligraphie. Aus: *die horen*, Band 155/1989.
S. 241: Hugo Dittberner, Bei Daos Nein – Eine Laudatio.
S. 251: Die Finsternis durchdringen – Dankrede.
S. 253: Wolfgang Kubin, Vom Wunsch, aus einem chinesischen ein deutsches Gedicht zu machen – Der Fall Bei Dao.

Helmut Böttiger, geb. 1956 in Creglingen (Baden-Württemberg); Studium in Freiburg, Dr. phil. 1985, Dissertation über Fritz Rudolf Fries und DDR-Literatur. –Nach Stationen als Literaturredakteur bei Zeitungen in Stuttgart, Frankfurt und Berlin seit 2002 freier Autor in Berlin. Wichtigste Buchveröffentlichungen: *Kein Mann, kein Schuß, kein Tor. Das Drama des deutschen Fußballs.* Verlag C.H. Beck, München 1993; *Ostzeit – Westzeit. Aufbrüche einer neuen Kultur.* Luchterhand Verlag, München 1996; *Orte Paul Celans.* Zsolnay-Verlag, Wien 1996; *Nach den Utopien. Eine Geschichte der deutschsprachigen Gegenwartsliteratur.* Zsolnay Verlag, Wien 2004.
S. 12: Los und List der Übersetzer.

Petr Borkovec, geb. 1970 in Louňovice pod Blaníkem, gilt als bedeutendster tschechischer Dichter seiner Generation, lebt in der Nähe von Prag, zurzeit »writer in residence« in Berlin. Seit 1990 hat er sieben Gedichtbände und zahlreiche Übersetzungen russischer Lyrik des 20. Jahrhunderts sowie antiker Dramen veröffentlicht. Literarische Auszeichnungen: Jiří-Orten-Lyrikpreis (1995), norbert-c.-kaser-Preis (2002), Hubert-Burda-Award (2002). Poetik-Dozentur in Dresden, 2003. Zuletzt auf Deutsch erschienen: *Feldarbeit*, 2001, *Nadelbuch* 2004, beide in der Edition Korrespondenzen, CD *Feldarbeit*, 2001, gelesen von Petr Borkovec und Otto Sander.
S. 149: Die Übersetzung. Dt. von Christa Rothmeier.

Markus Bundi, geb. 1969; studierte Philosophie, Literatur und Linguistik in Zürich; arbeitet als Literaturkritiker und Kulturredakteur und lebt in Baden. Wichtigste Publikationen: *AusZeiten*, Gedichte, Aphorismen, Notate, Wolfbach Verlag, Zürich 2001; *lichterdings*, Prosa & Gedichte, Wolfbach Verlag, Zürich 2002; *Ohne Ach und Oh*, Gedichte, Offizin S., Meran 2002; *Die Geschichte*, Theaterstück (UA Zürich 2003, Regie: Alexander Petrov); *Entsichert*, Gedichte, Edition Isele, Eggingen 2004. Als Herausgeber (zusammen mit Marco Sagurna): *schweiz.01*, Anthologie, Eiswassser Verlag, Vechta 2001.
S. 198: Heißenbüttel in Schweizer Mundart.

Jonathan Burton, verfaßt Obertitel für die Royal Opera in London und hat gut 70 Opern mit Unter- oder Obertiteln versehen. An der Cambridge University erwarb er den Titel eines Bachelor of Arts (BA) in Musik, an der University of Birmingham den eines Masters of Arts (MA) für eine Dissertation über Richard Strauss. Er hat klassische Musiksendungen im Fernsehen geleitet, bevor er Musikbibliothekar zunächst an der Glyndebourne Festival Opera (1975-84) und dann an der English National Opera wurde (1984-2000); arbeitet zudem als Autor und Dozent für Fragen der Oper und der Musik. Arbeitet er einmal nicht, spielt er gern Fagott und Kontrafagott.
S. 124: Oper übersetzen (zus. mit Amanda Holden).

Henry Deluy, geb. 1931 in Marseille, lebt in Paris; Hrsg. der Zs. *Action Poétique*, Direktor der Biennale Internationale des Poètes in Vlade-Marne; Lyriker, Herausgeber: *Poèsie en France 1983-1988 – Un anthologie critique* (Flammarion 1989); Dt.: *Französische Lyrik der Gegenwart* (Volk und Welt 1979), *Résonnances*, hrsg. von Eugen Helmlé (Kirchheim 1989), *Der Finger Hölderlins* – Poesie aus Frankreich, hrsg. von Gregor Laschen, *edition die horen*, Bremerhaven 1996.
S. 48: Le Boulanger est un Homme en bleu. Aus: Der Finger Hölderlins, a.a.O.

Jürgen Dierking, geb. 1946 in Bremen, arbeitet am dortigen Literaturkontor; Übersetzer (Sherwood Anderson, Charles Baxter, Pearse Hutchinson, Sujata Bhatt u. a. m.;), Herausgeber und Redakteur; Co-Initiator, Mitbegründer und Vorsitzender der Friedo-Lampe-Gesellschaft (Hrsg.: *Septembergewitter*, Wallstein, Göttingen 2001), Mitglied der Sherwood Anderson Society. Siehe auch *die horen* seit 1988, zuletzt u.a. Band 203/2001, 211/2003, 216/2004.
S. 124: Jonathan Burton & Amanda Holden, Oper übersetzen. Dt. Fassung.

Hugo Dittberner, geb. 1944 in Gieboldehausen, lebt in Echte / Kalefeld; Studium der Germanistik, Philosophie und Geschichte, Promotion 1972 mit einer Arbeit über Heinrich Mann; zahlr. Veröffentlichungen (Lyrik, Prosa, Essay & Kritiken), zuletzt u.a. *Wasser Elegien*, Gedichte 1997; *Versuch zu rühmen. Über*

Bücher und Autoren 1999; *Morgenübungen*, Gedichte 2000 sowie zahlr. Herausgaben, zuletzt u.a. *Autoren sehen einen Autor. Hans Bender* 1999; *Kurze Weile. Gedichte in wenigen Zeilen* 2003. – Siehe auch *die horen*, Band 173/1994, 180/1995, 190/1998, 202/2001, 214/2004.

S. 241: Bei Daos Nein – Eine Laudatio (anläßlich der Verleihung des Jeanette-Schocken-Preises – Bremerhavener Bürgerpreis für Literatur 2005 an Bei Dao).

Róža Domašcyna, geb. 1951; freie Autorin, lebt in Bautzen, schreibt Lyrik, Dramatik, Essays und Rezensionen in deutscher und sorbisch-wendischer Sprache; Herausgeberin und Nachdichterin. Zuletzt erschienen: *sp*, Lyrik, Domowina-Verlag Bautzen, 2001, *W paradizu wsyknych swetow*, Theaterstück, Uraufführung am Deutsch-Sorbischen Volkstheater Bautzen, 2004, *My na AGRA*, Annagramme, Domowina-Verlag Bautzen, 2004.

S. 48: Der Bäcker ist ein Mann in blau (Henry Deluy). Aus: Der Finger Hölderlins, a.a.O.

S. 202: Heißenbüttel Obersorbisch / Wendisch.

Günter Eich, geb. 1907 in Lebus, gest. 1972 in Salzburg; Lyriker, Prosaist und Hörspielautor; debütierte 1947 mit der Erzählung *Züge im Nebel*, 1948 folgte der erste Gedichtband *Abgelegene Gehöfte*; zuletzt erschienen die Kurzprosabände *Maulwürfe* (1968) und *Ein Tibeter in meinem Büro* (1970) als »Versuch einer neuen Gattung an der Grenze zur Unsinnspoesie« (Brockhaus) *Gesammelte Werke* 1973; Hörspielpreis der Kriegsblinden (1952), Büchner-Preis (1959).

S. 194: Indogermanisch. Aus: Werke, Band 1, Suhrkamp Verlag, Frankfurt / Main 1991.

Claude Esteban, geb. 1935 in Paris; Lyriker, Essayist und Übersetzer (Quevedo, Paz, Gongora und andere spanischsprachige Lyriker), war Herausgeber der Zeitschrift *Argile* und Präsident des »Maison des écrivains« in Paris; Mitbegründer der »Ateliers de traduction collective de poésie« in Royaumont (Werkstatt zur kollektiven Übersetzung von Poesie). Zuletzt erschien unter anderem: *Morceaux de ciel, presque rien* (Stücke des Himmels, beinahe nichts) Gallimard 2001 und: *La dormition du comte d'Orgaz* (Dormitio des Comte d'Orgaz) Farrago, 2002.

S. 167: Die eigene Sprache. Dt. von Hans Thill.

Péter Esterházy, geb. 1950 in Budapest; studierte bis 1974 an der naturwissenschaftlichen Fakultät der Eötvös-Loránd-Universität Budapest. Seit 1978 freier Schriftsteller in Budapest. Mitglied der Deutschen Akademie für Sprache und Dichtung, Akademie der Künste, Berlin, Széchenyi Kunstakademie, Budapest; zahlreiche nationale und internationale Auszeichnungen, zuletzt: 2003 Friedenspreis des deutschen Buchhandels. Sein Werk wurde und wird in mehr als 15 Sprachen übersetzt. Publikationen in deutscher Übersetzung zuletzt: 1999 *Thomas Mann mampft Kebab am Fuße des Holstentors*, 2001 *Harmonia Caelestis*, 2002 *Fancsikó und Pinta*, 2003 *Verbesserte Ausgabe.* Siehe auch *die horen*, Band 195/1999: *Bestiarium Hungariae.*

S. 145: Was für ein Péter. Gespräch an der Jahrtausendwende – Drei Happen aus dem habhaften Text. Dt. von Zsuzsanna Gahse. Aus: P.E., Thomas Mann mampft Kebab am Fuße des Holstentores. Geschichten und Aufsätze, Residenz Verlag 1999 – Rechte 2005 beim Berlin Verlag, Berlin.

Zsuzsanna Gahse, geb. 1946 in Budapest, lebte nach 1956 zunächst in Wien, dann mehr als ein Vierteljahrhundert in Stuttgart, seit Ende 1998 in Müllheim / TG(Schweiz) Buchveröffentlichungen zuletzt: *Wie geht es dem Text? Bamber-*

ger Vorlesungen, 1997; *Nichts ist wie, Porträt,* 1999, beide EVA, Hamburg; *Übersetzt, Eine Entzweiung*, neu hrsg. Uni Lausanne, 2000; *Durch und Durch* 2004, Edition Korrespondenzen, Wien; für 2005 in Vorbereitung: *Instabile Texte.* – Außerdem Szenische Arbeiten, Essays, Texte zur Bildenden Kunst, Übersetzungen aus dem Ungarischen, u.a. Esterházy, Nádas, Vörös, Rakovszky. Preise und Auszeichnungen zuletzt: 2004 Werkpreis der Schweizer Schillerstiftung und Bodenseepreis für Literatur. Siehe auch *die horen,* Band 186/1997, 195/1999, 207/ 2002.

S. 6: Haupt- und Nebenbedeutungen der Sprache – Zu diesem Band.
S. 94: Das ist eine Aufgabe – Kleines Porträt von Hildegard Grosche.
S. 145: Péter Esterházy, Was für ein Péter. Dt. Fassung.
S. 180: Entscheidend ist das Ungesagte - Gespräch mit dem Lektor Reto Ziegler.
S. 233: Erstaunlich fliegen die Wörter herum – Gespräch mit dem Regisseur Peter Schweiger.

Swetlana Geier – Näheres siehe S. 102: Spurwechsel. Ein Film vom Übersetzen.

Ragni Maria Gschwend stammt aus Kempten im Allgäu, lebt in Freiburg im Breisgau als literarische Übersetzerin aus dem Italienischen. 1982 Literaturpreis der Stadt Stuttgart; 1995 Stipendium des Reinhold Schneider-Preises Freiburg und der Calwer Hermann-Hesse-Stiftung. Vier italienische Auszeichnungen. Zu den von ihr übersetzten Autoren gehören Ennio Flaiano, Margherita Guidacci, Tommaso Landolfi, Marisa Madieri, Claudio Magris, Elsa Morante, Guido Morselli, Vasco Pratolini, Italo Svevo, Fulvio Tomizza, Federigo Tozzi und Sebastiano Vassalli.

S. 14: Die Vokale sind an allem schuld – Einige Nebengedanken zum Übersetzen aus dem Italienischen.

Jacques Guidon, 1931-47 aufgewachsen in Zernez im mittleren Engadin; Bündner Lehrer-Seminar in Chur, Sekundarlehrerstudium an der Universität Zürich, Sekundarlehrer in Zernez, Pontresina, Zuos. Nebenbetätigungen: Malen und Schreiben. Ausgedehnte Reisen durch Europa, USA, Mexico. Mitglied der VISARTE. Anerkennungspreis der Kulturförderung Graubündens für sein künstlerisches Schaffen. Von 1984-93 Mitarbeiter der Lia rumantscha als Kulturanimator für das ladinische Sprachgebiet. Preis der STAB und »Premi cultural« des Unterengadins. Veröffentlichungen: Novellen, Schauspiele, Satiren, Karikaturen.

S. 199: Heißenbüttel Rätoromanisch.

Maik Hamburger, Übersetzer und Dramaturg. Aufgewachsen in der Schweiz und England. Studium der Philosophie und Physik. Fast 30 Jahre am Deutschen Theater Berlin. Übersetzungen: ca. 30 Theaterstücke, davon 14 von Shakespeare, auch Sean O'Casey, Tennessee Williams, Arthur Miller, Donald Freed etc.; Hrsg. und Übersetzer der Lyrik von John Donne. Artikel, Vorträge, Workshops in Deutschland, England, USA. Hrsg.: Adolf Dresen, *Wieviel Freiheit braucht die Kunst?* Vize-Präsident der Deutschen Shakespeare-Gesellschaft.

S. 16: Theatertexte.

Peter Handke, geb. 1942 in Griffen / Kärnten, lebt in Chaville / Frankreich; Lyriker, Erzähler, Romanautor, Theater- und Drehbuchautor, Essayist, Kritiker und Übersetzer (amerikanischer, französischer, slowenischer und griechischer Literatur); neben zahlreichen anderen Preisen erhielt er 1973 den Büchner-Preis und 1988 den Großen österreichischen Staatspreis. Seine Werke erscheinen im Suhrkamp Verlag, zuletzt u.a. *Der Bildverlust oder Durch die Sierra de Gredos,* Roman 2002; *Mündliches und Schriftliches. Zu Büchern, Bildern und Filmen,* 2002; *Untertagblues.* Ein Stationendrama, 2003; *Lucie im Wald mit den*

Uwe
Tellkamp
Der
Eisvogel
Roman
rowohlt
BERLIN

Dingsda. Eine Geschichte. 2004; *Don Juan (erzählt von ihm selbst)*, 2004.
S. 10: »Mein« Französisch. Aus einem Brief an Zsuzsanna Gahse.

Sigrid Hauser, geb. 1954 in Meran, Professorin für Architekturtheorie an der Technischen Universität Wien. Publikationen: *Idee, Skizze, ... Foto – Zu Werk und Arbeitsweise Lois Welzenbachers*, Wien 1990 (Löcker); *Sprache – z.B. Architektur,* Wien 1998 (Löcker); *Annähernde Entfernung*, in: Walter Niedermayr, *Reservate des Augenblicks,* Ostfildern-Ruit 1998, (Cantz); *Die Stadt zwischen Erinnerung und Gedächtnis*, in: Peter Mörtenböck (Hrsg.), *Körper – Räume – Medien*, Wien 2003 (Böhlau); *Bilder mit Folgen*, in: Marion Piffer Damiani (Hrsg.), *Josef Rainer*, Wien – Bozen 2004 (Folio).
S. 207: Doppelt übersetzt.

Helmut Heißenbüttel, geb. 1921 in Rüstringen (Wilhelmshaven), gest. 1996 in Glücksburg; Lyriker, Erzähler, Kritiker und Essayist, Hörspielautor und Herausgeber; bis 1981 Leiter der Abteilung Radio-Essay beim Südddt. Rundfunk in Stuttgart; Büchner-Preisträger 1969. Avantgardistischer »Wortgestalter«. Zahlr. Buchveröffentlichungen: *Textbücher 1-11; Projekte 1-3/3. Das Ende der Alternative. Einfache Geschichten* (1980); *mehr ist dazu nicht zu sagen. neue Herbste* (1984); *Schrift écriture geschrieben gelesen* – Für Helmut Heißenbüttel zum siebzigsten Geburtstag, hrsg. von Christina Weiss (1991; *Über Literatur* (1966/1995).
S. 196: Fünf »Herbste« aus »Eichendorffs Untergang und andere Märchen« – Im Original und in sechs Übersetzungen. Nachdruck und Freigabe zur Übersetzung mit freundlicher Genehmigung des Verlages Klett-Cotta, Stuttgart 2005.

Bodo Hell, geb. 1943 Salzburg, lebt in Wien und am Dachstein; Prosa, Radio, Theater, Schrift im öffentlichen Raum, Texte zur bildenden Kunst, Fotos, Film, Musik, Ausstellungen, Almwirtschaft. Bücher (Auswahl): *Mittendrin*, Erzählungen, Stickbilder von Hil de Gard, Droschl 1994; *Ria nackt-Ariadne im Garn* (Opernbuch mit R. Deppe und O. Schmiderer) Triton 2002; – *Tracht: Pflicht*, Lese- und Sprechtexte, Droschl 2003; *Yppenplatz*, Bilder von Linda Wolfsgruber, Bibliothek der Provinz 2005. – Filme, zuletzt: *Im Anfang war der Blick*, 45 min, Cannes 2003. Literaturpreise (zuletzt) 2003 Preis der Literaturhäuser, 2004 Hausautor der Therme Vals (CH).
S. 143:a whiter shade of pale – für Friederike Mayröcker.

Amanda Holden, weltweit renommierte Opern-Übersetzerin (u. a. tätig für die English National Opera, die English Touring Opera, die Opera North sowie für Chandos Records und zahlr. andere Labels).
S. 124: Oper übersetzen (zus. mit Jonathan Burton).

Elmar Holenstein, geb. 1937 in St. Gallen, Studium der Philosophie, Psychologie und Sprachwissenschaft in Leuven, Heidelberg und Zürich; Forschungsaufenthalte in Köln, Harvard, Hawaii, Stanford, Tokyo und Budapest; Professor für Philosophie an der Ruhr-Universität Bochum 1977-90 und an der ETH Zürich 1990-2002, Gastprofessuren in Tokyo 1986-87 und Hong Kong 2004; lebt seit 2002 in Yokohama. Buchveröffentlichungen u.a.: *Roman Jakobsons phänomenologischer Strukturalismus* 1975; *Linguistik – Semiotik - Hermeneutik* 1976; *Kulturphilosophische Perspektiven* 1998; *Philosophie-Atlas* 2004.
S. 217: Zur Relativität des sprachlichen Relativismus – Japanische Beispiele. Modifizierter Auszug aus einem Text, der erstmals in der Beilage »Literatur und Kunst« der Neuen Zürcher Zeitung (10./11. Juli1999) erschienen ist.

S. 220: Kulturelle Höflichkeit – Zur Schreibweise fremdsprachiger Namen. Umarbeitung und Ausweitung zweier Abschnitte aus dem Einleitungsteil zum *Philosophie-Altlas: Orte und Wege des Denkens*, Zürich: Ammann Verlag 2004.

Felix Philipp Ingold, geb. in Basel, lebt in Zürich und Romainmôtier. Jüngste Buchpublikationen: *De nature / Restnatur* (Gedichte französisch / deutsch), Lausanne / Moudon 2000; *Auf den Tag (genaue Gedichte)*, Graz / Wien 2000; *Der große Bruch* (Monographie über Rußland im Epochenjahr 1913), München 2000; *Jeder Zeit (andere Gedichte)*, Graz / Wien 2002. Eine Essaysammlung zur Literatur und Kunst der europäischen Moderne ist u.d.T. *Im Namen des Autors* beim Wihelm Fink Verlag, München / Paderborn 2004, erschienen; *Wortnahme. Jüngste und frühere Gedichte*, 2005 bei Urs Engeler Edition, Basel / Weil am Rhein.

S. 138: Rilke, russisch imprägniert. – Nachdichtung als Rückübersetzung in die Ursprungssprache.

S.141: Boris Pasternak, Überm Buch (nach Rilke). Dt. Fassung.

S.187: Zum Übersetzen. Aus: Das Künftige hat einen Morgen, hrsg. von Brigitte Labs-Ehlert, Literaturbegegnung Schwalenberg 1998.

Joachim Kalka, geb. 1948 in Stuttgart; Übersetzer (unter den etwa neunzig von ihm übertragenen Büchern sind Werke von Martin Amis, Guillermo Cabrera Infante, Angela Carter, Patrick Grainville, Henry Green, Nathaniel Hawthorne, Arthur Machen, George Meredith und Gilbert Sorrentino) und Kritiker; er schreibt unter anderem für die FAZ, das *Kursbuch* und *Sprache im technischen Zeitalter*. 1996 erhielt er den Johann-Heinrich-Voß-Preis der Deutschen Akademie für Sprache und Dichtung, die ihn 1997 zum Mitglied wählte. Demnächst erscheint seine Übertragung ausgewählter Gedichte von Amy Clampitt bei Klett-Cotta.

S. 184: Sprachliche Minima als Problem des Übersetzens und als Thema einer Kulturgeschichte. Skizze eines Projekts.

Ursula Krechel, geb. 1947 in Trier, lebt in Berlin; Studium der Germanistik, Theaterwissenschaft und Kunstgeschichte; zahlr. Veröffentlichungen, zuletzt u. a. *Verbeugungen vor der Luft*, Gedichte 1999; *Der Übergriff*, Erzählung 2001; *Mein Hallo dein Ohr*, Erzählung 2002; *In Zukunft schreiben* 2003; außerdem zahlr. Hörspiele und Essays. Siehe auch *die horen*, Band 205/2002, 216/2004.

S. 49: Der Bäcker ist ein Mann in blau (Henry Deluy). Aus: Der Finger Hölderlins, a.a.O.

Wolfgang Kubin, geb. 1945 in Celle, lebt – nach vielen Jahren in Berlin – heute in Bonn und in Wien; Übersetzer aus dem Chinesischen (u.a. Bei Dao, Yang Lian, Leung Ping-kwan, Duo Duo, Mang Ke, Zhai Yongming), Essayist und Lyriker: *Das neue Lied von der alten Verzweiflung* (2000), *Narrentürme* (2002), *Schattentänzer* (2004), alle Weidle Verlag, Bonn. Prof. für Sinologie an der Universität Bonn; Hrsg. der Zeitschriften *Orientierungen* und *minima sinica – Zeitschrift zum chinesischen Geist*; Hrsg. der Geschichte der chinesischen Literatur: 9 Bände + Registerband, K.G. Saur Verlag, München 2002 ff. – Siehe auch *die horen*, Band 138/1985, 155 + 156/1989, 169/1993.

S. 253: Vom Wunsch, aus einem chinesischen ein deutsches Gedicht zu machen – Der Fall Bei Dao.

Gregor Laschen, geb. 1941 in Ückermünde / Pommern, lebt in Utrecht / Niederlande; zahlr. Veröffentlichungen, zuletzt u.a.: *Jammerbugt-Notate*, Gedichte 1995 (Peter-Huchel-Preis), *Die Leuchttürme tun was sie können*, Gedichte 2004;

Die Autoren, Künstler & Übersetzer

Begründer und Herausgeber der Reihe *Poesie der Nachbarn – Dichter übersetzen Dichter* (16 Bde., *edition die horen*, Bremerhaven 1988-2003). Siehe auch *die horen*, Band 180/1995, 181+183/1996, 189/1998, 199/2000, 202/2001, 200/2002, 210/2003.
S. 50: Der Bäcker ist der Mann in blau (Henry Deluy). Aus: Der Finger Hölderlins, a.a.O.

Beat Mazenauer, Germanist und Historiker, lebt und arbeitet als freier Autor, Literaturkritiker und Netzwerker in Luzern und Zürich. Als Buch sind von ihm zwei Übersetzungen von Peter Weiss (*Die Besiegten, Avantgardefilm*, beide edition suhrkamp) sowie der Essayband *Wie Dornröschen seine Unschuld gewann. Archäologie der Märchen* (zus. mit S. Perrig), Leipzig 1995 / München 1998 erschienen. Aktuell zeichnet er mitverantwortlich für zwei Internet-Projekte: die Lexikonmaschine »www.encyclopaedizer.net« sowie die von der EU geförderte »Virtuelle Bibliothek« (www.readme.cc).
S. 99: Läßliche und häßliche Malheurs.

Tatjana Michaelis, geb. 1954 in Konstanz am Bodensee; studierte Literaturwissenschaft, Geschichte und Philosophie in Konstanz, Genf und Paris; Promotion in Romanistik. Tätigkeit als freie Kulturjournalistin. Seit 1984 im Carl Hanser Verlag beschäftigt. Lektorin für fremdsprachige Belletristik.
S. 23: Schön und treu – Was ist eigentlich eine gelungene Übersetzung?

Otto Neumaier, geb. 1951 in Dornbirn; Studium der Philosophie und Germanistik (Innsbruck), Mitarbeiter des Fachbereichs Philosophie an der Kultur- und Gesellschaftlichen Fakultät der Universität Salzburg, mit Schwerpunkten in den Bereichen Ethik, Ästhetik und Philosophische Anthropologie. Jüngste Buchpublikationen: *Ästhetische Gegenstände* (1999), *Maria Anna Mozart. Die Künstlerin und ihre Zeit* (MHg. 2001), *Philosophie – Wissenschaft – Wirtschaft* (MHg. 2001), *Philosophie im Geiste Bolzanos* (MHg. 2003), *Ist der Mensch das Maß aller Dinge?* (Hg. 2004), *Rudolf Arnheim oder Die Kunst der Wahrnehmung* (MHg. 2004).
S. 204: Reden wir von Glück.

Isolde Ohlbaum, geb. in Moosburg / Oberbayern, lebt in München; 1970-72 Bayerische Staatslehranstalt für Photographie in München, seitdem freiberuflich tätig für Verlage, Zeitungen, Zeitschriften: Schwerpunkt Porträt. – Zahlr. Buchveröffentlichungen, u.a.: *Fototermin – Gesichter der deutschen Literatur* (1984), *Denn alle Lust will Ewigkeit* (1986), *Augen, Blicke – Augenblicke* (1987), *Porträts* (1993), *Aus Licht und Schatten – Engelbilder* (1994), *Im Garten der Dichter* (1997), *Frau Faltermeiers Blumenladen* (2001), *Das Karussell im Englischen Garten* (2002), *Katzen* – mit einem Vorwort von Elke Heidenreich (2003), *Kind sein* (2003), *Zu Gast bei Gustav Klimt* (2003), *Berlin* – mit einem Vorwort von Tilman Spengler (2004) sowie Kalender und div. Postkartenbücher. Siehe auch *die horen* seit 1982, zuletzt in Band 216/2004.
S. 59: Begegnungen an der Wortgrenze I (20 Porträts).
S. 151: Begegnungen an der Wortgrenze II (21 Porträts).
S. 210: Dreizehn Übersetzer. Eine Übersetzung (13 Porträts).

Boris Pasternak, geb. 1890 in Moskau, gest. 1960 in Peredelkino bei Moskau; bekam 1958 den Nobelpreis für Literatur (für den Roman *Doktor Schiwago*) zugesprochen, den er zunächst annahm, dann jedoch – unter politischem Druck – zurückwies (Ausschluß aus dem Schriftstellerverband, postume Wiederaufnahme 1987).
S. 140: Za knigoj (Faksimile).
S. 141: Überm Buch (nach Rilke). Dt. von Felix Philipp Ingold.

Eindringliches Plädoyer für die Menschlichkeit

Sri Lanka im April 2000. Bei der Eroberung des Elefantenpasses durch die Tamil Tigers gerät ein deutscher Journalist im Dienst einer New Yorker Zeitung in die Hände der Rebellen. Er wird gesund gepflegt, um für die Tigers, von den USA als »terroristische Organisation« eingestuft, die Weltpresse auszuwerten. Das Aufschreiben seiner eigenen Geschichte und der Englischunterricht für verkrüppelte Kindersoldaten erhalten ihn am Leben. Langsam steigt das Verständnis für die Ziele der Tamil Tigers und er wird schließlich bei den Friedensverhandlungen zu einer wichtigen Figur im Hintergrund. Der Roman beleuchtet den hochaktuellen Konflikt zwischen etablierter Macht und den Freiheitsbewegungen in aller Welt.

240 Seiten, gebunden
€ 19,80 [D]/sFr 34,80
ISBN 3-927743-75-5

Dietrich Krusches hochaktueller Tropenroman »Englisch für Tiger« reflektiert die globalen Probleme.

Klaus Westphalen

A1 Verlag

www.a1-verlag.de

Die Autoren, Künstler & Übersetzer

Oskar Pastior, geb. 1927 in Hermannstadt (Siebenbürgen); 1945-1949 Deportation in sowjetische Arbeitslager im Donbas. Nach der Rückkehr Gelegenheitsarbeit, Studium der Germanistik und Rundfunktätigkeit in Bukarest. Lebt seit 1969 als freier Schriftsteller in Berlin. Mitglied der »Werkstatt für Potentielle Literatur«, »OuLiPo«. Buchveröffentlichungen zuletzt: *ügel beg und ügel tal.* Gedichte 1967-1997 Album, CD-Audio, 2002, *o du roher iasmin.* Gedichte zu Charles Baudelaire, 2002, *Mein Chlebnikow*, 2003 *Reread Another, A Play*: alle bei Urs Engler Editor, Basel / Weil am Rhein / Wien, *Jetzt kann man schreiben was man will*, Werkausgabe, Carl Hanser Verlag, München, 2003. – Siehe auch *die horen*, Band 207/2002. »Nun schau wie es dich bülbüln tut« - Oskar Pastior zu Ehren.
S. 164: Übersetzung. Der Vorgang. Das Ergebnis. Wumm.

Ilma Rakusa, geb. 1946, studierte Slawistik und Romanistik; lebt als Schriftstellerin, Übersetzerin und Publizistin in Zürich. Neben Erzählungen, Gedichten, Essays und Anthologien veröffentlichte sie zahlreiche Übersetzungen aus dem Russischen (Marina Zwetajewa), Französischen (Marguerite Duras), Serbokroatischen (Danilo Kiš) und Ungarischen (Imre Kertész, Péter Nádas). Adelbert-von-Chamisso-Preis (2003).
S. 36: Aus mehreren Sprachen übersetzen.

Thomas Reschke, geb. 1932 in Danzig-Langfuhr, 1945 Vertreibung; Oberschule und Abitur (1951) in Ludwigslust / Mecklenburg; Studium der Slawistik 1951-1955 an der Berliner Humboldt-Universität; 1955-1990 Redakteur im Ost-Berliner Verlag Volk und Welt; im gleichen Zeitraum Übersetzung von ca. 150 Romanen, Erzählungen, Bühnenstücken und Kinderbüchern aus dem Russischen, wichtigste Autoren: Bulgakow, Pasternak, Sostschenko, Ilf / Petrow, Gorenstein, Jewtuschenko, Erdman, Pristawkin. Seit 1991 freiberuflicher Übersetzer. Wichtigste Auszeichnungen: 1975 F. C. Weiskopf-Preis der Akademie der Künste der DDR, 1987 Maxim-Gorki-Preis des sowjetischen Schriftstellerverbands, 1991 Bundesjugendliteraturpreis, 2000 Bundesverdienstkreuz, 2001 großer Übersetzerpreis des Landes Nordrhein-Westfalen.
S. 19: Übersetzen in der DDR.

Rainer Maria Rilke, geb. 1875 in Prag, gest. 1926 in Val-Mont bei Montreux. Autor von *Das Stunden-Buch* (1905), *Die Aufzeichnungen des Malte Laurids Brigge* (1910), *Die Sonette an Orpheus* (1923), *Duineser Elegien* (1923), zahlr. Übersetzungen (Valéry, Gide, de Guérin u.a.m.).
S. 142: Der Lesende.

Christa Rothmeier, geb. 1948 in Niederösterreich, wohnhaft in Klosterneuburg. Studium der Slawistik und Romanistik in Wien und Prag. Seit 1976 freiberuflich tätig (bis 1987 unter dem Namen Hansen-Löve): Universitätslektorin für tschechische Literatur, Publizistin, Redakteurin, Herausgeberin und literarische Übersetzerin: u.a. Bücher von Jakub Deml, Jan Skácel, Josef Jedlička, Bohumila Grögerová, Ivan Blatný, Peter Borkovec, Zbynek Hejda, Auszeichnungen u.a.: Prernia Bohernica (1999), Österreicher Staatspreis für literarische Übersetzung 2000, Artis Bohemiae Arnicis (2003).
S. 149: Petr Borkovec, Die Übersetzung. Dt. Fassung.

Michail Rudnickij – Näheres siehe S. 102: Spurwechsel. Ein Film vom Übersetzen.

Christoph Rütimann, geb. 1955 in Zürich, aufgewachsen in Graubünden, besuchte die Schule für Gestaltung in Luzern, lebt in Müllheim / Schweiz; versch. Katalogwerke, u.a. Christoph Rütimann –

Hängen am Museum 1994/2002, Edizioni Periferia, Luzern / Poschiavo 2002; Christoph Rütimann – *Polaroids*, Kriens / Göttingen / Erlangen 2000/2001; Einzelausstellungen u.a.: 1991 Kunstmuseum Luzern, Kunstverein Freiburg, Stichting de Appel, Amsterdam, Living Art Museum Reykjavík, 1993 La Criée, Espace d'art contemporain, Rennes, 1994 Kunsthalle Winterthur, Kunstverein Schaffhausen, 1995 Westfälischer Kunstverein Münster, 1999 Kunsthalle Bern, 2002 Kunstmuseum Luzern und im Aargauer Kunsthaus; vertrat 1993 die Schweiz an der Biennale in Venedig; mehrere Preise, zuletzt 2005: Internationaler Kunstpreis des Landes Voralberg.

S. 42: einige Blätter und ein Zweig – Polaroid 1982.

S. 74: Flecken die rein nichts bezwecken / Pelikan und Gefieder / Waffenlager am Tintensee – Drei Polaroids 1984/85.

S. 132: alles / Hermes baby / Satz / über / und / weiter – Sechs Polaroids 2004.

Stefana Sabin, geb. in Bukarest, studierte in Frankfurt, Haifa und Los Angeles und promovierte 1982 mit einer literaturwissenschaftlichen Studie. Mitarbeiterin im Feuilleton der Neuen Zürcher Zeitung. War Chefredakteurin der Zeitschrift »Büchner«, hat mehrere Anthologien zeitgenössischer Prosa herausgegeben, Biographien verfaßt (u.a. von Gertrude Stein, Andy Warhol) und kulturkritische Essays veröffentlicht. Sie war Dozentin an den Schulen des Deutschen Buchhandels in Seckbach und unterrichtet an der Jüdischen Volkshochschule in Frankfurt. Im Auftrag der Stadt Frankfurt hat sie die Jüdischen Kulturtage 2002 und das Adorno-Jahr 2003 organisiert.

S. 28: Der Übersetzer als Gralssucher - Die Aufgabe des Übersetzers nach Walter Benjamin und Franz Rosenzweig.

Peter Salomon, geb. 1947 in Berlin, lebt seit 1972 als Dichter, Literaturdetektiv und Herausgeber in Konstanz am Bodensee. Viele Jahre war er auch Rechtsanwalt. Seit 1969 zahlreiche Veröffentlichungen, zuletzt: *Kleine Pannenhilfe für Schöngeister*, Gesammelte und neue Gedichte, Isele, 2005. 1980 New-York-Stipendium der Kunststiftung und 2001 Jahres-Literaturstipendium des Landes Baden-Württemberg.

S. 144: Lektüre.

Heinz Schafroth, geb. 1932, Dr. phil, Literaturkritiker, lebt in Alfermée bei Biel / Schweiz. 1978-1999 Dozent an der Eidgenössischen Technischen Hochschule Zürich, ab 1997 verantwortlich für das literarische Programm an deren Collegium Helveticum. – *Günter Eich*, Autorenbuch Nr 1 (Beck). Herausgeber zahlreicher Anthologien (u.a. Aichinger, Bichsel, Mayröcker, Muschg) ; Materialienband *Die Sichtbarkeit der Dinge* (von und über Brigitte Kronauer), Dokumentation des Westf. Künstlerprojekts zum Drostejahr 1997 (*Entwürfe werden durch Entwürfe reif*). 1992 Auszeichnung der Stadt Biel für kulturelle Verdienste ; 1997 Johann-Heinrich-Merck-Preis der Deutschen Akademie für Sprache und Dichtung, 2001 Wahl zum Mitglied der Akademie.

S. 172: Lebenszeichen der Toten Sprachen – Catull als Übersetzer, Catull übersetzen.

Catherine Schelbert ist Übersetzerin und Herausgeberin englischer Literatur für Museen und Zeitschriften, so z.B. MoMA, NY, PARKETT und TAT etc. – **Tarcisius Schelbert** ist seit 1990 Dozent für Semiotik an der HGK Luzern und Übersetzer von Louise Bourgeois, Otto Friedrich, Roman Jakobson und Barnett Newman u.a.m.

S. 86: Die Philosophie und das Zungenopfer.

Kathrin Schmidt, geb. 1958, Psychologiestudium 1976-81, nach Berufspraxis Arbeit in Sozialforschung und Literaturvermittlung, Wechsel in die freiberufliche

schriftstellerische Existenz 1994. – Publikationen: *Poesiealbum* 179, Gedichte, Neues Leben, Berlin 1982; *Ein Engel fliegt durch die Tapetenfabrik*, Gedichte, Neues Leben, Berlin 1988; *Flußbild mit Engel*, Gedichte, Suhrkamp Verlag Frankfurt am Main 1985; *Die Gunnar-Lennefsen-Expedition*, Roman, 1998; *Go-In der Belladonnen*, Gedichte, 2000, *Koenigs Kinder*, Roman, 2002, alle drei bei Kiepeneuer & Witsch, Köln.
S. 201: Heißenbüttel Thüringisch.

Felix Schneider, geb. 1948 in Basel, wohnt in Frankfurt am Main und arbeitet in Basel als Kulturredaktor bei Schweizer Radio DRS 2. Studium Deutsch, Französisch, Geschichte in Basel, Berlin, Paris (prägend: selbstorganisierte studentische Arbeitsgruppen und eine Hospitanz bei Fritz Kortner), Lehrerdiplom, Lehrer im Zweiten Bildungsweg in Frankfurt, nach einem Schulkonflikt »freigestellt«, Tätigkeit als Lektor im Verlag Autorenagentur und als Sekretär der Zeitschrift »links«, dann, dank dem Bundesarbeitsgericht, doch wieder Lehrer an der »Abendhaupt- und Realschule« in Frankfurt.
S. 97: Ich übersetze – Ein Porträt (Traugott König).

Carl V. Scholz, geb. 1927 in Bremen, lebt dort; Lyrik, Prosa, Theater, Essays, geistl. Texte; Herausgeber und Mithrsg.; diverse literar. Preise. Bücher: *Liekut, En Iesenbahngeschicht*, 1989; *Leven willt wi, Prosa un Gedichten*, 1991; *Nah Bremen to, Vertellen*, 1996; *Hollweglangs*, Ged., 1998; *Lüttje Upschrievsels*, Miniaturen, 2001; *Mengselpott*, Geschichten, 2002; *Leve Gemeen*; Predigten, 2004.
S. 200: Heißenbüttel Niederdeutsch.

Christa Schuenke, geb. 1948 in Weimar; gehört zu den wenigen Literaturübersetzern, die allein vom Übersetzen leben. Hat über 100 Bücher aus dem Englischen übersetzt, darunter von Autoren wie W. Shakespeare, J. Donne, J. Keats, H. Melville, A.A. Milne, E.A. Poe, J. Kelman, W.B. Yeats, I.B. Singer, R. McLiam Wilson, J. Banville, W. Gibson, Chang-rae Lee. Ihre Arbeit wurde mit Stipendien in Deutschland, Großbritannien, Irland und den USA gefördert. Für die Neuübersetzung der Shakespeare-Sonette erhielt sie 1997 den renommierten Wielandpreis, für die Neuübersetzung von Melvilles Roman *Pierre* 2003 den Übersetzerpreis der Kunststiftung NRW.
S. 89: Wunder dauern etwas länger oder Die Lust am Korsett.

Peter Schweiger, geb. 1939 in Wien, Schauspieler und Regisseur, hat sich seit seiner Übersiedlung in die Schweiz (1965) mit den Mischformen zwischen Theater und Musik beschäftigt: als Interpret in Werken der Neuen Musik, als Rezitator im klassisch-romantischen Bereich. Gestaltungen für Sendungen über und zur Musik für das Fernsehen. Nach der Direktion des zürcher Theaters am Neumarkt (1983-89, da insbesondere aktuelle DDR- und schweizer Dramatik), arbeitete er als freier Regisseur, bis er von 1994 bis 2004 als Schauspieldirektor am Theater St. Gallen tätig war, wo er inzwischen auch eine Reihe klassischer Opern und musikdramatische Werke des 20. Jahrhunderts inszeniert hat.
S. 233: Erstaunlich flogen die Wörter herum – Gespräch mit Zsuzsanna Gahse.

Wulf Segebrecht, geb. 1935, ist Professor em. für Neuere deutsche Literatur an der Universität Bamberg. Er ist mit zahlreichen wissenschaftlichen Publikationen zur Literatur vom Barock bis zur Gegenwart, besonder zur Geschichte und Poetik der deutschen Lyrik hervorgetreten, darunter *Das Gelegenheitsgedicht* (1977), *Goethes Gedicht? Über allen Gipfeln ist Ruh? und die Folgen* (1978), *Poetische Grabschriften* (1987), *Fundbuch der Gedichtinterpretationen* (1997), *Was Schillers Glocke geschlagen hat* (2005). Im Herbst 2005 erscheint seine Antholo-

gie *Das deutsche Gedicht*. Daneben hat er Bücher über E.T.A. Hoffmann, über Europa-Visionen in den europäischen Literaturen und über die Frage *Was sollen Germanisten lesen?* veröffentlicht.
S. 52: Sätze übers Übersetzen.

Bettina Spoerri, geb. 1968 in Zürich. Phil. I-Studium in Zürich und Berlin. Arbeitet als Redaktorin, Literaturwissenschaftlerin und Autorin. 1996: Sprachaufenthalt in Jerusalem, danach wissenschaftliche Assistentin am Deutschen Seminar der Universität Zürich. Redaktorin der Literaturzeitschrift *entwürfe*. 2000-2004: Programmkommission Solothurner Literaturtage. – Bibliografie (Auswahl): *Der Tod als Text und Signum*. Peter Lang Verlag, Bern 1999 (zugl. Diss., 1998). – *Max Geilingers ›Süßkind von Trimberg‹ und die Zürcher Literaturszene in den dreißiger und vierziger Jahren*. In: *Schreiben gegen die Moderne*. Hrsg. von Caduff / Gamper. Chronos Verlag, Zürich 2001.
S. 112: Der Slang – Am Puls der Sprache.

Spurwechsel: Projektgruppe, die sich aus einer in Berlin-Charlottenburg etablierten Rußland-Werkstatt für eine Filmproduktion anläßlich der Frankfurter Buchmesse 2003 gebildet hat. Ihr gehören an: **Gabriele Leupold**, geb. 1954, literarische Übersetzerin aus dem Russischen (Ossip Mandel'štam, Boris Pasternak, Michail Bachtin u. a.). **Jakobine Motz** , geb. 1967, Dozentin für Fotografie an der HFF, freie Kameraarbeit für Dokumentation u. Spielfilm (*Prüfstand7, Welcome, Lucie & Mathilde* u. a.). **Eveline Passet**, geb. 1958, Rundfunkautorin von Features, Essays und Hörspielen, literarische Übersetzerin aus dem Russischen u. Französischen (Daniel Pennac, Alfred de Musset, Aleksandr Kuprin u. a.). **Olga Radetzkaja**, geb. 1965, literarische Übersetzerin v. a. aus dem Russischen (Pavel Florenskij, Boris Poplavskij, Ivetta Gerasimčuk u. a.). **Anna Schibarowa**, geb. 1968, Übersetzerin deutschsprachiger Literatur (Elfriede Jelinek, Jürgen Habermas, Hans-Ulrich Treichel u. a.). **Stefan Stabenow**, geb. 1971, freier Filmeditor (*Westernstadt, Das verlorene Festland* u.a.) und Autor (*Gespräche unter Nachbarn, Mutabor* u. a.). **Andreas Tretner**, geb. 1959, literarischer Übersetzer (Viktor Pelevin, Vladimir Sorokin, Josef Škvorecký u. a.), Literaturkritiker.
S. 102: Spurwechsel. Ein Film vom Übersetzen – Projektbeschreibung.
S. 103: Michail Rudnickij & Swetlana Geier, Körpersprache / Sprachkörper.

Johann P. Tammen, geb. 1944 in Hohenkirchen / Friesland, lebt in Bremerhaven-Weddewarden; Studium der Germanistik, Geschichte und Soz.-wiss.; Hrsg. der Zeitschrift für Literatur, Kunst und Kritik, *die horen* und der Buchreihe *edition die horen*: Veröffentlichungen zuletzt u.a.: *Wetterpapiere*, Gedichte 1998, *Das Land. Das Meer. Das Ohr des Wetterfühlers*, Gedichte 2000, *Im Kehlgang*, Gedichte 2003, *Die Erde, das singende Brot*, Poesie & Musik, Hörbuch (zus. mit Vitold Rek und Susanna Risch) 2003, *Unverhoffte Himmel – Poesie aus Makedonien* (Hrsg., zus. mit Norbert Randow) 2003, *Alles erinnert an uns. Noch Licht*, Gedichte – mit zwei Zeichnungen und einem Nachwort von Christoph Meckel, 2004.
S. 43: Eigenart holt Eigenart hervor / Poesie der Nachbarn – Dichter übersetzen Dichter / Ein Modell im Praxistest.
S. 50: Der Bäcker, der Mann in blau (Henry Deluy). Aus: Der Finger Hölderlins, a.a.O.

Jürgen Theobaldy, geb. 1944 in Straßburg, lebt in Bern; Lyriker, Erzähler und Romanautor, Essayist und Kritiker. Zahlr. Buchveröffentlichungen, zuletzt u.a. *In der Ferne zitternde Häuser*, Prosa (Wunderhorn / Edition Künstlerhaus) 2000, *Immer wieder alles*, Gedichte 2000, *Trilogie der nächsten Ziele*, Roman 2003, *Wilde Nelken*, Gedichte 2005, alle bei zu Klampen.

S. 49: Der Bäcker ist ein Mann in blau (Henry Deluy). Aus: Der Finger Hölderlins, a.a.O.

Hans Thill, geb. 1954 in Baden-Baden, lebt seit 1974 in Heidelberg. Lyriker und Übersetzer (u. a. Apollinaire, Soupault, Meddeb, Djebar). Mitbegründer des Verlags Das Wunderhorn. Leiter des Übersetzerworkshops »Poesie der Nachbarn – Dichter übersetzen Dichter«. Zuletzt erschienen der Gedichtband *Kühle Religionen* Heidelberg, Wunderhorn, 2005 (dafür Peter-Huchel-Preis 2004) und die Anthologie *Wozu Vögel, Bücher, Jazz. Poesie aus England*, Heidelberg, Wunderhorn, 2005. Siehe auch *die horen*, Band 214/2004.
S. 150: Hans Harfe erbaut Freitag und Mannheim.
S. 167: Claude Esteban, Die eigene Sprache. Dt. Fassung.
S. 170: Griffel in der Hand, Dorn in der Pranke. Erschien gekürzt als Vorabdruck mit Hinweis auf diesen Band und das *horen*-Jubiläum im *Literaturblatt für Baden und Württemberg*, Mai / Juni 2005.

Gert Ueding, Prof. Dr., seit 1988 Direktor des Seminars für Allgemeine Rhetorik der Universität Tübingen. Tätigkeit als Literaturkritiker und Publizist für Presse, Funk und Fernsehen. Herausgeber des *Historischen Wörterbuchs der Rhetorik* (HWR), Mitherausgeber der Reihe *Rhetorik-Forschungen* und des internationalen Jahrbuchs *Rhetorik*. Auswahlbibliographie: *Schillers Rhetorik*. Tübingen: Niemeyer, 1971; *Glanzvolles Elend. Versuch über Kitsch und Kolportage*. Ffm.: Suhrkamp, 1973; (zus. mit B. Steinbrink): *Grundriß der Rhetorik*. Metzler: Stuttgart, 1976; *Die anderen Klassiker*. München: Beck, 1986; *Jean Paul*. München: Beck, 1993; *Klassische Rhetorik*. München: Beck, 1995; *Moderne Rhetorik*. München: Beck, 2000.
S. 32: Übersetzen und Überbieten.

Peter Urban, geb. 1941 in Berlin, studierte Slavistik, Germanistik und Geschichte, arbeitete als Verlagslektor und Hörspieldramaturg und lebt in Weidmoos im Hohen Vogelsberg. Er hat sich als Übersetzer, Herausgeber und Essayist einen Namen gemacht, ist Übersetzer von Klassikern und Zeitgenossen – Russen vor allem – u.a. von Babel, Gogol, Puškin, Sorokin, Turgenev und Chechov. Für seine Übersetzung und Neuedition der Chechov-Briefe erhielt er den Helmut-M.-Braem-Übersetzterpreis. 2003 Preis der Stadt Münster für Europäische Poesie gemeinsam mit Miodrag Pavlovič. Siehe auch *die horen* Band 214/2004.
S. 18: Unbekannte Klassiker – Woran die Übertragung aus der Fremdsprache häufig scheitert.

Irene Weber Henking, Leiterin des Centre de Traduction Littéraire de Lausanne (CTL) und Professorin für Übersetzungswissenschaft am Deutschen Seminar der Universität Lausanne. Studium der Germanistik, Linguistik und Hispanistik in Lausanne und Salamanca (Spanien); 1998 Doctorat ès lettres der Universität Lausanne, Forschungsschwerpunkte: Analyse, Theorien und Geschichte des literarischen Übersetzens, Interkulturalität, Transkulturalität, Schweizer Literatur der Gegenwart. Buchpublikation: *DifferenzlektüreN. Fremdes und Eigenes der deutschsprachigen Schweizer Literatur, gelesen im Vergleich von Original und Übersetzung,* München 1999. Herausgeberin der Cahiers du CTL.
S. 118: Die Lust des Lesens ... und der Leserin.

Wolfgang Werth, geb. 1937 in Rudolstadt / Thüringen, Studium (Publizistik, Germanistik) an der Freien Universität Berlin, danach teils Redakteur (beim *Monat*), teils freiberuflicher Literaturkritiker. Von 1973 bis 2002 Literaturredakteur der *Süddeutschen Zeitung* in München.
S.178: Übersetzungen lesen.

Die Autoren, Künstler & Übersetzer

Hans Wollschläger, geb. 1935 in Minden/Westfalen; seit 1963 freier Beruf als Übersetzer und Schriftsteller. Dr. phil. h.c. – 1968 Förderpreis des Landes Nordrhein-Westfalen, 1976 Literaturpreis der Bayerischen Akademie der Schönen Künste, 1977 Deutscher Jugendbuchpreis, 1982 Arno-Schmidt-Preis, 1982 Kulturpreis der Stadt Nürnberg, 1988 E.T.A.-Hoffmann-Preis der Stadt Bamberg, 1990 Ehrendoktorat der Universität Bamberg, 1995 Ehrengabe der Deutschen Schillerstiftung, 2000 Bundesverdienstkreuz, 2001 Kulturpreis der Bayerischen Landesstiftung. *Publikationen (Auswahl):* Karl May, Monographie, 1965; Die Gegenwart einer Illusion, Essays, 1979; Herzgewächse oder der Fall Adams, Roman, 1982; Von Sternen und Schnuppen, Essays, 1984; In diesen geistfernen Zeiten, Essays, 1986; Bannkreis der Besseren Heimat, 1991; Schriften in Einzelausgaben, 2002ff. Hg.: Karl-Kraus-Lesebuch, 1981; Karl Mays Werke, Historisch-kritische Ausgabe, 1987 ff.; Friedrich Rückert, Kindertodtenlieder, kritische Ausgabe, 1988; Friedrich Rückerts Werke, Historisch-kritische Ausgabe, 1998ff. Zahlreiche Übersetzungen, u.a. Werke von Edgar Allan Poe, William Faulkner, Oscar Wilde, Raymond Chandler, James Joyce.
S. 77: Am Ende eines »Welt-Alltags«. Geschrieben im September 1975 nach Abschluß der Übersetzung des »Ulysses«. – Erstdruck im *Ensemble 7 – Internationales Jahrbuch für Literatur*, München (dtv) 1976.

Reto Ziegler, geb. 1966 in Luzern. Studium der Germanistik und der Kunstgeschichte in Bern und Wien. Lehrtätigkeit an Hauptschulen und Gymnasien. Seit 2000 Lektor und Mitherausgeber der Edition Korrespondenzen. Lebt in Wien.
S. 180: Entscheidend ist das Ungesagte – Gespräch mit Zsuzsanna Gahse.

Alfred Zimmerlin, geb. 1955, studierte Komposition (Hans Wüthrich-Mathez, Hans Ulrich Lehmann), Theorie (Peter Benary), Musikwissenschaft (Kurt von Fischer) und Musikethnologie (Wolfgang Laade). Seit 1980 Mitarbeit in der »Werkstatt für improvisierte Musik« (WIM) Zürich. International tätig als improvisierender Musiker (Violoncello) und Komponist. Die Werkliste von Alfred Zimmerlin umfaßt bis heute mehr als sechzig Kompositionen, darunter zehn Klavierstücke, Kammermusik mit oder ohne Live-Elektronik, Vokalmusik, Orchestermusik. Zahlreiche Tonträger.
S. 227: Übersetzungsvorgänge in der oder mit Musik – Eine Auslegeordnung.

Kolophon

Sämtliche im vorstehenden Register nicht näher bestimmten Beiträge sind Erstdrucke der *horen*. Copyright für alle Beiträge und Abbildungen in diesem Band: bei den Autoren, Übersetzern, Künstlern und Fotografen resp. Verlagen und sonstigen Rechteinhabern. – Bis Redaktionsschluß noch nicht abgeklärte Urheberrechte bitten wir uns zu melden: Der Verlag ist selbstverständlich bereit, berechtigte Ansprüche abzugelten.

* * *

Die ab Seite 4 ff. in diesem Band durchlaufende Fond-Grafik basiert auf dem aramäischen Motiv der *Inschrift von Teima* aus dem 5.-4. Jh. v. Chr. – Reproduktion nach der Vorlage aus dem Band *Vom Felsbild zum Alphabet* – Die Geschichte der Schrift von ihren frühesten Vorstufen bis zur modernen lateinischen Schreibschrift, hrsg. von Karoly Földes-Papp, erschienen 1966 im Chr. Belser Verlag, Stuttgart (Sonderausgabe 1984). *Die Red.*

* * *

Vorschau Herbst / Winter 2005

Band 219/Herbst 2005: *Unter den Fingern – Versionen der Wirklichkeit – Woran Autoren gerade arbeiten.* Zusammengestellt von Uwe Kolbe & Jürgen Krätzer. Mit Zeichnungen von Johannes Heisig. – Einsendungen bitte an Jürgen Krätzer, Böttgerweg 4a, 04425 Taucha. Redaktionsschluß: 15. Juli 2005.

Band 220/Winter 2005: *Gegen die Zeit – Die Klassiker als Zeitgenossen – Schiller & Co.* Zusammengestellt von Wolfgang Hegewald & Johann P. Tammen. Mit Holzschnitten und einem Atelierbericht von Klaus Hack. – Einsendungen bitte an Johann P. Tammen, Wurster Str. 380, 27580 Bremerhaven. Redaktionsschluß: 31. September 2005. *Die Red.*

Unverhoffte Himmel / Zeitgenössische makedonische Poesie. Herausgegeben von Norbert Randow & Johann P. Tammen.
ISBN 3-89701-987-6.
172 Seiten, 18,-- Euro.

Ausgewählte Gedichte von Michail Rendžov, Radovan Pavlovski, Bogomil Gjuzel, Eftim Kletnikov, Simjon Simev, Katica Kjulavkova, Liljana Dirjan, Vera Čejkovska, Jordan Danilovski & Saša Gigov Giš. – Nachdichtungen von Annemarie Bostroem, Stefan Döring, Ulrike Draesner, Elke Erb, Kerstin Hensel, Uwe Herms, Gregor Laschen, Richard Pietraß, Brigitte Struzyk, Johann P. Tammen und Ernest Wichner. – Mit einem Vorwort von Norbert Randow und Bildern von Jovan Balov.

Königs Schiffe vor Eden – 15 Jahre »Poesie der Nachbarn – Dichter übersetzen Dichter« / Bilder und Reflexionen. Herausgegeben von Gregor Laschen.
ISBN 3-89701-986-8.
180 Seiten, 18,– Euro.

Eine Dokumentation. Mit Fotos von Ingo Wilhelm, Isolde Ohlbaum, Paul van Schie, Anita Schiffer-Fuchs u.v.a.m. – Mit einem Vorsatz von Gregor Laschen und poetologischen Texten vieler der in 15 Jahren am Projekt beteiligten Autoren. – »Diese zwischen den Literaturen vermittelnde Werkstatt hat sich wahrlich bewährt.«

Walter Hinck / FAZ

Atmen lang von Babel her / Poesie aus Griechenland. Herausgegeben von Gregor Laschen.
ISBN 3-89701-985-X.
208 Seiten, 13,-- Euro.

Gedichte von Katerina Angelaki-Rooke, Stratis Paschalis, Maria Kyrtzaki, Maria Topali, Mimis Souliotis und Charis Vlavianos – Nachdichtungen von Róża Domašcyna, Gerhard Falkner, Dorothea Grünzweig, Rolf Haufs, Gregor Laschen und Johann P. Tammen. – Mit einem Nachwort von Torsten Israel und neun Bildern von Hans Arp.

»POESIE DER NACHBARN – DICHTER ÜBERSETZEN DICHTER.«

Eine literarische Reihe ausgewählter Gedichte der europäischen Moderne.

Die bibliophile Quadratbuchreihe. Zweisprachig, illustriert, kommentiert und mit bio-bibliographischen Daten der beteiligten Dichter und Nachdichter.

»Poesie Vis-à-vis« – Blicke zum Nachbarn.

» Es ist eine Lust, in diesen Büchern zu lesen, die zweisprachig und in exzellenter Aufmachung einen wahren Vorschein spiegeln vom europäischen Traum der Gemeinsamkeiten. «

LUDWIG HARIG / SÜDDEUTSCHE ZEITUNG

» Mal wieder so ein Abend querdurch, so ein Wühl und Planschabend. Bücherbadetag. Allein die Alben der ›edition die horen‹, herausgegeben von Gregor Laschen: Zweisprachig natürlich ... Gott erhalt's! «

BENEDIKT ERENZ / DIE ZEIT

EDITION KÜNSTLERHAUS

Herausgegeben
von Michael Buselmeier

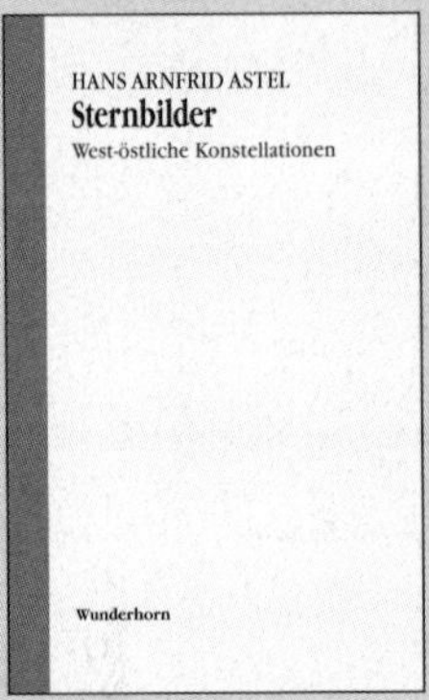

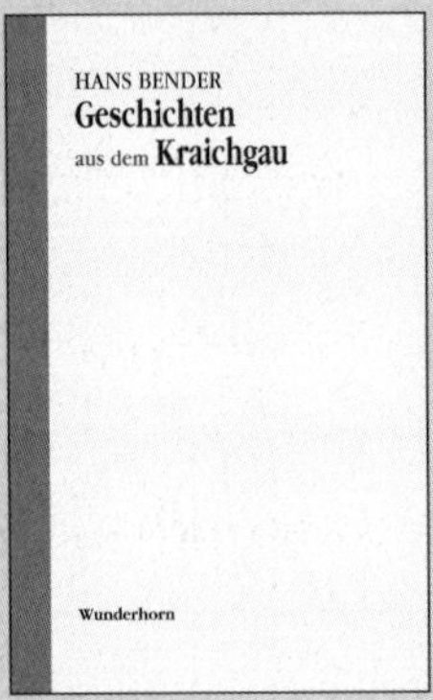

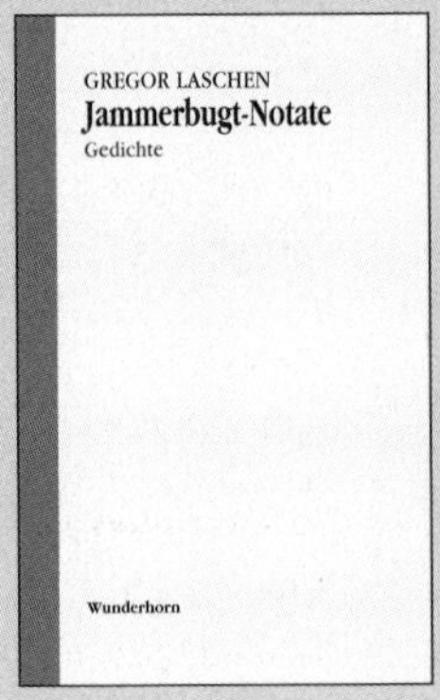

In Zusammenarbeit mit dem Künstlerhaus Edenkoben und dem Land Rheinland-Pfalz werden in der Reihe **Edition Künstlerhaus** jährlich zwei Titel herausgegeben: Gedichte oder Kurzprosa jeweils eines deutschen oder ausländischen Autors. Die Bände in bibliophiler Aufmachung haben einen Umfang von 48 bis 64 Seiten und kosten jeweils EUR 13,50. Alle vorgestellten Autoren haben eine Beziehung zum Künstlerhaus Edenkoben, als Vorlesende, Stipendiaten oder als Teilnehmer an der Übersetzer-Werkstatt »Poesie der Nachbarn«.

Bisher erschienen:

Hans Arnfrid Astel
Sternbilder
West-östliche Konstellationen

Hans Bender
Geschichten aus dem Kraichgau

Michael Braun
Der zertrümmerte Orpheus
Über Dichtung

Michael Donhauser
Venedig: Oktober
Halbe Sonette

Walter Helmut Fritz
Was einmal im Geist gelebt hat
Miniaturen

Ludwig Harig
Der Wiedergeborene
Reportagen

Rolf Haufs
Drei Leben und eine Sekunde
Ein Fall

Barbara Honigmann
Am Sonntag spielt der Rabbi Fußball
Kleine Prosa

Mirela Ivanova
Einsames Spiel
Gedichte – Aus dem Bulgarischen
von Norbert Randow

Terje Johanssen
Die ertrunkene Stadt
Gedichte – Aus dem Norwegischen
von Michael Buselmeier, Wolfgang Butt, Uwe Kolbe, Greogor Laschen, Brigitte Oleschinski und Johann P. Tammen

»Eine Fundgrube für Sammler & Entdecker!«